2010

CHINA RURAL STATISTICAL YEARBOOK

中国农村统计年鉴

国家统计局农村社会经济调查司 编

中国统计出版社
China Statistics Press

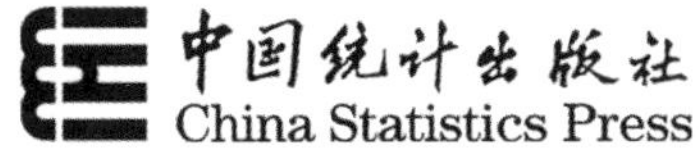

(京)新登字 041 号

图书在版编目（CIP）数据

中国农村统计年鉴. 2010 / 国家统计局农村社会经济调查司编. -- 北京 : 中国统计出版社，2010.10
ISBN 978-7-5037-6096-9

Ⅰ. ①中… Ⅱ. ①国… Ⅲ. ①农村－统计资料－中国－2010－年鉴 Ⅳ. ①C832-54

中国版本图书馆 CIP 数据核字（2010）第 188657 号

中国农村统计年鉴—2010

作　　者 / 国家统计局农村社会经济调查司
责任编辑 / 许立舫
E-mail / cbsebs@stats.gov.cn
出版发行 / 中国统计出版社
通信地址 / 北京市西城区月坛南街 57 号
邮政编码 / 100826
办公地址 / 北京市丰台区西三环南路甲 6 号
网　　址 / www.stats.gov.cn/tjshujia
电　　话 / 邮购（010）63376907　书店（010）68783172
印　　刷 / 河北天普润印刷厂
经　　销 / 新华书店
开　　本 / 880 × 1230 毫米　1/16
字　　数 / 850 千字
印　　张 / 27.5
版　　别 / 2010 年 10 月第 1 版
版　　次 / 2010 年 10 月第 1 次印刷
书　　号 / ISBN 978-7-5037-6096-9/C · 2432
定　　价 / 168.00 元

《中国农村统计年鉴—2010》编辑委员会

编者说明

《中国农村统计年鉴—2010》由17部分组成：一、发展综述；二、综合与概要；三、农村基本情况与农业生产条件；四、农业生态与环境；五、农村投资；六、农林牧渔业总产值、中间消耗及增加值；七、主要农产品种（养）面积与产量；八、农村市场与物价；九、农产品进出口；十、农产品成本与收益；十一、农村居民收入与消费；十二、农村文化、教育、卫生及其他事业；十三、国有农场；十四、区域农村经济；十五、各地区主要农村经济指标排序；十六、国外主要农业指标；十七、如何使用《中国农村统计年鉴》。

因2006年为全国第二次农业普查年，《中国农村统计年鉴—2010》中部分农业增加值、总产值、种（养）面积和产量历史数据根据农业普查资料进行了调整。本书使用的乡村人口和乡村就业人员的统计口径进行了调整与往年版本不同，增加了农村环境和国际部分数据内容。

《中国农村统计年鉴—2010》收录了2009年农村社会经济统计资料及建国以后各关键历史年份全国主要统计数据。本年鉴中所涉及的全国性数据均未包括台湾省及港澳地区。

《中国农村统计年鉴—2010》中，从2002年起税金按费改税后的口径计算。已实行费改税的地区按照农业税及附加的实际数额填报，尚未实行的地区按原口径的税金与村提留、乡统筹之和的70%计算，即：（原口径税金+村提留、乡统筹）*70%。为与2002年数据保持可比性，2001年及以前的税金相应作了调整，调整后的税金等于原口径的税金与村提留、乡统筹之和。

《中国农村统计年鉴—2010》中，执行新国民经济行业分类标准，自2003年起，农林牧渔业包括农林牧渔服务业。

《中国农村统计年鉴—2010》第十四部分的资料，仅包括县和县级市部分，没有包括市辖区部分资料。由于行政区划的调整和部分单位数据的修正，本书中不同区域农村经济历史数据也相应调整。

《中国农村统计年鉴—2010》第十六部分的资料，因国际组织数据库进行了调整，所以往年部分数据也随之做了修正，指标设置也有调整。

《中国农村统计年鉴—2010》中的符号："…"表示数据不足本表最小单位；"空格"表示缺或无该项数据；"#"表示其中项，未标年份的数据均为2009年数据。

在本书的编辑过程中，得到了国务院有关部门、各省（自治区、直辖市）调查总队和统计局农村处的大力支持，在此谨致谢意。

目录

第一部分 发展综述

第二部分 综合与概要

第三部分 农村基本情况与农业生产条件

第四部分 农业生态与环境

第五部分 农村投资

第六部分 农林牧渔业总产值、中间消耗及增加值

第七部分 主要农产品种（养）面积与产量

第八部分　农村市场与物价

第九部分　农产品进出口

第十部分　农产品成本与收益

第十一部分　农村居民收入与消费

第十二部分 农村文化、教育、卫生及其他事业

第十三部分 国有农场

第十四部分 区域农村经济

第十五部分　各地区主要农村经济指标排序

第十六部分　国外主要农业指标

第十七部分　如何使用《中国农村统计年鉴》

1

发展综述

2009 年农业与农村经济稳定发展

2009 年，各地区、各部门认真贯彻中央加强“三农”工作的决策部署，积极采取各项强农惠农措施，在各方面的共同努力下，我国农业生产经受住了历史罕见的国际金融危机和严重自然灾害的严峻考验，继续保持了稳定发展的良好局面。

一、农业产出及特点

总的来看，2009 年各地区进一步巩固和发展了农业生产的好形势，农村经济发展表现为四大亮点：农林牧渔产出稳定增长；粮食生产再获丰收，连续 6 年实现增产；农民工就业快速回升，农民收入连续 6 年较快增长；农产品价格高位运行。

(一)农业经济稳定增长

初步统计，第一产业增加值 35225.9 亿元(包括农林牧渔服务业)，增长 4.2%，第一产业增加值占国内生产总值的比重为 10.5%，比上年下降 0.2 个百分点。在农、林、牧、渔业增加值中，农业增加值 19739 亿元，实际增长 3.1%；畜牧业增加值达到 9412 亿元，实际增长 5.5%。渔业增加值 3424 亿元，实际增长 5.6%；林业增加值 1579 亿元，实际增长 6.0%。

(二)粮食产量再创新高，连续 6 年增产

根据对全国 31 个省(区、市)的抽样调查，2009 年全国粮食总产量 53082 万吨，比上年增加 211 万吨，增长 0.4%，再创历史新高。粮食生产主要特点：一是分季节看，夏粮和早稻增产、秋粮减产。2009 年全国夏粮产量 12349 万吨，比上年增加 274 万吨，增长 2.3%。早稻产量 3336 万吨，比上年增加 176 万吨，增长 5.6%。受严重自然灾害尤其受北方地区严重伏旱影响，秋粮减产。2009 年全国秋粮产量为 37398 万吨，比上年减产 239 万吨，减少 0.6%。二是分产区看，粮食主产区减产、非主产区增产。2009 年全国农业气象条件南方总体好于北方，粮食产量呈现“北减南增”、“主产区减非主产区增”的格局。初步统计，15 个北方省(区、市)粮食产量 27857 万吨，减产 395 万吨，减少 1.4%；16 个南方省(区、市)粮食产量 25224 万吨，增加 605 万吨，增长 2.5%。13 个粮食主产区粮食产量 39710 万吨，减产 207 万吨，减少 0.5%；7 个粮食主销区产量 3361 万吨，增产 116 万吨，增长 3.6%；11 个产销平衡区产量 10011 万吨，增产 302 万吨，增长 3.1%。

主要经济作物产量增减互现。初步统计，全年棉花产量 638 万吨，比上年减少 100 多万吨，下降

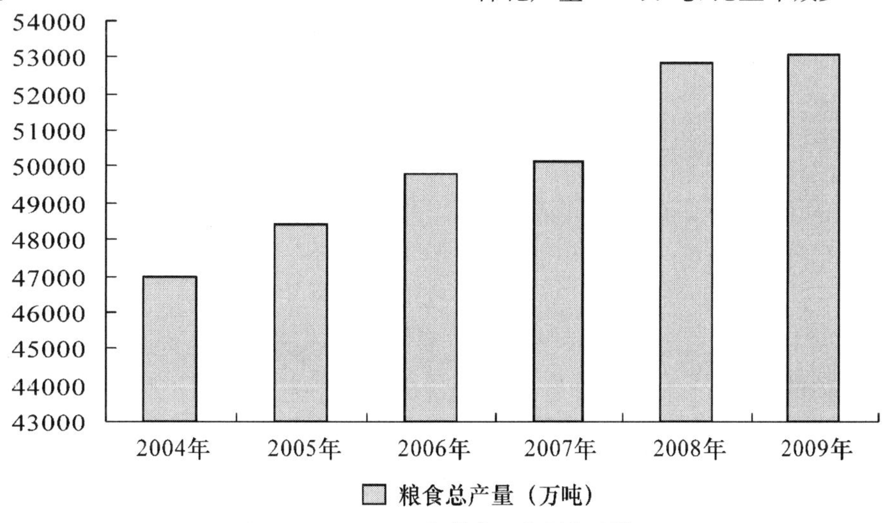

图 1　2004—2009 年粮食总产量变动情况

14.8%。全年油料作物产量 3154 万吨，增产 6.8%。糖料产量 12277 万吨，减少 8.5%。烤烟产量 280 万吨，增产 7.3%。茶叶产量 136 万吨，增产 8.0%。

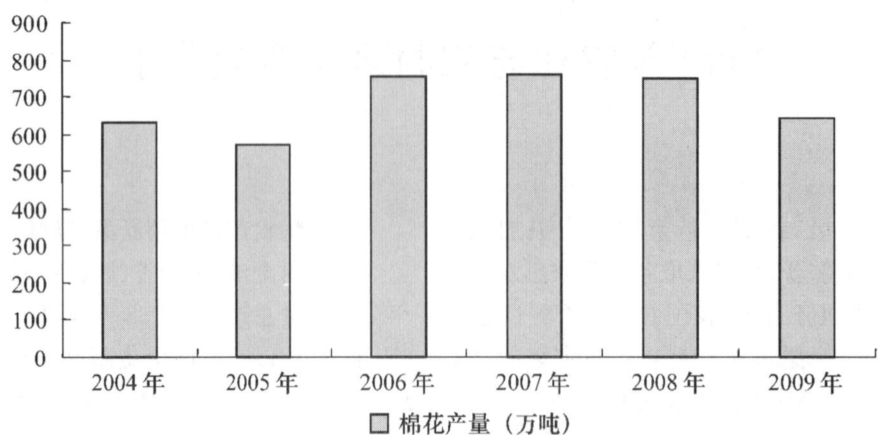

图 2　2004—2009 年棉花产量变动情况

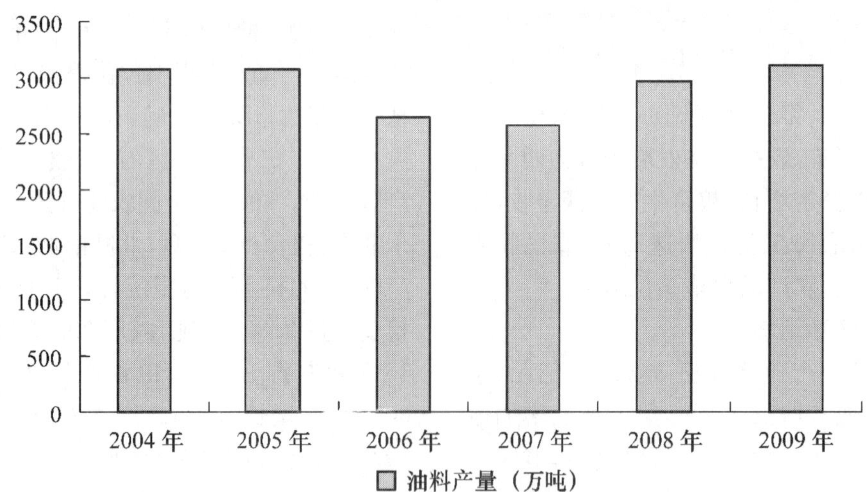

图 3　2004—2009 年油料产量变动情况

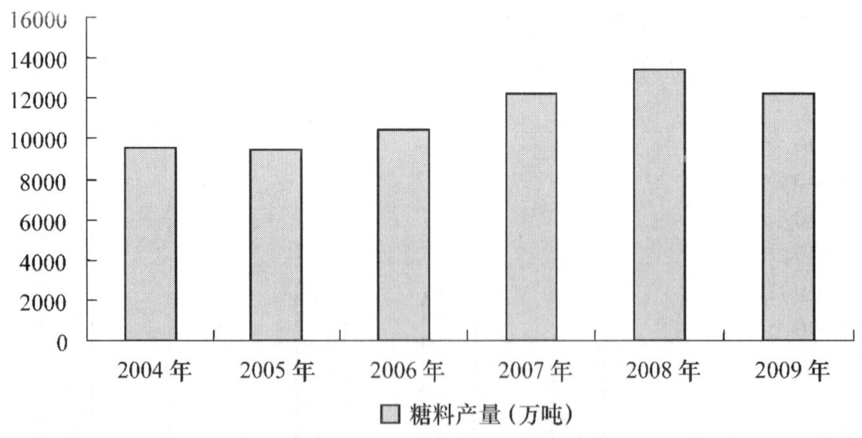

图 4　2004—2009 年糖料产量变动情况

（三）畜牧业生产稳定发展

针对 2008 年春节后生猪价格持续快速下跌的不利形势，国务院及时启动调控预案，采取发布预警信息、开展生猪冻肉收储等措施，为稳定生猪市场价格、促进生猪生产稳定发展发挥了积极作用。初步统计，2009 年，全国肉类总产量 7650 万吨，比上年增长 5.1%，其中猪肉产量 4891 万吨，增长 5.8%；牛肉产量 636 万吨，增长 3.6%；羊肉产量 389 万吨，增长 2.4%。根据监测调查结果，2009 年底全国生猪存栏 46996 万头，增长 1.5%；生猪

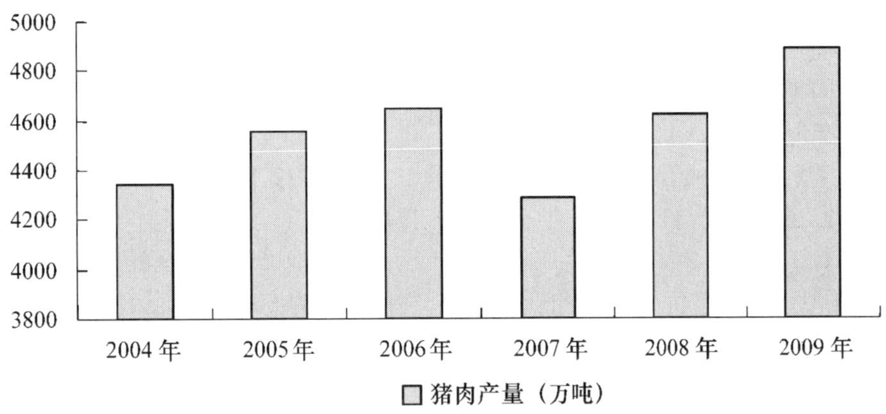

图5　2004—2009猪肉产量变动情况

出栏64539万头，增长5.8%。2009年底全国能繁殖母猪存栏4949万头，比2008年底增长1.4%；能繁殖母猪占猪群的比重为10.5%，仍然处在较高的水平。牛奶产量3519万吨，下降1.1%；禽蛋产量2743万吨，增长1.4%。

（四）农民收入水平创历史新高

据对全国31个省（区、市）6.8万个农村住户的抽样调查，2009年农村居民人均纯收入5153元，比上年增加393元，增长8.2%，增速比上年下降6.8个百分点，增速为近6年来最低；扣除价格因素影响，实际增长8.5%，增速同比上升0.5个百分点。主要特点：一是工资性收入保持稳定增长。2009年农村居民工资性收入人均2061元，比上年增加208元，增长11.2%，增速同比下降4.9个百分点。工资性收入对全年农村居民增收的贡献率为52.9%，比上年提高11.4个百分点。工资性收入占农村居民人均纯收入的比重达40%，同比提高1.1个百分点。二是家庭经营纯收入增速大幅回落。2009年农村居民家庭生产经营纯收入人均2527元，增加91元，增长3.7%，增速同比下降7.3个百分点。家庭经营纯收入对全年农村居民增收的贡献率为23.2%，比上年下降15.8个百分点。家庭经营纯收入占农村居民人均纯收入的比重为49%，同比下降2.2个百分点。三是财产性收入保持较快增长。2009年农村居民财产性收入人均167元，增加19元，增长12.9%，增速同比下降2.6个百分点。财产性收入占农村居民人均纯收入的比重为3.3%，同比提高0.2个百分点。四是转移性收入继续较快增长，但增速回落。2009年农村居民得到的转移性收入人均398元，增加75元，增长23.1%，增速同比下降22.3个百分点。转移性收入占农村居民人均纯收入的比重为7.7%，同比提高0.9个百分点。按2009年农村贫困标准1196元测算，年末农村贫困人口为3597万人，比上年减少410万人。

（五）农村社会事业取得新进展

2009年农村社会事业发展迈出新步伐。医药卫生改革发展稳步推进。在全国普遍建立新型农村合作医疗制度，2716个县（市、区）开展了新型农村合作医疗工作，新型农村合作医疗参合率94.0%。新型农村合作医疗基金累计支出总额为646亿元，累积受益4.9亿人次。新型农村社会养老保险试点顺利启动。参加工伤保险农民工5580万人，比上年增加638万人。年末全国领取失业保险金人数为235万人。全国农村养老服务机构3.0万个，床位188.5万张，收养各类人员151.1万人。完善农村最低生活保障制度，4759.3万农村居民得到政府最低生活保障，比上年增加453.8万人。554.3万农村居民得到政府五保救济，比上年增加5.7万人。全年救助农村医疗困难群众688.4万人次；资助3689.8万农村困难群众参加新型农村合作医疗。

（六）农产品生产价格总水平持平略降

据调查，2009年全国农产品生产价格总水平同比下跌2.4%，是近7年以来首次低于上年水平。主要特点：一是农、林、牧、渔业产品生产价格呈现“一增三减”格局。2009年种植业产品生产价格比上年上涨2.9%，分季度看，种植业产品生产价格同比涨幅逐季加大，表现出较为明显的先抑后扬的运行特点。畜牧业产品生产价格比上年下跌9.9%，据测算，畜牧业产品生产价格下跌带动农产品生产价格总水平下跌3.6个百分点，是农产品生产价格总水平低于上年的主导因素；分季度看，下半年畜牧业产品生产价格同比跌幅逐季快速收窄。

2009年林业产品生产价格下跌5.1%;渔业产品生产价格下跌1%,林业、渔业产品生产价格近7年以来首次低于上年同期。二是粮食生产价格稳中有升,棉花、油料生产价格下降。2009年粮食生产价格比上年上涨3.7%。分品种看,主要粮食品种价格走势出现分化,小麦生产价格比上年上涨7.9%,稻谷生产比上年上涨5.2%,玉米生产价格比上年下跌1.5%,大豆生产价格比上年下跌7.7%。棉花(籽棉)生产价格上涨11.8%。油料生产价格下跌5.9%。三是生猪生产价格先抑后扬。生猪生产价格下跌18.4%,从环比来看,生猪生产价格一季度上涨0.9%,二季度下跌22.0%,三季度上涨5.5%,四季度上涨9.6%。

二、农业投入及特点

(一)中央进一步加大了强农惠农力度

2009年中央财政按照统筹城乡发展要求继续增加三农投入,"三农"投入创新高,中央预算安排的"三农"支出达7161.4亿元,比上年增加1205.9亿元,增长20%以上。中央进一步增加农资综合直补,提高良种补贴标准,扩大补贴范围,补贴范围涵盖小麦、水稻、玉米和东北大豆;扩大农机具补贴范围和种类,提高补贴标准。2009年农民种粮的四项补贴(粮食直补、农资综合补贴、良种补贴和农机具购置补贴)资金达到1230.8元,比上年增长19.4%。2009年国家较大幅度提高了小麦、稻谷最低收购价格,其中:白小麦、红小麦、混合麦每市斤最低收购价分别提高到0.87元、0.83元、0.83元,比2008年分别提高0.10元、0.11元、0.11元,提高幅度分别为13%、15.3%、15.3%。同时,采取临时收储、进出口调节、加强"北粮南运"运输协调等政策措施,促使国内粮食价格总体保持稳中有升的态势,保护了农民种粮的积极性。继续落实国务院出台的能繁母猪补贴、政策性保险,奖励生猪养殖大县等政策,完善了应对生猪生产周期性波动的政策。大幅度增加农业投资。着力加强农田水利、农村能源、农村交通、农村人畜饮水、动植物防疫、农产品质量安全等农业基础设施建设。启动实施全国新增1000亿斤粮食生产能力规划。加快建设优质粮食产业工程和大型商品粮生产基地。加快东北地区大豆、长江流域油菜、新疆优质棉生产生产基地建设。加强了生猪和奶牛标准化规模养殖小区(场)建设。从金融支持看,全年农村金融合作机构(农村信用社、农村合作银行、农村商业银行)人民币贷款余额4.7万亿元,比年初增加9727亿元。

(二)国家固定资产投资用于农村的增量明显提高

据统计,2009年全社会固定资产投资用于农村的投资为30678亿元,比上年增加6588亿元,增长27.5%,增幅比上年提升6个百分点。在城镇投资中,第一产业投资3373亿元,比上年增加1117亿元,增长49.9%,与上年持平略降。

(三)种植业结构调整呈"两增两减"格局

粮食和油料播种面积继续扩大。2009年全国粮食播种面积达到10899万公顷,比上年扩大219万公顷,增长2%。粮食播种面积扩大的原因:一是好政策和好价格进一步调动了农民种粮积极性。二是受棉花、糖料等产品价格低迷和种植效益下降影响,2009年我国棉花、麻、糖料等其他农作物播种面积大幅度减少,减少的面积大都改种粮食。2009年全国油料播种面积为1365万公顷,比上年增加83万公顷,增长6.4%。油料面积扩大的主要原因:受国家加大政策扶助力度,以及近年来食用油价格较好等因素影响,我国南方油菜籽产区不断增加冬闲地油菜种植面积,全国油菜籽种植面积扭转连续四年下滑局面,2008、2009年连续两年扩大。

棉花和糖料播种面积大幅减少。2009年全国棉花播种面积495万公顷左右,比上年减少80万公顷左右,下降14%。2009年棉花面积大幅度减少、产量大幅度下降的主要原因是:受国际金融危机影响,我国纺织行业出口受阻,对棉花需求大幅度下降,棉花价格持续低迷,种棉效益较低,农民大幅度调减棉花种植面积。尤其是新疆棉区棉花面积减少近33万公顷,减幅近20%。长江、黄淮棉区棉花播种面积近年来持续减少。另外由于良种种植比重提高,油料单产也有所增加。糖料播种面积减少。由于糖价走低,2009年全国糖料面积188万公顷,减少11多万公顷,减少5.3%左右。

(四)农村劳动力总量减少,受教育水平提高

乡村就业人员占全社会就业人员的比重继续下降。2009年末,乡村就业人员为46875万人,占全社会就业人员总数的60.1%,比上年下降0.9个百分点。乡村就业人员比上年减少395万人,下降0.8%,乡镇企业就业人员为15588万人,比上

年增加137万人，增长0.9%。分三次产业看，第一产业就业人员为29708万人，占全社会就业人员总数的38.1%，比上年下降了1.5个百分点。从受教育程度看，农村劳动力受教育程度继续提高。据对农村6.8万户农户的抽样调查，平均每百个农村劳动力中，不识字或识字很少的占6.1%，比上年减少0.2个百分点；小学文化程度的占25.3%，比上年减少0.5个百分点；初中文化程度的占52.8%，比上年减少0.1个百分点；高中文化程度的占11.4%，比上年提高0.4个百分点；中专文化程度的占2.7%，比上年提高0.2个百分点；大专及以上文化程度的占1.7%，比上年提高0.3个百分点。

(五)主要农业资源投入和农村环境保护情况

2009年，政府继续加强对土地资源的管理，土地整理复垦开发补充耕地26.9万公顷。全年水资源总量23763亿立方米，比上年减少13.4%；人均水资源1784.9立方米，减少13.8%。全年总用水量5933亿立方米，比上年增长0.4%。其中，农业用水增加0.6%，生态补水减少9.8%。全年完成造林面积588万公顷，其中人工造林完成389万公顷。新增综合治理水土流失面积4.8万平方公里，新增实施水土流失地区封育保护面积2.7万平方公里。全年农作物受灾面积4721万公顷，比上年增加18.1%。其中，绝收492万公顷，增加22.0%。2009年加强了以农田水利为重点的农业基础设施建设。各级政府加大投入力度，提高农业综合生产能力，大型灌区节水改造投资大幅增加，小型农田水利建设得到加强，全年新增有效灌溉面积147.1万公顷，新增节水灌溉面积182.6万公顷。

(六)农业生产资料价格持平略降

据统计，2009年我国农业生产资料价格略有下降，全年农业生产资料下降了2.5%。一是化肥价格比上年下降6.3%。其中，氮肥、磷肥价格分别比上年下降6.9%和7.9%，钾肥价格分别比上年上涨1.9%。二是农药及农药器械略涨0.1%。农药价格与上年持平，农药器械价格上涨1.5%。机械化农具上涨0.9%。三是农业生产服务费用上涨7.9%。其中，机械作业费比上年上涨8.4%，排灌费上涨5.0%。四是农用种子价格上涨6.5%。农用薄膜价格下降6.1%。五是饲料、产品畜价格涨跌互现。饲料价格上涨2.4%，产品畜价格大幅下降17.3%。

综合与概要

2—1 农村经济主要指标

指 标	单位	1990年	1995年	2000年	2007年	2008年	2009年
一、农业机械总动力	亿瓦特	2870.8	3611.8	5257.4	7659.0	8219.0	8749.6
二、农林牧渔业总产值	亿元	7662.1	20340.9	24915.8	48893.0	58002.2	60361.0
三、农林牧渔业增加值	亿元	5062.0	12135.8	14944.7	28627.0	33702.2	35225.9
四、农村固定资产投资完成额	亿元			6695.9	19859.5	24090.1	30678.4
#农业	亿元			815.6	1943.5	2814.1	3538.5
制造业	亿元			1901.0	9028.4	10334.1	11906.8
建筑业	亿元			640.6	309.8	360.2	423.3
交通运输、仓储和邮政业	亿元			350.5	1156.9	1323.9	1703.3
批发和零售业	亿元			123.9	429.7	548.8	641.8
五、主要农产品产量							
粮食	万吨	44624	46661.8	46217.5	50160.3	52870.9	53082.1
棉花	万吨	450.8	476.8	441.7	762.4	749.2	637.7
油料	万吨	1613.2	2250.3	2954.8	2568.7	2952.8	3154.3
糖料	万吨	7214.5	7940.1	7635.3	12188.2	13419.6	12276.6
黄红麻	万吨	72.6	37.1	12.6	9.9	8.4	7.5
烤烟	万吨	225.9	207.2	223.8	217.8	262.3	281.4
猪牛羊肉	万吨	2513.5	4265.3	4743.2	5283.8	5614.0	5915.7
牛奶	万吨	415.7	576.4	827.4	3525.2	3555.8	3518.8
禽蛋	万吨	794.6	1676.7	2243.3	2529.0	2702.2	2742.5
水产品	万吨	1237	2517.2	4278.5	4747.5	4895.6	5116.4
水果	万吨	1874.4	4214.6	6225.1	18136.3	19220.2	20395.5
六、农村物价总指数(上年=100)							
农产品生产价格总指数	%	97.4	119.9	96.4	118.49	114.1	97.6
农村商品零售价格指数	%	103.2	116.4	98.5	104.88	106.7	99.0
农业生产资料价格指数	%	105.5	127.4	99.1	107.7	120.3	97.5
农村居民消费价格指数	%	104.5	117.5	99.9	105.4	106.5	99.7
七、农村居民人均纯收入	元	686.3	1577.7	2253.4	4140.4	4760.6	5153.2
农村居民人均生活消费支出	元	584.6	1310.4	1670.1	3223.9	3660.7	3993.5
八、农村教育、卫生							
在校学生数							
#普通中学	万人	2739.0	2773.0	3586.3	2452.6	2256.3	2108.7
普通小学	万人	9595.6	9306.2	8503.7	6250.731	5824.9	5655.5
农民高等学校	人	353	966	800	2209	2137	1726
农民技术培训学校	万人	1050.0	4948.7	6209.6	3787.66	3694.8	3723.9
卫生院床位数	万张	72.3	73.3	73.5	74.7156	84.7	93.3
卫生技术人员	万人	77.7	91.9	102.6	86.4	90.4	95.0

注:1.建筑业投资统计口径有调整,不含农户建房投资。
2.2000年以前农产品生产价格总指数为农副产品收购价格指数。
3.从2003年起,农林牧渔业总产值、增加值、中间消耗核算执行新国民经济行业分类标准,包括农林牧渔服务业。
4.从2003年起,水果产量含果用瓜。

2—2　按人口平均的主要农产品产量

单位:千克/人

年　份	粮食	棉花	油料	糖料	猪牛羊肉	水产品
1949	208.9	0.8	4.7	5.2		0.8
1952	288.1	2.3	7.4	13.4		2.9
1957	306.0	2.6	6.6	18.7		4.9
1962	231.9	1.1	3.0	5.7		3.4
1965	272.0	2.9	5.1	21.5		4.2
1970	293.2	2.8	4.6	19.0		3.9
1975	310.5	2.6	4.9	20.9		4.8
1978	318.7	2.3	5.5	24.9		4.9
1979	342.7	2.3	6.6	25.4		4.4
1980	326.7	2.8	7.8	29.7		4.6
1981	327.0	3.0	10.3	36.2		4.6
1982	351.5	3.6	11.7	43.2		5.1
1983	378.5	4.5	10.3	39.4		5.3
1984	392.8	6.0	11.5	46.1		6.0
1985	360.7	3.9	15.0	57.5		6.7
1986	367.0	3.3	13.8	54.9		7.7
1987	371.7	3.9	14.1	51.2		8.8
1988	357.7	3.8	12.0	56.2		9.6
1989	364.3	3.4	11.6	51.9		10.3
1990	393.1	4.0	14.2	63.6		10.9
1991	378.3	4.9	14.2	73.2		11.7
1992	380.0	3.9	14.1	75.6		13.4
1993	387.4	3.2	15.3	64.7		15.5
1994	373.5	3.6	16.7	61.6		17.9
1995	387.3	4.0	18.7	65.9		20.9
1996	414.4	3.5	18.2	68.7	30.3	23.1
1997	401.7	3.7	17.5	76.3	33.2	25.4
1998	412.5	3.6	18.6	78.8	37.0	27.2
1999	405.8	3.1	20.8	66.5	38.0	28.5
2000	366.0	3.5	23.4	60.5	37.6	29.4
2001	355.9	4.2	22.5	68.1	38.0	29.9
2002	357.0	3.8	22.6	80.4	38.5	30.9
2003	334.3	3.8	21.8	74.8	39.5	31.6
2004	362.2	4.9	23.7	73.8	40.4	32.8
2005	371.3	4.4	23.6	72.5	42.0	33.9
2006	379.9	5.7	20.2	79.8	42.7	35.0
2007	380.6	5.8	19.5	92.5	40.1	36.0
2008	399.1	5.7	22.3	101.3	42.4	37.0
2009	398.7	4.8	24.0	92.2	44.4	38.4

注:按年平均人口计算。

2—2 续表 单位：千克/人

年 份	黄红麻	烤烟	水果	牛奶	禽蛋	茶叶
1952	0.3	0.4	4.3			0.14
1957	0.2	0.4	5.1			0.18
1962	0.1	0.2	4.1			0.11
1965	0.4	0.5	4.5			0.14
1970	0.2	0.5	4.6			0.17
1975	0.4	0.8	5.9	1.0		0.23
1978	1.1	1.1	6.9	0.9		0.28
1980	1.1	0.7	6.9	1.2		0.31
1985	3.9	2.0	11.1	2.4	5.1	0.41
1986	1.3	1.3	12.6	2.7	5.2	0.43
1987	1.0	1.5	15.4	3.0	5.4	0.47
1988	1.0	2.1	15.1	3.1	6.3	0.50
1989	0.6	2.1	16.4	3.4	6.4	0.48
1990	0.6	2.0	16.5	3.7	7.0	0.48
1991	0.4	2.3	18.9	4.0	8.0	0.47
1992	0.5	2.7	20.9	4.3	8.7	0.48
1993	0.6	2.6	25.6	4.2	10.0	0.51
1994	0.3	1.6	29.4	4.4	12.4	0.49
1995	0.3	1.6	35.0	4.6	13.1	0.49
1996	0.3	2.4	38.2	5.2	16.0	0.49
1997	0.3	3.2	41.4	5.4	17.3	0.50
1998	0.2	1.7	43.9	6.0	16.2	0.54
1999	0.1	1.7	49.8	5.7	17.0	0.54
2000	0.1	1.8	49.3	6.6	17.3	0.54
2001	0.1	1.6	52.3	8.1	17.4	0.55
2002	0.1	1.7	112.3	10.2	17.7	0.58
2003	0.1	1.6	112.7	13.6	18.1	0.60
2004	0.1	1.7	118.4	17.4	18.3	0.64
2005	0.1	1.9	123.6	21.1	18.7	0.72
2006	0.1	1.7	130.4	24.4	18.5	0.78
2007	0.1	1.7	137.6	26.7	19.2	0.88
2008	0.1	2.0	145.1	26.8	20.4	0.95
2009	0.1	2.1	153.2	26.4	20.6	1.02

注：从 2002 年起，水果产量含果用瓜。

2—3 农村经济在国民经济中的地位

单位:亿元、%

年 份	国内生产总值	#第一产业	所占比重	社会消费品零售额	#县及县以下	所占比重
1952	679.0	342.9	50.5	276.8		
1957	1068.0	430.0	40.3	474.2		
1962	1149.3	453.1	39.4	604.0		
1965	1716.1	651.1	37.9	670.3		
1970	2252.7	793.3	35.2	858.0		
1975	2997.3	971.1	32.4	1271.1		
1978	3624.1	1027.5	28.4	1558.6	1053.4	67.6
1980	4517.8	1371.6	30.4	2140.0	1406.4	65.7
1981	4862.4	1559.5	32.1	2350.0	1506.7	64.1
1982	5294.7	1777.4	33.6	2570.0	1649.5	64.2
1983	5934.5	1978.4	33.3	2849.4	1792.1	62.9
1984	7171.0	2316.1	32.3	3376.4	2027.7	60.1
1985	8964.4	2564.4	28.6	4305.0	2430.5	56.5
1986	10202.2	2788.7	27.3	4950.0	2932.0	59.2
1987	11962.5	3233.0	27.0	5820.0	3393.0	58.3
1988	14928.3	3865.4	25.9	7440.0	4179.2	56.2
1989	16909.2	4265.9	25.2	8101.4	4434.6	54.7
1990	18547.9	5062.0	27.3	8300.1	4411.5	53.1
1991	21617.8	5342.2	24.7	9415.6	4885.8	51.9
1992	26638.1	5866.6	22.0	10993.7	5523.4	50.2
1993	34634.4	6963.8	20.1	12462.1	5237.2	42.0
1994	48197.9	9572.7	19.9	16264.7	6603.5	40.6
1995	60793.7	12135.8	20.0	20620.0	8243.3	40.0
1996	71176.6	14015.4	19.7	24774.1	9822.9	39.6
1997	78973.0	14441.9	18.3	27298.9	10648.5	39.0
1998	84402.3	14817.6	17.6	29152.5	11327.3	38.9
1999	89677.1	14770.0	16.5	31134.7	12043.1	38.7
2000	99214.6	14944.7	15.1	34152.6	13042.3	38.2
2001	109655.2	15781.3	14.4	37595.2	14051.8	37.4
2002	120332.7	16537.0	13.7	42027.0	15041.0	35.8
2003	135822.8	17381.7	12.8	45842.0	16065.0	35.0
2004	159878.3	21412.7	13.4	59501.0	19805.0	33.3
2005	183217.5	22420.0	12.2	67176.6	22082.0	32.9
2006	211923.5	24040.0	11.3	76410.0	24867.4	32.5
2007	257305.6	28627.0	11.1	89210.0	28799.3	32.3
2008	314045.4	33702.0	10.7	114830.1	34752.8	30.3
2009	335352.9	35225.9	10.5	132678.4	43584.2	32.8

注:1.社会消费品零售额,1992年及以前为社会商品零售总额数据。
2.国内生产总值依据全国第一次经济普查结果进行了修订。

2—3续表1

单位:亿元、%

年 份	财政收入	#农业各税	所占比重	国家财政支出	#支农支出	所占比重
1970	662.9	32.0	4.8	649.4	49.4	7.6
1975	815.6	29.5	3.6	820.9	99.0	12.1
1978	1132.3	28.4	2.5	1122.1	150.7	13.4
1980	1159.9	27.7	2.4	1228.8	150.0	12.2
1981	1175.8	28.4	2.4	1138.4	110.2	9.7
1982	1212.3	29.4	2.4	1230.0	120.5	9.8
1983	1367.0	33.0	2.4	1409.5	132.9	9.4
1984	1642.9	34.8	2.1	1701.0	141.3	8.3
1985	2004.8	42.1	2.1	2004.3	153.6	7.7
1986	2122.0	44.5	2.1	2204.9	184.2	8.4
1987	2199.4	50.8	2.3	2262.2	195.7	8.7
1988	2357.2	73.7	3.1	2491.2	214.1	8.6
1989	2664.9	84.9	3.2	2823.8	265.9	9.4
1990	2937.1	87.9	3.0	3083.6	307.8	10.0
1991	3149.5	90.7	2.9	3386.6	347.6	10.3
1992	3483.4	119.2	3.4	3742.2	376.0	10.0
1993	4349.0	125.7	2.9	4642.3	440.5	9.5
1994	5218.1	231.5	4.4	5792.6	533.0	9.2
1995	6242.2	278.1	4.5	6823.7	574.9	8.4
1996	7408.0	369.5	5.0	7937.6	700.4	8.8
1997	8651.1	397.5	4.6	9233.6	766.4	8.3
1998	9876.0	398.8	4.04	10798.2	1154.8	10.7
1999	11444.1	423.5	3.70	13187.7	1085.8	8.2
2000	13395.2	465.3	3.50	15886.5	1231.5	7.8
2001	16386.0	481.7	2.90	18902.6	1456.7	7.7
2002	18903.6	717.9	3.80	22053.2	1580.8	7.2
2003	21715.3	871.8	4.00	24649.9	1754.5	7.1
2004	26355.9	902.2	3.40	28486.9	2337.6	8.2
2005	31649.3	936.4	2.96	33930.3	2450.3	7.2
2006	38760.2	1084.0	2.80	40422.7	3173.0	7.9
2007	51321.78	1439.1	2.80	49781.4	4318.3	8.7
2008	61330.35	1688.8	2.75	62592.7	5955.5	9.5
2009	68518.3	2448.9	3.57	76299.9	7253.1	9.5

注:1.农业各税包括耕地占用税、农林特产税(1994年为农业特产税)、农业税、牧业税和契税。2007年以后,农业各税仅包括烟叶税、契税和耕地占用税。

2.国家财政支农支出因报表制度调整,今年暂时无数。

2—3 续表 2 单位：元/人

年　份	全国居民消费水平			指数(1978 年=100)		城乡消费水平对比(农村居民=1)
		农村居民	城镇居民	农村居民	城镇居民	
1978	184	138	405	100.0	100.0	2.9
1980	238	178	489	115.4	110.2	2.7
1981	264	201	521	126.8	114.6	2.6
1982	288	223	536	138.3	115.4	2.4
1983	316	250	558	153.1	117.9	2.2
1984	361	287	618	172.8	127.2	2.2
1985	446	349	765	195.7	141.3	2.2
1986	497	378	872	200.3	150.8	2.3
1987	565	421	998	210.0	159.3	2.4
1988	714	509	1311	221.0	174.7	2.6
1989	788	549	1466	217.2	176.0	2.7
1990	833	560	1596	215.4	190.9	2.9
1991	932	602	1840	227.1	211.4	3.1
1992	1116	688	2262	246.5	245.3	3.3
1993	1393	805	2924	257.1	270.8	3.6
1994	1833	1038	3852	265.0	282.8	3.7
1995	2355	1313	4931	282.9	303.2	3.8
1996	2789	1626	5532	323.8	313.6	3.4
1997	3002	1722	5823	334.0	320.4	3.4
1998	3159	1730	6109	338.1	339.2	3.5
1999	3346	1766	6405	355.3	363.0	3.6
2000	3632	1860	6850	371.3	391.1	3.7
2001	3887	1969	7161	388.0	406.3	3.6
2002	4144	2062	7486	408.1	426.2	3.6
2003	4475	2103	8060	409.5	456.1	3.8
2004	5032	2319	8912	426.7	487.7	3.8
2005	5573	2579	9644	458.8	514.3	3.7
2006	6263	2868	10682	497.1	555.7	3.7
2007	7255	3293	12211	537.9	609.9	3.7
2008	8349	3795	13845	575.8	656.7	3.6
2009	9098	4021	15025	616.8	712.2	3.7

注：绝对数按当年价格计算，指数按可比价格计算。

2—3 续表 3

单位:元/人

年 份	农村居民家庭人均纯收入	指数(1978=100)	城镇居民家庭人均可支配收入	指数(1978=100)
1978	133.6	100.0	343.4	100.0
1980	191.3	139.0	477.6	127.0
1981	223.4	160.4	492.0	127.7
1982	270.1	192.3	527.0	134.1
1983	309.8	219.6	564.0	140.7
1984	355.3	249.5	651.0	158.1
1985	397.6	268.9	739.1	160.4
1986	423.8	277.6	899.6	182.5
1987	462.6	292.0	1002.2	186.9
1988	544.9	310.7	1181.4	182.5
1989	601.5	305.7	1375.7	182.8
1990	686.3	311.2	1510.2	198.1
1991	708.6	317.4	1700.6	212.4
1992	784.0	336.2	2026.6	232.9
1993	921.6	346.9	2577.4	255.1
1994	1221.0	364.3	3496.2	276.8
1995	1577.7	383.6	4283.0	290.3
1996	1926.1	418.1	4838.9	301.6
1997	2090.1	437.3	5160.3	311.9
1998	2162.0	456.1	5425.1	329.9
1999	2210.3	473.5	5854.0	360.6
2000	2253.4	483.4	6280.0	383.7
2001	2366.4	503.7	6859.6	416.3
2002	2475.6	527.9	7702.8	472.1
2003	2622.2	550.6	8472.2	514.6
2004	2936.4	588.0	9421.6	554.2
2005	3254.9	624.5	10493.0	607.4
2006	3587.0	670.7	11759.5	670.7
2007	4140.4	734.4	13785.8	752.3
2008	4760.6	793.2	15780.8	815.7
2009	5153.2	860.6	17174.7	895.4

注:指数按可比价格计算。

2—4 各地区农村经济在国民经济中的地位

单位:%

地　　区	第一产业增加值占地区生产总值比重	第一产业人员占就业人员比重
北　　京	1.0	5.2
天　　津	1.7	15.3
河　　北	13.0	38.0
山　　西	6.5	39.7
内 蒙 古	9.6	48.8
辽　　宁	9.4	31.7
吉　　林	13.6	43.6
黑 龙 江	13.9	46.3
上　　海	0.8	5.1
江　　苏	6.5	19.8
浙　　江	5.1	17.2
安　　徽	14.9	42.8
福　　建	9.9	29.4
江　　西	14.5	39.3
山　　东	9.5	36.6
河　　南	14.3	46.5
湖　　北	14.0	32.7
湖　　南	15.2	48.0
广　　东	5.1	27.2
广　　西	18.9	54.5
海　　南	28.1	52.4
重　　庆	9.3	34.9
四　　川	15.8	43.6
贵　　州	14.2	51.7
云　　南	17.2	61.3
西　　藏	14.5	54.5
陕　　西	9.6	45.7
甘　　肃	14.7	52.6
青　　海	9.9	42.9
宁　　夏	9.5	39.8
新　　疆	17.8	51.3

2—5 各地区农村社会消费品零售额及占全国的比重

（按当年价计算）

单位：亿元

地区	社会消费品零售额	#县零售额	#县以下零售额	县及县以下消费品零售额占全社会消费品零售额的比重(%)
全国合计	**132678.4**	**15304.6**	**28279.6**	**32.8**
北京	5309.9	41.8	633.4	12.7
天津	2430.8	86.7	64.0	6.2
河北	5764.9	1192.4	1821.5	52.3
山西	2809.0	561.3	464.2	36.5
内蒙古	2855.3	562.5	338.1	31.5
辽宁	5812.6	313.1	688.5	17.2
吉林	2957.3	237.4	428.8	22.5
黑龙江	3401.8	386.0	375.7	22.4
上海	5173.2	10.9	1231.4	24.0
江苏	11484.1	757.8	2254.8	26.2
浙江	8622.3	839.1	2012.5	33.1
安徽	3527.8	716.9	872.7	45.1
福建	4481.0	514.2	951.1	32.7
江西	2484.4	531.7	622.1	46.4
山东	12363.0	1437.8	2886.7	35.0
河南	6746.4	1359.9	1660.6	44.8
湖北	5928.4	586.8	1213.4	30.4
湖南	4913.7	822.7	1194.4	41.0
广东	14891.8	697.3	3710.5	29.6
广西	2790.7	495.5	628.1	40.3
海南	537.5	39.2	110.1	27.8
重庆	2479.0	331.8	626.1	38.6
四川	5758.7	1053.2	1865.7	50.7
贵州	1247.3	255.8	275.9	42.6
云南	2051.1	468.2	428.3	43.7
西藏	156.6	62.3	18.3	51.5
陕西	2699.7	460.3	437.3	33.2
甘肃	1183.0	191.7	228.4	35.5
青海	300.5	57.2	29.5	28.9
宁夏	339.3	61.3	36.3	28.8
新疆	1177.5	171.8	171.4	29.1

2—6 各地区城乡居民收入水平

单位:元/人

地　区	农村居民家庭人均纯收入	城镇居民家庭人均可支配收入	城乡居民收入水平对比(农村居民=1)
全国总计	**5153.2**	**17174.7**	**3.33**
北　京	11668.6	26738.5	2.29
天　津	8687.6	21402.0	2.46
河　北	5149.7	14718.3	2.86
山　西	4244.1	13996.6	3.30
内蒙古	4937.8	15849.2	3.21
辽　宁	5958.0	15761.4	2.65
吉　林	5265.9	14006.3	2.66
黑龙江	5206.8	12566.0	2.41
上　海	12482.9	28837.8	2.31
江　苏	8003.5	20551.7	2.57
浙　江	10007.3	24610.8	2.46
安　徽	4504.3	14085.7	3.13
福　建	6680.2	19576.8	2.93
江　西	5075.0	14021.5	2.76
山　东	6118.8	17811.0	2.91
河　南	4807.0	14371.6	2.99
湖　北	5035.3	14367.5	2.85
湖　南	4909.0	15084.3	3.07
广　东	6906.9	21574.7	3.12
广　西	3980.4	15451.5	3.88
海　南	4744.4	13750.9	2.90
重　庆	4478.4	15748.7	3.52
四　川	4462.1	13839.4	3.10
贵　州	3005.4	12862.5	4.28
云　南	3369.3	14423.9	4.28
西　藏	3531.7	13544.4	3.84
陕　西	3437.6	14128.8	4.11
甘　肃	2980.1	11929.8	4.00
青　海	3346.2	12691.9	3.79
宁　夏	4048.3	14024.7	3.46
新　疆	3883.1	12257.5	3.16

2—7 各地区城乡居民消费水平

单位:元/人

地 区	居民消费水平	农村居民	城镇居民	城乡居民消费水平对比（农村居民=1）
北 京	22154	11483	24044	2.1
天 津	15149	7075	17475	2.5
河 北	7193	3606	12195	3.4
山 西	6854	3705	10617	2.9
内蒙古	9668	3999	14784	3.7
辽 宁	10848	4909	14774	3.0
吉 林	8410	4239	12061	2.8
黑龙江	7737	4183	10592	2.5
上 海	29572	13748	31608	2.3
江 苏	11993	7147	15965	2.2
浙 江	15790	8324	21251	2.6
安 徽	6829	3683	11301	3.1
福 建	10950	6037	15739	2.6
江 西	6229	3443	10033	2.9
山 东	10494	5395	16027	3.0
河 南	6607	3528	11884	3.4
湖 北	7791	4137	12080	2.9
湖 南	7929	4154	13000	3.1
广 东	15291	5239	21098	4.0
广 西	6893	3302	12585	3.8
海 南	6695	3447	10215	3.0
重 庆	8308	3143	13314	4.2
四 川	6863	3891	11701	3.0
贵 州	5044	2459	11223	4.6
云 南	5926	3038	11661	3.8
西 藏	4060	2398	9563	4.0
陕 西	7069	3210	12223	3.8
甘 肃	5284	2657	10765	4.1
青 海	6495	3424	10845	3.2
宁 夏	7858	3432	13151	3.8
新 疆	5990	2984	10546	3.5

2－8　主要农产品供需情况

一、粮食

年　份	生产量（万吨）	进口量（万吨）	出口量（万吨）	城镇居民人均消费（千克/人）	农村居民人均消费（千克/人）
1980	32056	1343	162		257.2
1981	32502	1481	126	145.4	256.1
1982	35450	1612	125	144.6	260.0
1983	38728	1344	196	144.5	259.9
1984	40731	1045	357	142.1	266.5
1985	37911	600	932	134.8	257.5
1986	39151	773	942	137.9	259.3
1987	40298	1628	737	133.9	259.4
1988	39408	1533	717	137.2	259.5
1989	40755	1658	656	133.9	262.3
1990	44624	1372	583	130.7	262.1
1991	43529	1345	1086	127.9	255.6
1992	44266	1175	1364	111.5	250.5
1993	45649	752	1535	97.8	251.8
1994	44510	920	1346	101.7	257.6
1995	46662	2081	214	97.0	256.1
1996	50450	1200	144	94.7	256.2
1997	49417	705	859	88.6	250.7
1998	51230	708	906	86.7	248.9
1999	50839	772	758	84.9	247.5
2000	46218	1357	1400	82.3	250.2
2001	45264	1738	903	79.7	238.6
2002	45706	1417	1514	78.5	236.5
2003	43070	2283	2230	79.5	222.4
2004	46947	2298	514	78.2	218.3
2005	48402	3286	1141	77.0	208.9
2006	49804	3186	723	75.9	205.6
2007	50160	3237	1118	77.6	199.5
2008	52871	4131	379	58.5	199.1
2009	53082	5223	329	81.3	189.3

注：1984 年及以前城镇居民人均消费量为全国城市居民人均消费量。

二、食用植物油

2—8 续表 1

年 份	生产量（万吨）	进口量（万吨）	出口量（万吨）	城镇居民人均消费（千克/人）	农村居民人均消费（千克/人）
1980	222		3.1		1.4
1981	292	4.4	6.3	4.8	1.9
1982	345	5.6	10.2	5.8	2.1
1983	360	3.5	15.6	6.5	2.2
1984	382	1.4	13.1	7.1	2.5
1985	401	3.5	16.2	5.8	2.6
1986	441	19.8	16.6	6.2	2.6
1987	478	51.1	5.6	6.5	3.1
1988	480	21.4	2.6	7.0	3.3
1989	496	105.6	6.2	6.2	3.3
1990	544	112.0	14.0	6.4	3.5
1991	644	61.0	9.9	6.9	3.9
1992	661	42.0	6.8	6.7	4.1
1993	965	24.0	13.6	7.1	4.1
1994	723	163.0	27.0	7.5	4.1
1995	1144	353.0	49.6	7.1	4.3
1996	947	264.0	47.3	7.1	4.5
1997	894	285.8	86.1	7.2	4.7
1998	602	205.5	30.9	7.6	4.6
1999	734	208.0	9.7	7.8	4.6
2000	835	179.0	11.2	8.2	5.5
2001	1383	165.0	13.4	8.1	7.0
2002	1531	319.0	9.8	8.5	7.5
2003	1584	541.0	6.0	9.2	6.3
2004	1235	676.0	6.5	9.3	5.3
2005	1612	621.0	22.5	9.3	6.0
2006	1986	671.0	39.9	9.4	5.8
2007	2319	838.0	16.6	9.6	6.0
2008	2419	817.1	24.9	10.3	6.2
2009	3280	816.0	11.4	9.7	5.4

注：本表生产量为规模以上企业产量。

三、棉花

2—8 续表 2

年 份	生产量（万吨）	进口量（万吨）	出口量（万吨）	全国人均占有量（千克/人）
1980	270.7	88.5	0.9	2.8
1981	296.8	80.1	0.1	3.0
1982	359.8	47.3	0.4	3.5
1983	463.7	23.0	5.8	4.4
1984	625.8	4.0	18.9	5.9
1985	414.7		34.7	3.9
1986	354.0		55.8	3.2
1987	424.5	0.6	75.5	3.8
1988	414.9	3.5	46.8	3.7
1989	378.8	51.9	27.2	3.3
1990	450.8	42.0	16.7	3.9
1991	567.5	37.0	20.0	4.8
1992	450.8	28.0	14.5	3.8
1993	373.9	1.0	15.0	3.1
1994	434.0	52.6	11.1	3.6
1995	476.8	74.0	2.2	3.9
1996	420.0	6.5	0.4	3.4
1997	460.3	78.3	0.1	3.7
1998	450.1	20.9	4.5	3.6
1999	382.9	5.0	23.6	3.1
2000	441.7	4.7	29.2	3.5
2001	532.4	6.0	5.2	4.2
2002	491.6	18.0	15.0	3.8
2003	486.0	87.0	11.2	3.8
2004	632.0	191.0	0.9	4.9
2005	571.4	257.0	0.5	4.4
2006	753.3	364.0	1.3	5.2
2007	762.4	246.0	2.1	5.8
2008	749.2	211.0	1.6	5.7
2009	637.7	153.0	0.8	4.8

四、糖料

2—8 续表 3

年 份	生产量（万吨）	食糖进口量（万吨）	食糖出口量（万吨）	城镇居民人均消费（千克/人）	农村居民人均消费（千克/人）
1980	2911.2	91.2	30.1		1.1
1981	3602.8	102.9	12.5	2.9	1.1
1982	4359.4	217.7	6.7	2.8	1.2
1983	4103.3	190.0	6.0	2.8	1.3
1984	4780.3	123.0	5.2	2.9	1.3
1985	6046.8	191.0	18.4	2.5	1.5
1986	5852.5	118.0	26.6	2.6	1.6
1987	5550.3	183.0	45.2	2.5	1.7
1988	6187.4	371.0	24.8	2.6	1.4
1989	5803.8	158.0	43.0	2.4	1.5
1990	7214.5	113.0	57.0	2.1	1.5
1991	8418.7	101.0	34.3	1.8	1.4
1992	8808.0	110.0	167.0	1.9	1.5
1993	7624.2	45.0	185.0	1.8	1.4
1994	7346.0	155.2	94.7	1.9	1.3
1995	7940.0	295.0	48.0	1.7	1.3
1996	8360.0	125.0	66.5	1.7	1.4
1997	9380.0	78.3	37.9	1.6	1.4
1998	9790.4	50.8	43.6	1.8	1.4
1999	8334.1	42.0	36.7	1.8	1.5
2000	7635.3	64.1	41.5	1.7	1.3
2001	8655.1	120.0	19.6	1.7	1.4
2002	10293.0	118.3	32.6	—	1.6
2003	9642.0	78.0	10.3	—	1.2
2004	9528.0	121.0	8.5	—	1.1
2005	9451.9	139.0	35.8	—	1.1
2006	10460.0	137.0	15.4	—	1.1
2007	12188.2	119.0	11.1	—	1.1
2008	13419.6	78.0	6.2	—	1.1
2009	12276.6	106.0	6.4	—	1.1

农村基本情况与农业生产条件

3—1 全国乡村人口和乡村就业人员情况

单位:万人、%

年 份	乡村人口		乡村就业人员数(年末)		
	人口数	占总人口比重		第一产业	第一产业人员所占比重
1978	79014	82.1	30638	28318	92.4
1980	79565	80.6	31836	29122	91.5
1985	80757	76.3	37065	31130	84.0
1990	84138	73.6	47708	38914	81.6
1991	84620	73.1	48026	39098	81.4
1992	84996	72.5	48291	38699	80.1
1993	85344	72.0	48546	37680	77.6
1994	85681	71.5	48802	36628	75.1
1995	85947	71.0	49025	35530	72.5
1996	85085	69.5	49028	34820	71.0
1997	84177	68.1	49039	34840	71.0
1998	83153	66.7	49021	35177	71.8
1999	82038	65.2	48982	35768	73.0
2000	80837	63.8	48934	36043	73.7
2001	79563	62.3	49085	36513	74.4
2002	78241	60.9	48960	36870	75.3
2003	76851	59.5	48793	36546	74.9
2004	75705	58.2	48724	35269	72.4
2005	74544	57.0	48494	33970	70.0
2006	73742	56.1	48090	32561	67.7
2007	72750	55.1	47640	31444	66.0
2008	72135	54.3	47270	30654	64.8
2009	71288	53.4	46875	29708	63.4

注:1.本书中的乡村人口和乡村就业人员的统计口径进行了调整,不同于往年版本数据。

2.1982年以前人口数据为户籍统计数;1982—1989年数据根据1990年人口普查数据进行了调整;1990—2000年数据根据2000年人口普查数据进行了调整;2001—2004年、2006年和2007年数据为人口变动情况抽样调查推算数;2005年数据根据全国1%人口抽样调查数据推算(下表同)。

3.资料来源:《中国统计年鉴》。

3－2 各地区乡村人口和乡村就业人员

单位：万人、%

地区	乡村人口		乡村就业人员数(年末)		
	人口数	占总人口比重		第一产业	乡镇企业
全国	**71288**	**53.4**	**46875**	**29708**	**15588**
北京	263	15.0	339	66	140
天津	270	22.0	192	78	131
河北	4010	57.0	2944	1484	1220
山西	1851	54.0	1082	636	383
内蒙古	1129	46.6	703	558	267
辽宁	1712	39.7	1181	694	712
吉林	1279	46.7	723	517	254
黑龙江	1703	44.5	978	781	196
上海	219	11.4	206	48	277
江苏	3430	44.4	2668	897	1994
浙江	2181	42.1	2321	659	1297
安徽	3550	57.9	3053	1580	668
福建	1763	48.6	1375	639	836
江西	2518	56.8	1724	882	483
山东	4894	51.7	3991	1994	1653
河南	5909	62.3	4882	2765	1144
湖北	3089	54.0	2123	990	666
湖南	3639	56.8	3092	1876	1062
广东	3528	36.6	3366	1537	1500
广西	2952	60.8	2341	1561	437
海南	440	50.9	282	226	37
重庆	1384	48.4	1380	656	271
四川	5017	61.3	3937	2158	929
贵州	2663	70.1	2031	1211	308
云南	3017	66.0	2137	1673	417
西藏	221	76.2	119	92	
陕西	2131	56.5	1460	878	535
甘肃	1775	67.4	1106	739	227
青海	324	58.1	196	123	26
宁夏	336	53.8	218	131	61
新疆	1298	60.2	450	426	109

注：本表数据根据2008年人口变动情况抽样调查数据推算。

3—3 农村居民家庭劳动力文化状况

指　　标	单位	1990 年	1995 年	2000 年	2008 年	2009 年	2009 年为下列各年百分比(%)	
							1990 年	2008 年
平均每百个劳动力中:								
不识字或识字很少	人	20.73	13.47	8.09	6.15	5.94	28.7	96.6
小学程度	人	38.86	36.62	32.22	25.30	24.67	63.5	97.5
初中程度	人	32.84	40.10	48.07	52.81	52.68	160.4	99.8
高中程度	人	6.96	8.61	9.31	11.40	11.74	168.7	103.0
中专程度	人	0.51	0.96	1.83	2.66	2.87	562.7	107.9
大专及大专以上	人	0.10	0.24	0.48	1.68	2.10	2100.0	124.8

3－4 各地区农村居民家庭劳动力文化状况

单位：人

地区	平均每百个劳动力中：					
	不识字或识字很少	小学程度	初中程度	高中程度	中专程度	大专及大专以上
全国总计	**5.9**	**24.7**	**52.7**	**11.7**	**2.9**	**2.1**
北京	0.7	4.7	54.4	18.8	8.6	12.8
天津	2.2	17.1	60.4	12.5	5.1	2.8
河北	1.7	17.5	59.3	17.3	2.5	1.8
山西	2.3	19.6	60.4	13.5	2.3	1.9
内蒙古	5.3	28.8	49.2	12.5	2.3	2.0
辽宁	0.8	19.2	65.4	7.4	3.3	3.9
吉林	2.3	28.5	56.7	9.6	1.6	1.4
黑龙江	1.8	22.5	66.2	6.9	1.5	1.1
上海	1.9	13.5	47.6	16.2	8.0	12.8
江苏	5.5	19.3	54.0	14.1	3.0	4.2
浙江	4.6	29.4	45.2	14.0	3.1	3.7
安徽	10.6	21.2	54.9	9.3	2.3	1.7
福建	6.4	28.2	46.4	12.4	3.8	2.8
江西	4.9	29.8	50.4	10.4	2.7	1.7
山东	4.5	15.9	56.8	15.5	4.6	2.7
河南	5.0	16.2	61.7	12.5	2.7	1.8
湖北	5.2	23.0	55.0	11.9	3.3	1.6
湖南	2.9	27.7	50.7	14.8	2.5	1.5
广东	3.2	21.7	54.1	13.5	4.7	2.8
广西	1.4	23.6	55.3	13.9	4.1	1.8
海南	4.9	18.2	56.7	16.2	2.7	1.4
重庆	6.7	35.0	47.6	7.3	2.2	1.3
四川	6.6	30.6	50.6	8.6	2.5	1.1
贵州	12.9	35.9	42.6	6.0	1.8	0.8
云南	12.4	37.5	41.6	5.8	1.9	0.8
西藏	48.8	46.2	3.8	1.0		0.2
陕西	5.8	20.2	56.4	13.4	2.7	1.5
甘肃	14.3	28.3	40.6	12.9	2.3	1.7
青海	21.7	38.5	30.2	7.6	1.1	1.0
宁夏	18.0	30.0	42.1	8.3	0.7	1.0
新疆	4.0	35.7	49.1	7.5	2.3	1.4

3—5 各地区农村居民家庭劳动力文化程度

（按人均纯收入分组）

单位：%

地　　区	劳动力文化程度构成					
	不识字或识字很少	小学程度	初中程度	高中程度	中专程度	大专及大专以上
全国总计	**5.9**	**24.7**	**52.7**	**11.7**	**2.9**	**2.1**
4000元以上地区						
上　海	1.9	13.5	47.6	16.2	8.0	12.8
北　京	0.7	4.7	54.4	18.8	8.6	12.8
浙　江	4.6	29.4	45.2	14.0	3.1	3.7
天　津	2.2	17.1	60.4	12.5	5.1	2.8
江　苏	5.5	19.3	54.0	14.1	3.0	4.2
广　东	3.2	21.7	54.1	13.5	4.7	2.8
福　建	6.4	28.2	46.4	12.4	3.8	2.8
山　东	4.5	15.9	56.8	15.5	4.6	2.7
辽　宁	0.8	19.2	65.4	7.4	3.3	3.9
吉　林	2.3	28.5	56.7	9.6	1.6	1.4
黑龙江	1.8	22.5	66.2	6.9	1.5	1.1
河　北	1.7	17.5	59.3	17.3	2.5	1.8
江　西	4.9	29.8	50.4	10.4	2.7	1.7
湖　北	5.2	23.0	55.0	11.9	3.3	1.6
内蒙古	5.3	28.8	49.2	12.5	2.3	2.0
湖　南	2.9	27.7	50.7	14.8	2.5	1.5
河　南	5.0	16.2	61.7	12.5	2.7	1.8
海　南	4.9	18.2	56.7	16.2	2.7	1.4
安　徽	10.6	21.2	54.9	9.3	2.3	1.7
重　庆	6.7	35.0	47.6	7.3	2.2	1.3
四　川	6.6	30.6	50.6	8.6	2.5	1.1
山　西	2.3	19.6	60.4	13.5	2.3	1.9
宁　夏	18.0	30.0	42.1	8.3	0.7	1.0
3000～4000元地区						
广　西	1.4	23.6	55.3	13.9	4.1	1.8
新　疆	4.0	35.7	49.1	7.5	2.3	1.4
西　藏	48.8	46.2	3.8	1.0		0.2
陕　西	5.8	20.2	56.4	13.4	2.7	1.5
云　南	12.4	37.5	41.6	5.8	1.9	0.8
青　海	21.7	38.5	30.2	7.6	1.1	1.0
贵　州	12.9	35.9	42.6	6.0	1.8	0.8
2000～3000元地区						
甘　肃	14.3	28.3	40.6	12.9	2.3	1.7

3－6　主要农业机械年末拥有量

年　份	农用机械总动力（亿瓦）	大中型拖拉机（台）	小　型拖拉机（万台）	大中型拖拉机配套农具（万部）	联　合收获机（台）	渔用机动船	
						（艘）	（万千瓦）
1957	12.1	14674			1789	1485	7.6
1962	75.7	54938	0.1	19.2	5906	5657	33.3
1965	109.9	72599	0.4	25.8	6704	7789	47.1
1970	216.5	125498	7.8	34.6	8002	14200	73.0
1975	747.9	344518	59.9	90.8	12551	33701	157.1
1978	1175.0	557358	137.3	119.2	18987	47176	213.6
1979	1337.9	666823	167.1	131.3	23026	52225	230.2
1980	1474.6	744865	187.4	136.9	27045	61022	258.5
1981	1568.0	792032	203.7	139.0	31268	73586	293.2
1982	1661.4	812447	228.7	137.4	33904	95692	322.3
1983	1802.2	840776	275.0	130.8	35728	120167	326.8
1984	1949.7	853914	329.8	117.0	35861	143430	335.2
1985	2091.3	852357	382.4	112.8	34573	172582	367.2
1986	2295.0	866463	452.6	100.6	30945	205923	424.0
1987	2483.6	880952	530.0	103.5	33802	238628	486.0
1988	2657.5	870187	595.8	97.1	35004	262126	545.0
1989	2806.7	848220	654.3	99.1	36582	289205	609.0
1990	2870.8	813521	698.1	97.4	38719	320927	696.0
1991	2938.9	784466	730.4	99.1	43996	329843	733.4
1992	3030.8	758904	750.7	104.4	51075	335875	786.1
1993	3181.7	721216	788.3	100.1	56304	334656	804.4
1994	3380.3	693154	823.7	98.0	63918	351327	831.1
1995	3611.8	671846	864.6	99.1	75351	376813	965.7
1996	3854.7	670848	918.9	105.0	96378	358869	864.1
1997	4201.6	689051	1048.5	115.7	141312	400010	1084.0
1998	4520.8	725215	1122.1	120.4	182629	411322	1174.4
1999	4899.6	784216	1200.3	132.0	226036	417379	1253.1
2000	5257.4	974547	1264.4	140.0	262578	459888	1338.7
2001	5517.2	829900	1305.1	146.9	282871	480125	1379.7
2002	5793.0	911670	1339.4	157.9	310147	485693	1381.2
2003	6038.7	980560	1377.7	169.8	365041	478123	1425.9
2004	6402.8	1118636	1454.9	188.7	410520	486878	1384.2
2005	6839.8	1395981	1526.9	226.2	480378	439604	1376.1
2006	7252.2	1718247	1567.9	261.5	565578	492126	1498.3
2007	7659.0	2062731	1619.1	308.3	633784	524848	1605.3
2008	8219.0	2995214	1722.4	435.4	743474	——	——
2009	8749.6	3515757	1750.9	542.1	858372	——	——

注：1. 自 2000 年起，大中型拖拉机、联合收获机、渔用机动船统计口径变化，数字有调整。

2. 自 2008 年起使用农业部农机化司统计数字，取消渔用机动船指标。（以下表同）

3－7 主要农业机械年末拥有量及增长情况

指 标	单位	1990年	1995年	2000年	2008年	2009年	2009年为2008年百分比(%)
一、农用机械总动力	万千瓦	28707.7	36118.1	52573.6	82190.4	87496.1	106.5
柴油发动机动力	万千瓦		24176.3	39140.0	65927.9	70410.4	106.8
汽油发动机动力	万千瓦		3433.9	3128.9	2279.1	2357.1	103.4
电动机动力	万千瓦		8443.7	10126.7	13886.9	14652.2	105.5
其他机械动力	万千瓦		64.2	89.9	96.4	76.4	79.2
二、主要农业机械与设备							
大中型拖拉机	万台	81.4	67.2	97.5	299.5	351.6	117.4
	万千瓦	2745.5	2404.1	3161.1	8186.5	9772.6	119.4
小型拖拉机	万台	698.1	864.6	1264.4	1722.4	1750.9	101.7
	万千瓦	6231.4	7848.1	11663.9	16647.7	16922.7	101.7
大中型拖拉机配套农具	万部	97.4	99.1	140.0	435.4	542.1	124.5
小型拖拉机配套农具	万部	648.8	958.0	1788.8	2794.5	2880.6	103.1
农用排灌电动机	万台	430.8	535.2	741.3	1086.4	1134.8	104.5
	万千瓦	3748.8	4038.1	4983.9	6347.0	6548.2	103.2
农用排灌柴油机	万台	411.1	491.2	688.1	898.4	924.9	103.0
	万千瓦	3348.5	3839.1	5232.6	6561.7	6795.5	103.6
联合收获机	万台	3.9	7.5	26.2	74.3	85.8	115.5
	万千瓦	190.9	242.7	660.9	2707.4	3364.3	124.3
机动脱粒机	万台	493.3	605.9	876.2	963.1	987.9	102.6
机电井	万眼			435.8	443.9	450.8	101.6
节水灌溉类机械	万套	39.3	58.6	91.9	134.5	137.6	102.2
农用水泵	万台	723.9	903.5	1392.5	1979.2	2040.6	103.1

注:从2002年起大中型拖拉机中不包括变形拖拉机。

3—8 各地区主要农业机械年末拥有量

地 区	农用机械总动力（万千瓦）		大中型拖拉机			
			台		万千瓦	
	2008 年	2009 年	2008 年	2009 年	2008 年	2009 年
全国总计	**82190.4**	**87496.1**	**2995214**	**3515757**	**8186.5**	**9772.6**
北 京	267.0	271.5	6927	7800	31.0	33.7
天 津	596.6	595.0	11500	12800	47.1	53.0
河 北	9525.4	9861.1	136200	155200	541.9	624.3
山 西	2509.9	2655.0	51703	62568	177.9	223.7
内蒙古	2779.4	2891.6	451900	482600	891.9	977.0
辽 宁	2042.7	2142.9	117600	135700	290.3	354.6
吉 林	1800.0	2001.1	201300	251200	415.8	528.6
黑龙江	3018.4	3401.3	482000	583000	1145.9	1416.0
上 海	95.3	99.2	4811	5394	19.4	21.8
江 苏	3630.9	3810.6	71700	85000	257.3	320.3
浙 江	2343.5	2384.0	5842	7412	19.7	26.4
安 徽	4807.5	5108.9	90200	105000	311.7	383.8
福 建	1112.5	1175.0	1636	2389	5.8	9.2
江 西	2946.4	3358.9	13100	15200	30.6	35.0
山 东	10350.0	11080.7	365500	399300	1156.6	1316.3
河 南	9429.3	9817.8	202608	246921	693.2	816.8
湖 北	2797.0	3057.2	104200	118600	302.8	358.4
湖 南	4021.1	4352.4	67501	75300	199.0	222.0
广 东	2093.9	2190.2	13600	16059	58.0	63.3
广 西	2373.6	2550.9	17100	19590	72.2	82.6
海 南	373.1	396.1	17600	24500	44.8	57.3
重 庆	903.2	967.4	2600	2800	9.0	9.7
四 川	2687.5	2952.7	55500	77700	122.8	179.1
贵 州	1537.5	1606.4	23577	24969	55.5	58.9
云 南	2013.9	2159.4	175100	208981	378.9	446.3
西 藏	349.6	358.4	12100	13100	38.4	40.4
陕 西	1709.9	1833.0	54836	70674	180.0	223.5
甘 肃	1686.3	1822.7	38300	58200	100.3	138.8
青 海	355.7	388.7	4373	7900	11.8	20.3
宁 夏	657.9	702.6	17900	22100	46.1	56.2
新 疆	1375.6	1503.3	176400	217800	530.8	675.3

3—8 续表 1

地 区	小型拖拉机				大中型拖拉机配套农具（部）	
	台		万千瓦			
	2008 年	2009 年	2008 年	2009 年	2008 年	2009 年
全国总计	**17224101**	**17509031**	**16647.7**	**16922.7**	**4353649**	**5420586**
北 京	13517	14000	15.0	15.8	13623	13900
天 津	32300	31800	34.3	33.8	17300	18400
河 北	1500500	1491400	1619.8	1611.4	260500	320000
山 西	267598	284675	251.9	269.6	105166	126941
内 蒙 古	510800	500700	621.7	609.6	639400	735800
辽 宁	236900	244600	253.0	258.3	155100	170200
吉 林	566800	590000	554.2	573.0	389600	480000
黑 龙 江	713000	711000	771.4	766.1	593000	673800
上 海	6457	6105	5.9	5.7	11354	12481
江 苏	1204400	1233200	1085.8	1119.4	110100	132900
浙 江	166200	170100	145.4	151.9	8300	10700
安 徽	2305300	2332400	1842.4	1861.6	152700	194600
福 建	96193	108563	93.5	106.7	1921	2335
江 西	286300	328400	377.2	394.1	19300	19800
山 东	2003000	1968300	1647.6	1616.2	659200	812400
河 南	3636700	3655300	3775.0	3806.1	431570	582510
湖 北	852300	908300	598.2	640.5	154900	203700
湖 南	174768	184700	176.2	189.1	17357	22700
广 东	355100	357039	294.5	291.7	21300	23832
广 西	297000	325600	254.9	283.3	25000	27850
海 南	49600	49200	49.6	47.7	10700	11300
重 庆	6900	6800	9.0	8.8	1100	1600
四 川	114310	118400	143.1	148.0	20160	26000
贵 州	48162	53422	56.8	65.4	11996	12889
云 南	295700	321202	311.7	338.6	19100	27853
西 藏	90500	94500	147.7	153.7	4900	7100
陕 西	176139	175625	191.2	184.3	101702	119795
甘 肃	423200	437200	468.8	480.1	64500	181300
青 海	245657	256200	207.2	242.2	3600	4300
宁 夏	172900	178900	185.7	194.3	33700	43700
新 疆	375900	371400	458.9	455.8	295500	399900

3—8 续表 2

地　区	小型拖拉机配套农具（部）		农用排灌电动机			
			台		万千瓦	
	2008 年	2009 年	2008 年	2009 年	2008 年	2009 年
全国总计	**27945401**	**28805621**	**10863833**	**11347984**	**6347.0**	**6548.2**
北　京	10639	10400	45004	43000	49.7	48.1
天　津	38500	38800	73200	70200	93.7	90.4
河　北	1989600	1994500	1452300	1469300	1157.9	1189.2
山　西	348113	372117	125501	133607	140.1	154.6
内蒙古	806400	820300	144100	166300	136.9	135.0
辽　宁	323000	355200	788500	820500	180.0	179.3
吉　林	1630000	1680000	171500	191800	89.0	94.5
黑龙江	1132000	1169900	77100	84600	68.3	75.6
上　海	6038	5464	16064	15708	21.7	22.0
江　苏	1634300	1709100	391800	382600	430.5	435.4
浙　江	180400	188800	869800	854800	232.0	233.3
安　徽	5241000	5282700	1080200	1090200	356.7	365.6
福　建	91707	107541	50951	55638	35.7	37.1
江　西	203200	231600	265100	339000	254.6	278.5
山　东	2924300	3012400	1099900	1165500	751.3	777.6
河　南	6395200	6608400	1022300	1038700	592.0	604.6
湖　北	1697000	1785500	524300	553400	370.0	386.8
湖　南	73398	81600	704500	780600	272.0	287.9
广　东	372700	392914	319200	326976	180.5	179.6
广　西	423600	460600	198900	234460	74.2	76.6
海　南	44000	32500	31500	32700	11.1	11.3
重　庆	2100	2200	621200	665000	93.2	107.2
四　川	103280	106100	100770	114000	157.4	163.4
贵　州	16386	21449	171063	181269	80.0	81.2
云　南	223000	257875	67800	73816	69.7	71.5
西　藏	25300	32200	1200	1200	1.5	0.6
陕　西	257940	261261	285050	283610	162.0	159.9
甘　肃	803800	747200	94400	103400	125.3	124.0
青　海	199200	228500	2230	2000	10.8	10.5
宁　夏	198600	212100	22500	23000	20.6	20.9
新　疆	550700	596400	45900	51100	128.9	146.1

3—8 续表 3

地区	农用排灌柴油机				农用水泵（台）	
	台		万千瓦			
	2008 年	2009 年	2008 年	2009 年	2008 年	2009 年
全国总计	**8983851**	**9249167**	**6561.7**	**6795.5**	**19792448**	**20406240**
北京	2178	2000	1.5	1.4	40279	43100
天津	39300	39400	32.3	32.8	96800	85500
河北	1179000	1150000	1073.3	1056.5	1786900	1712800
山西	19441	20298	25.3	26.5	128039	131002
内蒙古	189000	190000	193.4	199.0	354700	366000
辽宁	194100	214200	159.0	166.5	1218100	1289900
吉林	287600	277700	209.6	211.6	474000	474000
黑龙江	207000	216200	195.3	219.4	356300	407000
上海	11	10			15974	15718
江苏	177700	179900	171.3	173.6	598000	604200
浙江	87400	94500	42.1	43.5	966200	947500
安徽	371800	382100	269.7	277.5	1673500	1700900
福建	90673	92392	57.7	58.4	137227	141506
江西	650900	681400	397.5	469.5	689800	703400
山东	1791400	1838400	1462.0	1504.9	2910200	2938200
河南	509640	543400	501.8	519.9	2073400	2150300
湖北	208600	239200	189.3	207.4	877300	877000
湖南	1169100	1195300	550.7	531.9	1703700	1838900
广东	352400	341176	202.1	207.0	594300	636263
广西	421600	438400	215.4	218.4	687000	739800
海南	155900	161700	67.6	74.2	174600	182000
重庆	95000	112600	51.3	60.8	763400	833100
四川	411200	441900	252.3	258.1	563830	628200
贵州	174194	182781	101.2	106.9	261850	281318
云南	122300	131728	62.4	67.5	170900	181207
西藏	2900	3591	3.3	3.8	900	1000
陕西	41244	43091	36.4	38.9	294549	299926
甘肃	18100	19500	17.0	17.5	92100	104300
青海	670	400	1.1	0.8	2300	2000
宁夏	4100	4500	4.6	4.8	34800	34700
新疆	9400	11400	15.1	36.8	51500	55500

3—8 续表 4

地　　区	联合收获机			
	台		万千瓦	
	2008 年	2009 年	2008 年	2009 年
全国总计	**743474**	**858372**	**2707.4**	**3364.3**
北　　京	1801	1800	11.3	12.0
天　　津	3300	3500	16.8	18.9
河　　北	68600	73000	289.4	318.7
山　　西	8224	10407	37.8	49.9
内 蒙 古	5600	6300	35.9	40.4
辽　　宁	2360	3900	10.8	18.7
吉　　林	5500	9000	21.3	37.5
黑 龙 江	30700	35500	199.6	234.4
上　　海	1903	2035	5.3	7.6
江　　苏	85300	91000	298.0	325.6
浙　　江	15200	17200	44.5	54.4
安　　徽	77700	91300	292.2	363.8
福　　建	2717	3907	8.7	13.4
江　　西	25800	38300	89.2	131.7
山　　东	131400	158300	383.0	487.3
河　　南	102530	124326	431.0	561.9
湖　　北	35000	41900	140.7	166.9
湖　　南	44008	59519	139.7	201.4
广　　东	13994	16088	33.2	40.4
广　　西	8298	13100	20.9	35.4
海　　南	2200	2700	5.0	6.2
重　　庆	900	2190	2.3	5.7
四　　川	8500	9962	30.7	35.4
贵　　州	507	602	1.6	1.7
云　　南	2500	3016	7.5	9.5
西　　藏	29100	3700	6.1	9.0
陕　　西	18888	21431	82.7	95.0
甘　　肃	2200	2900	11.5	16.5
青　　海	950	1100	6.6	7.4
宁　　夏	3394	4989	13.4	19.0
新　　疆	4400	5400	30.6	38.5

3—8 续表 5

地　区	机动脱粒机（部）		节水灌溉类机械（套）	
	2008 年	2009 年	2008 年	2009 年
全国总计	**9631477**	**9879424**	**1345392**	**1375583**
北　京	5477	5300	9852	11100
天　津	19300	19200	2700	2700
河　北	218100	216900	39000	39300
山　西	53022	52038	8986	9692
内蒙古	79000	84400	41800	47000
辽　宁	117000	117000	104400	105300
吉　林	143000	150000	25700	28000
黑龙江	160200	163600	18000	24000
上　海	13920	10476	5300	5400
江　苏	436200	380000	31300	31500
浙　江	1312500	1215500	22700	22700
安　徽	408500	394300	180200	186600
福　建	84034	87880	10221	10606
江　西	821100	896700	31520	38200
山　东	441500	433200	460100	466400
河　南	573890	561540	162400	140310
湖　北	130000	153700	22300	22100
湖　南	1188800	1235700	6200	5800
广　东	539800	563192	68900	75201
广　西	692300	752480	31200	28970
海　南	36600	33800	2500	2000
重　庆	543000	567600	1000	1000
四　川	961360	1032800	14220	14800
贵　州	101645	108567	8700	9300
云　南	218000	243051	2100	2574
西　藏	22600	35300		
陕　西	151165	180600	8493	7730
甘　肃	93800	107700	2700	8700
青　海	14600	17500	1400	100
宁　夏	14200	14600	1300	4300
新　疆	36864	44800	20200	24200

3－9 农村电力、灌溉面积、化肥施用量情况

年 份	乡村(农村)办水电站		农村用电量（亿千瓦时）	有效灌溉面积（千公顷）	化肥施用量（万吨）
	个数(个)	装机容量(万千瓦)			
1952	98	0.8	0.5	19959.0	7.8
1957	544	2.0	1.4	27339.0	37.3
1962	7436	25.2	16.1	30545.0	63.0
1965			37.1		194.2
1978	82387	228.4	253.1	44965.0	884.0
1979	83224	276.3	282.7	45003.1	1086.3
1980	80319	304.1	320.8	44888.1	1269.4
1981	74017	336.0	369.9	44573.8	1334.9
1982	66256	353.0	396.9	44176.9	1513.4
1983	62328	346.3	435.2	44644.1	1659.8
1984	60062	361.5	464.0	44453.0	1739.8
1985	55754	380.2	508.9	44035.9	1775.8
1986	54136	387.9	586.7	44225.8	1930.6
1987	51978	394.1	658.8	44403.0	1999.3
1988	51558	461.1	712.0	44375.9	2141.5
1989	50862	416.8	790.5	44917.2	2357.1
1990	52387	428.8	844.5	47403.1	2590.3
1991	49644	456.9	963.2	47822.1	2805.1
1992	48082	478.7	1107.1	48590.1	2930.2
1993	45153	481.9	1244.9	48727.9	3151.9
1994	48722	503.6	1473.9	48759.1	3317.9
1995	40699	519.5	1655.7	49281.6	3593.7
1996	37743	533.7	1812.7	50381.6	3827.9
1997	36117	562.5	1980.1	51238.5	3980.7
1998	33185	634.8	2042.2	52295.6	4083.7
1999	31678	664.1	2173.4	53158.4	4124.3
2000	29962	698.5	2421.3	53820.3	4146.4
2001	29183	896.6	2610.8	54249.4	4253.8
2002	27633	812.2	2993.4	54354.9	4339.4
2003	26696	862.3	3432.9	54014.2	4411.6
2004	27115	993.8	3933.0	54478.4	4636.6
2005	26726	1099.2	4375.7	55029.3	4766.2
2006	27493	1243.0	4895.8	55750.5	4927.7
2007	27664	1366.6	5509.9	56518.3	5107.8
2008	44433	5127.4	5713.2	58471.7	5239.0
2009	44804	5512.1	6104.4	59261.4	5404.4

注：2008年起乡村办水电站统计口径变更为农村水电。农村水电是指装机容量5万千瓦及以下水电站和配套电网。（以下表同）

3—10 农村电力和农田水利建设情况

指　　标	单位	1990 年	1995 年	2000 年	2008 年	2009 年	2009 年为2008 年百分比(%)
一、乡村办水电站	**个**	**52387**	**40699**	**29962**	**44433**	**44804**	**100.8**
装机容量	万千瓦	428.8	519.5	698.5	5127.4	5512.1	107.5
发电量	亿千瓦时		134.1	205.0	1627.6	1567.2	96.3
二、农村用电量	**亿千瓦时**	**844.5**	**1655.7**	**2421.3**	**5713.2**	**6104.4**	**106.8**
三、农田水利建设情况							
有效灌溉面积	千公顷	47403.1	49281.2	53820.3	58471.7	59261.4	101.4
旱涝保收面积	千公顷	33638.5	36118.8	38336.3	42024.9	42358.2	100.8
机电排灌面积	千公顷	27148.3	32205.3	35954.1	39277.5	40016.3	101.9

注:2008 年起乡村办水电站统计口径变更为农村水电,统计口径与往年不可比。

3—11 农用化肥、农膜、柴油和农药使用量

指　　标	单位	1990 年	1995 年	2000 年	2008 年	2009 年	2009 年为2008 年百分比(%)
一、化肥施用量(折纯量)	**万吨**	**2590.3**	**3593.7**	**4146.4**	**5239.0**	**5404.4**	**103.2**
氮肥	万吨	1638.4	2021.9	2161.5	2302.9	2329.9	101.2
磷肥	万吨	462.4	632.4	690.5	780.1	797.7	102.3
钾肥	万吨	147.9	268.5	376.5	545.2	564.3	103.5
复合肥	万吨	341.6	670.8	917.9	1608.6	1698.7	105.6
二、农用塑料薄膜使用量	**万吨**	**48.2**	**91.5**	**133.5**	**200.7**	**208.0**	**103.6**
#地膜使用量	万吨		47.0	72.2	110.6	112.8	102.0
地膜覆盖面积	千公顷		6493.0	10624.8	15308.1	15501.1	101.3
三、农用柴油使用量	**万吨**		**1087.8**	**1405.0**	**1887.9**	**1959.9**	**103.8**
四、农药使用量	**万吨**	**73.3**	**108.7**	**128.0**	**167.2**	**170.9**	**102.2**

3—12 各地区农村电力和农田水利建设情况

地　　区	乡村办水电站（个）		装机容量（万千瓦）		发电量（万千瓦时）		农村用电量（亿千瓦时）	
	2008 年	2009 年	2008 年	2009 年	2008 年	2009 年	2008 年	2009 年
全国总计	**44433**	**44804**	**5127.4**	**5512.1**	**16275902**	**15672471**	**5713.2**	**6104.4**
北　　京	72	72	4.3	4.3	3641	1393	42.7	43.9
天　　津	1	1	0.5	0.5	1400	1400	45.8	51.4
河　　北	229	235	36.5	37.0	38428	29127	418.9	486.0
山　　西	169	169	16.2	17.3	29370	17470	79.0	81.2
内 蒙 古	36	36	5.3	5.3	8248	8375	36.5	41.1
辽　　宁	164	166	29.5	30.7	79376	69624	281.3	283.9
吉　　林	186	203	37.5	39.1	104473	102322	34.7	37.5
黑 龙 江	69	70	23.5	24.2	30614	61922	44.3	48.4
上　　海							178.1	191.8
江　　苏	132	134	6.9	5.3	9986	8888	1234.1	1316.6
浙　　江	3194	3167	342.4	361.0	773671	745235	675.4	709.4
安　　徽	772	800	71.7	82.8	154441	178884	89.9	98.0
福　　建	6576	6647	669.6	684.7	2071339	1718042	209.7	230.1
江　　西	3420	3492	239.2	258.9	630967	632077	58.5	65.4
山　　东	88	85	7.3	7.0	10685	9156	400.0	415.2
河　　南	600	540	34.2	35.4	65710	73964	227.4	257.8
湖　　北	1737	1709	252.5	269.8	735062	687834	98.1	104.1
湖　　南	4101	4096	468.8	488.3	1406835	1348895	81.5	86.7
广　　东	9336	9667	614.6	652.6	1843769	1450533	951.2	995.1
广　　西	2269	2292	331.2	345.3	1053833	887357	44.1	48.5
海　　南	331	314	28.5	29.7	94015	109395	5.1	5.6
重　　庆	1118	1136	125.4	138.1	454400	452907	55.1	61.5
四　　川	4174	4141	619.7	657.1	2271948	2424496	128.2	133.8
贵　　州	1256	1312	181.4	195.4	682685	655963	31.4	33.0
云　　南	1672	1655	623.2	721.9	2444966	2447550	50.4	54.4
西　　藏	435	435	10.3	18.4	24997	37425	0.6	0.8
陕　　西	981	852	72.8	82.7	220161	255989	104.2	110.0
甘　　肃	674	712	127.7	155.3	467325	613312	38.6	40.6
青　　海	185	206	49.5	59.4	216302	272987	3.7	3.8
宁　　夏	1	1	0.3	0.3	800	800	10.9	10.1
新　　疆	452	456	86.6	93.7	304117	319380	53.9	58.7
水利部属	3	3	10.5	10.5	42338	49769		

3—12 续表

单位:千公顷

地区	有效灌溉面积		旱涝保收面积		机电排灌面积	
	2008 年	2009 年	2008 年	2009 年	2008 年	2009 年
全国总计	**58471.7**	**59261.4**	**42024.9**	**42358.2**	**39277.5**	**40016.3**
北京	241.7	218.7	195.2	197.5	252.5	203.0
天津	348.1	347.4	234.6	232.3	386.8	386.0
河北	4559.2	4553.0	3548.7	3478.4	4474.7	4441.0
山西	1254.6	1261.0	723.2	723.5	945.7	950.7
内蒙古	2871.3	2949.8	1507.5	1512.2	2897.8	2975.0
辽宁	1492.9	1509.6	1067.8	1012.4	1391.2	1371.8
吉林	1654.1	1684.8	1023.1	1035.9	1463.9	1492.3
黑龙江	3122.5	3405.9	1789.2	1962.2	3227.7	3507.1
上海	234.5	202.3	234.5	200.1	144.5	202.3
江苏	3817.1	3813.7	3036.2	3101.8	3601.2	3533.8
浙江	1435.9	1446.4	1087.5	1093.1	1045.8	1048.2
安徽	3453.7	3484.1	2581.4	2597.5	2964.1	2990.5
福建	955.5	960.1	679.8	679.8	147.9	149.9
江西	1841.2	1840.4	1481.4	1485.4	572.4	572.2
山东	4857.5	4896.9	3547.4	3537.3	4476.8	4515.1
河南	4989.2	5033.0	3992.5	4051.2	3991.0	4064.2
湖北	2330.2	2350.1	1780.7	1777.0	1378.6	1387.7
湖南	2709.0	2720.7	2196.2	2228.5	1159.3	1182.1
广东	1863.4	1871.1	1410.3	1401.7	646.9	652.5
广西	1521.4	1522.1	1168.5	1166.8	271.3	272.2
海南	246.1	243.2	152.9	148.2	19.5	18.3
重庆	658.9	672.0	330.8	336.4	187.0	185.7
四川	2506.7	2523.7	1731.9	1741.5	263.8	270.1
贵州	917.4	1016.0	586.4	633.7	74.1	75.1
云南	1536.9	1562.1	917.3	924.7	183.7	183.9
西藏	220.7	235.1	15.1	14.3	4.7	4.9
陕西	1301.4	1293.3	848.1	831.9	845.7	838.1
甘肃	1254.7	1264.2	999.8	999.1	433.2	446.4
青海	251.7	251.7	151.3	151.5	32.6	32.6
宁夏	451.9	453.6	368.3	379.0	175.3	179.5
新疆	3572.5	3675.7	2637.3	2723.4	1617.7	1884.2

3—13 各地区农用化肥施用量

（按折纯法计算）

单位：万吨

地　区	农用化肥施用量		1. 氮肥		2. 磷肥	
	2008 年	2009 年	2008 年	2009 年	2008 年	2009 年
全国总计	**5239.0**	**5404.4**	**2302.9**	**2329.9**	**780.1**	**797.7**
北　京	13.6	13.8	7.0	7.0	1.0	0.9
天　津	25.9	26.0	12.1	12.4	3.9	4.0
河　北	312.4	316.2	153.5	153.0	47.9	47.4
山　西	103.4	104.3	40.3	38.7	18.7	18.9
内蒙古	154.1	171.4	73.0	79.9	25.0	29.0
辽　宁	128.8	133.6	65.6	66.8	11.7	11.8
吉　林	163.8	174.2	63.9	65.3	6.7	6.6
黑龙江	180.7	198.9	66.6	72.2	40.3	43.9
上　海	14.3	12.6	8.9	6.3	1.1	1.0
江　苏	340.8	344.0	180.7	181.8	48.1	48.0
浙　江	93.0	93.6	53.6	53.4	12.0	11.9
安　徽	307.4	312.8	111.8	111.8	36.7	36.8
福　建	118.7	120.7	47.3	47.9	16.6	17.0
江　西	133.0	135.8	44.1	43.3	21.5	21.7
山　东	476.3	472.9	170.3	165.0	54.9	51.4
河　南	601.7	628.7	239.5	239.4	111.4	116.6
湖　北	327.7	340.3	149.4	153.6	66.5	67.2
湖　南	223.4	231.6	106.5	108.6	26.0	26.4
广　东	226.6	233.2	98.1	99.7	20.8	21.2
广　西	222.6	229.3	67.9	68.4	27.5	28.0
海　南	45.6	46.3	13.9	13.9	3.0	3.1
重　庆	88.1	91.2	50.0	50.2	17.3	17.3
四　川	242.8	248.0	128.6	130.7	48.9	49.7
贵　州	83.1	86.5	46.3	47.0	10.8	10.9
云　南	167.7	171.4	91.9	92.7	26.0	25.4
西　藏	4.6	4.7	1.7	1.7	0.9	1.0
陕　西	165.9	181.3	81.3	87.2	16.0	19.7
甘　肃	81.4	82.9	37.7	38.2	15.9	15.6
青　海	8.1	8.0	3.3	3.5	0.8	1.3
宁　夏	34.8	35.5	16.7	16.6	4.2	4.0
新　疆	148.9	155.0	71.4	73.8	38.0	40.0

3—13 续表　　　　单位:万吨

地　　区	3.钾肥		4.复合肥	
	2008 年	2009 年	2008 年	2009 年
全国总计	**545.2**	**564.3**	**1608.6**	**1698.7**
北　　京	0.7	0.7	5.0	5.2
天　　津	2.3	1.6	7.7	8.0
河　　北	25.5	26.3	85.5	89.4
山　　西	7.8	8.1	36.6	38.7
内 蒙 古	12.8	13.5	43.3	49.1
辽　　宁	11.4	11.6	40.1	43.5
吉　　林	11.9	12.0	81.3	90.2
黑 龙 江	24.7	27.7	49.1	55.0
上　　海	0.5	0.6	3.9	4.6
江　　苏	20.1	21.0	91.9	93.2
浙　　江	7.5	7.5	19.9	20.7
安　　徽	31.6	30.6	127.2	133.6
福　　建	24.1	24.5	30.6	31.3
江　　西	20.8	20.8	46.5	50.0
山　　东	47.5	46.5	203.6	210.0
河　　南	56.5	59.8	194.3	212.9
湖　　北	27.7	28.5	84.1	90.9
湖　　南	38.1	39.6	52.7	57.0
广　　东	45.0	46.1	62.6	66.2
广　　西	50.5	51.5	76.7	81.5
海　　南	6.9	7.0	21.9	22.3
重　　庆	4.7	4.9	15.5	18.1
四　　川	15.8	16.4	48.0	50.3
贵　　州	7.0	7.5	19.0	21.2
云　　南	15.2	16.1	34.5	37.2
西　　藏	0.1	0.3	1.8	1.8
陕　　西	13.1	15.8	55.5	43.5
甘　　肃	5.3	5.8	22.5	23.3
青　　海	0.3	0.3	3.8	3.0
宁　　夏	1.8	2.1	12.1	12.8
新　　疆	8.0	9.8	31.5	34.2

3－14 各地区农用塑料薄膜使用量

地　　区	农用塑料薄膜使用量（吨）		地膜使用量（吨）		地膜覆盖面积（公顷）	
	2008 年	2009 年	2008 年	2009 年	2008 年	2009 年
全国总计	**2006924**	**2079697**	**1105761**	**1127934**	**15308075**	**15501123**
北　京	14199	13055	5038	4300	22162	21387
天　津	11281	12640	6458	5891	100505	90944
河　北	116508	118919	63424	63853	1097496	1074213
山　西	36073	41534	26607	30645	456142	485153
内蒙古	49058	51136	39070	41608	736174	797646
辽　宁	109889	123338	31656	30406	249428	255180
吉　林	50107	51980	18581	18530	149116	130824
黑龙江	65606	64567	26732	25808	327560	288476
上　海	21280	20389	7121	6865	32592	29853
江　苏	85375	94252	35308	37491	493807	518360
浙　江	52104	54402	24096	25347	148070	155826
安　徽	71660	76678	35030	36628	502927	436943
福　建	61799	58350	25802	26135	122095	123169
江　西	41645	43719	24916	25866	134631	132864
山　东	321250	313844	148190	138448	2607608	2574700
河　南	130736	141354	61525	67016	960380	1002251
湖　北	59135	61300	33002	34937	516890	477370
湖　南	69465	71353	49328	50837	687498	700125
广　东	35602	40594	19569	20536	113174	113906
广　西	29708	33263	21632	25082	305508	321778
海　南	19417	14756	6815	8551	33893	27276
重　庆	30914	34712	18257	19366	341118	297482
四　川	103240	109217	71026	75501	832042	876614
贵　州	47765	46470	19838	20627	226611	215856
云　南	74830	81354	58272	63491	724828	752492
西　藏	527	441	389	417	2865	1201
陕　西	27612	34971	18981	21446	439338	462804
甘　肃	90670	98483	54690	60034	784053	842587
青　海	1070	2114	515	1277	6865	15203
宁　夏	9365	12232	4778	6587	115039	204872
新　疆	169034	158280	149114	134408	2037660	2073768

3－15　各地区农用柴油和农药使用量

地　　区	农用柴油使用量(万吨)		农药使用量(吨)	
	2008 年	2009 年	2008 年	2009 年
全国总计	**1887.9**	**1959.9**	**1672259**	**1708998**
北　　京	4.5	4.9	3869	3981
天　　津	16.1	16.8	3807	3805
河　　北	329.9	301.9	85078	86486
山　　西	29.1	29.8	23982	25310
内 蒙 古	55.1	61.9	19136	22329
辽　　宁	63.9	72.6	52454	54088
吉　　林	53.3	57.7	40526	42374
黑 龙 江	110.2	118.6	62422	66843
上　　海	13.9	13.2	8096	7289
江　　苏	83.9	91.9	93837	92305
浙　　江	184.3	183.3	65787	65454
安　　徽	63.2	65.8	111535	110423
福　　建	81.0	82.0	57505	57844
江　　西	23.8	25.1	96662	97593
山　　东	182.7	179.2	173461	169043
河　　南	99.2	104.2	119128	121409
湖　　北	52.5	53.5	138428	138902
湖　　南	35.7	37.5	112750	115352
广　　东	66.7	70.7	100509	103716
广　　西	55.4	56.7	61991	62182
海　　南	18.7	20.8	32411	46812
重　　庆	15.0	15.7	20972	22004
四　　川	39.8	41.0	60772	61891
贵　　州	5.6	5.8	12920	12464
云　　南	50.0	57.5	42875	42567
西　　藏	1.7	2.0	1187	921
陕　　西	47.8	77.6	10953	13149
甘　　肃	25.1	27.4	36511	39906
青　　海	5.6	5.9	1954	2026
宁　　夏	17.1	19.2	2385	2389
新　　疆	57.3	59.6	18356	18142

3—16 各地区农村居民家庭拥有生产性固定资产原值

单位:元/户

地 区	合计	农业	房屋及建筑物	役畜	大中型铁木农具	农业机械	林业
全国总计	**9970.6**	**4866.0**	**1519.4**	**564.2**	**389.4**	**2223.2**	**18.3**
北 京	15705.0	1199.0	297.7	5.3	11.7	845.6	72.5
天 津	14696.6	4576.7	1328.0	105.8	252.4	2705.2	
河 北	11135.2	5531.6	1159.0	201.6	361.7	3671.6	10.4
山 西	6397.6	2651.8	360.9	291.7	208.5	1594.9	8.9
内蒙古	16914.8	9602.2	2560.8	1061.3	917.7	4709.6	22.6
辽 宁	12077.2	5915.5	3258.7	641.7	209.8	1708.4	3.2
吉 林	16180.8	11492.1	4329.1	1572.2	524.5	4872.1	11.3
黑龙江	16813.2	12297.1	3030.5	393.9	719.7	7993.5	8.0
上 海	1129.8	671.3	586.3			51.6	
江 苏	10298.1	3643.1	1842.5	49.5	213.3	1468.5	21.2
浙 江	17349.5	2585.7	1347.9	16.6	201.3	611.4	15.2
安 徽	8759.1	5984.0	1515.7	163.3	631.1	3480.6	10.4
福 建	9215.6	3423.8	1833.2	227.2	240.0	811.7	68.7
江 西	6112.8	3269.7	1262.4	802.7	400.8	751.3	6.9
山 东	12091.2	6141.5	1586.6	198.6	375.6	3776.8	2.6
河 南	9178.6	5733.9	1147.0	240.1	478.4	3726.6	5.1
湖 北	6368.8	3169.8	1119.3	628.9	281.7	1052.2	8.0
湖 南	4751.6	1877.6	514.6	285.5	320.5	721.4	0.8
广 东	4931.7	1817.5	518.9	522.6	202.5	499.8	1.3
广 西	6671.4	3742.8	806.1	1058.3	300.5	1499.3	4.6
海 南	9017.2	4527.2	1378.3	1565.9	458.3	868.2	548.5
重 庆	4614.3	2026.3	1236.8	313.9	198.3	186.7	17.0
四 川	7022.8	2938.4	1627.1	370.8	351.2	469.0	19.9
贵 州	5968.8	2723.0	914.5	1335.9	204.6	195.4	0.3
云 南	9358.1	5024.3	1978.6	1666.1	191.3	990.5	41.9
西 藏	36237.1	19456.0	8539.1	5799.3	935.5	3588.7	55.4
陕 西	8242.7	3136.7	583.8	290.5	203.8	1865.1	2.1
甘 肃	8915.3	6392.2	1864.5	1228.5	560.0	2556.8	24.5
青 海	13342.5	5285.7	779.1	553.7	378.0	3200.4	
宁 夏	21310.1	10642.5	2556.2	831.6	761.8	6220.2	
新 疆	18849.4	9768.8	1861.2	1066.2	1636.9	4510.9	

3—16 续表 1

单位:元/户

地　　区	林业机械	牧业	房屋及建筑物	产品畜	渔业	渔业机械	采矿业
全国总计	**3.9**	**1979.6**	**1061.9**	**761.1**	**127.9**	**52.6**	**28.4**
北　　京	65.8	940.9	492.9	389.2	301.3	140.0	
天　　津		1641.0	1185.0	253.3	106.0	83.3	
河　　北	5.0	1498.5	681.5	765.3			66.7
山　　西	1.2	961.7	407.7	475.1			8.5
内 蒙 古		6339.4	2125.7	2520.5			
辽　　宁		3354.2	1994.6	1123.7	126.5	109.0	3.2
吉　　林	3.8	3043.9	1438.1	1498.6	7.2	0.9	
黑 龙 江	4.5	2756.0	1363.2	1302.5	13.4	13.4	
上　　海		103.2	77.2	21.7	153.4	84.7	
江　　苏	4.6	969.8	762.0	171.2	204.1	116.6	2.7
浙　　江	8.3	3157.3	1855.9	1155.0	993.7	91.7	70.2
安　　徽	0.4	796.8	490.7	256.2	46.7	23.5	8.1
福　　建	9.4	1672.9	991.0	603.9	394.5	74.3	128.7
江　　西	4.7	1157.6	908.2	204.2	29.5	5.2	15.6
山　　东	1.2	1348.3	804.1	459.9	107.6	29.0	96.7
河　　南	2.4	1165.1	594.3	531.4	13.5	4.4	119.1
湖　　北	1.2	1350.3	966.6	307.4	111.8	50.9	1.7
湖　　南	0.8	1495.7	1220.2	211.8	31.5	16.3	18.4
广　　东		657.1	422.5	201.3	309.5	163.5	
广　　西	2.6	1135.7	784.6	276.4	129.7	117.4	39.3
海　　南	15.5	995.4	297.9	652.2	1343.9	1155.2	
重　　庆	0.6	1753.8	1234.6	364.4	66.1	8.2	0.6
四　　川		2616.8	2049.8	375.5	42.4	14.4	
贵　　州		1878.6	1464.2	328.3	1.8		7.2
云　　南	15.3	2643.3	1687.6	802.1	10.2	4.6	20.7
西　　藏	38.5	10973.7	1340.1	8439.1			
陕　　西		1060.9	489.8	476.5	1.8	1.4	0.6
甘　　肃	5.7	1086.2	370.4	656.7	7.2	1.7	
青　　海		5071.4	1736.6	2249.9	21.5	21.5	
宁　　夏		2399.7	1198.1	981.1	581.8	476.6	
新　　疆		6776.9	1494.4	5079.9			

3—16 续表 2

单位:元/户

地　区	制造业	房屋及建筑物	生产设备	电力煤气水的生产及供应	建筑业	交通运输仓储和邮政业	批发和零售贸易业
全国总计	**667.3**	**188.8**	**423.8**	**2.6**	**155.5**	**1214.2**	**364.3**
北　京	53.3	13.3	40.0		236.0	1757.3	619.9
天　津	2011.7	643.3	1261.7		950.0	2907.8	1366.3
河　北	1412.2	409.3	903.4		105.3	1357.0	647.7
山　西	73.0	11.4	49.5		179.2	1289.2	276.6
内蒙古	30.4	12.1	18.3		184.9	408.4	131.8
辽　宁	329.8	73.3	110.0		86.9	1181.8	746.4
吉　林	86.6	43.6	42.6		0.6	1050.4	148.8
黑龙江	317.6	5.8	45.8		41.1	1117.7	121.7
上　海	99.7	25.0	74.7		6.7	80.6	
江　苏	1809.2	623.3	961.0	1.2	611.4	1822.6	714.1
浙　江	6744.1	1546.8	5010.5		906.9	1789.6	701.1
安　徽	170.5	41.7	128.3	3.5	75.1	842.9	359.9
福　建	300.2	49.4	171.8	23.4	276.1	1028.8	682.0
江　西	274.5	113.8	143.5	21.5	63.3	858.3	230.8
山　东	1182.8	443.2	606.9		148.2	1495.8	743.1
河　南	323.6	98.4	187.6		118.2	1068.7	193.2
湖　北	256.6	85.1	166.0	1.9	120.3	926.0	227.2
湖　南	181.2	83.8	92.9	8.7	81.0	695.7	225.0
广　东	244.0	70.0	150.3		81.7	984.5	652.4
广　西	228.4	63.8	162.5		95.5	1001.5	55.2
海　南	216.7	83.1	133.7		1.7	1125.3	72.6
重　庆	66.4	46.8	18.6		18.1	391.8	75.8
四　川	49.8	15.9	33.8	5.7	34.0	857.3	225.2
贵　州	27.0	6.7	16.9		55.8	1077.6	104.3
云　南	65.0	7.5	56.9		2.3	1412.3	88.3
西　藏	30.2	4.2	26.0			5481.1	95.5
陕　西	43.0	4.3	30.6		51.2	1425.7	363.3
甘　肃	54.9	17.6	30.7	2.9	90.3	769.9	207.5
青　海	173.2	40.3	132.9		158.3	2096.0	218.7
宁　夏	575.5	202.8	314.4		24.3	5253.3	758.8
新　疆	78.8	38.1	39.4		32.3	1824.9	105.3

3—16 续表 3

单位:元/户

地　　区	住宿和餐饮业	居民服务与其他服务业	教育	卫生、社会保障和福利业	文化体育和娱乐业	其他
全国总计	**126.3**	**287.7**	**6.8**	**37.0**	**11.7**	**76.9**
北　　京	1144.0	9367.5			13.3	
天　　津	16.7	1095.4		25.0		
河　　北	133.5	176.8	2.4	94.5	5.2	93.5
山　　西	572.3	305.6		11.1	1.9	57.9
内 蒙 古	31.6	75.0		32.2		56.4
辽　　宁	52.5	78.9	17.5	158.4	2.1	20.5
吉　　林	9.4	301.6		12.5		16.5
黑 龙 江	58.9	40.6		8.0		33.0
上　　海	6.7	8.3				
江　　苏	97.8	192.2		107.8	72.7	28.3
浙　　江	26.1	191.5	11.7	28.4	33.0	95.2
安　　徽	240.6	64.8	9.4	34.2	20.0	92.3
福　　建	767.0	251.9	23.6	43.4	4.0	126.7
江　　西	14.9	106.9	6.5	33.2	8.2	15.4
山　　东	233.8	195.0	36.7	52.9	4.5	301.8
河　　南	171.6	153.1	1.9	21.8	41.9	48.3
湖　　北	100.3	36.9	1.5	23.3	2.6	30.5
湖　　南	14.2	42.2	15.7	8.3	4.5	51.3
广　　东	50.7	75.2		40.6		17.3
广　　西		139.9	5.6	15.2	5.6	72.5
海　　南	169.4	8.2		2.8	0.6	4.9
重　　庆	23.7	29.8		39.5		105.3
四　　川	74.2	38.9	6.3	26.7	22.6	64.6
贵　　州	11.7	43.0		4.4		34.1
云　　南	3.5	14.9	0.2	15.5		15.7
西　　藏	50.0	54.6			4.4	36.2
陕　　西	21.5	2043.2	10.6	20.0	1.4	60.8
甘　　肃	25.0	90.3		41.7		122.7
青　　海	199.2	18.0		28.5	2.2	69.8
宁　　夏	227.2	286.0		2.5		558.6
新　　疆		43.9	8.4	32.9		177.5

3—17 各地区耕地面积及占全国的比重

地　　区	耕地面积(总资源) (千公顷)	占全国比重 (%)
31省(自治区、直辖市)合计	**121715.9**	**100.00**
北　京	231.7	0.19
天　津	441.1	0.36
河　北	6317.3	5.19
山　西	4055.8	3.33
内蒙古	7147.2	5.87
辽　宁	4085.3	3.36
吉　林	5534.6	4.55
黑龙江	11830.1	9.72
上　海	244.0	0.20
江　苏	4763.8	3.91
浙　江	1920.9	1.58
安　徽	5730.2	4.71
福　建	1330.1	1.09
江　西	2827.1	2.32
山　东	7515.3	6.17
河　南	7926.4	6.51
湖　北	4664.1	3.83
湖　南	3789.4	3.11
广　东	2830.7	2.33
广　西	4217.5	3.47
海　南	727.5	0.60
重　庆	2235.9	1.84
四　川	5947.4	4.89
贵　州	4485.3	3.69
云　南	6072.1	4.99
西　藏	361.6	0.30
陕　西	4050.3	3.33
甘　肃	4658.8	3.83
青　海	542.7	0.45
宁　夏	1107.1	0.91
新　疆	4124.6	3.39

注:本表数据来源于国土资源部。2008年度土地变更调查截止时点为2008年12月31日。

3—18 各地区耕地面积构成

单位：%

地 区	耕 地	水 田	水浇地	旱 地
全国总计	**100.0**	**26.0**	**19.0**	**55.1**
北 京	100.0	3.0	76.3	20.8
天 津	100.0	11.9	49.3	38.8
河 北	100.0	2.4	55.7	42.0
山 西	100.0	0.3	21.8	77.9
内蒙古	100.0	1.2	26.9	72.0
辽 宁	100.0	15.8	3.8	80.4
吉 林	100.0	12.7	1.3	86.1
黑龙江	100.0	10.9	1.1	88.0
上 海	100.0	77.1	22.4	0.6
江 苏	100.0	60.0	15.3	24.7
浙 江	100.0	78.5	2.0	19.5
安 徽	100.0	46.2	3.4	50.5
福 建	100.0	80.6	3.8	15.5
江 西	100.0	82.0	4.1	13.8
山 东	100.0	1.7	60.3	38.0
河 南	100.0	8.8	39.9	51.3
湖 北	100.0	54.3	5.5	40.2
湖 南	100.0	76.9	1.3	21.8
广 东	100.0	70.5	3.5	26.0
广 西	100.0	51.4	0.4	48.2
海 南	100.0	53.2	2.0	44.9
重 庆	100.0	48.7	0.4	50.8
四 川	100.0	48.3	0.7	51.0
贵 州	100.0	31.8	0.5	67.7
云 南	100.0	25.2	1.4	73.4
西 藏	100.0	3.1	71.4	25.5
陕 西	100.0	4.8	21.6	73.6
甘 肃	100.0	0.3	21.8	77.9
青 海	100.0		34.1	65.9
宁 夏	100.0	4.1	32.5	63.4
新 疆	100.0	1.7	93.3	5.0

农业生态与环境

4—1 全国自然保护区情况

项　目	单位	1997年	1999年	2000年	2005年	2007年	2008年	2009年
1. 自然保护区数	个	926	1146	1227	2349	2531	2538	2541
国家级	个	124	155	155	243	303	303	319
省级	个	392	404	433	773	780	806	
市级	个	84	138	154	421	462	432	
县级	个	326	449	479	912	986	997	
2. 自然保护区总面积	万公顷	7698	8815	9821	14995	15188	14894	
国家级	万公顷	2647	5816	5806	8899	9366	9120	
省级	万公顷	4606	2265	3031	4487	4260	4240	
市级	万公顷	66	163	253	502	538	497	
县级	万公顷	379	571	730	1107	1025	1037	
3. 自然保护区占辖区面积比重	%	7.6	8.8	9.85	15.0	15.2	15.1	
4. 珍稀濒危动物繁殖场数	个	1015	940	992	164			
5. 珍稀植物引种栽培场数	个	72	72	50	77			
6. 生态示范区个数	个	130	222	220	528			
＃国家级	万公顷	130	154	158	233			

4—2 农村环境情况

指　标	2000	2001	2005	2006	2007	2008	2009
农村改水累计受益人口(万人)	88112	86113	88893	86629	87859	89447	90251
累计受益率（%）	92.4	91.0	94.1	91.1	92.1	93.6	94.3
累计使用卫生厕所户数(万户)	9572	11405	13740	13873	14442	15166	16056
卫生厕所普及率(%)	44.8	46.1	55.3	55.0	57.0	59.7	63.2
累计使用卫生公厕户数(万户)		852.8	1034.1	2126.3	2049.0	2739.5	2970.7
农村沼气池产气量(亿立方米)	25.9	29.8	72.9	83.6	101.7	118.4	130.8
太阳能热水器(万平方米)	1107.8	1319.4	3205.6	3941.0	4286.4	4758.7	4997.1
太阳灶（台）	332390	388599	685552	865238	1118763	1356755	1484271

4—3 各地区自然保护基本情况

地　区	自然保护区		
	个数（个）	面积（千公顷）	占辖区面积比重（%）
全国总计	**2538**	**14894.3**	**15.13**
北　京	20	13.4	7.96
天　津	8	15.4	13.6
河　北	34	56.7	3.02
山　西	46	114.0	7.29
内蒙古	196	1383.2	11.69
辽　宁	95	264.6	10.36
吉　林	34	224.0	12.4
黑龙江	190	617.5	13.59
上　海	4	9.4	14.79
江　苏	30	56.5	5.51
浙　江	31	25.7	2.52
安　徽	102	52.8	4.05
福　建	92	50.6	3.05
江　西	174	110.1	6.61
山　东	75	109.7	6.63
河　南	35	75.2	4.51
湖　北	63	99.3	5.34
湖　南	95	112.1	5.29
广　东	371	355.2	4.79
广　西	76	142.9	5.9
海　南	68	281.3	5.28
重　庆	51	90.1	10.96
四　川	164	873.9	17.9
贵　州	129	95.3	5.42
云　南	152	284.1	7.21
西　藏	45	4140.3	34.51
陕　西	50	104.6	5.08
甘　肃	57	754.1	16.54
青　海	11	2182.2	30.28
宁　夏	13	50.7	9.78
新　疆	27	2149.4	13.43

注：此页为2008年数据。

4—4 各地区农村改水、改厕情况

地 区	累计已改水受益人口(万人)	自来水累计受益人口	累计使用卫生厕所户数(万户)	卫生厕所普及率(%)
全 国	**90250.9**	**65405.1**	**16055.8**	**63.2**
北 京	300.5	298.7	101.6	85.5
天 津	376.1	351.3	107.2	91.2
河 北	5195.2	4458.6	715.6	50.2
山 西	2180.3	1876.4	312.9	49.3
内蒙古	1229.6	647.7	143.2	34.5
辽 宁	2195.2	1409.0	399.1	59.1
吉 林	1506.2	1010.2	273.0	66.7
黑龙江	2147.1	1372.9	406.2	62.9
上 海	332.8	332.8	121.1	96.6
江 苏	5331.1	5331.1	1204.3	76.7
浙 江	3440.5	3279.8	1005.6	86.5
安 徽	5165.4	2292.8	729.1	54.1
福 建	2638.2	2255.8	505.9	72.9
江 西	3297.5	1860.3	601.1	71.5
山 东	6974.6	6167.8	1640.3	80.5
河 南	7651.3	4408.0	1383.7	69.1
湖 北	4514.0	3126.6	759.0	70.2
湖 南	4852.4	3252.8	878.0	60.8
广 东	5883.9	4822.5	1205.2	81.9
广 西	3624.5	2484.2	516.7	53.2
海 南	602.9	429.9	84.5	59.2
重 庆	2522.7	2080.9	353.9	48.7
四 川	6245.8	3374.5	1069.0	54.4
贵 州	2531.3	1924.8	288.6	35.3
云 南	3014.0	2269.5	482.9	53.7
西 藏				
陕 西	2787.0	1581.4	291.0	40.9
甘 肃	2003.7	1184.4	276.6	57.8
青 海	331.0	299.7	39.7	45.5
宁 夏	404.3	269.8	40.0	41.8
新 疆	779.7	779.7	94.6	42.4

资料来源:卫生部。

4—5 各地区农村可再生资源利用情况

地区	沼气池产气总量（万立方米）	#大中型沼气工程	太阳能热水器（万平方米）	太阳房（万平方米）	太阳灶（台）	生活污水净化沼气池（个）
全国	**1307748.3**	**66978.5**	**4997.1**	**1733.76**	**1484271**	**186945**
北京	2285.9	2013.0	66.1	30.63	2318	
天津	1713.4	551.4	32.8	0.99		8
河北	94337.4	1291.5	514.2	154.86	6805	161
山西	20885.9	1301.1	407.0	0.25	3632	53
内蒙	12524.3	822.9	37.4	133.04	30035	5
辽宁	13440.3	982.5	116.9	513.31	952	
吉林	2866.2	9.0	30.6	281.12	630	2
黑龙江	4853.0	147.0	41.6	301.87	401	
上海						
江苏	19188.1	4995.5	526.7	5.50	15	29974
浙江	13377.4	7242.7	408.6			61840
安徽	21093.8	439.5	373.2			1396
福建	25638.3	4080.6	35.8			1782
江西	52316.3	2617.8	81.2			1821
山东	70069.9	8836.4	797.2	13.17	15434	109
河南	121579.2	6266.0	279.1	1.90	20	1258
湖北	90674.8	1722.1	191.4			1154
湖南	80962.6	1458.8	106.5		4	2036
广东	21635.8	3821.5	8.0	0.68	19	3626
广西	120424.6	1098.3	35.8	0.03		605
海南	27849.5	5396.7	392.8			7
重庆	37369.2	783.6	6.7			17284
四川	176135.8	7745.7	48.8	0.89	130087	61933
贵州	80961.0	1282.4	31.7			1557
云南	113726.0	126.4	184.3		264	178
西藏	2485.0				13165	
陕西	32576.3	276.9	103.7	5.41	15363	119
甘肃	27338.0	767.0	59.5	222.23	780341	37
青海	4012.1	102.3	2.4	43.08	221019	
宁夏	5045.2	211.9	23.2	15.40	260840	
新疆	9211.4	4.8	47.0	9.40	2927	

资料来源：农业部。

4－6 全国林业重点工程历年完成造林面积

单位：千公顷

年 份	合计	天然林保护工程	退耕还林工程		京津风沙源治理工程	速生丰产用材林基地工程
			退耕还林工程合计	其中：退耕地造林		
1979～1985年	10109.80					
1986年	1106.73					
1987年	1064.80					
1988年	1063.93					
1989年	1001.80					
1990年	1662.06					
“七五”小计	5899.32					
1991年	2082.20					
1992年	2308.00					
1993年	2602.10				132.80	257.50
1994年	2729.59				139.79	223.32
1995年	2862.17				168.59	242.87
“八五”小计	12584.06				441.18	723.69
1996年	2669.49				164.95	187.81
1997年	2642.61				215.95	193.20
1998年	2856.00	290.35			231.58	138.05
1999年	3275.63	477.56	447.93	381.47	211.58	106.10
2000年	3345.92	426.37	683.60	328.42	280.27	246.88
“九五”小计	14789.65	1194.28	1131.53	709.89	1104.33	872.04
2001年	3160.18	948.08	870.99	386.14	217.32	88.87
2002年	6777.38	856.08	4423.61	2039.77	676.38	45.68
2003年	8262.78	688.26	6196.13	3085.93	824.43	20.43
2004年	4802.85	641.45	3217.54	824.90	473.27	22.27
2005年	3109.10	424.81	1898.36	667.39	408.25	9.49
“十五”小计	26112.30	3558.68	16606.63	7004.13	2599.64	186.73
2006年	2810.80	774.82	1050.53	218.49	409.54	9.10
2007年	2681.65	732.88	1056.02	59.46	315.13	3.39
2008年	3437.50	1009.02	1189.70	2.16	469.04	3.98
2009年	4596.24	1360.91	886.67	0.74	434.82	20.77
1979～2009年	83021.32	8630.58	21921.07	7994.87	5773.69	1819.70

注：1. 太行山绿化工程1990年造林面积354.60千公顷系指1984－1990年的造林面积，其中1990年造林面积为109.73千公顷。

2. 京津风沙源治理工程1993－2000年数据为原全国防沙治沙工程数据。速丰林基地工程1993－2000年数据为原利用世界银行贷款营造速丰林工程数据。

3. 本表数据从2001年开始，将原有的16个工程整合形成10个重点林业工程。

4. 根据造林技术规程(GB/T15776－2006)，本表自2006年起将无林地和疏林地新封山育林面积计入造林总面积。

4—6 续表 单位：千公顷

年 份	三北及长江流域等防护林工程						
	小 计	三北防护林体系工程	长江中上游防护林体系工程	沿海防护林体系工程	珠江流域防护林体系工程	太行山绿化工程	平原绿化工程
1979～1985年	10109.80	10109.80					
1986年	1106.73	1106.73					
1987年	1064.80	1064.80					
1988年	1063.93	1063.93					
1989年	1001.80	956.07	45.73				
1990年	1662.06	983.33	324.13			354.60	
"七五"小计	5899.32	5174.86	369.86			354.60	
1991年	2082.20	1170.47	462.40	223.60		225.73	
1992年	2308.00	1255.20	584.60	235.80		232.40	
1993年	2211.80	1160.00	573.00	131.20		275.20	72.40
1994年	2366.48	1255.49	546.00	152.78		358.22	53.99
1995年	2450.71	1333.26	535.71	103.27		427.04	51.43
"八五"小计	11419.19	6174.42	2701.71	846.65		1518.59	177.82
1996年	2316.73	1342.28	463.96	72.17		402.46	35.86
1997年	2233.46	1266.12	447.75	63.48	56.72	366.32	33.07
1998年	2196.02	1243.96	448.60	60.29	39.85	343.74	59.58
1999年	2032.46	1245.41	369.84	44.48	32.09	293.36	47.28
2000年	1708.80	1053.16	206.94	56.91	30.68	298.51	62.60
"九五"小计	10487.47	6150.93	1937.09	297.33	159.34	1704.39	238.39
2001年	1034.92	541.71	162.72	90.90	27.05	141.29	71.25
2002年	775.63	453.76	110.29	55.71	46.55	76.15	33.16
2003年	533.54	275.30	108.75	38.56	44.71	50.05	16.18
2004年	448.32	232.34	113.28	30.18	31.76	30.92	9.85
2005年	368.20	217.89	65.94	22.68	30.67	28.52	2.50
"十五"小计	3160.62	1721.00	560.98	238.03	180.74	326.93	132.94
2006年	566.82	326.83	78.67	16.96	28.82	114.67	0.87
2007年	574.22	381.53	76.40	23.85	17.42	73.93	1.10
2008年	765.77	497.95	72.25	74.25	36.97	80.28	4.07
2009年	1893.08	1255.87	222.13	212.18	82.06	119.16	1.67
1979～2009年	44876.28	31793.19	6019.08	1709.25	505.35	4292.55	556.86

4—7 各地区林业重点工程建设情况

单位:公顷

地区	总计	天然林保护工程	退耕还林工程		
			合计	其中:退耕地造林面积	其中:荒山荒地造林面积
全国合计	**4596244**	**1360913**	**886666**	**739**	**564734**
北京	14634				
天津	15654				
河北	284821		23358		10025
山西	265031	51799	35667		18996
内蒙古	812223	238022	48555		17220
辽宁	129974		23485		10153
吉林	30074		3913	662	2777
黑龙江	213124		58475		37611
上海	1383				
江苏	50769				
浙江	24301				
安徽	59232		32540		19211
福建	10576				
江西	96504		34517		18242
山东	63843				
河南	116139	10667	53333		29998
湖北	79651	18937	26212		26212
湖南	104029		53333		29998
广东	16575				
广西	73502		33892	77	23747
海南	18474		3427		3427
重庆	79338	42667	36671		23337
四川	417561	381072	36489		16494
贵州	140379	72765	33274		13336
云南	283420	150841	118648		115991
西藏	58442	47621	10821		6484
陕西	406027	244533	39328		26330
甘肃	210772	73856	42797		23206
青海	104870	20801	28102		8105
宁夏	89480	7332	33042		26375
新疆	298775		50120		30792

注:退耕还林工程中包括军事管理区 26667 公顷荒山荒地造林。

4—7 续表

单位:公顷

地　区	三北及长江流域防护林建设工程							京津风沙源治理工程	速生丰产林基地建设工程
	合计	三北防护林四期工程	长江流域防护林二期工程	沿海防护林体系二期工程	珠江流域防护林二期工程	太行山绿化防护林二期工程	平原绿化二期工　程		
全国合计	**1893077**	**1255873**	**222127**	**212184**	**82059**	**119160**	**1674**	**434817**	**20771**
北　京	2180	314				1866		12454	
天　津	14527	2491		12036				1127	
河　北	152320	75996		25424		50666	234	108398	745
山　西	156273	114645				41628		21292	
内 蒙 古	234100	234100						291546	
辽　宁	106489	83840		22582			67		
吉　林	26161	26161							
黑 龙 江	153193	153193							1456
上　海	1383		1383						
江　苏	50769		12974	36556			1239		
浙　江	24301		2833	21468					
安　徽	26692		26692						
福　建	10576			10576					
江　西	45385		40165		5220				16602
山　东	63843		29666	34177					
河　南	52139		27005			25000	134		
湖　北	34502		34502						
湖　南	50696		42027		8669				
广　东	16575			12280	4295				
广　西	37642			22038	15604				1968
海　南	15047			15047					
重　庆									
四　川									
贵　州	34340				34340				
云　南	13931				13931				
西　藏									
陕　西	122166	117286	4880						
甘　肃	94119	94119							
青　海	55967	55967							
宁　夏	49106	49106							
新　疆	248655	248655							

4—8 灌区、水库、除涝、治水情况

指　　标	单 位	1990 年	1995 年	2000 年	2006 年	2007 年	2008 年	2009 年
年底万亩以上灌区数	处	5363	5562	5683	5894	5869	6414	5844
＃3.3 万公顷以上	处	72	74	101	119	120	149	125
2.0～3.3 万公顷	处	76	99	141	166	174	298	210
灌区有效灌溉面积	万公顷	2123.1	2249.9	2449.3	2802.1	2834.0	2941.0	2956.2
＃3.3 万公顷以上	万公顷	604.7	631.4	788.3	1052.0	1052.0	1120.7	1082.8
2.0～3.3 万公顷	万公顷	189.6	244.4	344.0	409.2	414.9	551.7	474.7
水库	座	81527	82915	83260	85249	85412	86353	87151
大型水库	座	366	387	420	482	493	529	544
中型水库	座	2499	2593	2704	3000	3110	3181	3259
小型水库	座	78662	79935	80136	81767	81809	82643	83348
水库库容量	亿立方米	4660	4797	5183	5841	6345	6924	7064
大型水库	亿立方米	3397	3493	3843	4379	4836	5386	5506
中型水库	亿立方米	690	719	746	852	883	910	921
小型水库	亿立方米	573	585	593	610	625	628	636
节水灌溉面积	万公顷			1638.9	2242.6	2348.9	2443.6	2575.5
除涝面积	万公顷	1933.7	2006.5	2098.9	2137.6	2141.9	2142.5	2158.4
水土流失治理面积	万公顷	5300.0	6690.0	8096.0	9749.1	9987.1	10158.7	10454.5
堤防长度	万公里	22.0	24.7	27.0	28.1	28.4	28.7	29.1
堤防保护耕地面积	万公顷	3200.0	3060.9	3960.0	4548.6	4551.8	4571.2	4654.7

注：2008 年对万亩以上灌区的统计口径进行调整，故处数与面积增加较多。

4－9　各地区水利设施除涝、治水面积

地　　区	水库数（座）	水库库容量（亿立方米）	除涝面积（千公顷）	水土流失治理面积（千公顷）
全国总计	**87151**	**7063.7**	**21584.3**	**104544.8**
北　　京	82	93.9	149.8	511.8
天　　津	28	26.2	386.3	45.6
河　　北	1068	161.4	1647.5	6230.7
山　　西	731	56.8	89.1	5093.9
内 蒙 古	494	163.2	277.0	10567.4
辽　　宁	952	359.9	983.2	6242.4
吉　　林	1642	320.4	1021.3	3545.8
黑 龙 江	737	175.1	3316.0	4594.7
上　　海			54.6	
江　　苏	909	189.4	2811.3	1037.4
浙　　江	4207	396.2	496.6	2401.8
安　　徽	4809	280.6	2251.4	2102.3
福　　建	3120	184.0	126.2	1437.9
江　　西	9809	293.7	370.6	4334.8
山　　东	6283	226.8	2623.4	4593.2
河　　南	2352	402.3	1936.0	4449.4
湖　　北	5801	1001.3	1216.6	4449.7
湖　　南	11824	387.8	484.4	2877.9
广　　东	7424	428.7	512.6	1369.1
广　　西	4370	375.3	208.8	1843.7
海　　南	995	95.3	11.2	32.5
重　　庆	2831	55.7		2266.5
四　　川	6752	210.6	92.6	6100.2
贵　　州	2069	354.2	52.4	2997.1
云　　南	5517	129.0	249.1	5248.0
西　　藏	64	12.9	22.3	40.4
陕　　西	1012	76.6	130.8	9142.8
甘　　肃	311	103.0	12.5	7807.1
青　　海	157	341.9		812.3
宁　　夏	224	26.1	10.5	1974.4
新　　疆	577	135.6	40.2	393.9

4—10 全国受灾和成灾面积

单位：千公顷

年 份	受灾面积	旱 灾	洪涝灾	成灾面积	旱 灾	洪涝灾
1952	9137	4236	2794	4433	2589	1844
1957	29149	17205	8083	14983	7400	6032
1962	37175	20808	9810	17286	8691	6318
1965	20804	13631	5587	11223	8107	2813
1970	9974	5723	3129	3295	1931	1234
1975	35379	24832	6817	10239	5318	3467
1978	50807	32641	3109	24457	16564	2012
1979	39367	24646	5757	15790	9316	2868
1980	50025	21901	9687	29777	14174	6070
1981	39786	25693	8625	18743	12134	3973
1982	33133	20697	8361	16117	9972	4397
1983	34713	16089	12162	16209	7586	5747
1984	31887	15819	10632	15607	7015	5395
1985	44365	22989	14197	22705	10063	8949
1986	47135	31042	9155	23656	14765	5601
1987	42086	24920	8686	20393	13033	4104
1988	50874	32904	11949	24503	15303	6128
1989	46991	29358	11328	24449	15262	5917
1990	38474	18175	11804	17819	7805	5605
1991	55472	24914	24596	27814	10559	14614
1992	51332	32981	9422	25895	17047	4463
1993	48827	21097	16390	23134	8656	8608
1994	55046	30423	17328	31382	17050	10744
1995	45824	23455	12734	22268	10402	7604
1996	46991	20152	18147	21234	6247	10855
1997	53429	33516	11415	30307	20012	5839
1998	50145	14236	22292	25181	5060	13785
1999	49980	30156	9020	26734	16614	5071
2000	54688	40541	7323	34374	26784	4321
2001	52215	38472	6042	31793	23698	3614
2002	46946	22124	12288	27160	13174	7388
2003	54506	24852	19208	32516	14470	12289
2004	37106	17253	7314	16297	8482	3747
2005	38818	16028	10932	19966	8479	6047
2006	41091	20738	8003	24632	13411	4569
2007	48992	29386	10463	25064	16170	5105
2008	39990	12137	6477	22284	6798	3656
2009	47214	29259	7613	21234	13197	3162

4—11 全国受灾、成灾和绝收面积

单位：千公顷

指　　标	1990 年	1995 年	2000 年	2008 年	2009 年	2009 年为2008 年百分比(%)
一、受灾面积	38474	45824	54688	39990	47214	118.1
旱灾	18175	23455	40541	12137	29259	241.1
洪涝灾	11804	12734	7323	6477	7613	117.5
风雹灾	6354	4479	2307	4180	5493	131.4
冷冻灾	2141	3578	2795	14696	3673	25.0
台风灾			1722	2310	1146	49.6
二、成灾面积	17819	22268	34374	22284	21234	95.3
旱灾	7805	10402	26784	6798	13197	194.1
洪涝灾	5605	7604	4321	3656	3162	86.5
风雹灾	3415	2076	1162	2123	2944	138.7
冷冻灾	994	1791	1032	8719	1446	16.6
台风灾			1075	939	479	51.0
三、绝收面积		5618	10148	4826	4918	101.9
旱灾		2121	8006	812	3269	402.7
洪涝灾		2627	1324	756	780	103.1
风雹灾		561	321	475	534	112.6
冷冻灾		194	260	1828	252	13.8
台风灾			237	939	81	8.6

4—12 各地区受灾面积

单位：千公顷

地区	受灾面积合计		旱灾		洪涝灾	
	2008年	2009年	2008年	2009年	2008年	2009年
全国总计	**39990**	**47214**	**12137**	**29259**	**6477**	**7613**
北京	31	15	8	3		
天津	80	59	24			
河北	1152	2628	629	1544	55	120
山西	2164	1787	1917	1384	57	53
内蒙古	2497	4770	1658	3890	434	449
辽宁	539	2172	321	2084	173	20
吉林	580	2671	466	2440	52	37
黑龙江	2367	7394	1597	4872	159	1570
上海	21	16				
江苏	497	1203		599	101	166
浙江	1075	463	23	22	233	67
安徽	1277	2101		909	302	494
福建	231	266	4	42	58	13
江西	2376	1352	128	621	812	472
山东	672	2342	256	1175	121	761
河南	967	2987	584	1579	74	100
湖北	4033	1827	20	592	1180	832
湖南	4474	1825	486	753	666	558
广东	1600	643	71	318	415	36
广西	2306	1110	224	774	642	303
海南	366	120	81	13	93	2
重庆	662	495	156	137	86	319
四川	1412	1599	107	743	206	667
贵州	1760	780	30	478	186	196
云南	1460	1668	475	1037	121	145
西藏	54	53		27	5	10
陕西	1047	1221	478	800	134	61
甘肃	1334	1881	784	1542	71	110
青海	122	160	66	34	10	13
宁夏	667	366	494	308	5	30
新疆	2172	1244	1050	540	28	9

4—12续表

地区	风雹灾		冷冻灾		台风灾	
	2008年	2009年	2008年	2009年	2008年	2009年
全国总计	**4180**	**5493**	**14696**	**3673**	**2310**	**1146**
北京	23	10		1		
天津	56	59				
河北	449	748	19	216		
山西	109	131	81	218		
内蒙古	324	144	81	287		
辽宁	32	67	13	1		
吉林	62	188		5		
黑龙江	494	537	116	415		
上海	1		20			16
江苏	78	108	177	167	142	164
浙江	67	9	613		139	364
安徽	57	400	695	270	223	29
福建	47		33	65	89	146
江西	72	122	1205	125	77	11
山东	260	175	32	231	3	
河南	171	1129	138	179		
湖北	338	165	2490	238		
湖南	132	129	3171	385	13	
广东			433		680	289
广西	42	10	701	3	697	19
海南			74		119	105
重庆	117	21	298	11		
四川	398	140	644	44		
贵州	52	71	1490	30		
云南	125	90	591	382	128	4
西藏	15	6	33	10		
陕西	167	187	267	173		
甘肃	161	156	312	71		
青海	11	73	31	40		
宁夏	102	4	66	24		
新疆	221	615	873	81		

4—13 各地区成灾面积

单位:千公顷

地区	成灾面积合计		旱灾		洪涝灾	
	2008年	2009年	2008年	2009年	2008年	2009年
全国总计	**22283**	**21234**	**6798**	**13197**	**3656**	**3162**
北京	25	10	5	1		
天津	54	48	7			
河北	834	1642	480	1063	29	49
山西	1007	1229	907	966	23	30
内蒙古	1318	2390	938	1923	159	161
辽宁	299	1034	236	972	36	5
吉林	244	1630	165	1471	29	16
黑龙江	1345	3130	930	1907	53	800
上海	8	8				
江苏	275	393		199	95	42
浙江	519	243	9	6	134	42
安徽	621	320		52	202	179
福建	82	128	2	26	24	8
江西	1142	657	46	261	255	296
山东	234	1182	88	815	82	185
河南	653	1063	376	288	52	33
湖北	2659	532	14	149	931	321
湖南	2843	626	160	305	279	168
广东	794	189	40	106	234	3
广西	1129	459	127	336	556	109
海南	172	87	21	2	79	1
重庆	399	177	93	47	47	119
四川	637	697	35	242	105	354
贵州	1050	402	18	318	122	42
云南	882	717	359	416	55	86
西藏	36	20		10	4	4
陕西	502	571	341	333	15	25
甘肃	841	669	573	495	36	60
青海	73	74	45	17	1	4
宁夏	283	127	223	106	4	15
新疆	1326	778	561	366	16	4

4—13 续表

地　　区	风雹灾		冷冻灾		台风灾	
	2008 年	2009 年	2008 年	2009 年	2008 年	2009 年
全国总计	**2123**	**2944**	**8719**	**1446**	**939**	**479**
北　京	20	9				
天　津	47	48				
河　北	314	445	11	85		
山　西	59	93	18	140		
内蒙古	204	133	17	174		
辽　宁	25	57	3			
吉　林	50	139		5		
黑龙江	258	246	103	178		
上　海			8			8
江　苏	27	68	100	55	53	29
浙　江	10	18	335		30	178
安　徽	21	60	267	13	131	16
福　建			12	24	44	70
江　西	13	48	787	47	30	4
山　东	59	87	6	96		
河　南	93	682	132	60		
湖　北	208	23	1504	39		
湖　南	54	31	2336	122	10	
广　东			200		320	80
广　西	15	7	193		238	8
海　南			54		19	84
重　庆	47	7	211	3		
四　川	149	89	335	11		
贵　州	28	35	880	5		
云　南	62	41	331	169	65	2
西　藏	9	3	23	3		
陕　西	67	80	80	133		
甘　肃	103	81	126	32		
青　海	5	52	19	1		
宁　夏	30	3	26	3		
新　疆	149	361	601	47		

5

农村投资

5—1 国家财政用于农业的支出

单位:亿元

年 份	农业支出	支援农村生产支出和各项农业事业费	粮食、农资、良种、农机具四项补贴	农村社会事业发展支出	农业支出占财政支出的比重(%)
1952	9.0	2.7			5.1
1957	23.5	8.0			7.7
1962	38.2	19.3			12.5
1965	55.0	17.3			11.8
1970	49.4	15.9			7.6
1975	99.0	42.5			12.1
1978	150.7	77.0			13.4
1980	150.0	82.1			12.2
1985	153.6	101.0			7.7
1986	184.2	124.3			8.4
1987	195.7	134.2			8.7
1988	214.1	158.7			8.6
1989	265.9	197.1			9.4
1990	307.8	221.8			10.0
1991	347.6	243.6			10.3
1992	376.0	269.0			10.0
1993	440.5	323.4			9.5
1994	533.0	399.7			9.2
1995	574.9	430.2			8.3
1996	700.4	510.1			8.8
1997	766.4	560.8			8.3
1998	1154.8	626.0			10.7
1999	1085.8	677.5			8.2
2000	1231.5	766.9			7.8
2001	1456.7	918.0			7.7
2002	1580.8	1102.7			7.2
2003	1754.5	1134.9			7.1
2004	2337.6	1693.8			8.2
2005	2450.3	1792.4			7.2
2006	3173.0	2161.4			7.9
2007	4318.3	1801.7	513.6	1415.8	8.7
2008	5955.5	2260.1	1030.4	2072.8	9.5
2009	7253.1	2679.2	1274.5	2723.2	9.5

注:1.从1998年开始,“农业基本建设支出”包括增发国债安排的支出。

2.从2007年起,国家财政支农支出因报表制度调整,口径与往年不同,本表中的支农支出仅为中央财政用于“三农”的支出。

5—2 农业基本建设投资和新增固定资产

单位:亿元、%

年 份	农业基本建设投资	#水利基建投资	农业基本建设投资占基本建设投资比重	水利基本建设投资占农业基本建设投资比重	农林牧渔水利新增固定资产
"一五"时期	**41.8**	**24.3**	**7.1**	**58.1**	**34.5**
"二五"时期	**135.7**	**96.6**	**11.3**	**71.2**	**84.6**
1963—1965年	74.5	28.9	17.6	38.8	60.6
"三五"时期	**104.3**	**70.1**	**10.7**	**67.3**	**53.8**
"四五"时期	**173.1**	**117.1**	**9.8**	**67.7**	**92.6**
"五五"时期	**246.1**	**157.2**	**10.5**	**63.9**	**152.8**
#1980年	52.0	27.1	9.3	52.0	35.4
"六五"时期	**172.8**	**93.0**	**5.1**	**53.8**	**140.5**
1981年	29.2	13.6	6.6	46.5	23.1
1982年	34.1	17.5	6.1	51.2	23.8
1983年	35.5	21.1	6.0	59.6	36.6
1984年	37.1	20.7	5.0	55.7	27.1
1985年	36.9	20.2	3.4	54.5	30.0
"七五"时期	**241.2**	**143.7**	**3.3**	**59.6**	**174.7**
1986年	35.1	22.9	3.0	65.2	30.3
1987年	42.1	27.0	3.1	64.1	30.9
1988年	46.2	23.6	3.0	51.2	30.6
1989年	50.7	29.5	3.3	58.3	37.2
1990年	67.2	40.7	4.0	60.5	45.7
"八五"时期	**697.8**	**440.7**	**3.0**	**63.1**	**417.8**
1991年	85.0	50.2	4.0	59.0	50.2
1992年	111.0	68.3	3.7	61.5	62.9
1993年	127.8	81.6	2.8	63.8	77.2
1994年	154.9	98.2	2.4	63.4	91.6
1995年	219.1	142.5	3.1	65.0	135.9
"九五"时期	**3143.2**	**1993.7**	**5.6**	**63.4**	**1725.0**
1996年	317.9	206.6	3.7	65.0	153.2
1997年	412.7	258.8	4.2	62.7	211.7
1998年	637.1	411.7	5.4	64.6	288.7
1999年	835.5	536.5	6.7	64.2	498.4
2000年	940.0	580.1	7.0	61.7	572.9
"十五"时期					
2001年	993.4	558.8	6.8	56.3	506.5
2002年	1291.6	703.8	7.3	54.5	636.8
2003年	1097.7	680.9	4.8	62.0	702.1
2004年	—	—	—	—	877.5

5—3 农村集体单位和农村居民个人固定资产投资额

单位:亿元、%

年 份	全社会固定资产投资总额	#农村集体单位固定资产投资	占全社会固定资产投资比重	#农村居民个人固定资产投资	占全社会固定资产投资比重
"六五"时期	**7997.6**	**699.8**	**8.8**	**1527.4**	**19.1**
1981 年	961.0	83.7	8.7	166.3	17.3
1982 年	1230.4	131.4	10.7	198.5	16.1
1983 年	1430.1	110.7	7.7	305.1	21.3
1984 年	1832.9	174.8	9.5	379.1	20.7
1985 年	2543.2	199.2	7.8	478.4	18.8
"七五"时期	**19744.0**	**1818.3**	**9.2**	**3903.9**	**19.8**
1986 年	3120.6	245.4	8.1	574.8	19.0
1987 年	3791.7	365.7	10.0	695.4	19.1
1988 年	4753.8	456.7	10.2	865.2	19.2
1989 年	4410.4	384.4	9.3	892.0	21.6
1990 年	4517.0	366.1	8.2	876.5	19.7
"八五"时期	**62211.3**	**7476.4**	**12.0**	**6712.9**	**10.8**
1991 年	5594.5	494.0	9.0	1042.6	18.9
1992 年	8080.1	994.9	12.7	1005.5	12.8
1993 年	13072.3	1631.2	13.1	1137.7	9.1
1994 年	17042.1	1988.6	12.1	1519.2	9.3
1995 年	20019.3	2367.7	11.8	2007.9	10.0
"九五"时期	**138734.5**	**16225.9**	**11.7**	**13596.6**	**9.8**
1996 年	22913.6	2802.3	12.2	2540.0	11.1
1997 年	24941.1	3055.6	12.3	2691.2	10.8
1998 年	28406.2	3233.3	11.4	2681.5	9.4
1999 年	29855.0	3343.1	11.2	2779.6	9.3
2000 年	32918.0	3791.6	11.5	2904.3	8.8
"十五"时期					
2001 年	37213.5	4235.7	11.4	2976.6	8.0
2002 年	43499.9	4887.9	11.2	3123.2	7.2
2003 年	55566.6	6553.9	11.8	3201.0	5.8
2004 年	70072.7	8086.5	11.5	3362.7	4.8
2005 年	88604.0	9737.9	11.0	3940.6	4.4
"十一五"时期					
2006 年	109998.2	12193.3	11.1	4436.2	4.0
2007 年	137323.9	14736.2	10.7	5123.3	3.7
2008 年	172828.4	18138.3	10.5	5951.8	3.4
2009 年	224598.8	23243.9	10.3	7434.5	3.3

5—4　农村居民家庭经营费用现金支出

单位：元/人、%

指　标	1990 年	1995 年	2000 年	2008 年	2009 年	2009 年为下列各年百分比	
						1990 年	2008 年
家庭经营费用现金支出	162.9	454.7	544.5	1551.0	1554.6	954.3	100.2
一、第一产业生产支出	146.4	410.7	462.9	1378.2	1366.8	933.5	99.2
农业生产支出	99.5	261.4	286.5	765.6	759.5	763.6	99.2
林业生产支出	0.8	2.1	4.2	9.6	10.1	1328.9	105.3
牧业生产支出	43.2	138.3	155.7	555.9	549.8	1273.2	98.9
渔业生产支出	3.0	8.8	16.5	47.1	47.5	1571.9	100.8
二、第二产业生产支出	4.2	13.8	27.0	62.6	68.2	1612.3	108.9
工业生产支出	3.8	10.6	21.3	47.8	48.6	1275.6	101.7
建筑业支出	0.4	3.2	5.8	14.8	19.6	4669.0	132.2
三、第三产业生产支出	12.3	30.3	54.6	110.2	119.6	976.6	108.5
交通运输邮电业支出	7.5	16.3	26.2	50.4	53.2	712.6	105.5
批发和零售贸易餐饮业支出	2.0	7.4	13.9	42.9	46.5	2314.9	108.4
社会服务业支出	0.9	2.5	3.8	7.7	9.9	1098.9	128.4
文教卫生业支出			1.1	3.9	4.7		118.7
其他支出	1.9	4.2	9.5	5.3	5.4	287.2	101.8

5—5　农村居民家庭购买生产性固定资产现金支出

单位：元/人、%

指　标	1990 年	1995 年	2000 年	2008 年	2009 年	2009 年为下列各年百分比	
						1990 年	2008 年
购买生产性固定资产现金支出	20.1	62.3	63.9	158.6	195.7	971.5	123.4
#购买生产用建筑材料				20.6	26.9		130.5
购买生产用房				3.2	3.1		98.8
购买生产用役畜、产品畜		12.7	11.8	21.8	17.8		81.4
农林牧渔业机械	6.6	20.0	18.3	55.7	65.1	985.3	117.0
工业机械	1.4	3.2	4.3	3.8	5.9	429.9	154.1
运输机械		16.5	21.9	42.5	60.4		141.9
购买其他生产性固定资产				11.0	16.6		150.8

5—6 各地区农村居民家庭生产投入现金支出

单位:元/人

地 区	1. 家庭经营费用现金支出		2. 购买生产性固定资产支出	
	2008 年	2009 年	2008 年	2009 年
全国总计	**1551.0**	**1554.6**	**158.6**	**195.7**
北 京	1528.3	1649.1	111.1	136.3
天 津	2193.8	2620.1	155.8	133.0
河 北	1768.9	1756.6	152.4	131.7
山 西	954.4	997.9	189.0	160.4
内 蒙 古	2504.8	2596.2	317.8	385.5
辽 宁	3141.0	3316.4	240.5	316.4
吉 林	2794.1	2799.6	393.4	522.4
黑 龙 江	4033.9	3558.0	438.4	613.6
上 海	707.4	579.8	2.5	11.5
江 苏	1356.5	1351.7	106.4	149.5
浙 江	2513.0	2861.3	174.7	203.7
安 徽	1251.3	1183.5	141.8	148.3
福 建	1229.4	1249.1	94.5	96.7
江 西	1279.0	1267.0	130.3	148.5
山 东	2079.3	2113.7	123.8	233.8
河 南	1317.7	1364.6	152.0	131.6
湖 北	1383.6	1368.0	97.8	147.7
湖 南	1223.0	1178.9	81.8	133.5
广 东	1230.1	1170.6	58.7	46.5
广 西	1321.0	1280.2	167.9	160.1
海 南	1234.9	1222.4	67.7	60.0
重 庆	812.1	779.4	47.8	79.3
四 川	1241.1	1202.1	105.2	168.8
贵 州	637.7	589.2	168.0	166.6
云 南	1209.2	1183.4	158.1	183.1
西 藏	258.6	292.4	141.1	278.3
陕 西	1033.2	1074.2	164.6	300.1
甘 肃	900.7	985.9	128.9	158.6
青 海	771.6	724.0	260.6	232.2
宁 夏	1751.8	1797.1	393.8	376.7
新 疆	2789.1	2964.9	338.5	462.4

5－7 各地区农村居民家庭总支出

（按人均纯收入分组）

单位:元/人

地　　区	总支出	1.家庭经营费用支出	2.购置生产性固定资产支出	3.建造生产性固定资产雇工工资支出	4.税费支出	5.生活消费支出	6.财产性支出	7.转移性支出
全国总计	**6333.9**	**1700.1**	**195.7**	**5.4**	**10.1**	**3993.5**	**38.9**	**390.3**
4000元以上地区								
上　海	11435.8	588.8	11.5		0.3	9804.4	1.3	1029.6
北　京	11607.4	1650.9	136.3	14.9	3.6	8897.6	26.0	878.2
浙　江	11730.1	2876.0	203.7	3.6	10.0	7731.7	40.7	864.5
天　津	7462.2	2662.3	133.0		10.4	4273.2	21.8	361.7
江　苏	8027.6	1411.9	149.5	1.0	35.7	5804.5	12.3	612.8
广　东	6556.2	1207.0	46.5	4.1	4.5	5019.8	13.4	260.9
福　建	6850.5	1283.2	96.7	7.9	1.5	5015.7	18.8	426.7
山　东	7258.2	2165.9	233.8	12.2	13.8	4417.2	27.8	387.6
辽　宁	9146.2	3551.9	316.4	3.7	9.7	4254.0	61.4	949.2
吉　林	8689.5	2966.8	522.4	3.5	10.9	3902.9	314.3	968.7
黑龙江	9729.2	3756.1	613.6	2.6	4.8	4241.3	453.1	657.8
河　北	5619.0	1827.5	131.7	3.1	23.7	3349.7	20.6	262.6
江　西	5306.2	1297.2	148.5	2.7	15.4	3532.7	21.1	288.6
湖　北	5537.6	1489.4	147.7	1.0	11.2	3725.2	8.3	154.7
内蒙古	8146.5	3097.7	385.5	6.9	6.5	3968.4	96.9	584.5
湖　南	6024.2	1344.3	133.5	2.5	14.8	4020.9	4.9	503.4
河　南	5220.1	1418.7	131.6	1.0	2.8	3388.5	4.3	273.2
海　南	4569.1	1279.9	60.0	4.6	1.0	3088.6	3.5	131.4
安　徽	5378.0	1240.5	148.3	2.4	17.4	3655.0	10.1	304.4
重　庆	4753.3	1097.2	79.3	9.4	5.0	3142.1	2.3	418.1
四　川	6330.5	1555.1	168.8	17.4	13.8	4141.4	21.1	413.0
山　西	4875.8	1081.6	160.4	25.2	2.3	3304.8	8.7	292.8
宁　夏	6411.0	2214.2	376.7	7.0	0.9	3347.9	28.5	435.8
3000～4000元地区								
广　西	4957.8	1406.3	160.1	0.7	8.8	3231.1	2.3	148.4
新　疆	6847.5	3100.9	462.4	7.7	2.5	2950.6	129.6	193.8
西　藏	3304.9	567.4	278.3	5.0	0.4	2399.5		54.4
陕　西	5245.8	1210.7	300.1	10.2	8.8	3349.2	7.8	359.0
云　南	4855.5	1547.4	183.1	2.8	3.6	2924.9	17.3	176.6
青　海	4626.6	880.0	232.2	2.8	2.0	3209.4	16.9	283.3
贵　州	3862.8	872.5	166.6	0.6	1.6	2422.0	5.6	393.8
2000～3000元地区								
甘　肃	4255.0	1164.5	158.6	1.1	1.4	2766.5	5.7	157.2

5—8 农村固定资产投资情况

单位:亿元

指　　标	全国总计	非 农 户	农　　户
农村固定资产投资完成额	**30678.4**	**23243.9**	**7434.5**
一、按投资构成分			
1.建筑工程	17754.1	12387.3	5366.8
＃水利	495.7	480.3	15.4
住宅	5915.5	929.3	4986.2
2.安装工程	1223.9	1169.6	54.3
3.设备工具器具购置	8510.4	7228.0	1282.3
＃生产设备	1809.8	961.2	848.6
4.其他	3190.0	2459.0	731.1
二、按投资方向分			
农业	3538.5	2179.4	1359.1
采掘业	1040.0	1037.2	2.8
制造业	11906.8	11796.9	109.9
电力、燃气及水的生产和供应业	889.1	885.5	3.7
建筑业	423.3	284.5	138.8
交通运输、仓储和邮政业	1703.3	1207.9	495.4
信息传输、计算机服务和软件业	45.5	39.1	6.4
批发和零售业	641.8	603.4	38.4
住宿和餐饮业	296.8	275.0	21.8
金融业	11.6	11.6	
房地产业	6230.9	1178.5	5052.4
租赁和商务服务业	155.7	151.4	4.4
科学研究、技术服务和地质勘查业	116.8	116.8	
水利、环境和公共设施管理业	1995.5	1990.1	5.3
居民服务和其他服务业	283.4	104.0	179.4
教育	278.7	275.6	3.1
卫生、社会保障和社会福利业	160.6	160.3	0.3
文化、体育和娱乐业	258.0	245.2	12.8
公共管理和社会组织	701.8	701.5	0.3
国际组织	0.2		0.2

5—9 各地区农村固定资产投资情况

单位:亿元

地　区	总投资额	非农户	农　户
全国总计	**30678.4**	**23243.9**	**7434.5**
北　京	467.3	423.7	43.5
天　津	291.6	262.6	29.0
河　北	1793.3	1399.8	393.4
山　西	433.6	255.0	178.6
内蒙古	193.0	108.8	84.1
辽　宁	687.4	459.2	228.1
吉　林	452.6	288.2	164.4
黑龙江	333.1	16.5	316.5
上　海	424.8	423.3	1.5
江　苏	4683.1	4331.8	351.3
浙　江	3288.0	2853.3	434.7
安　徽	1045.2	654.5	390.8
福　建	682.6	501.5	181.1
江　西	635.0	384.0	251.0
山　东	3595.4	2952.9	642.5
河　南	2249.6	1469.5	780.1
湖　北	683.2	402.2	281.0
湖　南	823.4	525.2	298.1
广　东	2703.1	2428.8	274.3
广　西	547.4	243.9	303.5
海　南	45.6	19.0	26.7
重　庆	359.2	268.9	90.2
四　川	2281.8	1386.9	894.9
贵　州	362.2	232.3	129.9
云　南	408.9	218.5	190.4
西　藏	50.6	50.6	
陕　西	358.5	158.7	199.9
甘　肃	286.6	175.9	110.7
青　海	109.1	86.2	23.0
宁　夏	111.7	74.6	37.2
新　疆	291.3	187.4	103.9

5—10 各地区农村固定资产构成情况

地　　区	投资额	建筑工程	＃水利	＃住宅	安装工程	设备工具器具购置	＃生产设备	其他
全国总计	**30678.4**	**17754.1**	**495.7**	**5915.5**	**1223.9**	**8510.4**	**1809.8**	**3190.0**
北　京	467.3	332.9	16.4	66.8	5.0	46.2	12.8	83.2
天　津	291.6	175.4	0.6	34.5	11.9	69.9	8.9	34.4
河　北	1793.3	918.7	8.5	299.7	86.8	557.3	46.1	230.5
山　西	433.6	284.4	3.3	148.8	17.2	90.9	45.4	41.2
内蒙古	193.0	113.9	5.5	29.7	3.5	46.3	25.9	29.3
辽　宁	687.4	382.5	4.3	144.3	35.1	194.1	28.0	75.7
吉　林	452.6	225.4	11.0	77.8	21.0	130.3	24.1	76.1
黑龙江	333.1	103.0	0.1	82.9	0.7	133.9	106.8	95.5
上　海	424.8	255.4	0.2	2.6	15.1	100.5	12.4	53.8
江　苏	4683.1	2060.1	20.1	258.2	188.2	2044.5	275.5	390.3
浙　江	3288.0	1697.0	40.4	423.2	136.4	1157.3	237.1	297.4
安　徽	1045.2	705.9	13.0	367.2	41.9	206.0	53.6	91.4
福　建	682.6	469.0	13.1	151.6	18.3	148.4	31.8	46.9
江　西	635.0	435.5	18.2	194.3	22.3	103.7	42.2	73.4
山　东	3595.4	1790.1	54.1	457.7	213.2	1188.5	180.9	403.7
河　南	2249.6	1693.2	41.8	706.1	29.9	388.5	74.9	138.0
湖　北	683.2	465.4	26.3	229.3	26.4	98.2	32.3	93.2
湖　南	823.4	520.9	26.2	218.3	40.8	161.2	58.4	100.4
广　东	2703.1	1433.3	62.7	268.2	165.2	809.2	188.9	295.3
广　西	547.4	366.5	10.5	228.5	10.0	107.9	56.4	63.0
海　南	45.6	28.1	0.6	13.0	1.0	3.5		13.1
重　庆	359.2	243.1	12.6	72.0	13.0	51.4	15.6	51.6
四　川	2281.8	1702.7	34.2	828.1	41.8	304.5	75.3	232.8
贵　州	362.2	215.1	12.8	103.0	20.2	94.8	24.1	32.1
云　南	408.9	297.2	22.1	134.4	32.9	40.0	15.3	38.7
西　藏	50.6	45.7	0.3	23.7	1.0	2.9	0.7	1.1
陕　西	358.5	236.4	4.8	117.5	4.0	84.2	64.3	34.0
甘　肃	286.6	219.7	6.0	124.3	6.7	28.3	7.4	31.9
青　海	109.1	81.8	2.1	25.0	3.8	14.3	6.8	9.3
宁　夏	111.7	82.8	3.6	21.0	1.3	22.6	15.1	5.1
新　疆	291.3	173.1	20.2	63.7	9.4	81.1	42.9	27.7

5—11 各地区农村固定资产投向情况

单位:亿元

地区	投资额	农业	采掘业	制造业	电力、燃气及水的生产和供应业	建筑业
全国总计	**30678.4**	**3538.5**	**1040.0**	**11906.8**	**889.1**	**423.3**
北京	467.3	54.7	1.6	55.1	13.9	0.8
天津	291.6	30.1	0.3	152.6	8.8	4.4
河北	1793.3	269.9	76.3	767.4	32.0	5.1
山西	433.6	72.7	39.9	48.9	9.9	0.9
内蒙古	193.0	134.7	0.4	2.6	2.1	3.4
辽宁	687.4	174.1	46.5	200.6	26.2	16.6
吉林	452.6	96.3	62.6	126.3	15.1	2.2
黑龙江	333.1	206.5	0.2	3.2	0.7	1.6
上海	424.8	8.1		289.2	5.1	0.2
江苏	4683.1	131.7	21.2	3371.9	104.6	27.7
浙江	3288.0	73.0	19.2	2167.0	82.0	18.4
安徽	1045.2	131.4	32.3	256.7	18.3	36.4
福建	682.6	74.3	45.2	218.8	20.8	9.0
江西	635.0	119.1	32.9	94.5	16.4	6.7
山东	3595.4	332.3	116.6	1563.7	63.2	99.9
河南	2249.6	408.7	58.5	452.0	33.0	4.1
湖北	683.2	129.6	29.4	87.4	12.0	8.8
湖南	823.4	104.2	48.5	161.8	52.8	15.0
广东	2703.1	110.0	32.0	1332.5	198.4	32.9
广西	547.4	86.3	24.0	64.2	13.5	6.2
海南	45.6	16.3		0.1	3.6	
重庆	359.2	79.8	18.0	61.5	15.0	21.4
四川	2281.8	258.9	143.4	313.7	86.0	39.9
贵州	362.2	45.4	138.9	11.5	6.6	0.6
云南	408.9	113.7	23.6	15.9	10.9	8.2
西藏	50.6	3.1		0.2	1.4	0.9
陕西	358.5	59.9	6.1	21.7	5.1	5.2
甘肃	286.6	54.5	4.1	18.2	12.9	29.6
青海	109.1	33.7	3.9	13.7	2.4	4.0
宁夏	111.7	26.9	3.4	9.2	1.9	1.7
新疆	291.3	98.5	11.0	24.9	14.3	11.2

5—11 续表 1

单位:亿元

地　　区	交通运输、仓储和邮政业	信息传输、计算机服务和软件业	批发和零售业	住宿和餐饮业	金融业
全国总计	**1703.3**	**45.5**	**641.8**	**296.8**	**11.6**
北　京	50.0	0.8	10.4	14.1	
天　津	11.6		5.7	0.8	1.0
河　北	89.9	1.1	62.0	7.6	0.1
山　西	32.1	0.4	6.0	2.6	
内蒙古	5.0		0.9	1.7	
辽　宁	36.2	0.4	4.8	4.8	
吉　林	26.8		7.8		
黑龙江	26.4		0.2		
上　海	9.5		26.5	10.6	
江　苏	133.5	9.8	128.0	46.7	3.2
浙　江	108.7	2.6	44.0	35.0	0.6
安　徽	55.8	0.4	19.4	7.8	0.2
福　建	51.0	1.2	9.4	6.0	0.4
江　西	47.2	1.3	9.9	8.2	
山　东	193.2	2.0	109.8	29.5	1.7
河　南	99.4	1.8	62.0	15.0	0.5
湖　北	44.7	1.3	9.0	6.8	0.7
湖　南	75.6	3.4	6.6	5.1	0.1
广　东	152.2	3.4	74.8	65.8	1.0
广　西	64.7	1.9	2.9	0.9	
海　南	1.8		0.1	0.9	
重　庆	30.3	0.3	2.8	1.3	
四　川	160.9	7.4	19.9	13.8	0.4
贵　州	23.9	0.6	1.5	0.9	0.1
云　南	28.7	0.6	2.7	0.9	1.2
西　藏	3.6	0.1	0.1	0.1	
陕　西	44.7	0.6	9.1	6.6	0.2
甘　肃	9.5	0.9	2.9	1.9	
青　海	20.3	0.1	0.3	0.6	
宁　夏	30.2		0.4	0.2	
新　疆	35.9	2.8	1.8	0.7	

5—11 续表 2

单位:亿元

地　区	房地产业	租赁和商务服务业	科学研究、技术服务和地质勘查业	水利、环境和公共设施管理业	居民服务和其他服务业
全国总计	**6230.9**	**155.7**	**116.8**	**1995.5**	**283.4**
北　京	92.5	5.2	7.6	88.7	4.1
天　津	15.4	21.4		11.6	6.9
河　北	357.8	3.2	2.7	53.4	14.7
山　西	159.5	0.1	2.2	38.6	0.6
内蒙古	31.5		2.1	4.2	1.0
辽　宁	137.3	0.9	0.5	15.9	5.2
吉　林	83.2		0.8	24.2	
黑龙江	91.3			1.8	
上　海	4.2	8.0	6.0	36.4	1.3
江　苏	342.3	25.0	9.9	175.7	63.0
浙　江	469.5	18.2	5.2	170.3	7.6
安　徽	380.4	1.7	2.5	50.2	1.6
福　建	148.4	2.9	1.5	48.0	2.0
江　西	183.3	3.0	0.6	64.9	19.5
山　东	555.0	13.2	35.6	211.2	32.2
河　南	772.1	3.5	8.2	173.3	26.4
湖　北	230.0	2.0	2.7	58.7	5.5
湖　南	230.1	1.6	4.7	57.3	8.4
广　东	287.6	34.1	12.9	268.5	4.4
广　西	229.9	0.5	1.1	22.9	8.8
海　南	13.0		0.1	2.0	0.1
重　庆	72.5	1.0	0.7	37.3	0.1
四　川	788.6	5.9	3.8	258.8	54.8
贵　州	101.6	0.1	0.2	16.2	1.1
云　南	142.3	1.5	0.5	31.1	0.4
西　藏	25.1		0.1	0.8	0.2
陕　西	109.6	0.5	0.3	29.9	3.6
甘　肃	92.4	0.3	2.3	9.4	8.5
青　海	15.3		0.2	5.6	0.1
宁　夏	19.5	0.2	0.5	9.6	0.5
新　疆	49.9	1.9	1.5	18.9	0.7

5—11 续表 3

单位:亿元

地 区	教育	卫生、社会保障和社会福利业	文化、体育和娱乐业	公共管理和社会组织	国际组织
全国总计	**278.7**	**160.6**	**258.0**	**701.8**	**0.3**
北 京	11.8	4.8	15.9	35.3	
天 津	0.1	0.3	0.4	20.0	
河 北	9.8	7.5	11.5	21.4	
山 西	3.8	1.1	4.8	9.6	
内 蒙 古		0.1	0.6	2.4	
辽 宁	3.3	1.0	3.3	9.7	
吉 林	1.7	1.9	1.5	2.4	
黑 龙 江	0.1	0.2	0.5	0.3	
上 海	4.1	3.2	7.8	4.6	
江 苏	17.6	10.6	18.5	42.0	
浙 江	16.9	9.9	13.2	26.6	
安 徽	17.9	4.5	6.3	21.5	
福 建	10.5	6.0	7.3	19.7	
江 西	3.9	4.0	2.1	17.6	
山 东	26.0	21.8	72.1	116.5	
河 南	30.7	23.0	24.6	53.0	
湖 北	5.3	2.6	5.7	41.0	
湖 南	7.3	4.5	6.9	29.5	
广 东	32.6	17.0	20.9	21.8	0.3
广 西	2.3	1.5	4.8	10.8	
海 南	0.1		0.4	7.2	
重 庆	1.5	1.6	1.4	12.7	
四 川	46.6	21.9	18.1	39.1	
贵 州	2.0	1.8	1.9	7.3	
云 南	7.5	1.7	1.4	16.2	
西 藏	0.2	0.1	0.4	14.3	
陕 西	2.9	1.1	1.1	50.4	
甘 肃	5.5	1.3	2.2	30.2	
青 海	1.7	0.7	0.5	6.1	
宁 夏	1.0	2.4	0.4	3.6	
新 疆	4.3	2.8	1.4	9.0	

农林牧渔业总产值、中间消耗及增加值

6—1 农林牧渔业增加值和指数

年 份	农林牧渔业增加值（亿元）	指 数	
		以1978年为100	以上年为100
1978	1027.5	100.0	104.1
1979	1270.2	106.1	106.1
1980	1371.6	104.5	98.5
1981	1559.5	111.9	107.0
1982	1777.4	124.8	111.5
1983	1978.4	135.1	108.3
1984	2316.1	152.6	112.9
1985	2564.4	155.4	101.8
1986	2788.7	160.5	103.3
1987	3233.0	168.1	104.7
1988	3865.4	172.3	102.5
1989	4265.9	177.6	103.1
1990	5062.0	190.7	107.3
1991	5342.2	195.2	102.4
1992	5866.6	203.1	104.1
1993	6963.8	211.2	104.0
1994	9572.7	219.6	104.0
1995	12135.8	229.5	104.5
1996	14015.4	241.2	105.1
1997	14441.9	251.6	104.3
1998	14817.6	260.4	103.5
1999	14770.0	267.7	102.8
2000	14944.7	274.1	102.4
2001	15781.3	281.8	102.8
2002	16537.0	290.0	102.9
2003	17381.7	297.3	102.5
2004	21412.7	316.0	106.3
2005	22420.0	332.4	105.2
2006	24040.0	349.0	105.0
2007	28627.0	361.9	103.7
2008	33702.2	381.8	105.5
2009	35225.9	397.8	104.2

注：1. 根据新国民经济行业分类标准，对农林牧渔业增加值历史数据进行了调整，农林牧渔业增加值包括农林牧渔服务业增加值。
2. 根据第二次农业普查结果，对2005—2006年农林牧渔业增加值进行了修正。
3. 农林牧渔业增加值增长速度为可比增长速度。
4. 2008年农林牧渔业增加值最终核实数为33702.2亿元。2009年《中国统计年鉴》使用的34000亿元为初步核实数。

6—2 农林牧渔业总产值、增加值、中间消耗及构成

（按当年价格计算）

指　标	总产值	增加值	中间消耗	#农林牧渔业物质消耗	#农林牧渔业生产服务支出
一、绝对数(亿元)					
农林牧渔业合计	**60361.0**	**35225.9**	**25135.1**	**21939.4**	**3180.6**
#农业	30611.1	19738.7	10872.4	9268.4	1607.9
林业	2359.4	1579.0	780.4	606.2	171.1
牧业	19468.4	9412.3	10056.1	9438.6	617.5
渔业	5626.4	3424.1	2202.3	1845.0	357.4
二、构成(%)					
(以农林牧渔业合计为100)					
农林牧渔业合计	**100.0**	**100.0**	**100.0**	**100.0**	**100.0**
#农业	50.7	56.0	43.3	42.2	50.6
林业	3.9	4.5	3.1	2.8	5.4
牧业	32.3	26.7	40.0	43.0	19.4
渔业	9.3	9.7	8.8	8.4	11.2

注：物质消耗、生产服务支出未包括海南、重庆、西藏、青海。

6—3 各地区农林牧渔业总产值、增加值和中间消耗

（按当年价格计算）

单位:亿元

地区	农林牧渔业			农业		
	总产值	增加值	中间消耗	总产值	增加值	中间消耗
全国	**60361.0**	**35225.9**	**25135.1**	**30611.1**	**19738.7**	**10872.4**
北京	315.0	118.3	196.7	140.4	64.3	76.1
天津	281.7	128.9	152.8	139.7	68.6	71.1
河北	3640.9	2207.3	1433.6	1927.8	1338.5	589.3
山西	908.7	477.6	431.2	556.3	280.5	275.9
内蒙古	1570.6	929.6	641.0	731.9	474.9	257.0
辽宁	2704.6	1414.9	1289.7	913.5	544.2	369.3
吉林	1734.3	980.6	753.7	777.5	523.1	254.3
黑龙江	2251.1	1154.3	1096.8	1206.8	772.9	433.9
上海	283.2	113.8	169.3	147.5	65.5	82.0
江苏	3816.0	2261.9	1554.2	1948.2	1355.1	593.1
浙江	1873.4	1163.1	710.3	879.0	627.0	252.0
安徽	2569.5	1495.4	1074.0	1289.8	794.0	495.8
福建	2001.2	1182.7	818.5	826.2	522.7	303.6
江西	1733.8	1098.4	635.4	729.7	492.8	237.0
山东	6003.1	3226.6	2776.4	3224.0	1883.4	1340.6
河南	4871.5	2769.0	2102.5	2833.3	1670.2	1163.0
湖北	2985.2	1795.9	1189.3	1511.5	938.3	573.1
湖南	3207.9	1969.7	1238.2	1596.6	1167.0	429.6
广东	3337.6	2010.3	1327.3	1551.0	1085.1	465.9
广西	2377.2	1455.2	922.0	1135.0	777.5	357.5
海南	705.0	462.2	242.9	307.6	197.8	109.7
重庆	913.1	606.8	306.3	522.8	390.5	132.3
四川	3689.8	2240.6	1449.2	1806.1	1267.9	538.2
贵州	875.2	550.3	324.9	501.5	330.5	171.0
云南	1706.2	1067.5	638.7	850.7	569.9	280.7
西藏	93.4	63.9	29.5	39.1	28.4	10.7
陕西	1337.2	789.6	547.6	823.6	509.4	314.2
甘肃	876.3	497.0	379.2	587.3	345.0	242.3
青海	157.3	107.4	49.9	61.3	37.1	24.3
宁夏	243.5	127.3	116.2	146.8	84.2	62.6
新疆	1297.6	759.7	537.9	898.6	532.4	366.2

6—3 续表 1

单位:亿元

地区	林业			牧业		
	总产值	增加值	中间消耗	总产值	增加值	中间消耗
全　国	**2359.4**	**1579.0**	**780.4**	**19468.4**	**9412.3**	**10056.1**
北　京	22.9	10.0	12.9	136.1	38.9	97.2
天　津	2.2	1.3	0.9	83.6	34.8	48.8
河　北	70.7	55.3	15.4	1350.1	661.8	688.3
山　西	66.7	26.0	40.7	230.9	145.5	85.4
内蒙古	78.2	55.0	23.2	721.4	375.5	345.9
辽　宁	70.0	41.0	29.0	1171.4	473.8	697.6
吉　林	58.9	35.4	23.5	825.5	378.5	447.0
黑龙江	85.2	39.8	45.4	870.2	302.5	567.8
上　海	9.0	3.9	5.1	64.6	19.9	44.7
江　苏	70.8	39.8	31.0	874.0	355.5	518.5
浙　江	117.6	85.6	32.0	404.9	181.9	223.0
安　徽	125.1	87.6	37.5	795.8	396.5	399.3
福　建	162.2	105.0	57.2	366.9	192.2	174.7
江　西	161.8	124.9	36.9	541.5	281.6	259.8
山　东	101.3	71.3	30.0	1683.8	691.1	992.7
河　南	134.1	80.8	53.3	1654.3	913.1	741.1
湖　北	57.7	34.1	23.6	881.8	523.6	358.2
湖　南	174.2	142.9	31.3	1100.4	475.9	624.4
广　东	88.3	65.8	22.5	917.1	415.2	501.9
广　西	129.0	98.6	30.3	812.5	398.2	414.3
海　南	79.6	55.0	24.6	142.8	82.3	60.5
重　庆	34.1	24.6	9.5	319.4	164.0	155.4
四　川	112.5	72.5	40.1	1596.7	790.4	806.3
贵　州	36.9	25.1	11.8	281.5	167.8	113.7
云　南	196.1	138.3	57.9	557.8	311.2	246.5
西　藏	7.1	2.4	4.7	44.3	31.1	13.1
陕　西	45.6	28.8	16.9	387.9	208.6	179.3
甘　肃	24.2	10.0	14.2	171.9	117.4	54.5
青　海	2.3	1.3	1.0	90.1	66.9	23.2
宁　夏	8.4	3.0	5.4	70.7	30.5	40.2
新　疆	26.6	14.1	12.6	318.4	185.8	132.5

6—3 续表 2

单位:亿元

地区	渔业		
	总产值	增加值	中间消耗
全国	**5626.4**	**3424.1**	**2202.3**
北京	10.3	3.6	6.7
天津	47.5	22.9	24.7
河北	108.4	66.2	42.1
山西	5.3	2.6	2.7
内蒙古	12.7	8.5	4.2
辽宁	441.9	290.6	151.3
吉林	23.5	14.5	9.0
黑龙江	45.2	16.9	28.2
上海	53.5	21.1	32.5
江苏	719.2	399.3	319.9
浙江	435.5	250.8	184.6
安徽	257.6	167.0	90.6
福建	565.6	316.1	249.5
江西	231.2	160.8	70.4
山东	747.4	459.8	287.6
河南	64.9	44.2	20.7
湖北	413.1	258.2	154.9
湖南	188.5	122.7	65.8
广东	661.2	394.7	266.5
广西	216.9	148.0	69.0
海南	154.5	116.1	38.5
重庆	24.3	18.9	5.3
四川	119.1	75.8	43.2
贵州	11.1	7.2	3.8
云南	42.0	25.4	16.6
西藏	0.2		0.2
陕西	6.5	3.7	2.8
甘肃	1.1	0.8	0.4
青海	0.1		
宁夏	7.0	2.8	4.3
新疆	11.1	4.8	6.4

6—4 各地区分部门农林牧渔业增加值

（按当年价格计算）

单位:亿元

地区	合计	#农业	林业	牧业	渔业
全国总计	**35225.9**	**19738.7**	**1579.0**	**9412.3**	**3424.1**
北京	118.3	64.3	10.0	38.9	3.6
天津	128.9	68.6	1.3	34.8	22.9
河北	2207.3	1338.5	55.3	661.8	66.2
山西	477.6	280.5	26.0	145.5	2.6
内蒙古	929.6	474.9	55.0	375.5	8.5
辽宁	1414.9	544.2	41.0	473.8	290.6
吉林	980.6	523.1	35.4	378.5	14.5
黑龙江	1154.3	772.9	39.8	302.5	16.9
上海	113.8	65.5	3.9	19.9	21.1
江苏	2261.9	1355.1	39.8	355.5	399.3
浙江	1163.1	627.0	85.6	181.9	250.8
安徽	1495.4	794.0	87.6	396.5	167.0
福建	1182.7	522.7	105.0	192.2	316.1
江西	1098.4	492.8	124.9	281.6	160.8
山东	3226.6	1883.4	71.3	691.1	459.8
河南	2769.0	1670.2	80.8	913.1	44.2
湖北	1795.9	938.3	34.1	523.6	258.2
湖南	1969.7	1167.0	142.9	475.9	122.7
广东	2010.3	1085.1	65.8	415.2	394.7
广西	1455.2	777.5	98.6	398.2	148.0
海南	462.2	197.8	55.0	82.3	116.1
重庆	606.8	390.5	24.6	164.0	18.9
四川	2240.6	1267.9	72.5	790.4	75.8
贵州	550.3	330.5	25.1	167.8	7.2
云南	1067.5	569.9	138.3	311.2	25.4
西藏	63.9	28.4	2.4	31.1	
陕西	789.6	509.4	28.8	208.6	3.7
甘肃	497.0	345.0	10.0	117.4	0.8
青海	107.4	37.1	1.3	66.9	
宁夏	127.3	84.2	3.0	30.5	2.8
新疆	759.7	532.4	14.1	185.8	4.8

6—5 各地区分部门农林牧渔业增加值构成

（按当年价格计算）

单位：%

地　区	合　计	#农　业	林　业	牧　业	渔　业
全国总计	**100.0**	**56.0**	**4.5**	**26.7**	**9.7**
北　京	100.0	54.4	8.4	32.9	3.0
天　津	100.0	53.2	1.0	27.0	17.7
河　北	100.0	60.6	2.5	30.0	3.0
山　西	100.0	58.7	5.4	30.5	0.5
内蒙古	100.0	51.1	5.9	40.4	0.9
辽　宁	100.0	38.5	2.9	33.5	20.5
吉　林	100.0	53.4	3.6	38.6	1.5
黑龙江	100.0	67.0	3.4	26.2	1.5
上　海	100.0	57.5	3.4	17.5	18.5
江　苏	100.0	59.9	1.8	15.7	17.7
浙　江	100.0	53.9	7.4	15.6	21.6
安　徽	100.0	53.1	5.9	26.5	11.2
福　建	100.0	44.2	8.9	16.3	26.7
江　西	100.0	44.9	11.4	25.6	14.6
山　东	100.0	58.4	2.2	21.4	14.3
河　南	100.0	60.3	2.9	33.0	1.6
湖　北	100.0	52.2	1.9	29.2	14.4
湖　南	100.0	59.3	7.3	24.2	6.2
广　东	100.0	54.0	3.3	20.7	19.6
广　西	100.0	53.4	6.8	27.4	10.2
海　南	100.0	42.8	11.9	17.8	25.1
重　庆	100.0	64.4	4.1	27.0	3.1
四　川	100.0	56.6	3.2	35.3	3.4
贵　州	100.0	60.1	4.6	30.5	1.3
云　南	100.0	53.4	13.0	29.2	2.4
西　藏	100.0	44.4	3.8	48.7	0.1
陕　西	100.0	64.5	3.6	26.4	0.5
甘　肃	100.0	69.4	2.0	23.6	0.2
青　海	100.0	34.5	1.2	62.3	
宁　夏	100.0	66.2	2.4	24.0	2.2
新　疆	100.0	70.1	1.8	24.5	0.6

6—6 各地区分部门农林牧渔业增加值占产值的比重

（按当年价格计算）

单位：%

地　区	农林牧渔业	农　业	林　业	牧　业	渔　业
全国总计	**58.4**	**64.5**	**66.9**	**48.3**	**60.9**
北　京	37.6	45.8	43.6	28.6	34.6
天　津	45.7	49.1	60.5	41.7	48.1
河　北	60.6	69.4	78.2	49.0	61.1
山　西	52.6	50.4	39.0	63.0	49.4
内蒙古	59.2	64.9	70.3	52.1	67.0
辽　宁	52.3	59.6	58.5	40.4	65.8
吉　林	56.5	67.3	60.1	45.9	61.7
黑龙江	51.3	64.0	46.7	34.8	37.5
上　海	40.2	44.4	43.3	30.9	39.4
江　苏	59.3	69.6	56.2	40.7	55.5
浙　江	62.1	71.3	72.8	44.9	57.6
安　徽	58.2	61.6	70.0	49.8	64.8
福　建	59.1	63.3	64.7	52.4	55.9
江　西	63.4	67.5	77.2	52.0	69.6
山　东	53.7	58.4	70.4	41.0	61.5
河　南	56.8	59.0	60.2	55.2	68.1
湖　北	60.2	62.1	59.1	59.4	62.5
湖　南	61.4	73.1	82.0	43.3	65.1
广　东	60.2	70.0	74.5	45.3	59.7
广　西	61.2	68.5	76.5	49.0	68.2
海　南	65.6	64.3	69.1	57.7	75.1
重　庆	66.5	74.7	72.0	51.3	78.0
四　川	60.7	70.2	64.4	49.5	63.7
贵　州	62.9	65.9	68.0	59.6	65.2
云　南	62.6	67.0	70.5	55.8	60.5
西　藏	68.4	72.7	33.7	70.3	23.7
陕　西	59.1	61.9	63.0	53.8	56.9
甘　肃	56.7	58.7	41.4	68.3	68.0
青　海	68.3	60.4	55.0	74.3	67.6
宁　夏	52.3	57.4	36.0	43.1	39.2
新　疆	58.5	59.2	52.7	58.4	42.8

6－7 各地区分部门农林牧渔业中间消耗

（按当年价格计算）

单位：亿元

地　区	合　计	#农　业	林　业	牧　业	渔　业
全国合计	**25135.1**	**10872.4**	**780.4**	**10056.1**	**2202.3**
北　京	196.7	76.1	12.9	97.2	6.7
天　津	152.8	71.1	0.9	48.8	24.7
河　北	1433.6	589.3	15.4	688.3	42.1
山　西	431.2	275.9	40.7	85.4	2.7
内蒙古	641.0	257.0	23.2	345.9	4.2
辽　宁	1289.7	369.3	29.0	697.6	151.3
吉　林	753.7	254.3	23.5	447.0	9.0
黑龙江	1096.8	433.9	45.4	567.8	28.2
上　海	169.3	82.0	5.1	44.7	32.5
江　苏	1554.2	593.1	31.0	518.5	319.9
浙　江	710.3	252.0	32.0	223.0	184.6
安　徽	1074.0	495.8	37.5	399.3	90.6
福　建	818.5	303.6	57.2	174.7	249.5
江　西	635.4	237.0	36.9	259.8	70.4
山　东	2776.4	1340.6	30.0	992.7	287.6
河　南	2102.5	1163.0	53.3	741.1	20.7
湖　北	1189.3	573.1	23.6	358.2	154.9
湖　南	1238.2	429.6	31.3	624.4	65.8
广　东	1327.3	465.9	22.5	501.9	266.5
广　西	922.0	357.5	30.3	414.3	69.0
海　南	242.9	109.7	24.6	60.5	38.5
重　庆	306.3	132.3	9.5	155.4	5.3
四　川	1449.2	538.2	40.1	806.3	43.2
贵　州	324.9	171.0	11.8	113.7	3.8
云　南	638.7	280.7	57.9	246.5	16.6
西　藏	29.5	10.7	4.7	13.1	0.2
陕　西	547.6	314.2	16.9	179.3	2.8
甘　肃	379.2	242.3	14.2	54.5	0.4
青　海	49.9	24.3	1.0	23.2	
宁　夏	116.2	62.6	5.4	40.2	4.3
新　疆	537.9	366.2	12.6	132.5	6.4

6—8 各地区分部门农林牧渔业中间消耗构成

（按当年价格计算）

单位：%

地　　区	合计	#农　　业	林　　业	牧　　业	渔　　业
全国合计	**100.0**	**43.3**	**3.1**	**40.0**	**8.8**
北　　京	100.0	38.7	6.6	49.4	3.4
天　　津	100.0	46.5	0.6	31.9	16.1
河　　北	100.0	41.1	1.1	48.0	2.9
山　　西	100.0	64.0	9.4	19.8	0.6
内 蒙 古	100.0	40.1	3.6	54.0	0.7
辽　　宁	100.0	28.6	2.3	54.1	11.7
吉　　林	100.0	33.7	3.1	59.3	1.2
黑 龙 江	100.0	39.6	4.1	51.8	2.6
上　　海	100.0	48.4	3.0	26.4	19.2
江　　苏	100.0	38.2	2.0	33.4	20.6
浙　　江	100.0	35.5	4.5	31.4	26.0
安　　徽	100.0	46.2	3.5	37.2	8.4
福　　建	100.0	37.1	7.0	21.3	30.5
江　　西	100.0	37.3	5.8	40.9	11.1
山　　东	100.0	48.3	1.1	35.8	10.4
河　　南	100.0	55.3	2.5	35.3	1.0
湖　　北	100.0	48.2	2.0	30.1	13.0
湖　　南	100.0	34.7	2.5	50.4	5.3
广　　东	100.0	35.1	1.7	37.8	20.1
广　　西	100.0	38.8	3.3	44.9	7.5
海　　南	100.0	45.2	10.1	24.9	15.8
重　　庆	100.0	43.2	3.1	50.7	1.7
四　　川	100.0	37.1	2.8	55.6	3.0
贵　　州	100.0	52.6	3.6	35.0	1.2
云　　南	100.0	44.0	9.1	38.6	2.6
西　　藏	100.0	36.2	16.0	44.6	0.5
陕　　西	100.0	57.4	3.1	32.7	0.5
甘　　肃	100.0	63.9	3.7	14.4	0.1
青　　海	100.0	48.6	2.1	46.5	
宁　　夏	100.0	53.9	4.6	34.6	3.7
新　　疆	100.0	68.1	2.3	24.6	1.2

6—9 各地区分部门农林牧渔业中间消耗占产值的比重

（按当年价格计算）

单位：%

地　区	农林牧渔业	农　业	林　业	牧　业	渔　业
全国总计	**41.6**	**35.5**	**33.1**	**51.7**	**39.1**
北　京	62.4	54.2	56.4	71.4	65.4
天　津	54.3	50.9	39.5	58.3	51.9
河　北	39.4	30.6	21.8	51.0	38.9
山　西	47.4	49.6	61.0	37.0	50.6
内蒙古	40.8	35.1	29.7	47.9	33.0
辽　宁	47.7	40.4	41.5	59.6	34.2
吉　林	43.5	32.7	39.9	54.1	38.3
黑龙江	48.7	36.0	53.3	65.2	62.5
上　海	59.8	55.6	56.7	69.1	60.6
江　苏	40.7	30.4	43.8	59.3	44.5
浙　江	37.9	28.7	27.2	55.1	42.4
安　徽	41.8	38.4	30.0	50.2	35.2
福　建	40.9	36.7	35.3	47.6	44.1
江　西	36.6	32.5	22.8	48.0	30.4
山　东	46.3	41.6	29.6	59.0	38.5
河　南	43.2	41.0	39.8	44.8	31.9
湖　北	39.8	37.9	40.9	40.6	37.5
湖　南	38.6	26.9	18.0	56.7	34.9
广　东	39.8	30.0	25.5	54.7	40.3
广　西	38.8	31.5	23.5	51.0	31.8
海　南	34.4	35.7	30.9	42.3	24.9
重　庆	33.5	25.3	28.0	48.7	22.0
四　川	39.3	29.8	35.6	50.5	36.3
贵　州	37.1	34.1	32.0	40.4	34.8
云　南	37.4	33.0	29.5	44.2	39.5
西　藏	31.6	27.3	66.3	29.7	76.3
陕　西	40.9	38.1	37.0	46.2	43.1
甘　肃	43.3	41.3	58.6	31.7	32.0
青　海	31.7	39.6	45.0	25.7	32.4
宁　夏	47.7	42.6	64.0	56.9	60.8
新　疆	41.5	40.8	47.3	41.6	57.2

6—10 分项农林牧渔业中间消耗

单位:亿元

地　区	农林牧渔业	(一)物质消耗	1.用种量	2.饲料、饲草	3.肥料
全国总计	**25135.1**	**21939.4**	**2536.3**	**9452.9**	**3827.5**
北　京	196.7	175.1	30.0	74.4	21.4
天　津	152.8	135.4	12.7	52.8	24.0
河　北	1433.6	1269.0	173.9	553.4	258.1
山　西	431.2	403.7	68.3	96.0	119.3
内蒙古	641.0	532.8	58.6	288.7	96.6
辽　宁	1289.7	1076.5	58.5	628.3	101.4
吉　林	753.7	709.2	48.7	431.6	94.0
黑龙江	1096.8	997.9	203.2	429.1	136.3
上　海	169.3	151.2	11.1	40.5	13.0
江　苏	1554.2	1387.0	102.2	584.5	228.2
浙　江	710.3	577.6	26.9	188.0	79.5
安　徽	1074.0	929.3	121.0	367.1	174.5
福　建	818.5	651.3	51.8	228.7	108.8
江　西	635.4	569.2	89.8	236.8	102.3
山　东	2776.4	2349.1	190.0	917.9	439.8
河　南	2102.5	1880.4	294.5	734.1	349.0
湖　北	1189.3	1027.7	121.6	387.0	158.2
湖　南	1238.2	1085.9	100.2	600.1	161.1
广　东	1327.3	1102.0	109.5	524.2	155.7
广　西	922.0	858.9	65.5	397.9	226.7
海　南	242.9	176.2	37.9	45.7	37.2
重　庆	306.3	276.0	45.4	128.6	41.9
四　川	1449.2	1354.3	183.5	766.3	213.9
贵　州	324.9	302.3	36.5	104.9	73.2
云　南	638.7	550.2	87.9	229.0	102.5
西　藏	29.5	23.2	2.3	8.9	1.8
陕　西	547.6	475.0	64.0	164.7	107.7
甘　肃	379.2	321.8	26.9	46.8	101.8
青　海	49.9	42.7	7.0	19.6	5.7
宁　夏	116.2	112.1	26.2	40.6	15.6
新　疆	537.9	436.6	80.6	136.8	78.3

注:物质消耗、生产服务支出未包括海南、重庆、西藏、青海的农林牧渔服务业。

6—10 续表 1

单位:亿元

地　区	4.燃料	5.农药	6.农用塑料薄膜	7.用电量
全国总计	**1558.2**	**520.7**	**341.2**	**826.1**
北　京	13.6	2.2	3.0	7.5
天　津	14.7	2.6	3.7	6.5
河　北	46.4	38.5	25.4	48.8
山　西	35.6	9.6	9.3	23.2
内蒙古	48.8	6.3	2.0	12.7
辽　宁	70.4	12.7	18.0	25.2
吉　林	49.8	7.5	5.4	18.6
黑龙江	76.2	18.9	6.7	14.7
上　海	11.9	2.9	4.6	13.9
江　苏	31.4	88.4	27.0	12.9
浙　江	108.5	11.4	6.9	38.9
安　徽	64.7	20.0	10.8	39.1
福　建	95.9	17.9	7.2	26.2
江　西	25.1	16.7	7.4	16.1
山　东	185.6	57.6	63.7	169.6
河　南	120.2	52.5	25.2	99.8
湖　北	52.8	39.4	13.7	38.2
湖　南	62.8	28.6	9.6	48.8
广　东	64.5	13.9	4.3	44.6
广　西	37.2	11.2	3.3	7.0
海　南	12.9	3.5	1.2	2.7
重　庆	27.3	6.2	6.3	8.6
四　川	69.9	19.1	18.6	25.2
贵　州	34.8	3.8	4.5	4.3
云　南	46.6	10.3	9.2	14.3
西　藏	4.4	0.2	0.1	0.4
陕　西	55.2	6.7	7.4	14.3
甘　肃	28.4	9.9	13.3	11.1
青　海	5.4	0.7	0.3	0.8
宁　夏	13.7	1.1	2.1	2.7
新　疆	43.5	0.7	21.0	29.3

6—10 续表 2 单位:亿元

地 区	8. 小农具购置	9. 办公用品购置	10. 畜牧用药品	(二)生产服务支出
全国总计	**289.1**	**77.8**	**243.5**	**3180.6**
北 京	1.5	0.7	1.8	21.6
天 津	0.9	0.4	3.2	17.4
河 北	4.4	0.2	10.1	164.6
山 西	4.5	1.5	1.8	27.4
内蒙古	0.4	1.0	5.2	108.2
辽 宁	8.3	2.3	30.5	213.2
吉 林	5.2	1.8	3.7	44.5
黑龙江	5.1	1.9	1.9	98.9
上 海	2.3	2.6	1.3	18.1
江 苏	7.9	5.3	5.1	167.1
浙 江	3.9	4.2	4.9	132.7
安 徽	15.5	4.8	11.0	144.7
福 建	10.8	3.1	4.6	167.2
江 西	10.2	2.2	7.0	66.2
山 东	33.3	15.0	37.2	427.4
河 南	22.9	6.4	25.0	222.1
湖 北	57.1	1.9	12.3	161.5
湖 南	16.4	3.3	11.6	152.3
广 东	9.9	6.4	11.2	225.3
广 西	3.3	0.4	5.3	63.2
海 南	3.9	3.2	2.0	57.1
重 庆	1.9	0.4	3.7	26.7
四 川	10.5	3.0	13.3	94.6
贵 州	6.0	0.2	1.8	23.4
云 南	7.6	1.3	5.9	88.5
西 藏	1.1	0.2	0.6	5.4
陕 西	4.5	1.7	6.3	72.6
甘 肃	9.5	0.7	4.3	57.4
青 海	0.6		0.8	5.7
宁 夏	0.8		0.5	4.1
新 疆	18.9	1.4	9.7	101.2

6—11 各地区农林牧渔业增加值、中间消耗及占农林牧渔业总产值比重

（按当年价格计算）

单位:亿元

地　　区	农林牧渔业增加值	占农林牧渔业总产值比重(%)	农林牧渔业中间消耗	占农林牧渔业总产值比重(%)
全国总计	**35225.9**	**58.4**	**25135.1**	**41.6**
北　京	118.3	37.6	196.7	62.4
天　津	128.9	45.7	152.8	54.3
河　北	2207.3	60.6	1433.6	39.4
山　西	477.6	52.6	431.2	47.4
内蒙古	929.6	59.2	641.0	40.8
辽　宁	1414.9	52.3	1289.7	47.7
吉　林	980.6	56.5	753.7	43.5
黑龙江	1154.3	51.3	1096.8	48.7
上　海	113.8	40.2	169.3	59.8
江　苏	2261.9	59.3	1554.2	40.7
浙　江	1163.1	62.1	710.3	37.9
安　徽	1495.4	58.2	1074.0	41.8
福　建	1182.7	59.1	818.5	40.9
江　西	1098.4	63.4	635.4	36.6
山　东	3226.6	53.7	2776.4	46.3
河　南	2769.0	56.8	2102.5	43.2
湖　北	1795.9	60.2	1189.3	39.8
湖　南	1969.7	61.4	1238.2	38.6
广　东	2010.3	60.2	1327.3	39.8
广　西	1455.2	61.2	922.0	38.8
海　南	462.2	65.6	242.9	34.4
重　庆	606.8	66.5	306.3	33.5
四　川	2240.6	60.7	1449.2	39.3
贵　州	550.3	62.9	324.9	37.1
云　南	1067.5	62.6	638.7	37.4
西　藏	63.9	68.4	29.5	31.6
陕　西	789.6	59.1	547.6	40.9
甘　肃	497.0	56.7	379.2	43.3
青　海	107.4	68.3	49.9	31.7
宁　夏	127.3	52.3	116.2	47.7
新　疆	759.7	58.5	537.9	41.5

6－12 农林牧渔业总产值

（按当年价格计算）

单位：亿元

年 份	农林牧渔业总产值	#农业产值	林业产值	牧业产值	渔业产值
1952	461.0	396.0	7.3	51.7	6.1
1957	537.0	443.9	17.5	65.4	10.2
1962	584.0	494.7	13.0	63.8	12.6
1965	833.0	684.3	22.3	111.5	14.8
1970	1021.0	838.4	28.6	136.6	17.4
1975	1260.0	1020.5	39.2	178.4	21.9
1978	1397.0	1117.6	48.1	209.3	22.1
1979	1697.6	1325.3	60.7	285.6	26.0
1980	1922.6	1454.1	81.4	354.2	32.9
1981	2180.6	1635.9	98.9	402.2	43.7
1982	2483.3	1865.3	110.0	456.7	51.2
1983	2750.0	2074.5	127.2	485.1	63.2
1984	3214.1	2380.2	161.6	587.3	85.1
1985	3619.5	2506.4	188.7	798.3	126.1
1986	4013.0	2771.8	201.2	875.7	164.4
1987	4675.7	3160.5	222.0	1068.4	224.9
1988	5865.3	3666.9	275.3	1600.6	322.5
1989	6534.7	4100.6	284.9	1800.4	348.9
1990	7662.1	4954.3	330.3	1967.0	410.6
1991	8157.0	5146.4	367.9	2159.2	483.5
1992	9084.7	5588.0	422.6	2460.5	613.5
1993	10995.5	6605.1	494.0	3014.4	882.0
1994	15750.5	9169.2	611.1	4672.0	1298.2
1995	20340.9	11884.6	709.9	6045.0	1701.3
1996	22353.7	13539.8	778.0	6015.5	2020.4
1997	23788.4	13852.5	817.8	6835.4	2282.7
1998	24541.9	14241.9	851.3	7025.8	2422.9
1999	24519.1	14106.2	886.3	6997.6	2529.0
2000	24915.8	13873.6	936.5	7393.1	2712.6
2001	26179.6	14462.8	938.8	7963.1	2815.0
2002	27390.8	14931.5	1033.5	8454.6	2971.1
2003	29691.8	14870.1	1239.9	9538.8	3137.6
2004	36239.0	18138.4	1327.1	12173.8	3605.6
2005	39450.9	19613.4	1425.5	13310.8	4016.1
2006	40810.8	21522.3	1610.8	12083.9	3970.5
2007	48893.0	24658.2	1861.6	16124.9	4457.5
2008	58002.2	28044.2	2152.9	20583.6	5203.4
2009	60361.0	30611.1	2359.4	19468.4	5626.4

6—13 农林牧渔业总产值构成

（按当年价格计算）

单位：%

年　份	农林牧渔业	农业产值	林业产值	牧业产值	渔业产值
1952	100.0	85.9	1.6	11.2	1.3
1957	100.0	82.7	3.3	12.2	1.9
1962	100.0	84.7	2.2	10.9	2.2
1965	100.0	82.2	2.7	13.4	1.8
1970	100.0	82.1	2.8	13.4	1.7
1975	100.0	81.0	3.1	14.2	1.7
1978	100.0	80.0	3.4	15.0	1.6
1979	100.0	78.1	3.6	16.8	1.5
1980	100.0	75.6	4.2	18.4	1.7
1981	100.0	75.0	4.5	18.4	2.0
1982	100.0	75.1	4.4	18.4	2.1
1983	100.0	75.4	4.6	17.6	2.3
1984	100.0	74.1	5.0	18.3	2.6
1985	100.0	69.2	5.2	22.1	3.5
1986	100.0	69.1	5.0	21.8	4.1
1987	100.0	67.6	4.7	22.8	4.8
1988	100.0	62.5	4.7	27.3	5.5
1989	100.0	62.8	4.4	27.6	5.3
1990	100.0	64.7	4.3	25.7	5.4
1991	100.0	63.1	4.5	26.5	5.9
1992	100.0	61.5	4.7	27.1	6.8
1993	100.0	60.1	4.5	27.4	8.0
1994	100.0	58.2	3.9	29.7	8.2
1995	100.0	58.4	3.5	29.7	8.4
1996	100.0	60.6	3.5	26.9	9.0
1997	100.0	58.2	3.4	28.8	9.6
1998	100.0	58.0	3.5	28.6	9.9
1999	100.0	57.5	3.6	28.5	10.4
2000	100.0	55.7	3.8	29.7	10.8
2001	100.0	55.2	3.6	30.4	10.8
2002	100.0	54.5	3.8	30.9	10.8
2003	100.0	50.1	4.2	32.1	10.6
2004	100.0	50.1	3.7	33.6	9.9
2005	100.0	49.7	3.6	33.7	10.2
2006	100.0	52.7	3.9	29.6	9.7
2007	100.0	50.4	3.8	33.0	9.1
2008	100.0	48.4	3.7	35.5	9.0
2009	100.0	50.7	3.9	32.3	9.3

注：2006年为根据农普调整的数据。

6—14 农林牧渔业分项产值及构成

（按当年价格计算）

指　　标	绝对数(亿元)		构成(%)	
	2008年	2009年	2008年	2009年
农林牧渔业总产值	**58002**	**60361**	**100.0**	**100.0**
一、农业产值	**28044**	**30611**	**48.3**	**50.7**
(一)谷物及其他作物	14824	15156	25.6	25.1
谷物	8953	9368	15.4	15.5
薯类	889	987	1.5	1.6
油料	1565	1405	2.7	2.3
豆类	827	758	1.4	1.3
棉花	1102	1082	1.9	1.8
麻类	33	23	0.1	
糖料	406	390	0.7	0.6
烟草	362	412	0.6	0.7
其他农作物	687	731	1.2	1.2
(二)蔬菜园艺作物	9101	10673	15.7	17.7
#蔬菜(含菜用瓜)	8569	10093	14.8	16.7
(三)水果、坚果、饮料和香料作物	3675	4228	6.3	7.0
#水果、坚果(含果用瓜)	3176	3642	5.5	6.0
(四)中药材	444	555	0.8	0.9
二、林业产值	**2153**	**2359**	**3.7**	**3.9**
林木的培育和种植	610	739	1.1	1.2
竹木采运	768	735	1.3	1.2
林产品	775	886	1.3	1.5
三、牧业产值	**20584**	**19468**	**35.5**	**32.3**
牲畜饲养	4075	4324	7.0	7.2
#牛的饲养	1740	1875	3.0	3.1
羊的饲养	1084	1182	1.9	2.0
猪的饲养	10960	9178	18.9	15.2
家禽饲养	4881	5177	8.4	8.6
狩猎和捕捉动物	13	13		
其他畜牧业	655	776	1.1	1.3
四、渔业产值	**5203**	**5626**	**9.0**	**9.3**
海水产品	2341	2538	4.0	4.2
#养殖	985	1071	1.7	1.8
内陆水域水产品	2863	3088	4.9	5.1
#养殖	2398	2630	4.1	4.4

6—15 各地区农林牧渔业总产值

（按当年价格计算）

单位:亿元

地区	农林牧渔业总产值		农业产值	
	2008年	2009年	2008年	2009年
全国总计	**58002.2**	**60361.0**	**28044.2**	**30611.1**
北京	303.9	315.0	128.1	140.4
天津	268.1	281.7	127.7	139.7
河北	3505.2	3640.9	1760.7	1927.8
山西	691.0	908.7	422.2	556.3
内蒙古	1525.7	1570.6	716.6	731.9
辽宁	2476.9	2704.6	896.9	913.5
吉林	1614.8	1734.3	749.2	777.5
黑龙江	2123.4	2251.1	1142.3	1206.8
上海	280.4	283.2	137.5	147.5
江苏	3590.6	3816.0	1746.8	1948.2
浙江	1780.0	1873.4	813.1	879.0
安徽	2446.5	2569.5	1197.9	1289.8
福建	1965.0	2001.2	763.0	826.2
江西	1680.5	1733.8	694.3	729.7
山东	5613.0	6003.1	2895.7	3224.0
河南	4669.5	4871.5	2561.1	2833.3
湖北	2940.5	2985.2	1395.8	1511.5
湖南	3131.1	3207.9	1446.9	1596.6
广东	3298.0	3337.6	1481.7	1551.0
广西	2389.8	2377.2	1106.7	1135.0
海南	665.0	705.0	274.0	307.6
重庆	871.4	913.1	465.5	522.8
四川	3686.2	3689.8	1710.8	1806.1
贵州	843.8	875.2	464.8	501.5
云南	1641.5	1706.2	790.9	850.7
西藏	88.5	93.4	43.7	39.1
陕西	1277.9	1337.2	775.9	823.6
甘肃	808.1	876.3	529.6	587.3
青海	153.4	157.3	58.7	61.3
宁夏	227.2	243.5	131.1	146.8
新疆	1176.7	1297.6	784.2	898.6

注:2008年湖南、湖北、四川等省农林牧渔业产值按照抽样数据进行了调整,全国数据未做调整。(后同)

6—15 续表

单位:亿元

地　区	林业产值		牧业产值		渔业产值	
	2008年	2009年	2008年	2009年	2008年	2009年
全国总计	**2152.9**	**2359.4**	**20583.6**	**19468.4**	**5203.4**	**5626.4**
北　京	20.5	22.9	140.5	136.1	9.8	10.3
天　津	2.2	2.2	86.0	83.6	43.8	47.5
河　北	55.9	70.7	1410.8	1350.1	102.8	108.4
山　西	46.9	66.7	181.9	230.9	3.4	5.3
内蒙古	72.7	78.2	699.6	721.4	11.8	12.7
辽　宁	69.4	70.0	1052.4	1171.4	374.5	441.9
吉　林	55.0	58.9	770.2	825.5	22.5	23.5
黑龙江	89.6	85.2	813.1	870.2	36.0	45.2
上　海	9.1	9.0	68.4	64.6	57.1	53.5
江　苏	64.9	70.8	916.5	874.0	665.7	719.2
浙　江	106.9	117.6	418.9	404.9	407.8	435.5
安　徽	114.5	125.1	806.9	795.8	232.3	257.6
福　建	149.8	162.2	425.7	366.9	549.3	565.6
江　西	150.8	161.8	556.0	541.5	211.6	231.2
山　东	102.2	101.3	1704.9	1683.8	686.3	747.4
河　南	122.9	134.1	1761.2	1654.3	59.0	64.9
湖　北	49.7	57.7	1008.7	881.8	373.0	413.1
湖　南	155.4	174.2	1224.1	1100.4	169.6	188.5
广　东	79.4	88.3	967.9	917.1	652.6	661.2
广　西	124.3	129.0	871.7	812.5	207.0	216.9
海　南	91.6	79.6	140.4	142.8	139.8	154.5
重　庆	29.3	34.1	344.1	319.4	21.1	24.3
四　川	105.3	112.5	1708.4	1596.7	103.7	119.1
贵　州	35.6	36.9	291.7	281.5	10.5	11.1
云　南	183.6	196.1	570.0	557.8	38.1	42.0
西　藏	2.8	7.1	39.0	44.3	0.3	0.2
陕　西	41.5	45.6	385.3	387.9	6.1	6.5
甘　肃	22.4	24.2	168.3	171.9	1.0	1.1
青　海	2.0	2.3	89.2	90.1	0.1	0.1
宁　夏	7.5	8.4	73.1	70.7	6.0	7.0
新　疆	23.2	26.6	318.2	318.4	9.9	11.1

6—16 各地区农业分项产值

（按当年价格计算）

单位：亿元

地　区	农业	1.谷物及其他作物	＃谷物	＃小麦	稻谷	玉米
全　国	**30611.1**	**15155.9**	**9368.0**	**2224.6**	**3915.6**	**2584.2**
北　京	140.4	27.3	22.8	5.9		14.6
天　津	139.7	57.8	41.9	14.5	4.1	23.3
河　北	1927.8	740.8	513.5	246.0	13.4	240.3
山　西	556.3	213.2	160.1	38.7	0.1	102.3
内蒙古	731.9	528.2	276.4	34.9	12.7	163.6
辽　宁	913.5	402.4	322.2	0.9	102.2	130.0
吉　林	777.5	577.3	436.9		121.4	272.7
黑龙江	1206.8	976.3	650.9	20.9	346.4	278.4
上　海	147.5	33.2	26.3	4.5	20.2	
江　苏	1948.2	903.1	668.2	172.0	362.6	38.0
浙　江	879.0	241.1	156.6	4.4	146.7	2.5
安　徽	1289.8	838.7	590.2	237.9	290.4	60.0
福　建	826.2	219.6	116.1		100.5	1.9
江　西	729.7	461.4	343.1		341.1	1.0
山　东	3224.0	1271.5	811.2	433.5	25.0	346.4
河　南	2833.3	1403.6	934.5	537.9	83.9	233.7
湖　北	1511.5	802.0	432.6	81.2	308.7	40.9
湖　南	1596.6	792.6	565.3	0.7	539.6	21.6
广　东	1551.0	548.6	278.6		220.9	32.3
广　西	1135.0	612.4	278.8		234.6	36.7
海　南	307.6	71.0	29.9		27.1	1.7
重　庆	522.8	258.8	148.8	8.6	88.0	39.8
四　川	1806.1	899.6	523.3	79.0	285.0	107.7
贵　州	501.5	307.2	166.6	11.5	82.9	58.0
云　南	850.7	527.8	237.0	15.0	117.7	89.0
西　藏	39.1	20.9	17.4	4.2		
陕　西	823.6	320.9	201.3	81.7	16.2	95.6
甘　肃	587.3	302.9	138.2	49.3	0.6	46.3
青　海	61.3	46.1	10.0	5.7		0.6
宁　夏	146.8	76.9	50.2	15.5	13.0	21.1
新　疆	898.6	672.8	218.8	119.0	10.4	83.2

6—16 续表 1　　单位:亿元

地　区	＃薯类	＃油料	花生	油菜籽	＃豆类	大豆
全　国	**986.6**	**1405.2**	**657.0**	**510.8**	**758.2**	**573.1**
北　京	1.0	0.9	0.9		0.8	0.7
天　津	0.1	0.3	0.2		0.9	0.8
河　北	35.8	57.9	53.4	0.9	13.6	11.5
山　西	10.4	8.8	0.9	0.3	9.2	4.9
内蒙古	62.9	57.1	1.2	8.6	52.2	39.0
辽　宁	13.5	27.6	27.5		13.0	11.6
吉　林	42.3	29.4	18.1		41.6	28.0
黑龙江	29.7	21.8	2.8	0.1	237.9	219.0
上　海	0.2	1.3	0.1	1.2	0.6	0.5
江　苏	29.5	70.4	19.8	45.1	37.2	26.8
浙　江	10.4	16.9	3.3	12.8	11.4	5.5
安　徽	14.3	96.8	31.6	57.4	50.5	46.4
福　建	37.9	14.2	12.8	0.6	8.4	6.5
江　西	11.2	42.7	16.5	19.6	11.7	8.0
山　东	54.4	170.3	168.0	2.1	16.3	15.3
河　南	55.9	220.5	158.4	31.6	34.6	29.0
湖　北	43.3	134.9	22.8	97.5	27.8	19.5
湖　南	16.7	74.5	12.2	59.5	19.3	10.8
广　东	73.4	44.3	41.9	0.3	9.2	6.9
广　西	10.4	17.7	16.3	0.4	10.8	6.9
海　南	9.7	3.2	3.1		0.6	0.3
重　庆	44.6	21.5	4.9	14.7	21.6	9.0
四　川	148.9	133.3	28.6	73.7	44.8	22.4
贵　州	39.3	32.1	4.0	27.3	13.0	6.3
云　南	44.7	15.0	3.1	12.0	26.5	10.2
西　藏	0.1	2.3		2.3	0.5	0.1
陕　西	46.3	24.4	4.0	12.8	19.3	12.3
甘　肃	77.7	22.6	0.1	11.6	11.1	4.9
青　海	9.8	12.7		12.4	2.3	
宁　夏	11.0	6.0			1.0	0.4
新　疆	1.0	23.8	0.7	6.0	10.5	9.8

6—16 续表 2

单位:亿元

地　区	#棉花	#麻类	#糖料	#烟草
全　国	**1082.3**	**22.5**	**390.3**	**411.9**
北　京	0.1			
天　津	14.1			
河　北	108.5		1.0	0.5
山　西	15.3		0.8	3.8
内蒙古	0.2	0.4	3.8	1.3
辽　宁	0.2		0.9	4.0
吉　林	0.1		0.2	8.2
黑龙江		0.6	3.9	8.5
上　海	0.5		0.2	
江　苏	46.1	0.2	1.9	
浙　江	3.3		11.0	0.5
安　徽	64.8	0.7	3.2	3.6
福　建			2.5	24.0
江　西	20.1	1.2	4.5	4.6
山　东	170.1	0.1		18.7
河　南	90.5	1.5	2.5	38.6
湖　北	92.7	1.8	2.1	18.3
湖　南	42.3	3.4	7.0	33.8
广　东			44.7	7.8
广　西	0.2	6.0	221.3	5.3
海　南		0.4	14.4	
重　庆		1.3	1.4	11.4
四　川	1.9	4.2	6.5	36.7
贵　州	0.1	0.1	2.8	45.8
云　南	0.1	0.3	40.5	128.4
西　藏				
陕　西	10.7			7.3
甘　肃	15.8	0.1	0.7	0.5
青　海				0.1
宁　夏				0.2
新　疆	384.6	0.3	12.6	0.1

6—16 续表 3

单位:亿元

地区	2.蔬菜园艺	蔬菜	花卉	3.水果、坚果、饮料和香料作物	苹果	梨	柑橘
全国	**10673.0**	**10092.7**	**202.4**	**4227.5**	**612.8**	**236.9**	**384.3**
北京	74.0	55.2	13.7	38.8	6.3	5.3	
天津	65.9	64.2	0.9	16.0	2.2	0.7	
河北	865.2	850.7	1.5	298.7	49.0	44.8	
山西	210.0	199.2	10.0	117.0	71.1	7.7	
内蒙古	179.8	178.4	0.2	18.2	2.1	1.6	
辽宁	339.1	322.9	15.1	158.9	58.1	22.3	
吉林	136.5	136.0	0.1	42.9	3.8	3.0	
黑龙江	159.2	159.2		34.7	3.0		
上海	80.4	70.9	8.0	33.9		1.2	2.1
江苏	870.1	796.4	4.8	168.2	13.5	12.0	0.9
浙江	386.5	292.7	20.5	233.8			22.7
安徽	289.9	279.9	1.6	138.6	6.5	13.4	0.5
福建	380.1	349.0	2.3	219.6		2.6	45.1
江西	170.9	152.8	7.6	92.1		2.6	44.7
山东	1403.5	1356.5	10.6	513.2	161.2	22.0	
河南	1078.0	1036.9	34.1	306.3	40.0	21.5	0.6
湖北	561.2	551.0	0.7	128.5	0.1	7.4	31.7
湖南	571.2	553.5	2.7	175.9		2.9	30.8
广东	669.1	609.3	12.9	320.9		1.1	78.9
广西	335.7	324.4	0.5	166.1		2.8	22.4
海南	114.0	106.6	7.4	122.2			1.4
重庆	199.8	187.8	3.4	53.9	0.2	5.9	26.8
四川	622.4	593.5	11.1	246.0	5.8	20.9	62.9
贵州	155.8	154.2	1.1	23.6	0.3	2.4	3.3
云南	206.5	170.9	26.8	77.9	4.0	4.6	5.7
西藏	7.5	7.5		0.4	0.2	0.1	
陕西	225.8	221.1	2.2	246.8	140.0	7.8	3.9
甘肃	179.0	177.9	1.1	74.3	35.3	3.5	
青海	13.6	13.3	0.2	0.6	0.1	0.1	
宁夏	39.3	38.3	0.9	19.7	2.9	0.3	
新疆	82.9	82.7	0.2	139.8	7.2	16.5	

6—16 续表 4

单位:亿元

地　区	茶及其他饮料	#茶	香料作物	中药材
全　国	**561.1**	**464.2**	**11.2**	**554.5**
北　京			0.1	0.3
天　津				
河　北				23.1
山　西				16.1
内蒙古				5.8
辽　宁				13.1
吉　林				20.7
黑龙江				36.7
上　海				0.1
江　苏	29.1	29.1		6.8
浙　江	75.3	75.3		17.6
安　徽	23.4	12.6		22.6
福　建	79.4	79.4	0.6	6.9
江　西	7.0	6.9		5.3
山　东	6.0	6.0		35.9
河　南	79.1	79.1		45.4
湖　北	42.2	42.2		19.7
湖　南	76.1	76.1	0.1	56.9
广　东	11.5	11.5		12.4
广　西	4.8			20.8
海　南	0.4	0.4		0.4
重　庆	6.8	6.8	1.0	10.3
四　川	76.6			38.0
贵　州	6.3	5.6		14.9
云　南	24.7	21.9		38.4
西　藏				10.2
陕　西	11.0	11.0		30.1
甘　肃	1.4	0.3	2.4	31.0
青　海				1.1
宁　夏				10.9
新　疆			7.0	3.1

6—17 各地区林业分项产值

（按当年价格计算）　　单位：亿元

地区	林业产值	1.林木的培育和种植	2.竹木采运	#村及村以下	3.林产品
全国	**2359.4**	**739.2**	**734.6**	**490.5**	**885.6**
北京	22.9	16.5	0.7	0.6	5.7
天津	2.2	1.9	0.2	0.1	0.2
河北	70.7	23.4	4.0	2.2	43.3
山西	66.7	49.0	0.3	0.2	17.4
内蒙古	78.2	55.3	16.8		6.2
辽宁	70.0	37.1	17.2	9.2	15.6
吉林	58.9	12.9	35.4	2.5	10.6
黑龙江	85.2	18.6	50.0	38.4	16.6
上海	9.0	8.0	0.2	0.1	0.8
江苏	70.8	49.8	8.8	3.5	12.1
浙江	117.6	8.7	47.7	43.6	61.2
安徽	125.1	38.7	42.4	22.8	44.0
福建	162.2	7.4	92.9	77.3	61.9
江西	161.8	66.9	33.8	25.4	61.0
山东	101.3	33.4	13.6	13.1	54.2
河南	134.1	62.4	41.5	0.1	30.2
湖北	57.7	21.0	22.4	17.1	14.3
湖南	174.2	46.4	54.7	36.1	73.0
广东	88.3	12.9	55.3	53.4	20.0
广西	129.0	7.3	71.8	53.3	49.9
海南	79.6	12.0	7.1	0.1	60.5
重庆	34.1	12.9	3.9	2.4	17.4
四川	112.5	54.3	45.9	45.9	12.4
贵州	36.9	5.2	9.5	8.5	22.3
云南	196.1	29.8	52.8	29.9	113.6
西藏	7.1	1.0	1.8	1.7	4.3
陕西	45.6	16.5	2.3	2.0	26.8
甘肃	24.2	10.7	0.5	0.2	13.0
青海	2.3	2.1	0.1		0.1
宁夏	8.4	7.7			0.6
新疆	26.6	9.4	0.9	0.9	16.4

6—18 各地区畜牧业分项产值

（按当年价格计算）

单位：亿元

地　　区	牧业产值	1. 牲畜饲养	牛	羊	奶产品
全　　国	**19468.4**	**4323.9**	**1874.6**	**1181.7**	**982.0**
北　　京	136.1	35.5	10.5	5.4	18.5
天　　津	83.6	27.6	6.9	3.0	15.8
河　　北	1350.1	430.0	163.2	112.8	142.1
山　　西	230.9	72.9	22.3	26.6	17.7
内 蒙 古	721.4	562.7	90.3	224.1	221.4
辽　　宁	1171.4	325.4	162.0	46.0	29.6
吉　　林	825.5	180.6	141.3	11.0	21.8
黑 龙 江	870.2	296.9	128.0	24.0	136.4
上　　海	64.6	10.7	0.2	1.9	8.4
江　　苏	874.0	56.1	7.2	24.9	17.5
浙　　江	404.9	15.1	1.8	6.3	6.8
安　　徽	795.8	104.4	52.9	46.4	4.2
福　　建	366.9	24.7	7.6	10.4	6.8
江　　西	541.5	43.2	35.2	3.5	3.9
山　　东	1683.8	332.7	163.6	93.4	71.8
河　　南	1654.3	578.0	333.5	101.9	95.2
湖　　北	881.8	64.1	44.0	14.8	3.2
湖　　南	1100.4	66.9	39.3	25.0	2.5
广　　东	917.1	19.7	11.5	2.0	6.2
广　　西	812.5	52.3	41.8	7.1	3.1
海　　南	142.8	11.3	8.3	2.9	0.1
重　　庆	319.4	19.3	12.7	4.0	2.5
四　　川	1596.7	202.3	95.6	82.9	19.9
贵　　州	281.5	39.8	31.6	6.3	1.6
云　　南	557.8	115.2	73.9	28.0	10.3
西　　藏	44.3	41.7	20.8	11.0	6.6
陕　　西	387.9	124.6	26.8	39.0	53.6
甘　　肃	171.9	86.6	32.6	40.2	8.8
青　　海	90.1	72.4	28.3	28.2	13.1
宁　　夏	70.7	48.1	17.8	14.4	14.3
新　　疆	318.4	263.1	63.3	134.0	18.5

6—18 续表　　　　单位:亿元

地　区	2.猪的饲养	3.家禽饲养	#肉禽	禽蛋	4.狩猎和捕猎动物	5.其他畜牧业
全　国	**9177.6**	**5177.5**	**2854.0**	**2309.4**	**13.3**	**776.0**
北　京	42.0	47.2	33.5	13.7		11.4
天　津	34.3	21.4	8.5	13.0		0.2
河　北	441.6	376.4	104.1	272.3		102.0
山　西	93.5	62.0	9.9	52.1		2.5
内蒙古	106.1	51.4	23.2	28.3		1.2
辽　宁	401.1	389.7	221.2	167.4		55.2
吉　林	384.9	237.6	127.2	108.6	0.5	21.9
黑龙江	380.8	184.7	79.3	105.4		7.8
上　海	35.2	15.8	10.7	5.1		2.9
江　苏	348.5	403.5	195.4	203.6	2.8	63.1
浙　江	276.5	76.0	47.8	28.1	0.3	37.0
安　徽	416.9	238.1	139.6	96.1	1.3	35.1
福　建	240.9	87.8	59.6	28.2	1.8	11.6
江　西	355.3	130.2	81.3	48.8	1.3	11.5
山　东	667.1	541.7	274.7	266.9	0.9	141.5
河　南	659.8	363.9	117.6	245.1	1.5	51.1
湖　北	583.8	228.6	113.1	115.5	0.4	4.9
湖　南	739.9	276.7	122.3	154.4		16.8
广　东	488.8	367.3	333.0	34.3	1.4	40.0
广　西	428.1	274.3	248.6	25.7		57.8
海　南	75.3	53.3	44.6	7.7	0.1	2.7
重　庆	188.2	94.9	58.3	36.1	0.1	17.0
四　川	893.0	442.6	284.9	156.8		58.9
贵　州	195.5	44.4	27.9	16.5	0.1	1.7
云　南	369.0	65.0	47.4	17.3	0.1	8.5
西　藏	2.1	0.5	0.2	0.3		
陕　西	197.3	57.2	19.7	37.5	0.5	8.3
甘　肃	71.2	12.7	6.3	6.4		1.4
青　海	15.3	2.1	1.1	1.0		0.3
宁　夏	14.5	7.8	2.7	5.1		0.3
新　疆	31.2	22.6	10.6	12.0		1.5

6—19 各地区渔业分项产值

（按当年价格计算）

单位:亿元

地 区	渔业产值	1.海水产品					
			#养殖	鱼 类	甲壳类	贝 类	藻 类
全 国	**5626.4**	**2538.5**	**1071.5**	**756.6**	**728.8**	**572.4**	**81.9**
北 京	10.3						
天 津	47.5	9.9	3.5	5.2	4.5		
河 北	108.4	64.0	34.7	19.3	27.1	12.4	
山 西	5.3						
内 蒙 古	12.7						
辽 宁	441.9	333.4	173.4	60.4	117.3	97.8	12.5
吉 林	23.5						
黑 龙 江	45.2						
上 海	53.5	15.7		11.0	1.5		
江 苏	719.2	188.0	98.1	45.8	35.0	81.8	4.3
浙 江	435.5	304.7	89.6	139.3	89.0	50.4	4.6
安 徽	257.6						
福 建	565.6	448.5		169.2	115.4	112.7	29.5
江 西	231.2						
山 东	747.4	599.8	358.3	157.0	123.1	156.0	23.5
河 南	64.9						
湖 北	413.1						
湖 南	188.5						
广 东	661.2	313.0	222.3	116.5	172.6	16.6	3.0
广 西	216.9	133.6	69.4	32.6	43.4	44.5	4.6
海 南	154.5	127.4	22.2				
重 庆	24.3						
四 川	119.1						
贵 州	11.1						
云 南	42.0						
西 藏							
陕 西	6.5						
甘 肃	1.1						
青 海	0.1						
宁 夏	7.0						
新 疆	11.1						

6—19 续表

单位:亿元

地　　区	2.内陆水产品	#养殖	鱼　类	甲壳类	贝　类
全　　国	**3087.8**	**2630.3**	**2032.2**	**690.9**	**30.3**
北　　京	9.9	9.2	7.7		
天　　津	37.6	36.5	22.8	14.4	
河　　北	44.4	35.8	34.2	7.9	
山　　西	5.3	5.1	5.0		
内 蒙 古	12.7	9.0	12.4		
辽　　宁	108.5	63.1	70.8	35.0	
吉　　林	23.5	21.1	16.4		
黑 龙 江	45.2	44.0	44.0		
上　　海	37.9	36.1	12.3	21.3	
江　　苏	531.2	472.1	223.4	268.0	8.6
浙　　江	130.7	123.0	57.4	29.5	1.7
安　　徽	257.6	203.0	137.3	90.9	8.7
福　　建	117.1		102.0	10.1	1.5
江　　西	231.2	190.6	166.5	23.3	5.9
山　　东	147.7	132.8	124.5	20.7	0.5
河　　南	64.9	61.1	58.6	3.9	
湖　　北	413.1	371.8	302.8	84.3	0.9
湖　　南	188.5	172.0	147.6	11.9	
广　　东	348.2	334.3	277.5	66.4	1.2
广　　西	83.3	88.3	1.3		
海　　南	27.1	15.7			
重　　庆	24.3	22.2	24.0		
四　　川	119.1	118.6	107.5	0.7	
贵　　州	11.1	9.6	10.8		
云　　南	42.0	31.0	40.0	0.9	
西　　藏					
陕　　西	6.5	6.3	6.4		
甘　　肃	1.1		1.1		
青　　海					
宁　　夏	7.0	7.0	7.0		
新　　疆	11.1	10.6	10.6		

6—20 四大地区农林牧渔业总产值及构成

（按当年价格计算）

指标	东部地区		中部地区		西部地区		东北地区	
	2008年	2009年	2008年	2009年	2008年	2009年	2008年	2009年
一、绝对数（亿元）								
农林牧渔业总产值	**21269.2**	**22257.1**	**15657.4**	**16276.6**	**14860.3**	**15137.4**	**6215.2**	**6689.9**
#农业	10128.4	11091.5	7662.1	8517.3	7465.2	8104.6	2788.4	2897.7
林业	682.6	724.6	613.5	719.5	642.8	701.2	214.0	214.1
牧业	6280.0	6023.9	5781.5	5204.7	5886.3	5372.5	2635.7	2867.2
渔业	3315.0	3503.2	1049.7	1160.6	405.6	452.1	433.0	510.5
二、构成（%）								
农林牧渔业总产值	**100.0**	**100.0**	**100.0**	**100.0**	**100.0**	**100.0**	**100.0**	**100.0**
#农业	47.6	49.8	48.9	52.3	50.2	53.5	44.9	43.3
林业	3.2	3.3	3.9	4.4	4.3	4.6	3.4	3.2
牧业	29.5	27.1	36.9	32.0	39.6	35.5	42.4	42.9
渔业	15.6	15.7	6.7	7.1	2.7	3.0	7.0	7.6

6—21 农林牧渔业总产值

单位:亿元

年份	农林牧渔业总产值	农业产值	林业产值	牧业产值	渔业产值
	(按1957年不变价格计算)				
1952	417.0	364.9	2.9	47.9	1.3
1957	536.7	455.5	9.3	69.0	2.9
1962	430.3	370.8	7.3	44.5	
1965	589.6	484.8	12.0	82.7	10.1
1970	716.3	596.8	16.0	92.6	10.9
	(按1970年不变价格计算)				
1975	1202.4	966.8	37.1	179.4	19.1
1978	1288.7	1031.0	44.4	193.0	20.3
1979	1386.3	1100.5	45.0	221.2	19.6
	(按1980年不变价格计算)				
1980	1964.5	1491.6	94.5	339.6	38.8
1981	2091.4	1592.9	98.4	359.6	40.5
1982	2327.6	1767.3	106.8	408.0	45.5
1983	2508.2	1917.1	117.7	424.0	49.4
1984	2815.6	2136.8	140.1	480.6	58.1
1985	2912.2	2133.4	146.4	563.3	69.1
1986	3010.7	2191.3	141.2	594.9	83.3
1987	3185.1	2332.1	140.8	613.9	98.4
1988	3309.7	2364.3	144.1	691.5	109.8
1989	3412.8	2420.7	144.6	729.8	117.6
	(按1990年不变价格计算)				
1990	8151.2	5190.8	378.4	2048.8	533.2
1991	8451.8	5239.6	408.6	2229.7	573.9
1992	8989.1	5461.3	439.9	2426.1	661.8
1993	9692.9	5747.2	475.3	2686.8	783.6
1994	10525.9	5933.8	517.3	3134.4	940.4
1995	11670.7	6405.0	543.4	3599.1	1123.2
1996	12127.0	6901.6	574.0	3371.2	1280.2
1997	12942.4	7210.0	593.1	3711.7	1427.6
1998	13712.8	7564.6	610.4	3984.5	1553.2
1999	14351.4	7891.1	629.6	4165.9	1664.9
2000	14863.9	7999.8	663.4	4428.3	1772.4
2001	15494.0	8288.3	658.6	4705.6	1841.5
2002	16259.7	8611.7	705.2	4988.5	1954.3
2003	16997.2	8005.5	818.7	5564.3	2067.1
	(按可比价格计算)				
2004	31905.2	16133.4	1264.8	10225.1	3327.4
2005	38291.2	18890.5	1369.4	13128.8	3841.6
2006	40007.5	20645.2	1513.4	12381.8	3812.7
2007	42409.1	22363.2	1721.9	12462.1	4134.7
2008	51692.8	25836.7	2011.9	17213.6	4723.4
2009	60566.5	29291.8	2343.3	21173.0	5514.4

注:1.从2004年起,农林牧渔业总产值使用可比价格计算。

2.2006年为农业普查调整数。

6—22 农林牧渔业总产值指数

（以1952年为100）

年份	农林牧渔业总产值	农业产值	林业产值	牧业产值	渔业产值
1949	65.2	64.6	55.2	70.4	46.2
1952	100.0	100.0	100.0	100.0	100.0
1957	128.7	124.8	320.7	144.1	223.1
1962	103.2	101.6	251.7	92.9	592.3
1965	141.4	132.9	413.8	172.7	776.9
1970	171.8	163.6	551.7	193.3	838.5
1975	192.4	179.4	745.5	232.2	1150.3
1978	206.2	191.3	892.2	249.8	1222.5
1979	221.8	204.2	904.2	286.3	1180.4
1980	224.9	203.6	1014.8	306.4	1270.7
1981	239.5	217.4	1056.6	324.4	1326.4
1982	266.5	241.2	1146.8	368.0	1490.1
1983	287.2	261.7	1263.9	382.5	1617.8
1984	322.4	291.7	1504.4	433.6	1902.8
1985	333.4	291.2	1572.1	508.2	2263.0
1986	344.7	299.1	1516.2	536.6	2728.1
1987	364.7	318.3	1512.3	553.8	3221.0
1988	379.0	322.4	1547.5	623.8	3595.3
1989	390.8	330.4	1553.0	658.3	3852.7
1990	420.5	356.7	1601.1	704.4	4238.2
1991	436.0	360.1	1728.5	766.5	4562.1
1992	463.0	375.3	1861.1	834.1	5260.5
1993	500.0	394.9	2010.4	923.8	6222.5
1994	543.0	407.5	2189.3	1078.1	7467.0
1995	602.2	439.7	2298.8	1237.7	8915.6
1996	658.9	474.0	2428.1	1379.0	10161.8
1997	703.2	495.2	2508.7	1518.3	11331.4
1998	745.0	519.6	2582.0	1629.9	12328.6
1999	779.7	542.0	2664.6	1704.0	13215.0
2000	807.8	549.6	2808.5	1811.4	14074.0
2001	842.0	569.4	2788.4	1924.8	14622.3
2002	883.6	591.6	2985.6	2040.5	15518.0
2003	918.9	591.6	3194.6	2183.3	16293.9
2004	987.8	641.9	3258.5	2340.5	17271.5
2005	1044.1	668.2	3362.8	2523.1	18394.1
2006	1100.7	704.2	3550.5	2649.3	19496.5
2007	1143.2	731.7	3795.6	2718.2	20451.8
2008	1208.7	766.7	4102.1	2901.7	21671.7
2009	1264.3	796.0	4395.3	3069.9	22927.1

注:本表按可比价格计算。

6—23　各地区农林牧渔业总产值指数

（以上年为100，按可比价格计算）

地　区	农林牧渔总产值	#农业产值	林业产值	牧业产值	渔业产值
全国合计	**104.6**	**103.8**	**107.1**	**105.8**	**105.8**
北　京	105.5	103.4	110.3	106.5	107.6
天　津	103.7	104.8	101.3	103.0	102.2
河　北	103.2	103.3	111.8	102.3	104.4
山　西	104.4	102.9	109.0	105.3	111.0
内蒙古	102.4	97.3	105.1	107.0	107.9
辽　宁	103.3	97.5	106.5	106.1	108.8
吉　林	105.3	98.1	110.8	110.5	111.9
黑龙江	105.4	103.1	100.7	109.2	112.0
上　海	99.5	98.6	96.8	106.7	92.6
江　苏	104.6	103.3	105.2	106.6	105.2
浙　江	102.4	102.6	100.2	103.0	101.5
安　徽	105.5	104.0	110.6	106.4	107.5
福　建	105.0	104.9	106.8	102.9	106.0
江　西	104.6	102.6	105.9	105.8	107.2
山　东	104.3	102.7	109.9	105.2	106.2
河　南	104.5	103.1	107.5	106.0	106.6
湖　北	105.4	103.8	107.6	106.9	107.2
湖　南	105.2	105.9	104.5	104.3	105.3
广　东	105.0	105.6	107.7	103.8	105.1
广　西	105.4	105.3	102.1	105.6	106.2
海　南	107.2	105.0	109.8	109.2	106.7
重　庆	106.4	106.8	106.6	105.7	108.8
四　川	104.2	104.6	105.5	103.8	105.2
贵　州	104.6	102.8	97.5	108.5	102.6
云　南	105.8	104.2	106.6	107.9	110.7
西　藏	103.6	87.4	249.2	112.0	101.0
陕　西	105.0	103.8	111.7	106.7	107.8
甘　肃	105.8	105.2	116.2	107.5	101.0
青　海	105.8	106.0	112.6	105.7	49.6
宁　夏	108.2	108.6	112.1	106.3	111.5
新　疆	105.1	107.8	106.5	98.5	106.9

注：本表按可比价格计算。

6—24 各地区农林牧渔业总产值及占全国的比重

（按可比价格计算）

地　　区	农林牧渔业总产值	2009年比2008年增减百分比(%)	占全国的比重(%)
全国合计	**60566.5**	**4.6**	**100.0**
北　　京	320.5	5.5	0.5
天　　津	278.1	3.7	0.5
河　　北	3617.3	3.2	6.0
山　　西	891.0	4.4	1.5
内 蒙 古	1561.8	2.4	2.6
辽　　宁	2559.7	3.3	4.2
吉　　林	1700.0	5.3	2.8
黑 龙 江	2238.8	5.4	3.7
上　　海	278.9	—0.5	0.5
江　　苏	3754.1	4.6	6.2
浙　　江	1822.6	2.4	3.0
安　　徽	2582.0	5.5	4.3
福　　建	2062.4	5.0	3.4
江　　西	1757.1	4.6	2.9
山　　东	5856.5	4.3	9.7
河　　南	4877.8	4.5	8.1
湖　　北	3099.7	5.4	5.1
湖　　南	3292.5	5.2	5.4
广　　东	3462.9	5.0	5.7
广　　西	2517.7	5.4	4.2
海　　南	712.6	7.2	1.2
重　　庆	926.9	6.4	1.5
四　　川	3842.3	4.2	6.3
贵　　州	882.6	4.6	1.5
云　　南	1737.1	5.8	2.9
西　　藏	91.6	3.6	0.2
陕　　西	1342.3	5.0	2.2
甘　　肃	854.9	5.8	1.4
青　　海	162.3	5.8	0.3
宁　　夏	245.7	8.2	0.4
新　　疆	1236.7	5.1	2.0

6－25 各地区农林牧渔业总产值

（按可比价格计算）

单位：亿元

地 区	农林牧渔业总产值	农业产值	林业产值	牧业产值	渔业产值
全国总计	**60566.5**	**29291.8**	**2343.3**	**21176.0**	**5514.4**
北 京	320.5	132.4	22.6	149.6	10.5
天 津	278.1	133.9	2.3	88.6	44.8
河 北	3617.3	1818.4	62.5	1443.3	107.2
山 西	891.0	537.1	63.1	236.6	5.2
内蒙古	1561.8	697.6	76.4	748.7	12.7
辽 宁	2559.7	874.5	73.9	1116.2	407.3
吉 林	1700.0	734.8	60.9	851.4	25.2
黑龙江	2238.8	1177.6	90.2	888.1	40.3
上 海	278.9	135.7	8.8	73.0	52.9
江 苏	3754.1	1804.3	68.3	976.6	700.2
浙 江	1822.6	833.9	107.1	431.4	414.1
安 徽	2582.0	1245.6	126.6	858.6	249.7
福 建	2062.4	800.1	159.9	438.2	582.4
江 西	1757.1	712.3	159.7	588.0	226.9
山 东	5856.5	2974.7	112.3	1794.4	728.5
河 南	4877.8	2640.9	132.1	1867.5	62.9
湖 北	3099.7	1448.2	53.5	1078.4	399.8
湖 南	3292.5	1532.5	162.5	1276.4	178.5
广 东	3462.9	1564.2	85.5	1004.7	685.9
广 西	2517.7	1165.5	126.9	920.4	219.7
海 南	712.6	287.8	100.6	153.3	149.2
重 庆	926.9	497.0	31.3	363.8	23.0
四 川	3842.3	1790.1	111.1	1773.3	109.0
贵 州	882.6	477.7	34.7	316.3	10.8
云 南	1737.1	824.4	195.8	615.2	42.2
西 藏	91.6	38.2	7.0	43.6	0.2
陕 西	1342.3	805.3	46.3	411.1	6.5
甘 肃	854.9	557.0	26.1	180.9	1.0
青 海	162.3	62.3	2.3	97.2	0.1
宁 夏	245.7	142.4	8.4	77.7	6.7
新 疆	1236.7	845.4	24.7	313.5	10.6

6—26 农林牧渔业分项产值及增幅

（按可比价格计算）

指 标	绝对数（亿元）	比上年增长幅度（%）
农林牧渔业总产值	**60566.5**	**4.6**
农业产值	**29291.8**	**3.5**
谷物及其他作物	14392.0	1.1
蔬菜园艺作物	9666.8	6.1
水果、坚果、饮料和香料作物	3902.8	7.9
中药材	494.4	10.5
林业产值	**2343.3**	**6.5**
林木的培育和种植	712.7	13.8
竹木采运	655.0	—14.5
林产品	751.7	—3.2
牧业产值	**21176.0**	**5.6**
牲畜饲养	3938.5	2.6
猪的饲养	11014.0	0.7
家禽饲养	4987.7	3.7
狩猎和捕捉动物	13.3	5.7
其他畜牧业	833.8	28.0
渔业产值	**5514.4**	**5.8**
海水产品	2471.3	5.6
内陆水域水产品	3043.1	6.3

6—27 各地区农业分项产值

（按可比价格计算）

单位:亿元

地区	农业	谷物及其他作物	蔬菜及园艺	水果坚果及饮料	中药材
全国	**29291.8**	**14392.0**	**9666.8**	**3902.8**	**494.4**
北京	132.4	26.1	70.2	35.8	
天津	133.9	55.3	63.5	15.0	
河北	1818.4	771.7	752.3	272.6	21.8
山西	537.1	219.4	188.9	112.3	16.5
内蒙古	697.6	528.3	147.4	16.1	5.8
辽宁	874.5	391.1	332.1	138.3	13.0
吉林	734.8	550.0	128.2	38.0	18.7
黑龙江	1177.6	966.6	144.6	31.6	34.8
上海	135.7	31.9	73.7	30.0	
江苏	1804.3	843.8	782.5	171.2	6.8
浙江	833.9	237.6	375.5	198.5	22.3
安徽	1245.6	825.7	270.5	128.0	21.3
福建	800.1	211.9	367.6	215.1	5.5
江西	712.3	453.5	157.6	96.0	5.2
山东	2974.7	1256.0	1212.5	479.9	26.3
河南	2640.9	1429.3	878.3	292.1	41.2
湖北	1448.2	827.6	506.7	126.1	17.7
湖南	1532.5	793.2	508.2	177.9	53.2
广东	1564.2	543.1	682.6	324.2	14.3
广西	1165.5	600.5	361.5	180.8	22.7
海南	287.8	72.9	108.1	106.6	
重庆	497.0	254.7	182.1	51.3	8.9
四川	1790.1	907.0	620.4	226.4	36.3
贵州	477.7	292.7	147.0	23.4	14.6
云南	824.4	530.8	195.4	80.8	
西藏	38.2	20.5	7.4		10.0
陕西	805.3	328.8	210.0	238.7	27.8
甘肃	557.0	299.8	146.7	78.2	32.3
青海	62.3	46.4	11.6	0.6	1.1
宁夏	142.4	75.7	33.8	17.2	15.7
新疆	845.4				

注:分项中类产值未包括新疆(后同)。

6—28 各地区林业分项产值

（按可比价格计算）

单位:亿元

地 区	林业产值	林木的培育和种植	竹木采运	林产品
全 国	**2343.3**	**712.7**	**655.0**	**751.7**
北 京	22.6	15.0	0.7	6.8
天 津	2.3	1.9		
河 北	62.5	15.6	4.0	42.9
山 西	63.1	47.1		17.9
内蒙古	76.4	54.0	16.4	6.1
辽 宁	73.9	40.9	17.6	15.5
吉 林	60.9	14.1	36.6	10.2
黑龙江	90.2	16.9	58.2	15.1
上 海	8.8	7.8		0.8
江 苏	68.3	48.6	8.7	11.0
浙 江	107.1	8.0	47.5	51.7
安 徽	126.6	36.7	42.9	46.9
福 建	159.9	6.9	91.5	61.5
江 西	159.7	66.7		58.0
山 东	112.3	37.0	15.1	60.2
河 南	132.1	60.5	41.8	29.8
湖 北	53.5	18.7	21.4	13.3
湖 南	162.5	41.7	51.2	69.6
广 东	85.5	12.9	54.2	18.4
广 西	126.9	10.6	71.2	45.1
海 南	100.6	15.2	9.7	75.7
重 庆	31.3	12.0	3.5	15.8
四 川	111.1	51.5	48.7	10.9
贵 州	34.7	4.9	8.9	20.9
云 南	195.8	29.7		
西 藏	7.0	1.0	1.7	4.2
陕 西	46.3	16.5	2.3	27.5
甘 肃	26.1	10.4	0.5	15.1
青 海	2.3	2.1		
宁 夏	8.4	7.7		0.6
新 疆	24.7			

6－29 各地区畜牧业分项产值

（按可比价格计算）

单位：亿元

地　区	牧业产值	牲畜饲养	猪的饲养	家禽饲养	捕　猎	其他畜牧业
全　国	**21176.0**	**3938.5**	**11014.0**	**4987.7**	**13.3**	**833.8**
北　京	149.6	36.8	53.6	47.8		11.4
天　津	88.6	27.0	40.3	21.1		0.2
河　北	1443.3	443.1	525.7	376.4		98.1
山　西	236.6	66.2	99.9			3.2
内蒙古	748.7	581.4	115.2	50.8		1.2
辽　宁	1116.2	239.7	471.9	375.6		29.0
吉　林	851.4	172.9	431.8	228.4	0.6	17.8
黑龙江	888.1	281.0	427.9	171.0		8.2
上　海	73.0	10.3	43.4	15.7		3.6
江　苏	976.6	53.4	445.6	405.5	2.6	69.5
浙　江	431.4	15.2	301.7	75.3	0.3	38.9
安　徽	858.6	100.9	490.0	236.9	1.3	29.4
福　建	438.2	23.7	315.3	85.9	1.8	11.5
江　西	588.0	44.5	402.6	128.2	1.3	11.5
山　东	1794.4	328.6	805.6	515.7	1.0	143.5
河　南	1867.5	590.4	854.6	366.5	1.6	54.4
湖　北	1078.4	64.0	775.0	234.8	0.4	4.1
湖　南	1276.4	56.7	939.2	263.4		17.1
广　东	1004.7	19.5	586.2	359.6	1.5	37.9
广　西	920.4	50.3	541.9	272.5		55.7
海　南	153.3	11.1	88.0	50.9	0.2	3.2
重　庆	363.8	18.6	237.1	92.2	0.1	15.8
四　川	1773.3	179.6	1017.1	420.1		156.6
贵　州	316.3	40.0	230.0	44.5	0.1	1.7
云　南	615.2	98.2	438.2	70.7		
西　藏	43.6	41.1	2.0	0.5		
陕　西	411.1	128.3	218.8	55.2	0.5	8.3
甘　肃	180.9	88.1	78.7	12.8		1.3
青　海	97.2	75.3	19.6	2.0		0.3
宁　夏	77.7	52.9	16.9	7.6		0.3
新　疆	313.5					

6—30 各地区渔业分项产值

（按可比价格计算）

单位:亿元

地 区	渔业产值	海水产品	内陆水产品
全 国	**5514.4**	**2471.3**	**3043.1**
北 京	10.5	0.3	10.2
天 津	44.8	8.6	36.1
河 北	107.2	60.0	47.2
山 西	5.2		5.2
内蒙古	12.7		12.7
辽 宁	407.3	313.9	93.4
吉 林	25.2		25.2
黑龙江	40.3		40.3
上 海	52.9	17.7	35.2
江 苏	700.2	186.0	514.2
浙 江	414.1	281.5	132.6
安 徽	249.7		249.7
福 建	582.4	464.7	117.7
江 西	226.9		226.9
山 东	728.5	580.8	147.7
河 南	62.9		62.9
湖 北	399.8		399.8
湖 南	178.5		178.5
广 东	685.9	311.5	374.4
广 西	219.7	122.2	97.5
海 南	149.2	123.9	25.3
重 庆	23.0		23.0
四 川	109.0		109.0
贵 州	10.8		10.8
云 南	42.2		42.2
西 藏	0.2		0.2
陕 西	6.5		6.5
甘 肃	1.0		1.0
青 海			
宁 夏	6.7		6.7
新 疆	10.6		10.6

主要农产品种（养）面积与产量

7—1 主要农作物播种面积

单位:千公顷

年 份	农作物总播种面积	粮食面积	稻 谷	小 麦	玉 米	大 豆	薯 类
1952	141256	123979	28382	24780	12566	11679	8688
1957	157244	133633	32241	27542	14943	12748	10495
1962	140229	121621	26935	24075	12819	9504	12171
1965	143291	119627	29825	24709	15671	8593	11175
1970	143487	119267	32358	25458	15831	7985	10717
1975	149545	121062	35729	27661	18598	6999	10969
1978	150104	120587	34421	29183	19961	7144	11796
1979	148477	119263	33873	29357	20133	7247	10952
1980	146380	117234	33878	28844	20087	7226	10153
1981	145157	114958	33295	28307	19425	8024	9620
1982	144755	113462	33071	27955	18543	8419	9370
1983	143993	114047	33136	29050	18824	7567	9402
1984	144221	112884	33178	29576	18537	7286	8988
1985	143626	108845	32070	29218	17694	7718	8572
1986	144204	110933	32266	29616	19124	8295	8685
1987	144957	111268	32193	28798	20212	8445	8868
1988	144869	110123	31987	28785	19692	8120	9054
1989	146554	112205	32700	29841	20353	8057	9097
1990	148362	113466	33064	30753	21401	7560	9121
1991	149586	112314	32590	30948	21574	7041	9078
1992	149007	110560	32090	30496	21044	7221	9057
1993	147741	110509	30355	30235	20694	9454	9220
1994	148241	109544	30171	28981	21152	9222	9270
1995	149879	110060	30744	28860	22776	8127	9519
1996	152381	112548	31406	29611	24498	7471	9797
1997	153969	112912	31765	30057	23775	8346	9785
1998	155706	113787	31214	29774	25239	8500	10000
1999	156373	113161	31283	28855	25904	7962	10355
2000	156300	108463	29962	26653	23056	9307	10538
2001	155708	106080	28812	24664	24282	9482	10217
2002	154636	103891	28202	23908	24634	8720	9881
2003	152415	99410	26508	21997	24068	9313	9702
2004	153553	101606	28379	21626	25446	9589	9457
2005	155488	104278	28847	22793	26358	9591	9503
2006	152149	104958	28938	23613	28463	9304	7877
2007	153464	105638	28919	23721	29478	8754	8082
2008	156266	106793	29241	23617	29864	9127	8427
2009	158639	108986	29627	24291	31183	9190	8636

7－1 续表

单位：千公顷

年 份	棉 花	花 生	油菜籽	芝 麻	黄红麻	甘 蔗	甜 菜	烤 烟
1952	5576	1804	1863		158	183	35	186
1957	5775	2541	2308		143	267	159	355
1962	3497	1301	1361		62	154	83	176
1965	5003	1846	1822		113	351	171	325
1970	4997	1709	1453		135	387	199	291
1975	4955	1877	2313		297	523	303	460
1978	4866	1768	2600	638	412	549	331	613
1979	4512	2074	2761	843	362	512	325	509
1980	4920	2339	2844	776	314	480	443	397
1981	5185	2472	3801	818	306	551	436	586
1982	5828	2416	4122	965	246	653	462	888
1983	6077	2201	3669	789	227	654	544	572
1984	6923	2421	3413	858	320	728	502	715
1985	5140	3318	4494	1052	992	965	560	1077
1986	4306	3253	4916	1007	345	950	520	894
1987	4844	3022	5267	869	272	859	498	913
1988	5535	2977	4936	704	277	924	745	1304
1989	5203	2946	4993	722	286	959	569	1503
1990	5588	2907	5503	669	300	1009	670	1342
1991	6538	2880	6133	680	270	1164	783	1562
1992	6835	2976	5976	746	277	1246	660	1849
1993	4985	3379	5300	754	274	1088	599	1835
1994	5528	3776	5783	690	176	1057	698	1302
1995	5422	3809	6907	642	147	1125	695	1309
1996	4722	3616	6734	594	147	1207	638	1683
1997	4491	3722	6475	615	162	1311	612	2161
1998	4459	4039	6527	630	93	1401	583	1200
1999	3726	4268	6899	697	65	1303	341	1216
2000	4041	4856	7494	784	50	1185	329	1269
2001	4810	4991	7095	758	52	1248	406	1181
2002	4184	4921	7143	759	55	1393	424	1192
2003	5111	5057	7221	687	41	1409	248	1139
2004	5693	4745	7271	624	32	1378	190	1145
2005	5062	4662	7278	593	31	1354	210	1245
2006	5816	3956	5984	564	31	1378	189	1088
2007	5926	3945	5642	486	33	1586	216	1066
2008	5754	4246	6594	472	26	1743	246	1230
2009	4952	4377	7278	476	24	1697	186	1265

7—2 主要农作物播种面积及增减情况

单位：千公顷

指 标	1990年	1995年	2000年	2008年	2009年	2009年为2008年百分比（%）
农作物总播种面积	148362	149879	156300	156266	158639	101.5
一、粮食作物	113466	110060	108463	106793	108986	102.1
1.谷物		89309	85264	86248	88401	102.5
稻谷	33064	30744	29962	29241	29627	101.3
小麦	30753	28860	26653	23617	24291	102.9
玉米	21401	22776	23056	29864	31183	104.4
谷子	2278	1522	1250	815	788	96.7
高粱	1545	1215	889	490	559	114.2
其他谷物		4192	3454	2221	1953	87.9
2.豆类		11232	12660	12118	11949	98.6
#大豆	7560	8127	9307	9127	9190	100.7
杂豆		3105	3353	2991	2759	92.2
3.薯类	9121	9519	10538	8427	8636	102.5
#马铃薯	2865	3434	4723	4663	5081	109.0
二、油料作物	10900	13101	15400	12825	13652	106.4
#花生	2907	3809	4856	4246	4377	103.1
油菜籽	5503	6907	7494	6594	7278	110.4
芝麻	669	642	784	472	476	100.9
胡麻籽	703	621	498	472	337	71.4
向日葵	713	813	1229	964	959	99.4
三、棉花	558	5422	4041	5754	4952	86.1
四、麻类	495	376	262	221	159	72.0
#黄红麻	300	147	50	26	24	91.5
苎 麻	81	97	96	126	110	87.1
大 麻	21	16	13	12	6	50.3
亚 麻	57	113	96	57	18	31.2
五、糖料	1679	1820	1514	1990	1884	94.7
甘蔗	1009	1125	1185	1743	1697	97.4
甜菜	670	695	329	246	186	75.6
六、烟叶	1593	1470	1437	1326	1392	105.0
#烤烟	1342	1309	1269	1230	1265	102.9
七、药材	153	279	676	1194	1181	98.9
八、蔬菜、瓜类	6338	9515	15237	20132	20749	103.1
#蔬菜	721	1101	2044	17876	18414	103.0
九、其他农作物	6161	6736	7352	6029	5685	94.3
#青饲料	1862	1825	2142	2296	2068	90.1

7—3 主要农作物播种面积构成

（以农作物总播种面积为 100）

单位：%

指　　标	1990 年	1995 年	2000 年	2008 年	2009 年
农作物总播种面积	100.0	100.0	100.0	100.0	100.0
一、粮食作物	76.5	73.4	69.4	68.3	68.7
1.谷物		59.6	54.6	55.2	55.7
稻谷	22.3	20.5	19.2	18.7	18.7
小麦	6.3	19.3	17.1	15.1	15.3
玉米	20.7	15.2	14.8	19.1	19.7
谷子	14.4	1.0	0.8	0.5	0.5
高粱	1.5	0.8	0.6	0.3	0.4
其他谷物	1.0	2.8	2.2	1.4	1.2
2.豆类		7.5	8.1	7.8	7.5
#大豆	5.1	5.4	6.0	5.8	5.8
杂豆		2.1	2.1	1.9	1.7
3.薯类	6.1	6.4	6.7	5.4	5.4
#马铃薯	1.9	2.3	3.0	3.0	3.2
二、油料作物	7.3	8.7	9.9	8.2	8.6
#花生	2.0	2.5	3.1	2.7	2.8
油菜籽	3.7	4.6	4.8	4.2	4.6
芝麻	0.5	0.4	0.5	0.3	0.3
胡麻籽	0.5	0.4	0.3	0.3	0.2
向日葵	0.5	0.5	0.8	0.6	0.6
三、棉花	14.4	3.6	2.6	3.7	3.1
四、麻类	0.3	0.3	0.2	0.1	0.1
#黄红麻	0.2	0.1			
苎　麻		0.1	0.1	0.1	0.1
大　麻					
亚　麻	0.1	0.1	0.1		
五、糖料	1.1	1.2	1.0	1.3	1.2
甘蔗	0.7	0.8	0.8	1.1	1.1
甜菜	0.5	0.5	0.2	0.2	0.1
六、烟叶	1.1	1.0	0.9	0.8	0.9
#烤烟	0.9	0.9	0.8	0.8	0.8
七、药材	0.1	0.2	0.4	0.8	0.7
八、蔬菜、瓜类	4.8	7.1	11.1	12.9	13.1
#蔬菜	4.3	6.3	9.7	11.4	11.6
九、其他农作物	4.2	4.5	4.7	3.9	3.6
#青饲料	1.3	1.2	1.4	1.5	1.3

7—4 各地区农作物总播种面积

单位：千公顷

地　区	1990 年	1995 年	2000 年	2008 年	2009 年	2009 年为 2008 年百分比(%)
全国总计	**148361.5**	**149879.4**	**156299.8**	**156265.7**	**158639.3**	**101.5**
北　京	590.3	553.2	457.3	322.0	320.1	99.4
天　津	573.2	572.7	533.1	446.3	455.2	102.0
河　北	8786.7	8720.1	9024.4	8713.2	8682.5	99.6
山　西	4016.3	3895.6	4042.4	3726.5	3717.9	99.8
内蒙古	4722.4	5079.4	5914.4	6860.8	6927.8	101.0
辽　宁	3618.9	3623.7	3622.0	3716.2	3919.1	105.5
吉　林	4039.8	4059.8	4542.2	4998.2	5077.5	101.6
黑龙江	8558.5	8647.4	9329.5	12088.4	12129.2	100.3
上　海	631.1	542.1	520.7	388.4	396.1	102.0
江　苏	8259.2	7909.0	7944.9	7510.3	7558.2	100.6
浙　江	4384.7	3923.0	3554.3	2482.4	2504.8	100.9
安　徽	8313.6	8354.2	9005.8	8976.6	9036.2	100.7
福　建	2745.9	2835.1	2793.3	2220.7	2258.0	101.7
江　西	5758.1	5950.6	5650.8	5330.9	5376.4	100.9
山　东	10882.6	10837.3	11147.3	10764.0	10778.4	100.1
河　南	11889.7	12136.8	13136.9	14147.4	14181.4	100.2
湖　北	7361.1	7413.7	7584.1	7298.3	7527.5	103.1
湖　南	7951.8	7840.4	8002.1	7555.0	8019.3	106.1
广　东	5671.5	5304.3	5156.9	4404.3	4476.0	101.6
广　西	5141.3	5745.7	6260.7	5695.6	5826.5	102.3
海　南	821.3	870.0	906.0	810.6	829.4	102.3
重　庆			3590.8	3215.1	3308.3	102.9
四　川	12475.3	12838.8	9609.1	9438.9	9476.6	100.4
贵　州	3578.3	4203.1	4696.7	4619.4	4780.7	103.5
云　南	4492.1	4958.9	5786.0	6056.2	6343.9	104.8
西　藏	213.5	219.3	231.1	235.8	235.1	99.7
陕　西	4859.8	4496.9	4555.4	4165.8	4154.1	99.7
甘　肃	3611.3	3773.3	3740.2	3868.6	3938.6	101.8
青　海	544.7	568.8	553.7	513.6	514.1	100.1
宁　夏	888.9	956.0	1016.5	1209.7	1226.7	101.4
新　疆	2979.5	3050.2	3391.6	4486.7	4663.8	103.9

7—5 各地区粮食播种面积及增减情况

单位:千公顷

地　　区	1990 年	1995 年	2000 年	2008 年	2009 年	2009 年为 2008 年百分比(%)
全国总计	**113465.9**	**110060.4**	**108462.5**	**106792.6**	**108985.8**	**102.1**
北　京	484.4	434.1	308.3	226.3	226.3	100.0
天　津	457.9	443.3	345.9	293.5	306.6	104.5
河　北	6827.8	6829.5	6918.7	6158.1	6216.5	100.9
山　西	3290.3	3151.5	3186.5	3111.3	3146.7	101.1
内蒙古	3874.5	4143.2	4435.9	5254.5	5424.0	103.2
辽　宁	3121.6	3030.9	2858.6	3035.9	3124.1	102.9
吉　林	3525.9	3576.9	3833.7	4391.2	4427.7	100.8
黑龙江	7420.0	7500.2	7852.5	10988.9	11391.0	103.7
上　海	417.1	343.9	258.8	174.5	193.3	110.7
江　苏	6363.0	5755.2	5304.3	5267.1	5272.0	100.1
浙　江	3266.0	2814.4	2300.3	1271.6	1290.1	101.5
安　徽	6246.1	5852.5	6183.8	6561.1	6605.6	100.7
福　建	2080.6	2017.3	1828.5	1210.3	1231.0	101.7
江　西	3699.3	3509.3	3322.0	3578.1	3604.6	100.7
山　东	8151.9	8131.6	7363.2	6955.6	7030.1	101.1
河　南	9316.1	8810.0	9029.6	9600.0	9683.6	100.9
湖　北	5200.0	4776.7	4156.2	3906.7	4012.5	102.7
湖　南	5365.7	5115.6	5029.9	4588.8	4799.1	104.6
广　东	3996.3	3472.3	3311.1	2499.9	2538.5	101.5
广　西	3639.9	3662.7	3655.9	2973.1	3067.5	103.2
海　南	567.5	574.9	542.0	421.3	430.4	102.2
重　庆			2773.4	2215.4	2229.5	100.6
四　川	9827.7	9933.7	6854.5	6430.9	6419.4	99.8
贵　州	2543.2	2864.5	3151.3	2919.6	2984.7	102.2
云　南	3622.3	3643.0	4238.7	4095.9	4200.1	102.5
西　藏	191.7	188.2	201.4	170.6	169.4	99.3
陕　西	4134.7	3807.7	3821.5	3126.0	3134.0	100.3
甘　肃	2875.1	2928.7	2798.2	2683.0	2740.0	102.1
青　海	400.3	384.3	322.7	272.0	275.7	101.4
宁　夏	723.5	761.8	807.1	826.2	826.9	100.1
新　疆	1835.5	1602.5	1468.2	1585.2	1984.7	125.2

7－6 各地区粮食播种面积

（按季节分）

单位：千公顷

地 区	夏收粮食		早 稻		秋收粮食	
	2008年	2009年	2008年	2009年	2008年	2009年
全国总计	**26826.6**	**27382.2**	**5707.9**	**5870.1**	**74258.1**	**75733.5**
北 京	64.0	60.9			162.3	165.4
天 津	107.7	110.2			185.8	196.5
河 北	2447.2	2424.2			3710.9	3792.3
山 西	718.6	748.8			2392.7	2397.8
内蒙古					5254.5	5424.0
辽 宁	71.6	63.4			2964.3	3060.7
吉 林					4391.2	4427.7
黑龙江					10988.9	11391.0
上 海	56.4	73.4			118.2	119.9
江 苏	2321.5	2323.5			2945.6	2948.6
浙 江	160.4	169.8	104.3	114.9	1006.9	1005.4
安 徽	2386.7	2398.6	266.0	273.9	3908.4	3933.0
福 建	76.0	83.7	212.2	213.7	922.1	933.6
江 西	59.6	59.0	1385.5	1400.8	2132.9	2144.8
山 东	3527.2	3546.2			3428.4	3483.9
河 南	5286.7	5290.0			4313.3	4393.6
湖 北	1207.7	1227.3	341.1	357.4	2357.8	2427.9
湖 南	134.9	180.0	1294.6	1380.6	3159.3	3238.5
广 东	215.9	222.6	933.5	944.9	1350.6	1371.0
广 西	59.1	78.5	984.4	988.8	1929.6	2000.2
海 南	37.2	39.4	129.4	137.3	254.8	253.8
重 庆	546.5	526.1			1668.9	1703.4
四 川	1799.1	1796.9	1.5	1.3	4630.3	4621.2
贵 州	946.7	967.0	0.1	0.1	1972.8	2017.6
云 南	1101.7	1128.3	55.3	56.5	2939.0	3015.3
西 藏					170.6	169.4
陕 西	1317.3	1319.3			1808.7	1814.6
甘 肃	1142.4	1111.3			1540.6	1628.7
青 海					272.0	275.7
宁 夏	244.6	248.7			581.5	578.2
新 疆	789.9	1185.1			795.3	799.7

7—7 各地区粮食播种面积

（按品种分）

单位：千公顷

地区	谷物		#稻谷		#小麦		#玉米	
	2008年	2009年	2008年	2009年	2008年	2009年	2008年	2009年
全国总计	**86247.8**	**88401.1**	**29241.1**	**29626.9**	**23617.2**	**24290.8**	**29863.7**	**31182.6**
北京	212.7	214.1	0.4	0.4	63.9	60.6	146.2	150.8
天津	282.9	292.7	15.0	16.0	107.7	110.2	159.8	165.9
河北	5648.9	5753.0	81.5	85.1	2416.1	2394.5	2841.1	2950.5
山西	2556.6	2617.1	1.1	1.1	697.4	727.5	1378.6	1451.2
内蒙古	3517.8	3632.3	97.9	101.8	452.2	528.2	2340.0	2451.2
辽宁	2739.2	2848.6	658.7	656.7	10.3	8.8	1884.9	1964.1
吉林	3679.5	3747.3	658.7	660.4	5.7	4.1	2922.5	2957.2
黑龙江	6419.7	6864.3	2390.7	2460.8	238.8	293.1	3593.9	4010.2
上海	165.5	183.7	108.6	108.5	44.2	57.6	3.6	4.2
江苏	4857.7	4867.7	2232.6	2233.2	2073.1	2077.6	398.5	399.8
浙江	1050.1	1062.2	937.5	938.7	54.3	60.4	25.9	27.0
安徽	5323.9	5386.2	2218.9	2246.9	2346.7	2355.3	705.1	730.7
福建	906.9	911.0	861.2	864.6	4.4	3.8	37.0	37.9
江西	3286.9	3311.5	3255.5	3282.1	10.2	9.9	15.6	16.1
山东	6554.8	6620.7	130.7	134.6	3525.2	3545.2	2874.2	2917.3
河南	8741.1	8839.0	604.7	611.3	5260.0	5263.3	2820.0	2895.4
湖北	3483.8	3578.8	1978.9	2045.1	1000.6	993.4	470.4	507.3
湖南	4211.4	4379.5	3932.0	4047.2	13.6	28.4	241.3	282.0
广东	2099.9	2136.5	1946.9	1959.7	0.8	0.8	143.4	166.7
广西	2623.2	2674.6	2119.2	2125.0	3.7	4.0	489.7	534.6
海南	327.6	336.8	310.0	317.7			17.4	18.7
重庆	1336.2	1331.2	673.5	682.0	189.0	168.2	455.6	459.1
四川	4824.5	4789.4	2035.9	2027.1	1286.5	1277.5	1323.8	1334.4
贵州	1766.9	1797.3	691.1	698.2	262.4	262.9	734.6	751.5
云南	2943.9	3005.9	1017.5	1039.8	425.0	432.4	1325.8	1354.2
西藏	163.0	162.2	1.0	1.0	37.3	36.8	4.0	4.0
陕西	2592.8	2598.8	124.6	125.3	1140.0	1146.0	1157.6	1164.0
甘肃	1797.7	1889.3	5.5	5.7	903.5	963.9	557.2	657.8
青海	147.3	146.8			104.4	104.1	2.1	5.3
宁夏	533.1	561.5	80.3	78.2	204.3	218.5	208.5	215.1
新疆	1452.5	1861.3	70.8	72.5	735.8	1153.9	585.5	598.4

7—7 续表

单位：千公顷

地　区	豆　类		#大　豆		薯　类		#马铃薯	
	2008 年	2009 年	2008 年	2009 年	2008 年	2009 年	2008 年	2009 年
全国总计	**12118.0**	**11948.8**	**9127.1**	**9189.8**	**8426.8**	**8635.8**	**4663.4**	**5080.8**
北　京	10.6	9.5	9.4	8.4	3.1	2.8		
天　津	9.9	13.0	9.5	12.5	0.8	1.0		
河　北	249.6	219.3	187.6	165.8	259.6	244.2	149.1	133.3
山　西	347.7	336.4	204.7	195.3	207.0	193.2	183.7	169.7
内蒙古	1037.3	1124.5	668.0	840.2	699.3	667.2	679.5	663.8
辽　宁	203.9	183.6	181.0	164.1	92.8	91.9	64.6	62.7
吉　林	618.7	581.0	457.1	437.4	93.0	99.4	88.2	93.5
黑龙江	4324.4	4251.4	4036.5	4007.8	244.9	275.3	244.9	271.2
上　海	8.0	8.5	5.0	4.4	1.0	1.1		
江　苏	343.2	337.8	232.8	233.0	66.2	66.6		
浙　江	129.9	129.6	54.4	55.5	91.7	98.3	51.2	57.8
安　徽	1068.5	1050.3	988.4	970.0	168.7	169.1	7.7	8.3
福　建	73.4	75.4	55.8	59.1	230.0	244.6	62.9	71.1
江　西	160.3	154.0	102.6	99.5	131.0	139.1		
山　东	175.0	171.0	167.0	161.2	225.8	238.4		
河　南	551.0	529.3	486.1	467.0	307.9	315.4		
湖　北	206.8	195.8	112.3	105.4	216.1	237.9	127.5	156.0
湖　南	155.6	167.0	88.2	89.3	221.8	252.6	72.3	92.8
广　东	80.6	79.5	62.0	59.8	319.4	322.5	36.5	37.5
广　西	144.8	158.6	89.3	101.1	205.0	234.3		16.4
海　南	7.7	7.8	3.2	3.4	86.0	85.8	0.1	
重　庆	197.1	204.5	81.7	85.9	682.0	693.8	310.1	327.2
四　川	479.5	444.2	208.6	221.2	1126.9	1185.8	277.1	559.3
贵　州	310.2	311.2	125.7	131.9	842.5	876.2	605.8	635.0
云　南	565.1	573.8	128.9	130.8	586.9	620.4	466.2	494.1
西　藏	7.1	6.7	0.3	0.1	0.5	0.5	0.5	0.4
陕　西	228.9	227.3	189.5	187.3	304.3	307.9	259.3	260.0
甘　肃	227.9	207.2	99.8	91.3	657.4	643.6	657.4	643.6
青　海	39.1	42.3			85.6	86.7	85.6	86.7
宁　夏	59.8	47.8	21.0	16.4	233.3	217.6	233.3	217.6
新　疆	96.4	100.8	70.5	84.7	36.3	22.7		22.7

7—8 各地区油料播种面积

单位:千公顷

地区	油料合计		#花生		#油菜籽	
	2008 年	2009 年	2008 年	2009 年	2008 年	2009 年
全国总计	**12825.5**	**13652.1**	**4245.8**	**4376.7**	**6593.7**	**7277.7**
北京	7.2	6.1	6.9	5.8		
天津	1.8	2.0	0.8	1.0		
河北	516.9	496.6	409.9	389.7	23.7	22.4
山西	179.2	168.1	10.4	9.8	6.1	6.5
内蒙古	705.1	702.2	19.0	17.8	220.7	218.9
辽宁	167.5	277.3	148.3	260.6	0.6	0.4
吉林	212.3	242.9	126.9	122.5		
黑龙江	218.7	203.0	40.7	31.0	0.4	1.7
上海	15.5	15.5	1.0	1.0	14.3	14.3
江苏	567.4	593.3	101.6	105.5	454.5	476.3
浙江	190.8	210.1	18.7	19.1	167.5	185.8
安徽	936.7	968.8	194.5	180.9	670.4	721.8
福建	107.4	110.4	96.0	98.1	9.8	10.9
江西	658.8	716.4	142.0	146.4	486.3	538.5
山东	812.5	787.6	800.5	774.8	9.5	10.9
河南	1518.3	1541.2	956.7	975.4	376.6	382.0
湖北	1365.6	1455.0	176.0	183.7	1089.6	1165.9
湖南	929.3	1129.3	93.4	104.5	827.6	1016.1
广东	323.9	331.4	314.1	322.1	7.6	7.1
广西	163.3	181.2	145.2	160.8	10.7	12.4
海南	40.2	40.7	37.6	38.1		
重庆	215.5	237.0	44.6	47.7	150.2	173.6
四川	1155.1	1205.3	256.2	256.3	886.2	936.6
贵州	455.1	513.1	33.5	38.8	412.8	466.9
云南	188.0	317.3	34.5	48.9	149.9	253.6
西藏	24.7	24.5	0.1	0.1	24.7	24.4
陕西	277.2	295.5	32.6	31.1	178.3	194.6
甘肃	331.7	351.9	0.8	0.7	162.1	188.9
青海	172.7	172.4			169.8	170.3
宁夏	80.5	85.8	0.2		0.1	0.1
新疆	286.7	270.1	3.2	4.5	83.7	76.9

7—9 各地区棉花和麻类播种面积

单位：千公顷

地区	棉花		麻类		#黄红麻	
	2008年	2009年	2008年	2009年	2008年	2009年
全国总计	**5754.1**	**4951.8**	**221.5**	**159.5**	**26.2**	**24.0**
北京	1.2	0.6				
天津	69.2	55.6				
河北	690.0	620.0	0.4	0.4	0.3	0.3
山西	89.1	73.3	0.1	0.1		
内蒙古	2.0	0.9	3.1	1.0		
辽宁	1.4	0.9				
吉林	2.4	1.6	0.7	0.5		
黑龙江			41.3	11.6		
上海	1.5	1.3				
江苏	300.5	252.3	1.1	1.1		0.1
浙江	20.3	20.1	0.2	0.2	0.2	0.1
安徽	390.1	351.7	11.1	9.5	5.5	4.2
福建	0.5	0.3	0.1	0.1	0.1	0.1
江西	66.6	75.5	8.2	7.4	0.4	0.2
山东	888.3	800.4	0.2	0.2	0.2	0.1
河南	606.0	537.3	11.4	12.0	11.4	11.8
湖北	543.0	460.1	23.5	18.7	0.5	0.4
湖南	183.0	152.6	42.1	31.5	0.3	0.2
广东			0.5	0.3	0.5	0.3
广西	2.3	2.2	5.5	5.1	5.1	4.6
海南			0.2	0.2	0.2	0.2
重庆	0.2	0.2	11.5	11.3	0.3	0.2
四川	18.5	16.2	38.9	37.8	1.5	1.3
贵州	1.4	1.5	0.8	0.7		
云南	0.4	0.4	4.8	4.3		
西藏						
陕西	85.1	61.8	0.5	0.4		
甘肃	72.7	55.7	2.3	2.3		
青海						
宁夏						
新疆	1718.6	1409.3	13.0	3.1		

7—10 各地区糖料播种面积

单位:千公顷

地 区	糖料合计		1.甘蔗		2.甜菜	
	2008年	2009年	2008年	2009年	2008年	2009年
全国总计	**1989.9**	**1883.9**	**1743.5**	**1697.5**	**246.4**	**186.4**
北 京						
天 津						
河 北	15.7	12.5			15.7	12.5
山 西	6.4	4.2			6.4	4.2
内蒙古	48.7	33.1			48.7	33.1
辽 宁	2.0	1.8			2.0	1.8
吉 林	7.1	2.4			7.1	2.4
黑龙江	90.4	63.9			90.4	63.9
上 海	0.2	0.2	0.2	0.2		
江 苏	1.6	2.0	1.6	2.0		
浙 江	13.9	13.1	13.9	13.1		
安 徽	6.8	5.8	6.8	5.8		
福 建	10.7	10.3	10.7	10.3		
江 西	14.0	13.6	14.0	13.6		
山 东	0.1	0.1			0.1	0.1
河 南	3.5	4.6	3.5	4.6		
湖 北	6.6	10.4	6.6	10.4		
湖 南	14.4	15.3	14.4	15.3		
广 东	149.7	151.9	149.7	151.9		
广 西	1090.1	1060.1	1090.1	1060.1		
海 南	78.6	74.6	78.6	74.6		
重 庆	3.0	3.1	3.0	3.1		
四 川	23.2	20.0	23.0	19.9	0.2	0.2
贵 州	17.7	16.5	17.6	16.4		
云 南	309.8	296.3	309.7	296.2	0.1	0.1
西 藏						
陕 西	0.2	0.1	0.2	0.1		
甘 肃	4.6	4.5			4.6	4.5
青 海						
宁 夏						
新 疆	71.1	63.7			71.1	63.7

7－11 各地区烟叶和药材播种面积

单位：千公顷

地区	烟叶合计		#烤烟		药材	
	2008年	2009年	2008年	2009年	2008年	2009年
全国总计	**1326.0**	**1391.9**	**1230.0**	**1265.4**	**1194.0**	**1180.9**
北京					2.5	2.8
天津						
河北	3.0	3.0	2.5	2.4	19.9	27.2
山西	3.2	3.8	3.2	3.6	23.3	21.4
内蒙古	4.9	4.2	3.7	2.9	28.7	26.9
辽宁	11.5	12.5	10.7	11.4	23.3	21.1
吉林	22.0	23.4	11.8	12.9	31.1	31.6
黑龙江	33.3	37.3	32.7	32.3	51.7	30.9
上海					0.5	0.5
江苏	0.3	0.2			12.1	12.6
浙江	1.3	1.5			29.9	28.8
安徽	9.7	10.4	9.2	10.2	54.3	55.1
福建	67.3	69.0	66.9	68.5	11.1	11.5
江西	20.5	18.1	19.8	17.5	24.4	21.4
山东	40.9	45.7	40.6	45.3	31.3	29.6
河南	111.9	127.0	111.6	111.7	111.1	117.8
湖北	61.3	74.6	46.8	55.9	73.0	86.2
湖南	88.7	96.3	85.3	93.0	50.3	53.9
广东	23.5	24.7	21.2	22.5	8.2	9.5
广西	17.4	20.1	14.5	16.3	50.4	53.4
海南					3.7	3.5
重庆	47.8	52.6	39.5	43.9	54.9	63.1
四川	110.3	121.5	91.0	102.3	90.0	92.6
贵州	207.7	197.8	194.8	184.9	24.9	25.6
云南	400.6	405.7	387.2	387.4	42.6	49.6
西藏						
陕西	34.0	36.8	33.4	36.0	145.4	89.1
甘肃	4.0	4.4	3.1	3.5	160.5	165.2
青海	0.2	0.2			4.2	0.5
宁夏	0.6	0.4	0.6	0.4	15.0	11.1
新疆	0.2	0.6	0.2	0.6	15.7	38.9

7—12 各地区蔬菜、瓜果类和青饲料播种面积

单位：千公顷

地　　区	蔬　菜		瓜果类		青饲料	
	2008年	2009年	2008年	2009年	2008年	2009年
全国总计	**17875.9**	**18414.3**	**2256.6**	**2334.3**	**2296.0**	**2067.6**
北　京	68.2	68.5	8.1	7.6	2.6	2.2
天　津	72.2	80.8	6.7	7.2	0.9	0.9
河　北	1101.4	1100.9	102.5	100.0	64.0	66.9
山　西	241.0	245.1	25.9	25.2	29.3	23.5
内蒙古	260.3	268.7	52.8	52.7	389.8	319.4
辽　宁	388.7	402.7	46.5	46.7	4.9	4.9
吉　林	209.5	231.9	61.1	53.3	2.0	1.6
黑龙江	287.7	187.6	100.6	74.2	275.7	68.4
上　海	133.6	128.2	19.6	18.7	5.8	5.3
江　苏	1093.4	1147.6	126.3	134.6	34.5	27.7
浙　江	618.5	618.9	114.0	110.2	10.2	9.4
安　徽	718.6	745.3	166.5	160.6	32.9	35.8
福　建	644.0	653.3	35.2	35.3	55.1	55.1
江　西	512.9	509.7	72.1	71.3	64.5	74.5
山　东	1725.1	1756.0	258.2	274.8	4.8	5.0
河　南	1713.7	1692.2	315.8	326.4	18.6	13.9
湖　北	1016.0	1079.3	90.3	96.7	91.2	101.0
湖　南	1003.0	1063.7	126.6	127.6	208.3	206.7
广　东	1112.6	1138.4	40.4	39.6	62.1	60.1
广　西	959.0	978.0	76.5	88.6	13.3	19.2
海　南	188.6	202.2	30.7	31.0	0.5	0.3
重　庆	481.6	552.2	22.1	22.6	82.9	83.2
四　川	1102.1	1129.6	48.5	48.5	252.7	231.7
贵　州	558.3	599.6	27.5	25.8	106.8	116.8
云　南	583.4	622.9	18.3	17.8	160.8	175.0
西　藏	20.8	20.4		0.1	18.9	19.8
陕　西	385.6	428.7	58.6	64.8	39.9	31.7
甘　肃	367.8	371.6	46.4	49.9	126.4	121.3
青　海	34.2	35.2	0.4	0.5	28.7	28.2
宁　夏	80.2	93.1	76.4	79.0	70.1	66.8
新　疆	194.2	262.2	82.0	143.5	37.9	91.5

7—13 各地区主要农作物播种面积构成

（以农作物总播种面积为100）

单位：%

地 区	粮 食	棉 花	油 料	糖 料	烟 叶	蔬 菜	瓜果类
全国总计	**68.7**	**3.1**	**8.6**	**1.2**	**0.9**	**11.6**	**1.5**
北 京	70.7	0.2	1.9			21.4	2.4
天 津	67.4	12.2	0.4			17.8	1.6
河 北	71.6	7.1	5.7	0.1		12.7	1.2
山 西	84.6	2.0	4.5	0.1	0.1	6.6	0.7
内蒙古	78.3		10.1	0.5	0.1	3.9	0.8
辽 宁	79.7		7.1		0.3	10.3	1.2
吉 林	87.2		4.8		0.5	4.6	1.0
黑龙江	93.9		1.7	0.5	0.3	1.5	0.6
上 海	48.8	0.3	3.9	0.1		32.4	4.7
江 苏	69.8	3.3	7.8			15.2	1.8
浙 江	51.5	0.8	8.4	0.5	0.1	24.7	4.4
安 徽	73.1	3.9	10.7	0.1	0.1	8.2	1.8
福 建	54.5		4.9	0.5	3.1	28.9	1.6
江 西	67.0	1.4	13.3	0.3	0.3	9.5	1.3
山 东	65.2	7.4	7.3		0.4	16.3	2.5
河 南	68.3	3.8	10.9		0.9	11.9	2.3
湖 北	53.3	6.1	19.3	0.1	1.0	14.3	1.3
湖 南	59.8	1.9	14.1	0.2	1.2	13.3	1.6
广 东	56.7		7.4	3.4	0.6	25.4	0.9
广 西	52.6		3.1	18.2	0.3	16.8	1.5
海 南	51.9		4.9	9.0		24.4	3.7
重 庆	67.4		7.2	0.1	1.6	16.7	0.7
四 川	67.7	0.2	12.7	0.2	1.3	11.9	0.5
贵 州	62.4		10.7	0.3	4.1	12.5	0.5
云 南	66.2		5.0	4.7	6.4	9.8	0.3
西 藏	72.1		10.4			8.7	0.1
陕 西	75.4	1.5	7.1		0.9	10.3	1.6
甘 肃	69.6	1.4	8.9	0.1	0.1	9.4	1.3
青 海	53.6		33.5			6.9	0.1
宁 夏	67.4		7.0			7.6	6.4
新 疆	42.6	30.2	5.8	1.4		5.6	3.1

7—14 主要农作物产品产量

单位:万吨

年 份	粮食总产量	#稻 谷	#小 麦	#玉 米	#大 豆	#薯 类
1949	11318	4865	1381	1242	509	985
1952	16392	6843	1813	1685	952	1633
1957	19505	8678	2364	2144	1005	2192
1962	15441	6299	1667	1626	651	2345
1965	19453	8772	2522	2366	614	1986
1970	23996	10999	2919	3303	871	2668
1975	28452	12556	4531	4722	724	2857
1978	30477	13693	5384	5595	757	3174
1979	33212	14375	6273	6004	746	2846
1980	32056	13991	5521	6260	794	2873
1981	32502	14396	5964	5921	933	2597
1982	35450	16160	6847	6056	903	2705
1983	38728	16887	8139	6821	976	2925
1984	40731	17826	8782	7341	970	2848
1985	37911	16857	8581	6383	1050	2604
1986	39151	17222	9004	7086	1161	2534
1987	40298	17426	8590	7924	1247	2821
1988	39408	16911	8543	7735	1165	2697
1989	40755	18013	9081	7893	1023	2730
1990	44624	18933	9823	9682	1100	2743
1991	43529	18381	9595	9877	971	2716
1992	44266	18622	10159	9538	1030	2844
1993	45649	17751	10639	10270	1531	3181
1994	44510	17593	9930	9928	1600	3025
1995	46662	18523	10221	11199	1350	3263
1996	50454	19510	11057	12747	1322	3536
1997	49417	20073	12329	10431	1473	3192
1998	51230	19871	10973	13295	1515	3604
1999	50839	19849	11388	12809	1425	3641
2000	46218	18791	9964	10600	1541	3685
2001	45264	17758	9387	11409	1541	3563
2002	45706	17454	9029	12131	1651	3666
2003	43070	16066	8649	11583	1539	3513
2004	46947	17909	9195	13029	1740	3558
2005	48402	18059	9745	13937	1635	3469
2006	49804	18172	10847	15160	1507	2701
2007	50160	18603	10930	15230	1273	2808
2008	52871	19190	11246	16591	1554	2980
2009	53082	19510	11512	16397	1498	2995

7—15　主要农作物产品产量及增减情况

单位：万吨

指　　标	1990年	1995年	2000年	2008年	2009年	2009年为2008年百分比(%)
一、粮食作物	44624.3	46661.8	46217.5	52870.9	53082.1	100.4
1.谷物		41611.6	40522.4	47847.4	48156.3	100.6
稻谷	18933.1	18522.6	18790.8	19189.6	19510.3	101.7
小麦	9822.9	10220.7	9963.6	11246.4	11511.5	102.4
玉米	9681.9	11198.6	10600.0	16591.4	16397.4	98.8
谷子	457.5	301.9	212.5	130.6	122.5	93.8
高粱	567.5	475.6	258.2	183.7	167.7	91.3
其他谷物		892.3	697.3	505.8	447.0	88.4
2.豆类		1787.5	2010.0	2043.3	1930.3	94.5
#大豆	1100.0	1350.2	1540.9	1554.2	1498.2	96.4
杂豆		437.3	469.1	489.1	432.1	88.4
3.薯类	2743.3	3262.6	3685.2	2980.2	2995.5	100.5
#马铃薯	648.4	914.4	1325.5	1415.6	1464.6	103.5
二、油料作物	1613.2	2250.3	2954.8	2952.8	3154.3	106.8
#花生	636.8	1023.5	1443.7	1428.6	1470.8	103.0
油菜籽	695.8	977.7	1138.1	1210.2	1365.7	112.9
芝麻	46.9	58.3	81.1	58.6	62.2	106.1
胡麻籽	53.5	36.4	34.4	35.0	31.8	91.0
向日葵	133.9	126.9	195.4	179.2	195.6	109.1
三、棉花	450.8	476.8	441.7	749.2	637.7	85.1
四、麻类	109.7	89.7	52.9	62.5	38.8	62.1
#黄红麻	72.6	37.1	12.6	8.4	7.5	89.3
苎　麻	8.9	14.7	16.1	25.0	21.2	84.5
大　麻	3.2	2.2	1.7	3.0	1.2	41.1
亚　麻	24.2	35.2	21.4	25.7	8.5	33.3
五、糖料	7214.5	7940.1	7635.3	13419.6	12276.6	91.5
甘蔗	5762.0	6542.0	6828.0	12415.2	11558.7	93.1
甜菜	1452.5	1398.4	807.3	1004.4	717.9	71.5
六、烟叶	262.7	231.4	255.2	283.8	306.6	108.0
#烤烟	225.9	207.2	223.8	262.3	281.4	107.3
七、蔬菜				59240.3	61823.8	104.4
八、瓜果类				7881.3	8149.1	103.4

7—16 各地区粮食总产量

单位:万吨

地　区	1990 年	1995 年	2000 年	2008 年	2009 年	2009 年为 2008 年百分比(%)
全国总计	**44624.3**	**46661.8**	**46217.5**	**52870.9**	**53082.1**	**100.4**
北　京	264.6	259.8	144.2	125.5	124.8	99.5
天　津	188.9	207.5	124.1	148.9	156.3	104.9
河　北	2276.9	2739.2	2551.1	2905.8	2910.2	100.2
山　西	969.0	917.1	853.4	1028.0	942.0	91.6
内蒙古	973.0	1055.4	1241.9	2131.3	1981.7	93.0
辽　宁	1494.7	1423.5	1140.0	1860.3	1591.0	85.5
吉　林	2046.5	1992.4	1638.0	2840.0	2460.0	86.6
黑龙江	2312.5	2552.1	2545.5	4225.0	4353.0	103.0
上　海	239.5	210.4	174.0	115.7	121.7	105.2
江　苏	3230.8	3286.3	3106.6	3175.5	3230.1	101.7
浙　江	1586.1	1430.9	1217.7	775.6	789.2	101.8
安　徽	2457.2	2580.7	2472.1	3023.3	3069.9	101.5
福　建	879.6	919.7	854.7	652.3	666.9	102.2
江　西	1658.2	1607.4	1614.6	1958.1	2002.6	102.3
山　东	3354.9	4246.4	3837.7	4260.5	4316.3	101.3
河　南	3303.7	3466.5	4101.5	5365.5	5389.0	100.4
湖　北	2475.0	2463.8	2218.5	2227.2	2309.1	103.7
湖　南	2651.4	2691.6	2767.9	2805.0	2902.7	103.5
广　东	1896.9	1734.8	1760.1	1243.4	1314.5	105.7
广　西	1363.1	1508.2	1528.5	1394.7	1463.2	104.9
海　南	169.6	201.8	199.6	183.5	187.6	102.2
重　庆			1106.9	1153.2	1137.2	98.6
四　川	4266.8	4365.0	3372.0	3140.0	3194.6	101.7
贵　州	721.0	948.9	1161.3	1158.0	1168.3	100.9
云　南	1057.2	1188.9	1467.8	1518.6	1576.9	103.8
西　藏	55.5	70.0	96.2	95.0	90.5	95.3
陕　西	1070.7	913.4	1089.1	1111.0	1131.4	101.8
甘　肃	690.7	644.2	713.5	888.5	906.2	102.0
青　海	114.0	114.2	82.7	101.8	102.7	100.9
宁　夏	190.1	203.2	252.7	329.2	340.7	103.5
新　疆	666.2	718.5	783.7	930.5	1152.0	123.8

7—17 各地区分季粮食作物产量

单位:万吨

地区	夏收粮食		早稻		秋收粮食	
	2008年	2009年	2008年	2009年	2008年	2009年
全国总计	**12074.9**	**12348.5**	**3159.5**	**3335.5**	**37636.5**	**37398.1**
北京	32.8	31.1			92.7	93.7
天津	52.5	54.0			96.5	102.3
河北	1236.5	1243.2			1669.3	1666.9
山西	254.8	212.9			773.2	729.1
内蒙古					2131.3	1981.7
辽宁	43.0	40.3			1817.3	1550.7
吉林					2840.0	2460.0
黑龙江					4225.0	4353.0
上海	23.0	27.9			92.7	93.8
江苏	1094.5	1103.2			2081.0	2126.9
浙江	54.7	58.5	59.4	67.9	661.5	662.8
安徽	1172.0	1182.2	140.8	150.4	1710.5	1737.3
福建	28.1	31.6	122.0	125.5	502.2	509.8
江西	7.4	8.0	773.3	793.8	1177.4	1200.8
山东	2034.8	2047.7			2225.7	2268.6
河南	3060.0	3065.0			2305.5	2324.0
湖北	386.2	398.5	198.4	208.3	1642.6	1702.3
湖南	41.6	49.5	766.4	809.7	1997.0	2043.5
广东	94.6	100.3	475.4	519.4	673.4	694.8
广西	13.5	20.3	522.4	553.3	858.8	889.6
海南	14.0	14.9	65.0	69.9	104.5	102.8
重庆	162.9	155.2			990.3	982.0
四川	555.6	552.8	0.9	0.8	2583.5	2641.0
贵州	216.8	226.5	0.1		941.1	941.8
云南	207.6	236.5	35.5	36.4	1275.5	1304.1
西藏					95.0	90.5
陕西	438.8	426.0			672.2	705.4
甘肃	351.3	341.3			537.2	564.9
青海					101.8	102.7
宁夏	67.9	76.3			261.4	264.4
新疆	430.0	645.0			500.5	507.0

7—18 各地区分品种粮食作物产量

单位:万吨

地区	谷物		#稻谷		#小麦		#玉米	
	2008年	2009年	2008年	2009年	2008年	2009年	2008年	2009年
全国总计	**47847.4**	**48156.3**	**19189.6**	**19510.3**	**11246.4**	**11511.5**	**16591.4**	**16397.4**
北京	121.5	121.5	0.3	0.2	32.7	31.0	88.0	89.8
天津	147.3	154.1	10.5	11.3	52.5	54.0	84.3	88.7
河北	2758.5	2801.8	55.6	57.5	1221.9	1229.8	1442.2	1465.2
山西	948.3	895.8	0.1	0.5	253.0	211.1	682.8	654.3
内蒙古	1780.0	1677.2	70.5	64.8	154.0	171.2	1410.7	1341.3
辽宁	1760.0	1517.2	505.6	506.0	4.9	4.5	1189.0	963.1
吉林	2705.0	2348.0	579.0	505.0	1.8	1.0	2083.0	1810.0
黑龙江	3501.5	3641.7	1518.0	1574.5	89.5	116.3	1822.0	1920.2
上海	113.8	119.5	89.3	90.0	18.2	22.1	2.1	2.4
江苏	3047.2	3100.3	1771.9	1802.9	998.2	1004.4	203.0	216.2
浙江	706.0	716.1	660.4	666.7	21.2	23.2	11.1	11.7
安徽	2846.7	2895.9	1383.5	1405.6	1167.9	1177.2	286.6	304.7
福建	525.4	532.7	508.8	515.3	1.5	1.1	13.6	14.6
江西	1872.3	1916.1	1862.1	1905.9	1.9	1.9	6.6	7.3
山东	4039.6	4088.1	110.4	112.0	2034.2	2047.3	1887.4	1921.5
河南	5126.3	5159.9	443.1	451.0	3051.0	3056.0	1615.0	1634.0
湖北	2101.2	2179.8	1533.7	1591.9	329.2	331.7	226.4	244.1
湖南	2665.3	2750.4	2528.0	2578.6	3.2	6.4	128.0	159.9
广东	1070.9	1136.7	1003.3	1058.1	0.2	0.2	63.5	74.7
广西	1317.3	1373.8	1107.6	1145.9	0.5	0.6	207.2	225.2
海南	151.0	153.9	143.8	145.9			7.0	8.0
重庆	839.1	813.0	529.4	511.3	58.2	51.7	246.0	244.5
四川	2615.6	2632.2	1497.6	1520.2	426.8	423.3	637.0	643.0
贵州	907.0	922.5	461.1	453.2	42.8	44.5	391.2	405.2
云南	1236.7	1274.4	621.0	636.2	83.1	92.3	529.6	542.7
西藏	91.9	87.8	0.5	0.5	25.8	24.6	2.2	2.6
陕西	979.0	1012.9	83.1	82.5	391.5	383.1	483.6	526.1
甘肃	637.1	681.1	3.8	3.9	268.1	261.1	265.4	312.6
青海	54.7	53.6			42.0	39.0	1.8	4.3
宁夏	282.9	298.4	66.4	64.6	64.1	73.6	149.9	156.4
新疆	898.2	1099.8	41.0	48.3	406.5	627.2	425.3	403.4

7—18续表 单位:万吨

地　　区	豆　　类				薯　　类			
			＃大　豆				＃马铃薯	
	2008年	2009年	2008年	2009年	2008年	2009年	2008年	2009年
全国总计	**2043.3**	**1930.3**	**1554.2**	**1498.2**	**2980.2**	**2995.5**	**1415.6**	**1464.6**
北　　京	2.1	1.6	1.9	1.5	1.9	1.7		
天　　津	1.3	1.7	1.2	1.6	0.3	0.5		
河　　北	45.9	34.9	38.1	28.5	101.4	73.4	34.8	23.7
山　　西	34.8	21.5	22.9	13.8	44.9	24.7	36.2	19.4
内 蒙 古	155.7	143.2	106.1	114.4	195.7	161.3	188.3	157.2
辽　　宁	52.9	32.1	48.8	30.0	47.5	41.7	38.3	29.6
吉　　林	106.6	85.0	90.6	82.0	28.4	27.0	23.7	23.0
黑 龙 江	667.0	618.5	620.5	591.9	56.5	92.9	56.5	89.4
上　　海	1.6	1.9	1.0	1.0	0.3	0.3		
江　　苏	86.6	87.2	60.2	60.9	41.7	42.6		
浙　　江	30.6	31.2	13.1	13.6	39.0	41.8	16.3	18.5
安　　徽	130.0	127.2	127.8	124.7	46.6	46.7	4.9	5.3
福　　建	17.3	18.0	13.1	14.1	109.7	116.1	23.1	26.5
江　　西	26.7	26.9	19.3	19.7	59.1	59.5		
山　　东	41.9	41.9	40.1	39.6	179.0	186.3		
河　　南	96.2	93.0	88.7	86.0	143.0	136.1		
湖　　北	45.0	44.5	26.0	25.6	81.0	84.8	41.5	50.0
湖　　南	35.2	38.1	20.9	21.7	104.5	114.2	28.5	32.2
广　　东	18.0	18.1	13.9	13.6	154.6	159.8	16.2	17.2
广　　西	23.0	25.6	14.6	16.7	54.4	63.8		5.8
海　　南	1.8	1.9	0.8	0.8	30.7	31.8		
重　　庆	37.8	39.8	15.4	17.0	276.3	284.4	101.7	107.0
四　　川	116.3	100.3	50.6	50.4	408.1	462.1	161.2	210.3
贵　　州	36.2	36.9	16.6	15.9	214.8	208.8	150.3	153.5
云　　南	112.1	130.4	26.2	29.1	169.8	172.2	144.4	151.8
西　　藏	2.7	2.4	0.1	0.1	0.5	0.3	0.5	0.3
陕　　西	50.0	46.5	46.0	42.4	82.0	72.0	56.1	55.2
甘　　肃	36.8	33.7	15.3	14.3	214.6	191.4	214.6	191.4
青　　海	10.9	10.8			36.2	38.3	36.2	38.3
宁　　夏	4.1	3.3	1.0	1.0	42.3	39.1	42.3	39.1
新　　疆	16.7	32.2	13.7	26.5	15.6	20.0		20.0

7—19 各地区油料产量

单位:吨

地区	油料合计		#花生		#油菜籽	
	2008年	2009年	2008年	2009年	2008年	2009年
全国总计	**29528200**	**31542893**	**14286146**	**14707929**	**12101661**	**13657148**
北京	21703	18136	21253	17738		
天津	4800	5412	2824	3400		
河北	1525905	1432691	1400727	1339926	34797	29957
山西	191185	170188	22068	21828	8890	6939
内蒙古	1175354	1196204	39695	29091	202083	223810
辽宁	485027	553499	450740	534697	1188	798
吉林	518418	503976	349874	305099		
黑龙江	284767	281578	61224	58725	1044	2925
上海	36028	33879	2837	2773	32934	30900
江苏	1502927	1622317	355733	386658	1128060	1216923
浙江	412686	432433	52034	53880	353412	370216
安徽	2280332	2403472	778624	750893	1402685	1577714
福建	253977	262662	239547	246151	12590	14593
江西	911919	1020240	367891	381959	516281	609619
山东	3406341	3345121	3370879	3308870	26699	30744
河南	5053354	5329800	3845890	4125600	970735	930700
湖北	2857352	3140500	575010	626187	2148900	2365100
湖南	1337972	1792449	227338	246707	1099327	1533740
广东	815353	846429	805266	836268	7643	7874
广西	375455	420771	353798	398154	10320	13400
海南	86905	91042	83378	88484		
重庆	356767	405388	76597	82496	265430	309515
四川	2499402	2617646	589993	600963	1894167	1999090
贵州	683909	786782	64422	73136	603845	703987
云南	303774	501562	50375	71311	246413	414131
西藏	60306	57855	161	126	60145	57729
陕西	494634	543788	82044	97100	333531	356291
甘肃	535388	585447	2265	1714	285540	331092
青海	352224	366016			348048	361995
宁夏	135569	136473	463		224	184
新疆	568467	639137	13196	17994	106730	157182

7—20　各地区棉花和麻类产量

单位:吨

地　　区	棉　　花		麻类合计		♯黄红麻	
	2008 年	2009 年	2008 年	2009 年	2008 年	2009 年
全国总计	**7491881**	**6376776**	**624930**	**387974.7**	**84316**	**75292**
北　　京	1357	767				
天　　津	82928	70865				
河　　北	737334	604600	710	745	617	699
山　　西	106735	83991.1	116	130.2		
内 蒙 古	2860	1230	21645	9758		
辽　　宁	2401	956	21	9		
吉　　林	5243	1958	2489	518		
黑 龙 江			164514	44726		
上　　海	3183	2617				
江　　苏	325950	255295	2796	2617	60	182
浙　　江	28171	28079	1010	598	811	480
安　　徽	363496	346000	31831	22750	18515	11827
福　　建	395	258	367	312	290	227
江　　西	111915	125104	12820	10738	1404	901
山　　东	1040597	921220	489	649	423	281
河　　南	650844	517452	43788	46212	43738	45602
湖　　北	513400	480530	47639	38232	2241	1418
湖　　南	246600	212000	106410	76861	617	517
广　　东			1001	656	1001	656
广　　西	2020	2067	11464	9891	10100	8493
海　　南			985	980	985	980
重　　庆	98	95	16982	15869	256	257
四　　川	15527	14860	67959	65843	3184	2744
贵　　州	897	944	1102	921	60	23
云　　南	358	398	22774	18354	5	5
西　　藏						
陕　　西	100691	85846	566	493	9	
甘　　肃	123181	95444	4756	4013		
青　　海						
宁　　夏						
新　　疆	3025700	2524200	60696	16100		

7—21 各地区糖料产量

单位:吨

地区	糖料合计		1.甘蔗		2.甜菜	
	2008年	2009年	2008年	2009年	2008年	2009年
全国总计	**134196202**	**122765663**	**124152361**	**115586706**	**10043840**	**7178956**
北京						
天津						
河北	593763	307313			593763	307313
山西	234395	154191			234395	154191
内蒙古	1700361	1095788			1700361	1095788
辽宁	74952	61941			74952	61941
吉林	242667	66276			242667	66276
黑龙江	2600000	1100000			2600000	1100000
上海	9975	16262	9975	16262		
江苏	87526	116445	87526	116145		300
浙江	854536	813612	854536	813612		
安徽	295152	217963	291805	217960	3347	3
福建	709048	658544	709048	658544		
江西	642066	622022	642066	622022		
山东	576	576			576	576
河南	207395	282741	207395	282741		
湖北	264708	344270	264708	344270		
湖南	770354	781618	770354	781618		
广东	11988387	12535140	11988387	12535140		
广西	82155820	75094353	82155820	75094353		
海南	5188168	4791758	5188168	4791758		
重庆	111844	115667	111844	115667		
四川	1164625	941401	1162842	939228	1783	2173
贵州	717906	642907	717649	642653	257	254
云南	18988779	17614168	18987478	17613136	1301	1032
西藏						
陕西	2957	1662	2761	1597	196	65
甘肃	200890	204205			200890	204205
青海		600				600
宁夏	534	140			534	140
新疆	4388818	4184100			4388818	4184100

7—22 各地区烟叶和蔬菜产量

单位：吨

地　区	烟叶合计		#烤　烟		蔬　菜	
	2008 年	2009 年	2008 年	2009 年	2008 年	2009 年
全国总计	**2838222**	**3065777**	**2623193**	**2814208**	**592403482**	**618238053**
北　京	6	5			3213119	3171115
天　津					3141572	3738504
河　北	6114	6650	3562	4082	66845624	67420984
山　西	8410	9663	8131	9246	8527544	8931437
内蒙古	14365	11769	10406	9665	13608404	13806139
辽　宁	32255	31531	29655	29155	24382874	26044165
吉　林	65321	66461	27674	34527	8576045	9684193
黑龙江	78000	82898	78000	73192	10578998	7011518
上　海					4099935	3940755
江　苏	547	532	40	84	35446642	38377641
浙　江	3623	3689			17579211	17647629
安　徽	25368	29414	24019	28882	19234899	20280546
福　建	139145	145558	138481	144618	14802580	15215395
江　西	47794	43333	46724	41411	10849546	10886083
山　东	98935	116898	98186	116019	86349733	89371973
河　南	267288	297349	267193	297296	63943128	63703837
湖　北	117979	152069	87232	108950	28906484	29795700
湖　南	193207	217799	186668	209975	25781767	28441986
广　东	49340	53626	43901	48010	24314274	25671674
广　西	28973	37434	24049	31253	20151735	20630739
海　南					3792084	4100049
重　庆	85513	99905	68992	82252	9945191	11774486
四　川	228420	259649	182022	210440	30782906	32273484
贵　州	397864	390315	377143	369156	9910613	10794502
云　南	863483	916881	839355	880274	11666045	12382437
西　藏					481408	551100
陕　西	72438	75014	71424	73083	10671207	12575888
甘　肃	10365	12337	8151	10164	10822887	11453522
青　海	741	1850			1100799	1188635
宁　夏	2185	2103	2185	2103	3189536	3539838
新　疆	543	1045		370	9706692	13832100

7—23 主要农作物单位面积产量

单位:千克/公顷、%

指 标	1990 年	1995 年	2000 年	2008 年	2009 年	2009 年为2008 年百分比
一、粮食作物	3933	4240	4261	4950.8	4870.6	98.4
1. 谷物		4659	4753	5547.7	5447.5	98.2
稻谷	5726	6025	6272	6562.5	6585.3	100.3
小麦	3194	3541	3738	4762.0	4739.0	99.5
玉米	4524	4917	4598	5555.7	5258.5	94.7
谷子	2008	1982	1700	1602.7	1554.8	97.0
高粱	3674	3914	2904	3749.8	2997.3	79.9
其他谷物		2129	2019	2276.9	2288.1	100.5
2. 豆类		1591	1588	1686.2	1615.5	95.8
#大豆	1455	1661	1656	1702.8	1630.2	95.7
杂豆		1408	1399	1635.4	1566.3	95.8
3. 薯类	3008	3428	3497	3536.6	3468.7	98.1
#马铃薯	2263	2663	2806	3035.5	2882.6	95.0
二、油料作物	1480	1718	1919	2302.3	2310.5	100.4
#花生	2191	2687	2973	3364.8	3360.5	99.9
油菜籽	1264	1415	1519	1835.3	1876.6	102.2
芝麻	702	908	1034	1243.2	1306.8	105.1
胡麻籽	761	586	690	1035.1	944.2	91.2
向日葵	1878	1562	1590	1858.1	2039.8	109.8
三、棉花	807	879	1093	1302.0	1287.8	98.9
四、麻类	2216	2386	2024	2821.5	2432.6	86.2
#黄红麻	2421	2534	2516	3216.5	3139.1	97.6
苎 麻	1099	1513	1685	1985.7	1927.1	97.0
大 麻	1524	1404	1324	2555.3	2085.7	81.6
亚 麻	2782	3115	2229	4530.9	4825.7	106.5
五、糖料	42965	43630	50426	67437.8	65166.9	96.6
甘蔗	57118	58133	57626	71209.7	68093.4	95.6
甜菜	21668	20132	24518	40754.4	38517.2	94.5
六、烟叶	1650	1574	1776	2140.4	2202.5	102.9
#烤烟	1683	1584	1763	2132.7	2224.0	104.3

7—24　各地区分季粮食作物单位面积产量

单位：千克/公顷

地　区	夏收粮食		早　稻		秋收粮食	
	2008 年	2009 年	2008 年	2009 年	2008 年	2009 年
全国总计	**4501.1**	**4509.7**	**5535.3**	**5682.2**	**5068.3**	**4938.1**
北　京	5118.7	5106.8			5710.1	5663.4
天　津	4872.3	4903.3			5191.0	5205.4
河　北	5052.8	5128.4			4498.3	4395.6
山　西	3545.7	2843.1			3231.5	3040.7
内蒙古					4056.2	3653.6
辽　宁	6005.9	6362.8			6130.6	5066.4
吉　林					6467.5	5555.9
黑龙江					3844.8	3821.4
上　海	4074.9	3796.7			7846.0	7825.5
江　苏	4714.6	4748.1			7064.8	7213.3
浙　江	3411.9	3446.6	5689.6	5908.4	6569.4	6591.9
安　徽	4910.5	4928.6	5293.2	5491.5	4376.5	4417.1
福　建	3700.0	3770.2	5747.8	5874.1	5446.8	5460.3
江　西	1241.6	1349.2	5581.3	5666.8	5520.1	5598.7
山　东	5768.9	5774.4			6491.9	6511.6
河　南	5788.1	5794.0			5345.0	5289.5
湖　北	3198.0	3246.7	5817.2	5829.1	6966.4	7011.5
湖　南	3083.8	2750.0	5920.0	5864.8	6321.0	6310.0
广　东	4383.7	4504.5	5092.7	5496.7	4986.1	5068.2
广　西	2284.3	2586.3	5306.8	5595.7	4450.8	4447.5
海　南	3763.1	3782.1	5022.0	5093.6	4103.0	4050.3
重　庆	2980.4	2949.2			5933.9	5765.2
四　川	3088.2	3076.4	6000.0	6153.8	5579.6	5715.0
贵　州	2290.4	2341.9	5000.0	5714.3	4770.5	4667.7
云　南	1884.1	2095.8	6430.8	6447.0	4339.9	4324.7
西　藏					5569.7	5343.2
陕　西	3331.0	3228.9			3716.5	3887.3
甘　肃	3075.2	3071.1			3486.9	3468.4
青　海					3742.8	3724.4
宁　夏	2774.5	3068.4			4494.4	4572.9
新　疆	5443.7	5442.8			6293.2	6340.3

7—25 各地区分品种粮食作物单位面积产量

单位：千克/公顷

地 区	谷 物		#稻 谷		#小 麦		#玉 米	
	2008年	2009年	2008年	2009年	2008年	2009年	2008年	2009年
全国总计	**5547.7**	**5447.5**	**6562.5**	**6585.3**	**4762.0**	**4739.0**	**5555.7**	**5258.5**
北 京	5713.8	5676.0	6818.2	6315.8	5123.6	5118.0	6017.5	5953.8
天 津	5208.9	5266.2	6997.3	7018.1	4872.3	4903.3	5275.4	5348.7
河 北	4883.3	4870.2	6814.7	6750.9	5057.4	5136.2	5076.2	4966.1
山 西	3709.4	3422.9	1228.1	4386.0	3627.8	2902.0	4953.0	4508.4
内蒙古	5059.8	4617.6	7204.0	6365.4	3405.6	3241.3	6028.7	5471.9
辽 宁	6425.2	5326.1	7675.7	7705.2	4786.4	5113.6	6308.0	4903.5
吉 林	7351.5	6265.8	8790.0	7646.9	3140.4	2439.0	7127.4	6120.7
黑龙江	5454.3	5305.2	6349.5	6398.3	3747.9	3968.6	5069.7	4788.4
上 海	6874.1	6506.0	8223.4	8296.6	4119.5	3837.6	5882.4	5755.4
江 苏	6272.9	6369.2	7936.7	8073.0	4815.0	4834.5	5092.7	5406.4
浙 江	6723.6	6741.9	7044.6	7101.8	3903.2	3849.6	4290.1	4310.0
安 徽	5347.1	5376.6	6235.0	6255.9	4976.8	4998.0	4064.7	4169.7
福 建	5793.6	5847.6	5908.0	5960.3	3330.3	2929.9	3687.5	3843.5
江 西	5696.2	5786.3	5719.9	5807.0	1852.9	1921.5	4207.2	4530.8
山 东	6162.8	6174.7	8449.0	8321.1	5770.4	5774.9	6566.7	6586.5
河 南	5864.6	5837.6	7328.5	7377.7	5800.4	5806.2	5727.0	5643.4
湖 北	6031.4	6090.9	7750.2	7784.1	3290.0	3338.9	4813.7	4812.3
湖 南	6328.8	6280.2	6429.3	6371.3	2352.9	2253.5	5304.6	5670.2
广 东	5099.8	5320.1	5153.3	5399.3	2891.6	2857.1	4424.8	4481.1
广 西	5021.7	5136.5	5226.5	5392.5	1351.4	1500.0	4231.2	4212.5
海 南	4608.4	4569.8	4640.7	4592.9			4006.9	4247.8
重 庆	6279.6	6107.0	7859.8	7496.6	3080.2	3072.4	5400.7	5324.3
四 川	5421.5	5495.9	7356.0	7499.4	3317.5	3313.5	4811.9	4818.6
贵 州	5133.4	5133.0	6671.5	6490.2	1631.3	1693.3	5324.9	5392.0
云 南	4201.0	4239.7	6103.1	6118.6	1954.1	2134.6	3994.2	4007.3
西 藏	5635.9	5410.5	5204.1	5200.0	6898.8	6681.2	5572.1	6343.3
陕 西	3775.9	3897.7	6667.7	6582.4	3434.2	3343.0	4177.6	4519.8
甘 肃	3544.3	3605.0	6907.8	6878.3	2967.3	2708.9	4763.0	4752.2
青 海	3716.7	3651.5			4025.9	3749.2	8737.9	8190.5
宁 夏	5305.6	5314.5	8267.5	8250.3	3136.2	3367.2	7190.7	7270.8
新 疆	6183.9	5908.7	5792.8	6664.8	5525.2	5435.2	7263.7	6741.4

7—25 续表

单位：千克/公顷

地区	豆类		#大豆		薯类		#马铃薯	
	2008 年	2009 年	2008 年	2009 年	2008 年	2009 年	2008 年	2009 年
全国总计	**1686.2**	**1615.5**	**1702.8**	**1630.2**	**3536.6**	**3468.7**	**3035.5**	**2882.6**
北京	1945.2	1698.3	2042.8	1784.4	6103.9	6036.4		
天津	1262.6	1318.4	1246.0	1283.9	4533.3	4545.5		
河北	1838.4	1592.5	2032.1	1717.6	3905.5	3006.3	2333.0	1774.5
山西	999.4	640.0	1116.1	708.1	2169.7	1276.4	1969.5	1140.8
内蒙古	1500.7	1273.4	1588.2	1362.0	2798.3	2417.2	2771.7	2367.6
辽宁	2592.0	1748.4	2693.4	1828.2	5113.1	4537.5	5928.8	4720.9
吉林	1723.0	1463.0	1982.1	1874.7	3053.8	2716.3	2687.1	2459.9
黑龙江	1542.4	1454.8	1537.2	1476.9	2307.4	3372.4	2307.4	3297.4
上海	2025.0	2228.8	2080.0	2181.8	2700.0	2654.9		
江苏	2522.8	2581.3	2587.5	2613.3	6300.4	6399.0		
浙江	2352.7	2406.8	2397.6	2445.1	4249.6	4255.1	3180.3	3199.0
安徽	1216.2	1211.4	1293.0	1285.2	2762.9	2762.7	6324.7	6379.1
福建	2354.0	2394.2	2337.9	2378.2	4767.3	4745.3	3677.1	3723.8
江西	1667.9	1746.6	1882.4	1980.1	4513.6	4279.5		
山东	2394.9	2449.0	2400.6	2454.2	7926.4	7817.2		
河南	1745.9	1757.1	1825.3	1841.5	4644.4	4316.8		
湖北	2175.2	2270.6	2313.2	2428.6	3750.3	3564.5	3252.6	3204.3
湖南	2262.2	2281.4	2369.6	2430.0	4711.5	4521.0	3941.9	3469.8
广东	2231.2	2273.5	2235.5	2271.4	4838.6	4954.7	4438.7	4587.1
广西	1588.2	1614.1	1634.9	1651.8	2653.7	2723.0		
海南	2356.5	2406.2	2397.5	2340.2	3569.4	3705.5	4500.0	15000.0
重庆	1916.5	1948.1	1883.0	1982.8	4051.4	4099.0	3279.8	3271.2
四川	2425.4	2258.0	2425.7	2278.5	3621.4	3896.9	5817.4	3760.1
贵州	1166.2	1185.6	1318.0	1203.6	2549.6	2383.4	2481.3	2417.5
云南	1984.0	2271.8	2029.0	2221.2	2892.3	2775.1	3097.7	3071.3
西藏	3742.9	3648.6	2258.1	4615.4	9622.6	6037.7	9622.6	7272.7
陕西	2182.3	2046.3	2427.7	2261.2	2695.9	2337.4	2163.2	2123.1
甘肃	1612.8	1626.9	1528.8	1566.0	3264.4	2974.1	3264.4	2974.1
青海	2781.9	2552.6			4226.6	4420.1	4226.6	4420.1
宁夏	686.1	682.2	475.3	610.5	1812.5	1794.7	1812.5	1794.7
新疆	1731.5	3199.0	1939.9	3131.9	4298.3	8818.3		8818.3

7—26 各地区油料作物单位面积产量

单位:千克/公顷

地区	油料合计		#花生		#油菜籽	
	2008年	2009年	2008年	2009年	2008年	2009年
全国总计	**2302.3**	**2310.5**	**3364.8**	**3360.5**	**1835.3**	**1876.6**
北京	3026.9	2968.2	3080.1	3047.8		
天津	2651.9	2719.6	3486.4	3578.9		
河北	2952.3	2885.0	3417.4	3438.0	1469.5	1335.0
山西	1067.1	1012.3	2121.9	2224.9	1447.9	1061.9
内蒙古	1666.9	1703.6	2090.3	1633.4	915.6	1022.3
辽宁	2896.5	1995.7	3038.8	2052.0	1980.0	1995.0
吉林	2441.6	2074.4	2757.7	2490.8		
黑龙江	1302.3	1387.0	1505.4	1895.0	2610.0	1720.6
上海	2330.4	2192.8	2808.9	2745.5	2303.1	2160.8
江苏	2648.7	2734.3	3502.0	3665.0	2482.0	2555.1
浙江	2163.2	2057.8	2787.0	2818.0	2109.9	1993.0
安徽	2434.5	2480.8	4003.6	4152.0	2092.2	2185.8
福建	2365.7	2378.8	2494.1	2509.7	1285.7	1338.1
江西	1384.2	1424.1	2591.5	2609.2	1061.7	1132.1
山东	4192.3	4247.0	4211.1	4270.4	2819.3	2833.5
河南	3328.3	3458.2	4019.8	4229.9	2577.6	2436.6
湖北	2092.4	2158.4	3267.1	3408.2	1972.2	2028.6
湖南	1439.7	1587.3	2434.0	2361.7	1328.3	1509.4
广东	2517.5	2553.9	2563.4	2595.9	1005.7	1110.9
广西	2299.9	2322.6	2436.3	2476.7	966.3	1083.3
海南	2162.3	2238.6	2220.5	2323.0		
重庆	1655.3	1710.3	1717.0	1727.7	1767.5	1782.5
四川	2163.8	2171.7	2302.7	2345.2	2137.4	2134.5
贵州	1502.6	1533.3	1923.3	1887.0	1462.9	1507.9
云南	1615.6	1580.9	1460.4	1457.0	1643.4	1633.0
西藏	2438.6	2362.4	2305.7	1798.7	2439.0	2364.0
陕西	1784.7	1840.4	2519.5	3118.2	1870.5	1830.6
甘肃	1614.1	1663.8	2903.8	2347.9	1761.6	1753.1
青海	2039.2	2122.9			2049.8	2126.0
宁夏	1684.1	1590.6	2013.0		1600.0	1415.4
新疆	1982.9	2366.7	4071.8	3985.7	1275.6	2042.8

7—27 各地区棉花和麻类作物单位面积产量

单位:千克/公顷

地区	棉花		麻类合计		#黄红麻	
	2008年	2009年	2008年	2009年	2008年	2009年
全国总计	**1302.0**	**1287.8**	**2821.5**	**2432.6**	**3216.5**	**3139.1**
北京	1130.8	1278.3				
天津	1198.6	1275.0				
河北	1068.6	975.2	1972.2	2128.6	2127.6	2254.8
山西	1198.3	1146.3	2320.0	1704.2		
内蒙古	1430.0	1447.1	6915.3	10059.8		
辽宁	1690.8	1098.9	2100.0	900.0		
吉林	2216.9	1229.1	3581.3	1001.9		
黑龙江			3980.5	3872.4		
上海	2136.2	1982.6				
江苏	1084.8	1011.7	2452.6	2445.8	3000.0	3640.0
浙江	1385.0	1397.0	4208.3	3517.6	4770.6	4000.0
安徽	931.8	983.7	2875.4	2384.7	3354.2	2849.9
福建	847.0	765.6	2784.5	2429.9	2971.3	2483.6
江西	1681.4	1656.8	1567.2	1447.2	4011.4	4505.0
山东	1171.5	1151.0	2573.7	3245.0	2820.0	5620.0
河南	1074.0	963.0	3844.4	3857.4	3846.8	3854.8
湖北	945.5	1044.4	2031.5	2042.3	4482.0	4051.4
湖南	1347.5	1389.3	2528.2	2443.9	2468.0	2872.2
广东			2022.8	2391.8	2022.8	2391.8
广西	889.9	922.8	2069.3	1924.3	2000.0	1830.4
海南			5474.1	5808.0	5472.2	5808.0
重庆	576.5	609.0	1479.3	1400.7	984.6	1036.3
四川	838.8	917.4	1746.3	1743.1	2145.6	2104.3
贵州	651.4	628.9	1400.3	1308.2	2857.1	1437.5
云南	890.8	1009.4	4726.8	4310.4	1666.7	1666.7
西藏						
陕西	1182.6	1388.2	1109.8	1297.4	3000.0	
甘肃	1693.7	1714.2	2032.5	1783.6		
青海						
宁夏						
新疆	1760.6	1791.1	4681.8	5258.0		

7—28 各地区糖料作物单位面积产量

单位:千克/公顷

地区	糖料合计		1.甘蔗		2.甜菜	
	2008年	2009年	2008年	2009年	2008年	2009年
全国总计	**67438**	**65167**	**71210**	**68093**	**40754**	**38517**
北京						
天津						
河北	37843	24546			37843	24546
山西	36624	37139			36624	37139
内蒙古	34922	33145			34922	33145
辽宁	37664	34034			37664	34034
吉林	34193	28131			34193	28131
黑龙江	28761	17222			28761	17222
上海	66500	67758	66500	67758		
江苏	55048	57646	55048	58073		
浙江	61301	62013	61301	62013		
安徽	43469	37841	42976	37840		
福建	66236	64229	66236	64229		
江西	45862	45737	45862	45737		
山东	8229	11520			8229	11520
河南	59426	61869	59426	61869		
湖北	39986	33263	39986	33263		
湖南	53683	50953	53683	50953		
广东	80097	82523	80097	82523		
广西	75367	70836	75367	70836		
海南	66016	64200	66016	64200		
重庆	37532	37689	37532	37689		
四川	50208	47037	50490	47302	10806	13753
贵州	40626	39030	40706	39117	6268	5907
云南	61289	59456	61309	59468	10328	13753
西藏						
陕西	15898	27700	16337	31940	11529	
甘肃	43767	45683			43767	45683
青海		20000				20000
宁夏	17800	7000			17800	7000
新疆	61691	65644			61691	65644

7—29 茶叶、水果产量

单位：万吨

年 份	茶叶产量	水果产量	苹 果	柑 桔	梨	葡 萄	香 蕉
1952	8.2	244.3	11.8	20.7	39.4	4.8	11.0
1957	11.2	324.7	22.2	32.2	50.4	8.5	7.3
1962	7.4	271.2	22.5	20.6	44.3	8.4	3.5
1965	10.1	323.9	31.8	25.4	51.1	10.0	14.5
1970	13.6	374.5	79.8	24.2	65.4	8.5	16.6
1975	21.1	538.1	158.3	33.6	108.7	12.3	16.5
1978	26.8	657.0	227.5	38.3	151.7	10.4	8.5
1979	27.7	701.5	286.9	58.2	143.8	12.6	7.4
1980	30.4	679.3	236.3	71.3	146.6	11.0	6.1
1981	34.3	780.1	300.6	79.8	159.3	14.8	12.6
1982	39.7	771.3	243.0	93.9	175.5	18.6	20.1
1983	40.1	948.7	354.1	129.6	179.5	24.7	20.7
1984	41.4	984.5	294.1	149.9	210.0	29.4	30.0
1985	43.2	1163.9	361.4	180.8	213.7	36.1	63.1
1986	46.1	1347.7	333.7	254.8	234.8	44.2	125.1
1987	50.8	1667.9	426.4	322.4	248.9	64.1	202.9
1988	54.5	1666.1	434.4	256.0	272.1	79.2	183.0
1989	53.5	1831.9	449.9	456.1	256.5	87.4	140.4
1990	54.0	1874.4	431.9	485.5	235.3	85.9	145.6
1991	54.2	2176.1	454.0	633.3	249.8	91.6	198.1
1992	56.0	2440.1	655.6	516.0	284.6	112.5	245.1
1993	60.0	3011.2	907.0	656.1	321.7	135.5	270.1
1994	58.8	3499.8	1112.9	680.5	404.2	152.2	289.8
1995	58.8	4214.6	1400.8	822.5	494.2	174.2	312.5
1996	59.3	4652.8	1704.7	845.7	580.7	188.3	253.6
1997	61.3	5089.3	1721.9	1010.2	641.5	203.2	289.2
1998	66.5	5452.9	1948.1	859.0	727.5	235.8	351.8
1999	67.6	6237.6	2080.2	1078.7	774.2	270.8	419.4
2000	68.3	6225.1	2043.1	878.3	841.2	328.2	494.1
2001	70.2	6629.2	2001.5	1160.7	879.6	368.0	527.2
2002	74.5	14374.6	1924.1	1199.0	930.9	447.9	555.7
2003	76.8	14517.4	2110.2	1345.4	979.8	517.6	590.3
2004	83.5	15340.9	2367.5	1495.8	1064.2	567.5	605.6
2005	93.5	16120.1	2401.1	1591.9	1132.4	579.4	651.8
2006	102.8	17102.0	2605.9	1789.8	1198.6	627.1	690.1
2007	116.5	18136.3	2786.0	2058.3	1289.5	669.7	779.7
2008	125.8	19220.2	2984.7	2331.3	1353.8	715.1	783.5
2009	135.9	20395.5	3168.1	2521.1	1426.3	794.1	883.4

注：2002年起，水果产量包括种植业中的瓜果类产量。（后同）

7—30 茶叶、水果主要品种面积和产量及增减情况

指标	单位	1990年	1995年	2000年	2008年	2009年	2009年为2008年百分比(%)
一、茶叶生产情况							
年末实有茶园面积	千公顷	1061.3	1115.3	1089.0	1719.4	1848.5	107.5
茶叶产量	吨	540070	588553	683324	1257600	1358642	108.0
红毛茶	吨	109680	52003	47294	69692	71944	103.2
绿毛茶	吨	332502	413784	498057	926587	1006302	108.6
乌龙毛茶	吨	33411	55372	67608	144142	159062	110.4
紧压茶原料	吨	25026	17476	22558	38791	45096	116.3
其它茶	吨	39451	49918	47807	78388	76237	97.3
二、水果生产情况							
年末果园面积	千公顷	5178.7	8097.6	8931.6	10734.3	11139.5	103.8
#香蕉园	千公顷	108.8	190.2	249.2	317.8	338.8	106.6
苹果园	千公顷	1633.1	2953.1	2254.1	1992.3	2049.1	102.9
柑桔园	千公顷	1061.2	1214.1	1271.8	2030.8	2160.3	106.4
梨　园	千公顷	480.7	859.4	1014.6	1074.5	1074.3	100.0
葡萄园	千公顷	122.6	152.5	283.0	451.2	493.4	109.4
园林水果产量	万吨	1874.4	4214.6	6225.1	11338.9	12246.4	108.0
#香蕉	万吨	145.6	312.5	494.1	783.5	883.4	112.8
苹果	万吨	431.9	1400.8	2043.1	2984.7	3168.1	106.1
柑桔	万吨	485.5	822.5	878.3	2331.3	2521.1	108.1
梨	万吨	235.3	494.2	841.2	1353.8	1426.3	105.4
葡萄	万吨	85.9	174.2	328.2	715.1	794.1	111.0
菠萝	万吨	46.3	53.9	85.7	93.4	104.3	111.7
红枣	万吨	42.3	78.2	130.6	363.4	424.8	116.9
柿子	万吨	62.5	96.9	159.2	271.1	283.4	104.5

7－31　各地区茶园面积和茶叶产量

单位：千公顷、吨

地　区	年末实有茶园面积		本年采摘面积		茶叶产量		红毛茶	
	2008 年	2009 年	2008 年	2009 年	2008 年	2009 年	2008 年	2009 年
全国总计	**1719.4**	**1848.5**	**1283.2**	**1328.0**	**1257600**	**1358642**	**69692**	**71944**
北　京								
天　津								
河　北								
山　西								
内蒙古								
辽　宁								
吉　林								
黑龙江								
上　海								
江　苏	30.1	31.4	25.4	25.7	15487	15721	2101	2337
浙　江	174.1	175.9	154.3	158.3	162345	167411	163	168
安　徽	128.9	128.8	114.4	112.7	75869	82032	4319	3995
福　建	188.9	194.8	167.8	173.4	247268	265659	2765	6545
江　西	44.2	50.8	35.7	40.3	22977	26359	2778	3680
山　东	15.7	15.6	11.0	11.1	9866	11049		
河　南	55.1	59.8	44.2	51.0	31923	35519		
湖　北	184.4	206.4	134.0	149.1	130269	144244	10876	11830
湖　南	86.0	90.3	71.0	75.5	91885	98516	22403	17608
广　东	36.8	37.6	29.4	31.2	48388	51410	1966	1780
广　西	46.8	49.5	37.5	39.4	33347	36622	620	710
海　南	1.1	1.0	1.0	0.9	1011	1084	80	75
重　庆	28.5	29.9	21.6	22.4	24613	22569	3234	2330
四　川	177.7	199.8	124.9	138.1	139305	154666	1231	1240
贵　州	105.2	132.2	54.5	60.9	34889	41883	78	225
云　南	335.7	354.6	212.4	184.0	171535	182948	17078	19421
西　藏					3	1		
陕　西	69.1	78.1	41.2	50.5	16025	20153		
甘　肃	11.3	12.0	2.8	3.6	595	796		
青　海								
宁　夏								
新　疆								

7—31 续表　　单位:吨

地　区	绿毛茶		乌龙毛茶		紧压茶原料		其他茶	
	2008 年	2009 年	2008 年	2009 年	2008 年	2009 年	2008 年	2009 年
全国总计	**926587**	**1006302**	**144142**	**159062**	**38791**	**45096**	**78388**	**76237**
北　京								
天　津								
河　北								
山　西								
内蒙古								
辽　宁								
吉　林								
黑龙江								
上　海								
江　苏	13172	12958					214	426
浙　江	160694	165709	146	151	346	356	996	1027
安　徽	64188	72287	55	72			7307	5678
福　建	108278	109187	126273	139082	9	10	9943	10835
江　西	18139	19658					2060	3021
山　东	9866	11049						
河　南	31923	35519						
湖　北	107088	119853			10079	10252	2226	2309
湖　南	42831	51903	706	628	14792	19879	11153	8498
广　东	23645	24966	16714	18731	38	30	6025	5903
广　西	27882	30468	69	142			4776	5302
海　南	865	965					66	44
重　庆	18389	17116			1		2989	3123
四　川	109319	123771	133	106	13215	14306	15407	15243
贵　州	20928	28691	5	4	280	249	13598	12714
云　南	152757	161253	41	146	31	14	1628	2113
西　藏	3							1
陕　西	16025	20153						
甘　肃	595	796						
青　海								
宁　夏								
新　疆								

7—32 各地区果园面积

单位：千公顷

地 区	年末实有果园面积		#香蕉园		#苹果园	
	2008年	2009年	2008年	2009年	2008年	2009年
全国总计	**10734.3**	**11139.5**	**317.8**	**338.8**	**1992.3**	**2049.1**
北 京	72.2	66.7			9.2	8.2
天 津	33.8	33.0			5.4	5.3
河 北	1061.5	1035.6			243.8	235.5
山 西	277.2	281.2			148.2	145.2
内蒙古	52.5	52.2			23.1	22.6
辽 宁	323.6	349.7			114.0	121.9
吉 林	63.4	57.9			14.5	13.4
黑龙江	41.0	35.3			12.0	12.0
上 海	26.0	24.7				
江 苏	178.7	192.7			34.8	34.8
浙 江	317.1	318.0				
安 徽	108.7	104.5			17.1	16.1
福 建	535.8	538.0	26.3	29.1		
江 西	361.4	374.6				
山 东	599.2	591.6			276.3	270.4
河 南	438.2	449.0			173.1	175.7
湖 北	347.5	367.6			3.3	2.2
湖 南	469.2	510.9				
广 东	1052.4	1081.3	128.6	127.4		
广 西	888.2	917.7	61.0	70.5		
海 南	171.2	170.6	47.9	50.2		
重 庆	216.7	230.9	0.1	0.1	1.6	2.0
四 川	509.5	537.1	1.2	1.2	28.6	28.6
贵 州	133.3	140.8	1.8	1.7	6.3	6.9
云 南	289.0	309.4	50.9	58.5	29.9	30.5
西 藏	1.5	1.5			1.1	0.1
陕 西	950.7	1011.4			530.9	564.9
甘 肃	411.9	411.6			246.5	261.6
青 海	4.1	4.5			2.5	2.5
宁 夏	82.9	100.3			31.5	33.5
新 疆	716.0	839.3			38.5	55.3

7—32 续表

单位:千公顷

地　区	#柑桔园		#梨　园		#葡萄园	
	2008 年	2009 年	2008 年	2009 年	2008 年	2009 年
全国总计	**2030.8**	**2160.3**	**1074.5**	**1074.3**	**451.2**	**493.4**
北　京			10.4	9.8	3.0	2.7
天　津			3.4	3.6	5.1	5.2
河　北			197.7	194.1	61.0	63.4
山　西			30.7	31.1	10.1	10.3
内蒙古			9.7	7.9	4.8	6.0
辽　宁			83.2	97.9	26.6	26.8
吉　林			16.6	15.4	12.4	11.2
黑龙江			5.3	4.2	2.7	2.5
上　海	10.7	9.9	1.9	1.9	3.8	4.2
江　苏	3.7	4.6	36.7	37.3	14.9	18.1
浙　江	122.1	116.7	27.5	25.4	14.6	17.0
安　徽	2.5	2.7	39.5	38.5	6.2	6.8
福　建	173.5	175.2	22.1	22.4	5.5	5.6
江　西	281.9	296.4	26.1	26.2	1.9	2.4
山　东			48.8	45.2	36.7	37.9
河　南	10.1	10.7	46.0	47.1	26.8	29.6
湖　北	211.1	225.6	35.4	38.2	5.9	6.2
湖　南	335.9	376.2	30.7	30.8	14.5	15.2
广　东	248.0	276.0	7.3	7.4		
广　西	178.4	189.2	18.6	18.9	11.6	12.9
海　南	3.8	4.4				
重　庆	120.3	126.3	32.7	35.4	2.5	3.9
四　川	231.4	244.5	83.3	84.0	14.8	16.2
贵　州	38.5	38.6	41.3	43.6	6.5	7.6
云　南	32.9	34.1	46.9	48.3	7.9	9.6
西　藏						
陕　西	25.7	28.9	52.2	51.6	17.7	23.9
甘　肃	0.3	0.3	44.4	35.6	11.0	13.4
青　海			0.9	0.9		
宁　夏			2.3	2.3	14.0	20.2
新　疆			73.1	69.5	108.8	114.7

7—33 各地区水果产量

单位:吨

地区	水果产量		#香蕉		#苹果	
	2008年	2009年	2008年	2009年	2008年	2009年
全国总计	**192201888**	**203955054**	**7834672**	**8833904**	**29846609**	**31680788**
北京	1187980	1201345			120543	119676
天津	622978	670497			62946	63405
河北	15328854	15786200			2615982	2767973
山西	4106361	4492008			2228789	2384755
内蒙古	2381577	2086692			69919	78576
辽宁	5916507	6556046			1709138	1948100
吉林	2738746	2534849			135219	145764
黑龙江	3675465	2676711			138330	140670
上海	1111418	1046861			162	139
江苏	6828606	7157143			575299	572333
浙江	7479235	7124145				
安徽	6918583	7457591			304886	368978
福建	6324569	6450368	882332	906006	310	300
江西	4445302	4974545				
山东	26126162	27282548			7631768	7710497
河南	21295864	22280924			3743917	3886253
湖北	6862185	7258107			8881	11445
湖南	6630948	7157267				
广东	10812764	11608261	3481411	3578810		
广西	8557709	10107379	970097	1556342		
海南	3251987	3504097	1516223	1595792		
重庆	1932778	2128709	1627	1620	5831	6887
四川	6350999	6895117	26539	31499	389048	408938
贵州	1142821	1197377	7988	7916	12182	16177
云南	3134384	3427427	948455	1155919	267954	269289
西藏	10656	12349			4423	4427
陕西	12469726	13660595			7455054	8051728
甘肃	4116229	4598724			1641352	1856204
青海	32637	33399			5823	5729
宁夏	1857502	2024290			283461	327487
新疆	8550355	10563483			435392	535058

7—33 续表 1　　　　单位:吨

地区	#柑桔		#梨		#葡萄	
	2008 年	2009 年	2008 年	2009 年	2008 年	2009 年
全国总计	**23312584**	**25211024**	**13538142**	**14262979**	**7151484**	**7940612**
北京			151643	155889	45112	40618
天津			29774	33131	99959	104560
河北			3539679	3640682	988071	1050802
山西			378518	479790	116618	129413
内蒙古			86612	78399	40644	46983
辽宁			937944	1103509	614422	642124
吉林			147119	142198	131940	144685
黑龙江			47078	41164	45062	42206
上海	264889	235776	30961	32733	62508	77123
江苏	50612	59765	639385	662410	242747	278506
浙江	2383554	1975382	375587	382379	332472	390359
安徽	21636	23264	628895	867949	182011	214046
福建	2565274	2668299	169303	183967	95912	98817
江西	2485062	2993721	113715	117653	16012	24564
山东			1190413	1166317	904759	935686
河南	39595	40068	876538	922590	437329	461083
湖北	2555084	2747010	473326	468461	98467	123644
湖南	2975738	3384746	125529	128561	73365	83892
广东	2804922	3220505	46365	55116		
广西	2654922	2892339	181679	193990	170750	180790
海南	39362	44461				
重庆	1137224	1263348	235587	259982	24711	31124
四川	2575709	2773464	821316	845236	201673	206370
贵州	191050	194240	162872	167719	36182	41734
云南	327196	383120	286850	278681	128449	167090
西藏	405	365	1140	1420	289	1286
陕西	237309	308028	854119	629939	216562	258829
甘肃	3042	3124	285490	320461	99601	116185
青海			4680	4835	106	109
宁夏			23194	22831	97033	115827
新疆			692831	874988	1648718	1932157

7—33 续表 2

单位:吨

地　　区	#菠　萝		#红　枣		#柿　子	
	2008 年	2009 年	2008 年	2009 年	2008 年	2009 年
全国总计	**933633**	**1042563**	**3634071**	**4247773**	**2710998**	**2834165**
北　　京			8384	11333	61366	57295
天　　津			23649	31134	15401	13843
河　　北			929978	1077928	410365	418102
山　　西			310405	395660	72525	71476
内 蒙 古						
辽　　宁			119504	115873		
吉　　林						
黑 龙 江						
上　　海			1820	1721	2955	2751
江　　苏			14564	13868	108641	51541
浙　　江					46054	48671
安　　徽			14036	18537	126797	164975
福　　建	40736	41031	18	18	187829	192705
江　　西					18082	18837
山　　东			992862	1077117	150121	158520
河　　南			366534	387830	364224	415736
湖　　北			22713	27499	54503	52980
湖　　南			22330	24093	19026	18440
广　　东	555914	636154			117868	122969
广　　西	26988	32330	18637	19978	551349	586415
海　　南	281078	296554				
重　　庆			2302	3580	7523	10558
四　　川	2		10447	11768	40378	42101
贵　　州	3		1614	1370	12718	12770
云　　南	28912	36494	7052	8651	43723	49902
西　　藏						
陕　　西			514530	594350	277088	299547
甘　　肃			82771	94108	22462	24031
青　　海						
宁　　夏			38508	41407		
新　　疆			131413	289950		

7—33 续表 3

单位:吨

地区	#瓜果类		#西瓜		#甜瓜	
	2008年	2009年	2008年	2009年	2008年	2009年
全国总计	**78812641**	**81491124**	**62821690**	**64784679**	**11933708**	**12153387**
北京	337081	346323	322449	328059	9886	11937
天津	328283	352506	293825	306785	24354	25110
河北	4787561	4745508	3725684	3690299	552832	568684
山西	707830	666443.5	606661	571514	68634	86035
内蒙古	2105634	1792189	1378763	1170070	575054	488949
辽宁	1691325	1783902	1008401	1027844	354876	385057
吉林	2075896	1894229	1369567	1290756	683220	580907
黑龙江	3081926	2183470	2134825	1480689	850349	555260
上海	650268	595271	522831	476542	107656	99186
江苏	4483078	4803005	3588317	3800505	459756	551531
浙江	3352834	3269361	2917745	2814605	182118	211792
安徽	5192271	5300422	4496195	4529666	405307	439358
福建	790877	809520	637109	674519	96268	88560
江西	1691736	1703781	1573741	1494678	112087	108024
山东	12167062	13091692	9963144	10452595	1451184	1780619
河南	14154998	14721911	12067246	12793599	1989435	1645000
湖北	3085557	3249539	2621622	2788743	418879	437985
湖南	3079973	3159148	2734988	2823868	319863	309512
广东	977836	989343	716471	716641	85408	101272
广西	1957135	2360916	1799719	2172396	150333	182829
海南	773309	824612	570265	620288	39859	36207
重庆	308043	321642	284558	299455		2031
四川	1180828	1211837	994808	1039442	19863	20295
贵州	525985	555216	471297	494041	20503	20046
云南	472585	388946	393246	313610	9776	16534
西藏	2182	3602	1940	3565	242	
陕西	1792981	2156131	1429143	1750165	296327	298996
甘肃	1634813	1823130	1366936	1457978	106536	131985
青海	19396	18824	19030	18284		
宁夏	1361655	1456717	1264992	1341273	54961	106708
新疆	4041703	4911988	1546172	2042204	2488143	2862978

7—34　主要林产品产量

单位:万吨

年　份	橡　胶	生　漆	油桐籽	油茶籽	乌桕籽	板　栗	核　桃	松　脂
1952			43.5	24.9	11.8			
1957		0.2	51.8	49.4	12.5		10.3	
1962	0.5	0.1	18.3	20.1	8.1		4.0	
1965	1.7	0.2	13.0	33.2			4.8	
1970	4.6	0.1	22.4	35.0			5.1	
1975	6.9	0.2	37.0	42.5	7.7	4.4	6.5	30.3
1978	10.2	0.2	39.1	47.9	8.5	6.2	11.9	33.8
1979	10.8	0.3	32.5	61.7	8.1	4.7	9.0	40.4
1980	11.3	0.2	30.3	49.0	9.3	6.7	11.9	42.1
1981	12.8	0.3	36.0	65.4	9.5	5.1	10.7	56.2
1982	15.3	0.3	33.9	49.4	8.5	5.5	10.3	47.0
1983	17.2	0.3	36.8	43.5	8.5	6.5	11.9	30.4
1984	18.9	0.2	36.2	53.6	8.1	8.3	12.8	36.9
1985	18.8	0.2	37.9	61.9	7.1	8.3	12.2	34.4
1986	20.9	0.3	34.6	43.8	7.0	9.5	13.6	41.6
1987	23.8	0.3	34.2	51.8	6.8	11.5	14.7	52.3
1988	24.0	0.3	35.9	46.3	6.3	10.4	17.7	46.1
1989	24.3	0.3	33.5	66.7	5.6	10.3	16.0	48.7
1990	26.4	0.3	35.1	52.3	5.2	11.5	15.0	43.5
1991	29.6	0.3	32.8	62.1	4.5	13.6	15.2	44.0
1992	30.9	0.3	43.7	62.9	4.3	13.9	16.4	46.9
1993	32.6	0.3	42.1	48.8	4.1	16.2	19.2	58.1
1994	37.4	0.2	43.5	63.1	3.7	22.0	21.0	56.9
1995	42.4	0.3	40.5	62.3	3.9	24.7	23.1	54.8
1996	40.2	0.4	40.8	69.7	4.2	34.0	23.8	58.1
1997	45.2	0.4	45.4	85.7	4.1	37.7	25.0	70.1
1998	46.2	0.5	43.9	72.3	4.1	46.9	26.5	54.3
1999	49.0	0.5	44.8	79.3	3.5	53.5	27.4	57.1
2000	48.0	0.5	45.3	82.3	3.6	59.8	31.0	55.1
2001	47.7	0.5	40.7	82.5	2.9	59.9	25.2	56.4
2002	52.7	0.6	38.9	85.5	3.2	70.5	34.0	56.3
2003	56.5	0.9	37.3	77.9	2.8	79.2	39.4	62.6
2004	57.5	1.0	38.1	87.5	2.3	92.3	43.7	67.3
2005	51.4	1.4	36.9	87.5	3.0	103.2	49.9	76.7
2006	53.8	2.1	38.3	92.0	2.7	114.0	47.5	90.9
2007	58.8	1.3	36.1	93.9	2.6	126.7	63.0	96.6
2008	54.8	1.6	37.1	99.0	3.2	145.0	82.9	84.9
2009		2.0	36.7	116.9	3.3	162.8	97.9	104.7

7—35 营林面积和主要林产品产量及增减情况

指　　标	单　位	1990年	1995年	2000年	2008年	2009年	2009年为2008年百分比(%)
一、营林情况							
1.荒山荒(沙)地造林面积	千公顷	5208.5	4967.2	5105.1	5354.8	6262.3	116.9
按造林方式分:							
当年人工造林面积	千公顷	4353.4	4405.4	4345.0	3684.9	4156.3	112.8
当年飞机播种面积	千公顷	855.1	561.8	760.1	154.1	226.3	146.9
无林地和疏林地新封	千公顷				1515.8	1879.7	124.0
按用途分:							
用材林	千公顷	3156.5	1823.3	1218.5	782.1	801.3	102.5
经济林	千公顷	644.5	1740.3	1350.3	850.8	1002.6	117.8
防护林	千公顷	1029.7	1243.0	2430.8	3698.2	4407.7	119.2
薪炭林	千公顷	340.1	143.8	82.3	4.0	23.7	589.7
特种用材林	千公顷	37.7	16.5	23.2	19.7	27.1	137.8
2.更新造林	千公顷	671.5	729.7	919.8	424.0	344.3	81.2
3.零星(四旁)植树	万株	337596.3	326377.6	300504.0	235499.4	245555	104.3
4.育苗面积	千公顷	213.5	206.0	278.6	591.1	661.8	112.0
5.幼林抚育作业面积	千公顷次	13032.6	15834.2	11825.3	15043.0	14878.7	98.9
6.成林抚育面积	千公顷	4089.9	6563.4	7528.9	10442.0	10608.0	101.6
二、主要林产品产量							
生　漆	吨	2683	2976	5279	15526	20498	132.0
油桐籽	吨	350770	404929	453461	370966	367287	99.0
油茶籽	吨	523313	623128	823224	989859	1169289	118.1
乌桕籽	吨	51947	38834	35775	31861	33171	104.1
五倍籽	吨	5783	10084	8678	13191	14431	109.4
棕　片	吨	39860	52955	61082	53377	77314	144.8
松　脂	吨	435244	548133	551057	849205	1046579	123.2
竹笋干	吨	83551	174588	339084	421904	465340	110.3
核　桃	吨	149560	230867	309875	828635	979366	118.2
板　栗	吨	115191	247026	598185	1450452	1627656	112.2
紫胶(原胶)	吨	1421	3486	1419	3741	3694	98.7

注:1.2005年防护林数据有调整,竹笋片改为竹笋干,下同。
2.幼林抚育作业面积单位改为"千公顷次",下同。
3.根据造林技术规程(GB/T 15776—2006),本表自2006年起将无林地和疏林地新封山育林面积计入造林总面积。

7—36 各地区造林面积

单位：千公顷

地　区	当年造林面积		按造林方式分					
			人工造林面积		飞机播种造林面积		无林地和疏林地新封山育林面积	
	2008年	2009年	2008年	2009年	2008年	2009年	2008年	2009年
全国总计	**5354.8**	**6262.3**	**3684.9**	**4156.3**	**154.1**	**226.3**	**1515.8**	**1879.7**
北　京	15.5	17.6	9.0	10.2			6.6	7.4
天　津	11.2	15.7	10.5	15.0	0.7	0.7		
河　北	345.8	306.4	192.9	197.7	40.7	35.0	112.3	73.6
山　西	280.4	326.6	191.4	196.9	15.3	8.0	73.6	121.7
内蒙古	718.6	861.9	377.3	353.1	57.4	96.0	283.9	412.8
辽　宁	81.5	130.0	54.9	91.3			26.7	38.7
吉　林	26.1	30.2	25.5	27.4			0.6	2.8
黑龙江	120.6	213.1	79.8	187.1			40.8	26.0
上　海	1.9	2.1	1.9	2.1				
江　苏	88.7	83.7	88.7	82.9				0.9
浙　江	8.5	27.4	6.9	19.4			1.6	8.0
安　徽	34.1	69.0	28.2	53.3			5.9	15.6
福　建	33.1	33.3	32.8	33.3			0.3	
江　西	267.0	228.6	234.6	209.0			32.4	19.6
山　东	185.6	182.2	184.9	180.5			0.6	1.6
河　南	338.1	416.1	320.8	382.1			17.3	34.0
湖　北	154.5	149.2	111.5	130.0			43.0	19.2
湖　南	80.4	125.0	64.0	99.0			16.4	26.0
广　东	9.4	20.0	8.4	16.0			1.0	3.9
广　西	129.1	139.4	120.8	119.0			8.2	20.4
海　南	17.3	19.4	17.3	19.4				
重　庆	106.6	95.7	5.3	32.4			101.2	63.4
四　川	574.6	487.8	247.6	204.8			327.0	283.0
贵　州	177.9	236.1	60.6	90.5			117.3	145.6
云　南	566.1	713.5	507.7	606.0			58.4	107.5
西　藏	31.3	70.3	30.3	51.8			1.0	18.5
陕　西	275.2	449.5	146.3	206.0	40.0	86.7	89.0	156.8
甘　肃	168.0	212.4	83.8	111.9			84.2	100.5
青　海	53.6	140.7	32.0	32.5			21.6	108.2
宁　夏	103.4	89.5	89.7	66.0			13.7	23.5
新　疆	270.7	343.6	239.5	303.3			31.2	40.3
大兴安岭军事管理区	80.0	26.7	80.0	26.7				

注：1. 2005年山西数据有调整。

2. 根据造林技术规程，本表自2006年起将无林地和疏林地新封山育林面积计入造林总面积。

7—36 续表 1 单位:千公顷

地区	按用途分					
	用材林		经济林		防护林	
	2008 年	2009 年	2008 年	2009 年	2008 年	2009 年
全国总计	**782.1**	**801.3**	**850.8**	**1002.6**	**3698.2**	**4407.7**
北京			1.3	1.0	12.4	14.7
天津	3.1	5.4	0.2	0.6	7.9	9.7
河北	23.2	29.4	8.4	13.8	312.6	260.9
山西	11.8	0.6	21.8	28.1	246.8	287.8
内蒙古	29.0	21.2	9.9	8.2	677.3	831.2
辽宁	6.2	2.9	3.6	4.3	71.7	122.6
吉林	0.3	0.2	0.1		25.7	30.1
黑龙江	25.7	20.3	1.2	1.8	92.0	186.8
上海			1.6	0.9	0.3	1.2
江苏	11.8	12.0	9.0	15.7	67.7	55.9
浙江	0.5	1.5	1.1	1.8	6.9	24.1
安徽	0.4	7.1	4.2	0.4	29.6	61.2
福建	26.5	18.6	1.0	2.1	5.4	12.5
江西	147.4	120.4	32.9	23.3	84.8	82.5
山东	69.5	42.5	25.9	26.2	89.7	113.1
河南	91.7	156.3	38.7	47.7	207.7	212.2
湖北	40.8	48.6	24.4	23.1	88.4	75.8
湖南	13.6	18.9	3.4	7.1	63.3	97.2
广东	5.5	0.3	0.5	0.3	3.3	19.3
广西	112.8	99.9	2.2	3.8	14.0	35.0
海南	6.4	1.2	5.2	1.7	5.6	16.4
重庆	12.3	16.1	1.8	8.2	92.5	69.6
四川	68.4	62.7	40.3	28.9	465.0	395.7
贵州	9.8	9.6	10.2	19.4	156.1	205.2
云南	41.6	88.0	408.1	481.5	115.5	142.1
西藏	4.4		1.1	4.8	25.9	65.5
陕西	6.9	7.1	13.5	44.0	254.8	395.4
甘肃	0.5		2.8	1.7	156.5	197.4
青海					53.6	140.7
宁夏		1.1	31.3	25.5	72.1	62.9
新疆	12.1	9.4	145.1	176.7	113.2	156.5
大兴安岭						
军事管理区					80.0	26.7

7—36 续表 2　　　　单位:千公顷

地　区	按用途分				更新造林	
	薪炭林		特种用材林			
	2008 年	2009 年	2008 年	2009 年	2008 年	2009 年
全国总计	**4.0**	**23.7**	**19.7**	**27.1**	**424.0**	**344.3**
北　京			1.8	1.8	0.9	0.4
天　津						
河　北	0.1		1.5	2.2	5.6	4.8
山　西		10.0				
内蒙古	2.3	1.3			27.0	28.5
辽　宁		0.2			8.8	
吉　林					51.7	7.6
黑龙江	0.1		1.7	4.2	7.5	6.4
上　海						
江　苏			0.1	0.2	2.4	1.1
浙　江					16.0	15.7
安　徽				0.2	1.8	0.4
福　建	0.1		0.1	0.1	82.1	91.1
江　西	0.3	1.7	1.5	0.7	28.2	24.3
山　东			0.4	0.5	5.8	7.3
河　南					1.4	0.9
湖　北	0.1	1.2	0.8	0.5	3.3	2.7
湖　南		1.1	0.1	0.7	3.9	1.6
广　东	0.1				73.3	55.9
广　西		0.7		0.1	64.5	74.0
海　南			0.1		6.6	6.3
重　庆		1.8				
四　川	0.2	0.3	0.8	0.2	10.2	2.0
贵　州	0.2	0.7	1.6	1.1	0.4	0.1
云　南	0.1	0.6	0.9	1.3	10.4	5.0
西　藏						3.9
陕　西		2.9				1.3
甘　肃			8.2	13.3		
青　海						
宁　夏						
新　疆	0.3	1.0			2.8	2.8
大兴安岭					9.5	
军事管理区						

注:迹地更新指标名称改为更新造林。

7—36 续表 3

单位:千公顷

地　区	零星四旁植树(万株)		育苗面积		幼林抚育面积		成林抚育面积	
	2008 年	2009 年	2008 年	2009 年	2008 年	2009 年	2008 年	2009 年
全国总计	**235499**	**245555**	**591.1**	**661.8**	**15043.0**	**14878.7**	**10442.0**	**10608.0**
北　京	581	629	11.9	12.4	31.4	46.8	59.1	99.1
天　津	370	296	3.7	4.9	85.9	86.0	58.7	64.7
河　北	10585	10657	43.7	43.1	712.2	650.3	431.1	382.1
山　西	9382	11212	30.4	35.1	214.8	231.1	49.5	48.9
内蒙古	4808	4802	7.2	8.2	723.9	874.5	640.4	1032.0
辽　宁	9982	10905	19.3	16.9	186.8	366.1	76.0	95.5
吉　林	968	920	3.8	3.8	529.4	655.9	211.6	191.7
黑龙江	2173	2495	9.7	12.0	681.6	710.7	296.8	316.3
上　海	127	309	12.1	18.9	37.0	51.2	35.4	38.1
江　苏	13237	14644	58.4	64.2	319.3	322.6	910.7	433.0
浙　江	2418	2381	87.0	90.2	64.3	53.8	242.7	168.3
安　徽	16933	16259	32.6	35.1	788.7	863.4	541.9	654.9
福　建	2022	2233	0.8	0.8	311.2	347.0	80.8	77.4
江　西	13832	15379	24.8	24.4	694.5	629.7	218.2	297.2
山　东	19749	18080	80.6	84.3	1015.2	1175.8	1202.5	1256.5
河　南	24202	29905	33.8	59.5	1080.0	1066.7	1188.7	1160.8
湖　北	12122	12163	29.0	32.4	338.0	282.8	453.8	371.7
湖　南	10055	10666	24.0	23.6	776.9	654.7	241.7	240.4
广　东	5789	7038	2.7	4.3	276.0	215.1	162.6	208.0
广　西	3210	3559	2.1	1.9	523.3	678.7	368.4	512.8
海　南	1776	127	0.6	0.5	5.9	2.2	34.1	8.2
重　庆	8337	10607	6.2	11.0	145.5	106.0	64.0	65.2
四　川	27582	25539	7.4	6.4	1011.6	531.4	180.6	199.3
贵　州	2343	2736	2.2	2.3	343.2	189.5	242.3	132.9
云　南	8891	9139	3.6	4.3	74.9	22.9	24.2	38.4
西　藏	317	40	0.3	0.7		0.1		
陕　西	13395	12686	14.5	18.3	581.7	528.7	407.8	468.1
甘　肃	5082	5215	12.3	15.3	375.1	372.4	637.1	329.2
青　海	1093	1210	2.3	2.4	78.3	58.5		6.0
宁　夏	927	741	12.9	14.6	843.4	952.3	338.3	462.8
新　疆	3206	2974	11.3	9.8	2186.2	2148.1	1011.5	1220.5
大兴安岭	5	9			6.5	3.747	31.5	28.0
军事管理区								

7—37 各地区主要林产品产量

单位:吨

地区	生漆		油桐籽		油茶籽	
	2008年	2009年	2008年	2009年	2008年	2009年
全国总计	**15526**	**20498**	**370966**	**367287**	**989859**	**1169289**
北京						
天津						
河北	6					
山西						
内蒙古						
辽宁						
吉林						
黑龙江						
上海						
江苏						174
浙江	2		62	68	49634	47048
安徽	260	257	1945	2656	34069	29973
福建	213	217	21292	20897	76528	89294
江西	562	758	7848	12433	191377	268966
山东						
河南	1414	1563	66640	72416	17893	19347
湖北	6723	7752	13175	13617	36244	65991
湖南	425	2801	38282	37178	401252	418982
广东			5670	6254	30365	55144
广西	50	31	68996	69872	127157	133363
海南						
重庆	800	617	23432	19761	3489	1967
四川	841	819	28277	24236	3358	3426
贵州	1904	1983	62866	54669	12443	28264
云南	402	519	18076	16611	5871	6616
西藏						
陕西	1893	3151	13884	16567	179	734
甘肃	31	30	521	52		
青海						
宁夏						
新疆						

7—37 续表 1

单位:吨

地　　区	乌柏籽		五倍籽		棕　片	
	2008年	2009年	2008年	2009年	2008年	2009年
全国总计	**31861**	**33171**	**13191**	**14431**	**53377**	**77314**
北　京						
天　津						
河　北						
山　西						
内蒙古						
辽　宁						
吉　林						
黑龙江						
上　海						
江　苏						
浙　江					423	481
安　徽	182	146	22	49	1268	953
福　建	417	521	117	132	12243	11868
江　西	372	285	221	161	6014	3450
山　东						
河　南	10086	11426	3287	3350		
湖　北	9112	9399	1845	1867	1578	2365
湖　南	1342	1117	1168	1145	8695	32738
广　东	55	517			1449	2217
广　西	153	116	125	101	2892	2977
海　南						
重　庆	6115	6170	1590	2303	629	744
四　川	1292	1344	621	644	4747	3987
贵　州	2318	1816	1320	1354	1948	3129
云　南	90	97	139	122	8138	9358
西　藏						
陕　西	327	217	2662	3067	3332	3026
甘　肃			74	136	21	21
青　海						
宁　夏						
新　疆						

7—37 续表 2 单位：吨

地区	松脂		竹笋干	
	2008 年	2009 年	2008 年	2009 年
全国总计	**849205**	**1046579**	**421904**	**465340**
北京				
天津				
河北				
山西				
内蒙古				
辽宁		3		
吉林				
黑龙江				
上海			214	214
江苏			3579	3887
浙江	1415	992	124383	126061
安徽	10560	13569	14264	14281
福建	69083	74762	94794	78418
江西	48214	57306	7536	9979
山东				
河南	2758	2673	88	40
湖北	13038	38382	8463	20278
湖南	14192	36994	32855	37634
广东	125391	168542	24698	28849
广西	422468	469878	20764	22008
海南	9950	2211	1033	
重庆	2244	749	11142	52668
四川	4968	10848	62826	51349
贵州	7741	7067	6309	10283
云南	115849	161745	7876	7198
西藏				
陕西	1334	858	1080	2185
甘肃				8
青海				
宁夏				
新疆				

注：竹笋干即为竹笋片。

7—37 续表 3　　单位:吨

地区	核桃		板栗		紫胶	
	2008年	2009年	2008年	2009年	2008年	2009年
全国总计	**828635**	**979366**	**1450452**	**1627656**	**3741**	**3694**
北京	13230	15808	27163	31494		
天津	546	654	577	615		
河北	61590	70518	166115	211619		
山西	61414	70399	227	259		
内蒙古						
辽宁	42122	67845	73807	86045		
吉林	6569	11861	717	826		
黑龙江	148	350				
上海						
江苏			15050	29356		
浙江	18189	20731	66713	77526		
安徽	13101	15317	119460	108715		
福建	11	11	79414	72085		23
江西	511	501	28308	25616		4
山东	39704	48242	240618	247937		
河南	41067	44816	213244	237725		
湖北	4170	4951	168066	190677		
湖南	3945	5158	51456	71033	7	877
广东			10201	11429	67	298
广西	701	631	57032	62530		
海南						
重庆	8908	8990	7274	7214		
四川	91170	123683	16744	21987	48	61
贵州	14549	13546	15921	18225	334	59
云南	198630	191213	44120	58710	3285	2372
西藏		1750				
陕西	84590	89648	44911	52434		
甘肃	42554	48184	3314	3599		
青海	195	272				
宁夏	24	47				
新疆	80997	124240				

7—38 主要牲畜出栏量和畜产品产量及增长情况

指　　标	单　位	1999 年	2000 年	2008 年	2009 年	2009 年为 2008 年百分比(%)
一、牲畜出栏量						
1. 大牲畜出栏						
牛	万头	3766.2	3806.9	4446.1	4602.2	103.5
马	万头	136.1	146.1	141.6	145.2	102.6
驴	万头	194.3	201.7	215.0	227.9	106.0
骡	万头	59.2	65.3	54.3	56.7	104.4
骆驼	万头	6.7	6.7	8.1	6.3	78.4
2. 猪	万头	50749.0	51862.3	61016.6	64538.6	105.8
3. 羊	万只	18820.4	19653.4	26172.3	26732.9	102.1
4. 家禽	亿只	74.3	82.6	102.2	106.1	103.8
5. 兔	万只	22103.0	25878.2	41529.9	43281.4	104.2
二、肉类总产量	万吨	5820.7	6013.9	7278.7	7649.7	105.1
#猪牛羊肉产量	万吨	4647.4	4743.2	5614.0	5915.7	105.4
猪肉产量	万吨	3890.7	3966.0	4620.5	4890.8	105.8
平均每头产肉量	千克/头	76.7	76.5	75.7	75.8	100.1
牛肉产量	万吨	505.4	513.1	613.2	635.5	103.6
平均每头产肉量	千克/头	134.2	134.8	137.9	138.1	100.1
羊肉产量	万吨	251.3	264.1	380.3	389.4	102.4
平均每只产肉量	千克/只	13.5	13.4	14.5	14.6	100.2
禽肉产量	万吨	1115.5	1191.1	1533.6	1594.9	104.0
兔肉产量	万吨	31.0	37.0	58.7	63.6	108.3
三、其他畜产品产量						
奶类产量	万吨	806.9	919.1	3781.5	3732.6	98.7
#牛奶产量	万吨	717.6	827.4	3555.8	3518.8	99.0
山羊毛产量	吨	31849	33266	44406	49453	111.4
绵羊毛产量	吨	283152	292502	367687	364002	99.0
#细羊毛	吨	114103	117386	123838	127352	102.8
半细羊毛	吨	73700	84921	104838	113018	107.8
羊绒产量	吨	10180	11057	17184	16964	98.7
蜂蜜产量	万吨	23.0	24.6	40.0	40.2	100.4
禽蛋产量	万吨	2134.7	2182.0	2702.2	2742.5	101.5
蚕茧产量	吨	484702	547613	909286	832156	91.5
#桑蚕茧	吨	447261	500640	831173	761196	91.6
柞蚕茧	吨	37234	46782	78113	70960	90.8

注：本年鉴中 2000—2006 年畜牧业数据根据农业普查结果进行了修订。

7—39 各地区主要牲畜出栏量

单位:万头、万只

地　区	当年出栏猪	当年出栏牛	当年出栏羊	当年出栏家禽
全国总计	**64538.6**	**4602.2**	**26732.9**	**1060945.0**
北　京	314.0	11.7	86.7	12355.0
天　津	328.9	21.0	65.6	6184.2
河　北	3332.9	344.3	2059.1	52552.8
山　西	663.4	34.6	404.4	5664.3
内蒙古	883.0	294.0	5339.2	8838.7
辽　宁	2597.0	270.0	721.0	68029.3
吉　林	1374.8	283.8	293.8	38451.6
黑龙江	1512.6	237.9	702.4	17343.2
上　海	269.7		42.8	4097.7
江　苏	2748.1	17.5	686.9	72665.5
浙　江	1894.0	7.0	102.9	26021.6
安　徽	2680.2	120.2	968.5	62243.4
福　建	1922.9	21.6	127.5	19419.7
江　西	2714.2	121.4	73.4	37644.6
山　东	4155.7	454.3	3057.1	156864.2
河　南	5143.6	559.8	2175.6	80512.5
湖　北	3735.5	118.9	494.0	43551.1
湖　南	5508.7	139.6	680.0	36880.0
广　东	3601.0	52.2	48.1	113617.4
广　西	3119.9	143.0	205.0	72834.0
海　南	482.5	25.3	83.3	12295.3
重　庆	2003.1	46.9	166.6	17918.3
四　川	6915.5	251.8	1576.3	54565.0
贵　州	1596.1	92.1	190.1	8084.0
云　南	2824.5	252.6	687.1	17953.6
西　藏	14.7	123.7	526.3	103.7
陕　西	1063.6	53.8	487.2	4530.0
甘　肃	622.3	148.7	984.5	3301.8
青　海	134.8	92.5	552.9	322.2
宁　夏	127.2	50.9	395.3	1102.4
新　疆	254.2	210.9	2749.3	4998.0

7—40 各地区肉类总产量

单位:万吨

地区	肉类总产量	#猪牛羊肉			
			猪肉	牛肉	羊肉
全国总计	**7649.7**	**5915.7**	**4890.8**	**635.5**	**389.4**
北京	47.2	27.6	24.1	2.1	1.4
天津	39.5	30.7	25.7	3.6	1.5
河北	426.6	336.8	253.6	55.3	28.0
山西	69.8	61.1	50.7	4.8	5.6
内蒙古	234.0	204.2	68.6	47.4	88.2
辽宁	389.2	266.8	218.8	40.2	7.8
吉林	226.2	158.6	113.2	41.8	3.6
黑龙江	187.6	156.6	108.2	36.8	11.6
上海	26.2	18.1	17.6		0.6
江苏	344.4	215.2	204.5	3.3	7.5
浙江	170.4	131.0	128.2	1.0	1.7
安徽	362.5	261.2	229.8	17.5	13.8
福建	175.1	146.8	142.9	2.2	1.7
江西	276.0	222.8	210.8	10.9	1.1
山东	684.1	443.8	341.3	69.6	32.9
河南	615.0	499.5	389.6	84.0	25.9
湖北	367.0	304.8	279.9	17.0	7.8
湖南	476.3	422.1	395.4	15.7	11.0
广东	427.0	269.0	262.1	6.1	0.9
广西	371.3	248.9	232.3	13.4	3.2
海南	66.0	43.1	39.7	2.3	1.1
重庆	187.7	154.5	146.5	5.9	2.1
四川	632.8	527.4	474.2	28.9	24.3
贵州	169.6	154.7	140.1	11.4	3.2
云南	304.6	270.9	230.8	28.0	12.1
西藏	24.0	23.8	1.2	14.2	8.4
陕西	98.7	90.1	75.0	7.8	7.3
甘肃	82.9	76.6	45.8	15.1	15.6
青海	26.9	26.1	9.2	8.1	8.8
宁夏	25.6	23.2	9.2	7.3	6.8
新疆	115.4	99.7	22.0	33.9	43.8

7－41 各地区其他畜产品产量

单位:万吨

地 区	奶 类		#牛 奶		蜂 蜜		禽 蛋	
	2008年	2009年	2008年	2009年	2008年	2009年	2008年	2009年
全国总计	**3781.5**	**3732.6**	**3555.8**	**3518.8**	**40.0**	**40.2**	**2702.2**	**2742.5**
北 京	66.5	67.4	66.4	67.4	0.3	0.3	15.2	15.4
天 津	70.1	68.7	69.8	68.3			19.7	19.6
河 北	515.3	461.0	504.5	451.5	1.0	1.0	411.0	353.2
山 西	70.0	74.1	68.2	72.5	0.3	0.3	61.6	75.3
内蒙古	921.2	934.0	912.2	903.1	0.5	0.5	45.5	48.9
辽 宁	107.3	115.6	101.2	110.0	0.2	0.2	254.2	263.1
吉 林	39.7	44.5	39.7	44.5	1.2	1.2	87.1	98.6
黑龙江	512.8	534.7	508.4	528.7	1.2	1.5	93.7	101.9
上 海	23.3	21.2	23.3	21.2			6.2	8.0
江 苏	61.1	55.4	61.1	55.4	0.9	0.5	172.1	185.2
浙 江	22.5	19.9	22.5	19.9	8.5	8.8	41.4	43.3
安 徽	18.1	20.1	18.1	20.1	1.5	1.6	112.1	118.2
福 建	14.9	15.6	14.5	15.2	0.8	0.9	33.0	28.8
江 西	11.2	11.2	11.2	11.2	1.0	1.1	40.0	41.4
山 东	254.9	258.1	230.5	236.3	0.9	0.8	365.0	377.1
河 南	298.6	301.3	279.1	281.9	10.2	10.1	371.7	382.9
湖 北	33.2	28.3	15.5	15.5	0.7	0.9	124.1	128.9
湖 南	15.2	7.7	7.7	7.7	1.0	1.0	87.5	88.9
广 东	13.3	14.4	13.0	14.0	1.3	1.4	32.4	33.9
广 西	7.5	8.1	7.5	8.1	0.8		17.9	19.3
海 南	0.5	0.4	0.2	0.2	0.1	0.1	3.1	3.2
重 庆	7.8	7.9	7.8	7.9	1.0	1.1	41.3	36.0
四 川	66.6	68.7	66.1	68.2	4.2	4.5	143.0	144.1
贵 州	4.3	4.5	4.3	4.5	0.3	0.2	10.8	12.2
云 南	97.3	105.9	44.7	48.4	0.6	0.7	19.4	20.8
西 藏	52.4	28.7	23.0	23.0			0.3	0.3
陕 西	182.3	185.8	149.0	149.2	0.5	0.4	48.2	48.1
甘 肃	34.7	37.7	34.7	37.7	0.1	0.1	11.9	13.9
青 海	27.2	25.3	25.3	25.3	0.1	0.1	1.4	1.5
宁 夏	89.2	81.1	89.2	81.1	0.1	0.1	6.4	7.5
新 疆	142.3	125.2	137.4	120.9	0.5	0.8	24.9	23.2

7—42 牲畜年末存栏头数及增减情况

指　　标	单位	1999 年	2000 年	2008 年	2009 年	2009 年为 2008 年百分比（%）
一、大牲畜头数	万头	15024.8	14638.1	12250.7	12357.6	100.9
#役畜	万头	7403.8	7446.2	5052.8	4262.8	84.4
1.牛	万头	12698.3	12353.2	10576.0	10726.5	101.4
#黄牛	万头	9436.6	9271.4			
#水牛	万头	2258.7	2185.0			
#肉牛	万头			5253.3	5918.8	112.7
#奶牛	万头	442.8	469.4	1233.5	1260.3	102.2
2.马	万头	891.4	876.6	682.1	678.5	99.5
3.驴	万头	934.8	922.7	673.1	648.4	96.3
4.骡	万头	467.3	453.0	295.5	279.3	94.5
5.骆驼	万头	33.0	32.6	24.0	24.8	103.5
二、猪	万头	43144.2	41633.6	46291.3	46996.0	101.5
三、羊	万只	27925.8	27948.2	28084.9	28452.2	101.3
山羊	万只	14816.3	14945.6	15229.2	15050.1	98.8
绵羊	万只	13109.5	13002.6	12855.7	13402.1	104.2
四、家禽	亿只	45.5	46.4	52.8	53.3	100.9
五、兔	万只	15789.3	17781.7	21835.1	22221.3	101.8

注：从 2008 年起牛的品种修正为肉牛、奶牛和役用牛。

7－43　各地区牲畜年末存栏情况

单位:万头

地　区	大牲畜	牛	肉　牛	奶　牛
全国总计	**12357.6**	**10726.5**	**5918.8**	**1260.3**
北　京	23.4	22.1	6.2	15.8
天　津	28.2	27.4	10.5	15.8
河　北	536.7	429.1	152.7	167.4
山　西	133.7	90.6	32.8	27.4
内蒙古	868.9	663.9	290.0	227.3
辽　宁	515.6	354.0	232.4	28.9
吉　林	556.6	474.7	354.5	19.3
黑龙江	572.0	533.2	257.5	197.0
上　海	6.5	6.5	3.4	3.0
江　苏	39.7	33.9	10.2	18.9
浙　江	20.4	20.4	4.2	6.1
安　徽	149.5	148.8	105.2	6.8
福　建	70.3	70.3	28.4	5.0
江　西	269.3	269.3	111.4	4.0
山　东	507.5	485.6	303.4	83.8
河　南	1080.1	1044.7	657.5	50.5
湖　北	335.6	334.0	118.9	5.4
湖　南	444.8	440.0	132.6	2.6
广　东	233.3	233.1	104.7	5.6
广　西	493.5	448.0	425.4	2.3
海　南	92.7	92.7	69.5	0.1
重　庆	122.9	119.4	41.5	1.7
四　川	1107.5	989.2	633.6	19.7
贵　州	626.2	539.1	178.6	9.7
云　南	919.5	742.6	401.5	14.1
西　藏	697.1	645.1	484.6	39.0
陕　西	193.0	169.0	36.9	43.5
甘　肃	591.2	432.5	247.1	14.0
青　海	480.7	444.6	389.9	28.2
宁　夏	104.7	92.1	41.7	27.2
新　疆	536.9	330.8	52.1	170.4

7—43 续表 1

单位:万头

地　区	马	驴	骡
全国总计	**678.5**	**648.4**	**279.3**
北　京	0.2	0.9	0.2
天　津	0.1	0.5	0.2
河　北	20.3	62.9	24.4
山　西	2.2	21.3	19.5
内蒙古	70.7	90.5	34.2
辽　宁	26.5	113.9	21.2
吉　林	47.2	22.2	12.6
黑龙江	26.8	8.3	3.7
上　海			
江　苏	0.4	4.1	1.3
浙　江			
安　徽	0.2	0.4	0.1
福　建			
江　西			
山　东	5.2	13.4	3.2
河　南	12.7	17.1	5.6
湖　北	0.9	0.5	0.1
湖　南	4.2	0.4	0.2
广　东	0.2		
广　西	40.4	0.1	5.0
海　南			
重　庆	2.3	0.2	1.0
四　川	97.8	9.9	10.6
贵　州	83.6	0.2	3.3
云　南	74.4	34.1	68.6
西　藏	41.5	8.7	1.8
陕　西	0.8	16.8	6.4
甘　肃	13.6	100.7	43.0
青　海	21.4	5.6	8.2
宁　夏	0.4	8.6	3.7
新　疆	84.6	107.2	1.4

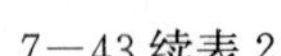
7—43 续表 2

单位:万头、万只

地　区	猪	羊		
			山　羊	绵　羊
全国总计	**46996.0**	**28452.2**	**15050.1**	**13402.1**
北　京	186.6	67.4	18.9	48.5
天　津	181.0	38.1	4.3	33.8
河　北	1968.0	1565.1	551.4	1013.7
山　西	498.8	747.7	375.1	372.6
内蒙古	683.7	5197.2	1991.9	3205.3
辽　宁	1606.2	717.0	447.8	269.2
吉　林	1007.7	422.9	187.9	235.0
黑龙江	1356.7	897.7	338.3	559.4
上　海	175.2	25.1	23.6	1.5
江　苏	1760.2	426.5	419.2	7.3
浙　江	1225.8	111.6	43.2	68.3
安　徽	1482.6	584.2	583.2	1.0
福　建	1315.8	103.4	103.4	
江　西	1569.1	57.3	57.3	
山　东	2753.1	2096.9	1689.0	408.0
河　南	4528.9	1997.2	1901.0	96.2
湖　北	2546.1	413.2	413.2	
湖　南	4032.8	521.1	518.7	2.4
广　东	2392.3	37.2	37.2	
广　西	2332.4	190.0	190.0	
海　南	411.5	71.8	71.8	
重　庆	1604.1	142.3	142.3	
四　川	5122.0	1723.9	1573.6	150.3
贵　州	1618.0	253.0	238.1	14.9
云　南	2736.2	877.6	774.0	103.6
西　藏	30.5	1674.5	494.4	1180.1
陕　西	920.3	670.2	539.9	130.3
甘　肃	568.9	1726.7	386.4	1340.2
青　海	109.8	1497.8	227.6	1270.2
宁　夏	91.7	470.2	138.2	332.0
新　疆	180.4	3127.5	569.4	2558.1

7—44 水产品产量和养殖面积

年份	水产品总产量（万吨）	内陆水产品（万吨）	#人工养殖	海水产品（万吨）	#人工养殖	水产品养殖面积（千公顷） 内陆养殖	海水养殖
1952	166.6	60.6	14.0	106.0	6.0		
1957	311.6	117.9	57.0	193.7	12.0	1054.7	60.0
1962	228.3	78.5	31.0	149.8	9.0	1600.0	50.0
1965	298.4	97.0	51.0	201.4	10.0	1979.3	83.3
1970	318.5	90.4	58.0	228.1	18.0	2721.3	83.3
1975	441.2	106.5	75.0	334.7	28.0	3244.0	112.0
1978	465.3	105.9	76.2	359.5	45.0	2722.8	100.6
1979	430.5	111.6	81.3	318.9	41.6	2737.8	116.5
1980	449.7	124.0	90.1	325.7	44.4	2864.1	133.6
1981	460.6	137.3	101.4	323.2	45.8	2880.3	138.5
1982	515.5	156.2	120.7	359.3	49.5	3050.6	162.5
1983	545.8	184.1	142.8	361.7	54.5	3082.6	186.7
1984	619.3	225.0	181.1	394.4	63.9	3259.5	242.6
1985	705.2	285.4	237.8	419.7	71.2	3687.5	277.0
1986	823.6	348.2	294.4	475.4	85.8	3787.9	325.2
1987	955.3	407.2	347.2	548.2	110.1	3859.3	369.3
1988	1060.9	455.2	389.8	605.7	142.4	3894.9	409.5
1989	1151.7	490.5	417.0	661.2	157.6	3812.3	423.1
1990	1237.0	523.7	445.4	713.3	162.4	3829.8	428.9
1991	1350.8	550.7	459.2	800.1	190.5	3827.5	449.3
1992	1557.1	623.5	533.4	933.7	242.4	3975.7	499.1
1993	1823.0	747.0	644.1	1076.0	308.7	4132.6	586.3
1994	2143.2	901.7	785.0	1241.5	345.7	4429.9	653.5
1995	2517.2	1078.0	940.8	1439.1	412.3	4669.4	715.9
1996	3288.1	1275.2	1099.0	2012.9	763.9	4832.3	822.1
1997	3118.6	1230.5	1067.0	1888.1	691.7	4962.9	937.9
1998	3382.7	1338.1	1140.6	2044.5	752.0	5064.2	1004.4
1999	3570.1	1424.9	1226.9	2145.3	851.9	5182.1	1095.0
2000	3706.2	1502.3	1308.9	2203.9	928.0	5264.8	1243.2
2001	3795.9	1562.4	1376.2	2233.5	989.4	5399.4	1286.9
2002	3954.9	1656.4	1461.7	2298.5	1060.5	5509.7	1344.7
2003	4077.0	1744.2	1530.9	2332.8	1095.9	5609.4	1532.2
2004	4246.6	1842.1	1632.5	2404.5	1151.3	5723.3	1623.8
2005	4419.9	1954.0	1733.0	2465.9	1210.8	5863.7	1694.5
2006	4583.6	2074.0	1853.6	2509.6	1264.2	4253.8	1271.7
2007	4747.5	2196.6	1971.0	2550.9	1307.3	4413.6	1331.5
2008	4895.6	2297.3	2072.5	2598.3	1340.3	4971.0	1578.9
2009	5116.4	2434.8	2216.5	2681.6	1405.2	5423.8	1859.3

注：1997—2006年全国水产品总产量、海洋、内陆水产品产量、捕捞、养殖水产品产量根据农业普查结果进行了修订，各地区数据以及全国其他细项数据未作修订。

7—45 水产品产量和养殖面积及增减情况

指　　标	单位	1990 年	1995 年	2000 年	2008 年	2009 年	2009 年为 2008 年百分比(%)
一、水产品总产量	**吨**	**12370203**	**25171794**	**37062295.37**	**48955986**	**51164039**	**104.5**
1.按海水、内陆分							
海水产品产量	吨	7132915	14391297	22039080.53	25982815	26815555	103.2
内陆水产品产量	吨	5237288	10780497	15023214.84	22973171	24348484	106.0
2.按生产性质分							
捕捞产量	吨	6291908	11641237	14693894.71	14827773	14947213	100.8
养殖产量	吨	6078295	13530557	22368400.66	34128213	36216826	106.1
3.按品种分							
鱼类	吨	9280816	17767539	26060480.4	28628011	29907212	104.5
甲壳类	吨	1165054	2121365	3853953.6	4988213	5324183	106.7
贝类	吨	1549061	4127896	10849816	11225559	11719779	104.4
藻类	吨	275186	749140	1221988	1422615	1484067	104.3
其他类	吨	100086	405854	798607	1608279	1751572	108.9
二、水产养殖面积	**千公顷**	**4258.7**	**5385.3**	**6508.1**	**6549.9**	**7283.1**	**111.2**
1.海水养殖面积	千公顷	428.9	715.9	1243.2	1578.9	1859.3	117.8
浅海养殖	千公顷		131.8	326.0	694.7	925.3	133.2
滩涂养殖	千公顷		424.6	686.5	641.4	648.4	101.1
陆基养殖	千公顷		159.5	230.8	242.8	285.6	117.6
2.内陆养殖面积	千公顷	3829.8	4669.4	5264.8	4971.0	5423.8	109.1
池塘养殖	千公顷		1857.9	2212.6	2144.7	2331.9	108.7
湖泊养殖	千公顷		824.2	879.1	961.3	998.2	103.8
河沟养殖	千公顷		347.4	379.8	202.2	249.7	123.5
水库养殖	千公顷		1515.7	1620.0	1549.6	1726.4	111.4
其他养殖	千公顷		124.2	173.3	113.2	117.6	103.9
三、稻田养殖面积	**千公顷**				**1477.5**	**1179.3**	**79.8**

注:2008 年海水养殖面积中的陆基养殖面积为其他养殖面积。

7—46 海水产品和内陆水产品产量

单位:吨

指　　标	1990 年	1995 年	2000 年	2008 年	2009 年	2009 年为 2008 年百分比(%)
海水产品产量	**7132915**	**14391297**	**22039081**	**25982815**	**26815555**	**103.2**
一、海洋捕捞产量	5508862	10268373	12759487	11496270	11786109	102.5
鱼类		7436501	9902931	7895926	8040286	101.8
甲壳类		1732445	2626967	1945772	2018924	103.8
贝类		823691	1779621	643759	669742	104.0
藻类		10637	20429	36593	27598	75.4
其他类		265099	444576	974220	1029559	105.7
二、海水养殖产量	1624053	4122924	9279594	13403236	14052220	104.8
鱼类		144937	426957	747504	767938	102.7
甲壳类		115901	343940	941791	1016939	108.0
贝类		3099099	8607050	10080901	10530465	104.5
藻类		738503	1201559	1386022	1456469	105.1
其他类		24484	33359	247018	280409	113.5
内陆水产品产量	**5237288**	**10780497**	**15023215**	**22973171**	**24348484**	**106.0**
一、内陆捕捞产量	783046	1372864	1934408	2248194	2183878	97.1
鱼类		1080666	1703586	1615339	1526285	94.5
甲壳类		137195	254844	329148	327813	99.6
贝类		125496	256281	268267	284331	106.0
其他类		29507	48941	35440	45449	128.2
二、内陆养殖产量	4454242	9407633	13088807	20724977	22164606	106.9
鱼类		9105435	14027006	18369242	19572703	106.6
甲壳类		135824	628203	1771502	1960507	110.7
贝类		79610	206864	232632	235241	101.1
其他类		86764	271731	351601	396155	112.7

7－47 各地区水产品产量

（按来源分）

单位：吨

地　　区	水产品总产量		捕捞产量		养殖产量	
	2008年	2009年	2008年	2009年	2008年	2009年
全国总计	**48955986**	**51164039**	**14827773**	**14947213**	**34128213**	**36216826**
北　京	60761	58161	11211	7898	49550	50263
天　津	322500	334044	33204	34137	289296	299907
河　北	966400	1004100	334424	341050	631976	663050
山　西	30700	31000	890	749	29810	30251
内蒙古	98212	105979	27929	29586	70283	76393
辽　宁	3776505	4006050	1177734	1188428	2598771	2817622
吉　林	155000	165184	20130	19186	134870	145998
黑龙江	355800	380700	41795	43149	314005	337551
上　海	323400	308986	180986	161119	142414	147867
江　苏	4250005	4432236	899974	890741	3350031	3541495
浙　江	4187900	4403134	2626178	2863853	1561722	1539281
安　徽	1722849	1831462	310113	307285	1412736	1524177
福　建	5420000	5675206	2059071	2105985	3360929	3569221
江　西	1903862	2010503	241354	227510	1662508	1782993
山　东	7303005	7535939	2610856	2577933	4692149	4958006
河　南	505760	537650	29610	30597	476150	507053
湖　北	3133937	3338896	302637	262154	2831300	3076742
湖　南	1785899	1880600	159525	110186	1626374	1770414
广　东	6804121	7025951	1663205	1651851	5140916	5374100
广　西	2499838	2622793	770390	780329	1729448	1842464
海　南	1394000	1454899	958663	980357	435337	474542
重　庆	190600	203900	9862	9880	180738	194020
四　川	952046	1001317	58122	57679	893924	943638
贵　州	78000	80300	11391	11041	66609	69259
云　南	254629	271217	23697	23435	230932	247782
西　藏	500	500	404	408	96	92
陕　西	52200	56000	4064	4154	48136	51846
甘　肃	11770	11926	759		11011	11926
青　海	1450	1400	30	40	1420	1360
宁　夏	75137	81844	182	194	74955	81650
新　疆	91200	95037	11383	9174	79817	85863
中农发集团	248000	217125	248000	217125		

注：2007年以前中农发集团即中水总公司。

7—48 各地区水产品产量

（按类别分）

单位：吨

地 区	水产品总产量	鱼 类	甲壳类	贝 类	藻 类	其他类
全国总计	**51164039**	**29907212**	**5324183**	**11719779**	**1484067**	**1751572**
北 京	58161	53730	241			277
天 津	334044	251292	65723	4909		3191
河 北	1004100	567503	99382	285993		51222
山 西	31000	30781	90			129
内蒙古	105979	103615	1397			967
辽 宁	4006050	1254580	278329	1784398	248383	303552
吉 林	165184	164349	653	180		2
黑龙江	380700	375354	4943	377		
上 海	308986	103504	69322	210		1464
江 苏	4432236	2664980	891539	731605	33477	103289
浙 江	4403134	2440367	880140	670478	42169	262846
安 徽	1831462	1439066	273716	82156		36524
福 建	5675206	2179550	407277	2226525	555435	137813
江 西	2010503	1769040	122310	75903		43250
山 东	7535939	2830794	506784	3233741	507490	378430
河 南	537650	513242	17889	1551		4968
湖 北	3338896	2878774	400224	31980		27918
湖 南	1880600	1799364	26833	30536		23867
广 东	7025951	4029365	826240	1801308	68761	190803
广 西	2622793	1515923	294909	705186		102070
海 南	1454899	1167423	141997	46328	28352	62437
重 庆	203900	202314	788	452		346
四 川	1001317	983430	6169	5046		6672
贵 州	80300	78428	1484	354		
云 南	271217	265661	4561	308		687
西 藏	500	430				
陕 西	56000	55824	114			62
甘 肃	11926	11897	25			
青 海	1400	1334	26			
宁 夏	81844	81324	520			
新 疆	95037	93974	558	255		250
中农发集团	217125					

7－49 各地区海水产品产量

（按来源分）

单位：吨

地区	海水产品产量		海洋捕捞产量		海水养殖产量	
	2008年	2009年	2008年	2009年	2008年	2009年
全国总计	**25982815**	**26815555**	**12579579**	**12763335**	**13403236**	**14052220**
北京	7150	3913	7150	3913		
天津	38576	39455	24494	25388	14082	14067
河北	549250	553884	253300	253317	295950	300567
山西						
内蒙古						
辽宁	3161333	3275288	1140353	1132120	2020980	2143168
吉林						
黑龙江						
上海	177204	156351	177204	156351		
江苏	1252503	1304969	578089	570009	674414	734960
浙江	3376004	3538075	2545219	2773510	830785	764565
安徽						
福建	4760549	4958118	1982728	2027864	2777821	2930254
江西						
山东	6094723	6263895	2481213	2449591	3613510	3814304
河南						
湖北						
湖南						
广东	3768083	3871498	1538310	1525341	2229773	2346157
广西	1440596	1490189	664730	667684	775866	822505
海南	1108844	1142795	938789	961122	170055	181673
重庆						
四川						
贵州						
云南						
西藏						
陕西						
甘肃						
青海						
宁夏						
新疆						
水产总公司	248000	217125	248000	217125		

注：此表海洋捕捞包括远洋捕捞水产品产量。

7—50 各地区海水产品产量

（按类别分）

单位:吨

地 区	海水产品产量	鱼类	甲壳类	贝类	藻类	其他类
全国总计	**26815555**	**8808224**	**3035863**	**11200207**	**1484067**	**1309968**
北 京	3913					
天 津	39455	10714	14691	3892		1229
河 北	553884	151520	72917	282873		46574
山 西						
内蒙古						
辽 宁	3275288	594485	219836	1783403	248383	292373
吉 林						
黑龙江						
上 海	156351	11547	9908			410
江 苏	1304969	390483	180585	635043	33477	58035
浙 江	3538075	1876200	752358	624856	42169	135358
安 徽						
福 建	4958118	1571186	364668	2176775	555435	121448
江 西						
山 东	6263895	1642077	436019	3225134	507490	374475
河 南						
湖 北						
湖 南						
广 东	3871498	1266847	562707	1735228	68761	128481
广 西	1490189	425682	282110	688544		89148
海 南	1142795	867483	140064	44459	28352	62437
重 庆						
四 川						
贵 州						
云 南						
西 藏						
陕 西						
甘 肃						
青 海						
宁 夏						
新 疆						
水产总公司						

注:此表海洋捕捞未包括远洋捕捞水产品产量。

7—51 各地区内陆水产品产量

（按来源分）

单位:吨

地 区	内陆水产品产量		内陆捕捞产量		内陆养殖产量	
	2008 年	2009 年	2008 年	2009 年	2008 年	2009 年
全国总计	**22973171**	**24348484**	**2248194**	**2183878**	**20724977**	**22164606**
北 京	53611	54248	4061	3985	49550	50263
天 津	283924	294589	8710	8749	275214	285840
河 北	417150	450216	81124	87733	336026	362483
山 西	30700	31000	890	749	29810	30251
内蒙古	98212	105979	27929	29586	70283	76393
辽 宁	615172	730762	37381	56308	577791	674454
吉 林	155000	165184	20130	19186	134870	145998
黑龙江	355800	380700	41795	43149	314005	337551
上 海	146196	152635	3782	4768	142414	147867
江 苏	2997502	3127267	321885	320732	2675617	2806535
浙 江	811896	865059	80959	90343	730937	774716
安 徽	1722849	1831462	310113	307285	1412736	1524177
福 建	659451	717088	76343	78121	583108	638967
江 西	1903862	2010503	241354	227510	1662508	1782993
山 东	1208282	1272044	129643	128342	1078639	1143702
河 南	505760	537650	29610	30597	476150	507053
湖 北	3133937	3338896	302637	262154	2831300	3076742
湖 南	1785899	1880600	159525	110186	1626374	1770414
广 东	3036038	3154453	124895	126510	2911143	3027943
广 西	1059242	1132604	105660	112645	953582	1019959
海 南	285156	312104	19874	19235	265282	292869
重 庆	190600	203900	9862	9880	180738	194020
四 川	952046	1001317	58122	57679	893924	943638
贵 州	78000	80300	11391	11041	66609	69259
云 南	254629	271217	23697	23435	230932	247782
西 藏	500	500	404	408	96	92
陕 西	52200	56000	4064	4154	48136	51846
甘 肃	11770	11926	759		11011	11926
青 海	1450	1400	30	40	1420	1360
宁 夏	75137	81844	182	194	74955	81650
新 疆	91200	95037	11383	9174	79817	85863

7—52 各地区内陆水产品产量

（按类别分）

单位：吨

地区	内陆水产品产量	鱼类	甲壳类	贝类	其他类
全国总计	**24348484**	**21098988**	**2288320**	**519572**	**441604**
北京	54248	53730	241		277
天津	294589	240578	51032	1017	1962
河北	450216	415983	26465	3120	4648
山西	31000	30781	90		129
内蒙古	105979	103615	1397		967
辽宁	730762	660095	58493	995	11179
吉林	165184	164349	653	180	2
黑龙江	380700	375354	4943	377	
上海	152635	91957	59414	210	1054
江苏	3127267	2274497	710954	96562	45254
浙江	865059	564167	127782	45622	127488
安徽	1831462	1439066	273716	82156	36524
福建	717088	608364	42609	49750	16365
江西	2010503	1769040	122310	75903	43250
山东	1272044	1188717	70765	8607	3955
河南	537650	513242	17889	1551	4968
湖北	3338896	2878774	400224	31980	27918
湖南	1880600	1799364	26833	30536	23867
广东	3154453	2762518	263533	66080	62322
广西	1132604	1090241	12799	16642	12922
海南	312104	299940	1933	1869	
重庆	203900	202314	788	452	346
四川	1001317	983430	6169	5046	6672
贵州	80300	78428	1484	354	
云南	271217	265661	4561	308	687
西藏	500	430			
陕西	56000	55824	114		62
甘肃	11926	11897	25		
青海	1400	1334	26		
宁夏	81844	81324	520		
新疆	95037	93974	558	255	250

7—53 各地区水产养殖面积

单位:千公顷

地　　区	水产品养殖面积		内陆养殖面积		海水养殖面积	
	2008 年	2009 年	2008 年	2009 年	2008 年	2009 年
全国总计	**6549.9**	**7283.1**	**4971.0**	**5423.8**	**1578.9**	**1859.3**
北　　京	4.8	5.1	4.8	5.1		
天　　津	40.8	41.9	36.4	37.6	4.4	4.3
河　　北	182.1	192.9	72.4	71.9	109.8	121.0
山　　西	14.3	14.4	14.3	14.4		
内 蒙 古	100.2	105.9	100.2	105.9		
辽　　宁	566.0	832.6	154.4	201.9	411.6	630.7
吉　　林	226.2	230.2	226.2	230.2		
黑 龙 江	264.1	286.0	264.1	286.0		
上　　海	29.2	26.3	29.2	26.3		
江　　苏	703.5	725.4	543.4	552.6	160.1	172.8
浙　　江	308.2	314.0	212.0	219.5	96.1	94.5
安　　徽	475.2	509.8	475.2	509.8		
福　　建	207.0	224.0	86.3	90.0	120.7	133.9
江　　西	365.9	417.1	365.9	417.1		
山　　东	662.3	686.2	236.1	244.8	426.2	441.4
河　　南	146.6	204.1	146.6	204.1		
湖　　北	583.4	649.7	583.4	649.7		
湖　　南	361.7	383.0	361.7	383.0		
广　　东	544.3	562.2	354.5	367.4	189.7	194.8
广　　西	209.4	217.8	162.0	167.2	47.4	50.7
海　　南	42.1	53.5	29.1	38.2	13.0	15.2
重　　庆	49.4	52.9	49.4	52.9		
四　　川	169.4	179.0	169.4	179.0		
贵　　州	24.9	25.5	24.9	25.5		
云　　南	37.1	75.3	37.1	75.3		
西　　藏	0.1	0.1	0.1	0.1		
陕　　西	113.3	115.7	113.3	115.7		
甘　　肃	12.4	12.6	12.4	12.6		
青　　海	4.3	33.5	4.3	33.5		
宁　　夏	28.2	33.3	28.2	33.3		
新　　疆	73.9	73.4	73.9	73.4		

农村市场与物价

8－1 农村主要物价总指数

（上年＝100）

年 份	农村居民消费价格指数	农业生产资料价格指数	农产品生产价格总指数
1952			101.7
1957			105.0
1962			99.4
1965			99.2
1970			100.1
1975			102.1
1978		99.9	103.9
1979		100.4	122.1
1980		101.0	107.1
1981		101.7	105.9
1982		101.9	102.2
1983		103.0	104.4
1984		108.9	104.0
1985	107.6	104.8	108.6
1986	106.1	101.1	106.4
1987	106.2	107.0	112.0
1988	117.5	116.2	123.0
1989	119.3	118.9	115.0
1990	104.5	105.5	97.4
1991	102.3	102.9	98.0
1992	104.7	103.7	103.4
1993	113.7	114.1	113.4
1994	123.4	121.6	139.9
1995	117.5	127.4	119.9
1996	107.9	108.4	104.2
1997	102.5	99.5	95.5
1998	99.0	94.5	92.0
1999	98.5	95.8	87.8
2000	99.9	99.1	96.4
2001	100.8	99.1	103.1
2002	99.6	100.5	99.7
2003	101.6	101.4	104.4
2004	104.8	110.6	113.1
2005	102.2	108.3	101.4
2006	101.5	101.5	101.2
2007	105.4	107.7	118.5
2008	106.5	120.3	114.1
2009	99.7	97.5	97.6

注:农产品生产价格总指数2000年以前为农副产品收购价格指数。

8－2 各地区农村商品零售价格分类指数

（上年价格＝100）

地　　区	总指数	一、食品	1. 粮食	2. 淀粉	3. 干豆类及豆 制 品	4. 油脂
全国平均	**99.0**	**100.2**	**105.4**	**101.9**	**97.4**	**81.4**
北　　京						
天　　津						
河　　北	99.1	100.1	104.9	94.4	94.1	82.5
山　　西	99.3	100.2	108.0	101.2	100.8	78.9
内 蒙 古	99.6	100.7	104.9	96.1	101.0	81.7
辽　　宁	100.3	102.9	108.1	102.0	96.5	79.6
吉　　林	100.3	101.7	113.3	104.8	91.2	80.2
黑 龙 江	100.7	101.2	114.5	101.5	86.4	73.7
上　　海						
江　　苏	98.5	101.2	104.7	102.5	96.9	74.0
浙　　江	98.6	99.1	105.7	99.5	96.8	78.4
安　　徽	99.1	100.3	105.3	104.3	100.3	84.5
福　　建	97.7	98.8	101.2	99.8	97.4	79.7
江　　西	98.8	100.3	102.9	111.4	100.0	80.2
山　　东	99.4	101.2	106.0	105.8	93.6	86.1
河　　南	99.2	100.6	107.4	100.1	93.9	80.6
湖　　北	98.9	99.9	103.9	98.0	97.1	79.3
湖　　南	98.8	100.3	105.0	102.2	103.4	85.3
广　　东	97.0	98.3	102.1	100.6	99.5	80.4
广　　西	96.9	97.2	104.3	99.4	95.2	76.3
海　　南	97.2	99.5	104.4	104.7	99.7	88.5
重　　庆						
四　　川	100.4	100.6	103.8	105.7	103.0	85.1
贵　　州	97.7	97.2	103.8	102.2	97.6	75.0
云　　南	100.4	102.6	103.7	101.9	106.1	86.1
西　　藏	99.6	104.7	102.6	98.2	101.6	98.8
陕　　西	100.1	101.2	106.1	108.4	100.9	82.2
甘　　肃	102.3	103.1	104.3	98.7	100.5	88.9
青　　海	101.3	101.4	104.3	103.9	100.2	81.2
宁　　夏	100.0	101.2	107.2	100.0	96.3	76.3
新　　疆	101.6	102.1	104.2	103.2	94.7	77.2

8—2 续表 1

地区	5. 肉禽及其制品	6. 蛋	7. 水产品	8. 菜	9. 调味品	10. 糖
全国平均	**91.2**	**102.0**	**101.0**	**113.8**	**103.1**	**102.1**
北京						
天津						
河北	91.2	106.3	98.0	116.0	104.3	101.3
山西	89.4	102.8	98.0	110.2	105.8	102.5
内蒙古	94.4	102.1	97.1	112.4	101.8	100.5
辽宁	93.6	103.0	100.6	120.7	104.1	101.8
吉林	92.9	101.0	94.6	109.6	112.4	100.3
黑龙江	91.1	100.9	95.6	109.9	103.5	102.7
上海						
江苏	90.7	101.5	101.3	123.3	101.9	100.1
浙江	88.1	101.5	104.3	111.0	103.4	103.6
安徽	89.1	101.3	102.2	112.0	101.2	102.6
福建	92.2	102.6	101.3	108.4	103.1	102.6
江西	93.7	105.6	103.8	108.1	102.5	103.9
山东	92.5	101.4	99.6	117.1	102.4	103.2
河南	89.7	101.7	98.9	118.0	103.2	102.8
湖北	90.7	98.8	102.5	112.7	103.4	98.2
湖南	88.0	100.7	98.1	114.5	104.7	104.2
广东	92.0	98.3	100.7	102.0	103.1	101.6
广西	89.7	100.7	94.1	104.9	102.2	104.6
海南	93.4	101.1	105.8	98.2	102.7	107.4
重庆						
四川	91.8	106.8	103.7	123.6	102.3	103.4
贵州	94.4	94.5	98.5	99.9	102.0	100.7
云南	91.1	100.0	103.3	124.2	100.5	101.8
西藏	102.0	104.5	101.3	111.5	99.1	101.7
陕西	92.1	101.7	99.6	118.3	100.6	100.3
甘肃	95.5	103.7	101.7	117.2	104.2	100.1
青海	91.2	105.5	100.1	116.9	103.8	106.9
宁夏	92.3	105.0	97.0	116.0	106.3	104.6
新疆	102.4	104.1	99.5	112.8	106.1	100.9

8—2 续表 2

地　　区	11. 干鲜瓜果	12. 糕点饼干面包	13. 液体乳及乳制品	14. 在外用膳食品	15. 其他食品	二、饮料、烟酒
全国平均	**106.3**	**103.2**	**101.8**	**103.5**	**101.8**	**101.3**
北　　京						
天　　津						
河　　北	101.8	105.6	103.4	103.7	101.8	101.3
山　　西	102.0	103.8	101.0	106.2	102.2	100.5
内 蒙 古	103.5	101.7	100.9	103.2	102.9	100.5
辽　　宁	104.6	104.4	101.0	101.6	104.7	101.2
吉　　林	98.9	105.8	99.7	106.1	103.0	100.3
黑 龙 江	108.5	100.5	104.7	102.1	101.3	100.9
上　　海						
江　　苏	106.3	103.2	100.8	102.8	98.4	101.2
浙　　江	104.0	102.5	101.2	102.4	100.0	100.7
安　　徽	105.8	105.0	102.5	103.8	103.3	101.1
福　　建	104.8	103.8	101.0	100.3	105.3	101.8
江　　西	108.7	101.3	104.6	104.3	101.7	100.4
山　　东	105.8	101.4	101.8	102.8	100.9	101.8
河　　南	108.5	104.9	105.5	103.6	103.4	102.1
湖　　北	106.6	103.0	100.7	104.6	102.8	101.5
湖　　南	124.6	109.6	100.5	105.4	100.6	99.6
广　　东	102.6	101.0	101.1	104.5	99.8	102.2
广　　西	108.2	97.8	97.8	103.4	109.5	101.1
海　　南	103.1	100.2	104.6	102.7	108.4	102.1
重　　庆						
四　　川	116.0	102.7	102.4	102.2	105.0	101.9
贵　　州	112.7	100.0	101.1	105.9	92.3	99.9
云　　南	111.9	102.4	100.1	103.9	101.7	100.9
西　　藏	112.2	98.1	109.3	103.4	103.1	100.0
陕　　西	97.4	102.2	101.0	102.0	103.2	101.7
甘　　肃	107.6	102.6	105.3	104.1	102.9	102.3
青　　海	106.3	102.3	101.5	102.9	101.1	100.8
宁　　夏	109.8	100.6	101.2	102.7	105.5	103.2
新　　疆	104.2	101.3	103.4	103.5	101.8	100.2

8—2 续表 3

地　　区	1.茶及饮料	2.烟草	3.酒	三、服装、鞋帽	1.服装	2.鞋袜帽
全国平均	**101.4**	**100.3**	**102.7**	**98.1**	**98.0**	**98.4**
北　　京						
天　　津						
河　　北	102.6	100.3	101.9	98.8	98.6	99.5
山　　西	101.2	100.0	101.9	99.3	99.0	100.0
内 蒙 古	101.7	99.8	100.9	99.6	99.8	99.3
辽　　宁	101.1	100.0	102.6	95.8	95.8	95.7
吉　　林	99.8	97.0	103.4	100.5	101.4	99.7
黑 龙 江	100.6	100.3	101.6	99.4	99.8	98.7
上　　海						
江　　苏	100.6	100.6	103.2	95.9	96.0	94.9
浙　　江	101.7	99.4	102.3	97.7	98.0	96.4
安　　徽	102.1	99.9	102.6	99.3	98.8	100.3
福　　建	101.0	100.2	104.1	95.6	95.8	95.5
江　　西	101.0	99.8	100.9	98.6	98.3	98.7
山　　东	101.0	100.5	103.1	95.0	94.4	96.1
河　　南	102.7	100.5	103.5	100.1	99.9	100.7
湖　　北	103.2	99.8	102.6	97.9	97.2	99.5
湖　　南	100.0	98.9	100.8	100.4	100.3	100.6
广　　东	100.9	103.1	102.2	98.0	97.7	98.3
广　　西	100.2	98.6	104.3	93.3	93.2	93.9
海　　南	103.0	99.3	104.8	98.9	97.8	102.8
重　　庆						
四　　川	101.4	100.4	104.3	99.9	100.0	99.3
贵　　州	99.7	99.6	100.4	97.9	99.2	96.3
云　　南	100.6	100.7	101.2	98.3	97.8	99.0
西　　藏	100.8	99.7	99.9	100.6	102.6	98.6
陕　　西	101.6	100.8	103.1	98.8	98.2	100.0
甘　　肃	101.9	101.9	102.8	101.7	101.4	102.4
青　　海	101.5	100.1	101.2	99.8	98.3	103.3
宁　　夏	99.9	101.1	108.5	101.3	101.9	100.8
新　　疆	100.9	97.9	102.1	101.1	100.9	101.7

8—2续表4

地　　区	3.其他	四、纺织品	1.衣着材料	2.床上用品	五、家用电器及音像器材	1.家庭设备
全国平均	**98.3**	**99.8**	**100.6**	**99.2**	**95.7**	**97.6**
北　　京						
天　　津						
河　　北	97.3	99.7	102.1	97.9	92.8	96.7
山　　西	99.9	99.1	99.6	98.5	92.4	95.1
内 蒙 古	98.0	98.5	99.5	97.3	96.2	98.5
辽　　宁	95.5	97.9	96.8	99.2	96.9	99.2
吉　　林	96.8	100.9	100.6	101.2	92.2	97.8
黑 龙 江	100.0	100.3	100.6	99.9	98.2	98.8
上　　海						
江　　苏	97.9	100.1	101.5	98.7	95.2	97.6
浙　　江	102.0	99.8	99.4	100.3	95.3	97.0
安　　徽	102.0	100.7	101.4	100.0	94.5	97.0
福　　建	92.3	100.7	99.8	101.1	93.0	95.2
江　　西	100.0	99.9	101.0	99.0	95.7	97.4
山　　东	94.6	99.0	100.5	97.2	98.2	99.4
河　　南	99.6	100.1	100.4	99.8	95.6	98.3
湖　　北	98.9	99.4	101.0	98.5	97.5	98.5
湖　　南	99.9	101.2	100.9	101.5	96.0	99.4
广　　东	99.8	99.5	100.4	99.1	95.2	95.8
广　　西	92.5	100.8	96.3	103.5	92.3	94.4
海　　南	96.7	100.9	100.6	100.9	97.5	101.3
重　　庆						
四　　川	102.0	100.4	101.3	99.9	98.2	98.3
贵　　州	92.9	99.5	101.4	98.6	93.6	97.2
云　　南	99.9	100.0	102.2	98.7	95.6	98.1
西　　藏	90.9	99.5	100.2	99.0	92.9	94.3
陕　　西	98.8	101.3	104.0	98.4	95.3	98.3
甘　　肃	100.8	101.8	101.9	101.7	98.5	98.7
青　　海	100.0	101.2	101.3	101.1	95.2	97.4
宁　　夏	93.2	102.3	101.8	102.2	94.1	98.9
新　　疆	100.3	100.5	101.0	100.0	99.3	100.0

8—2 续表 5

地　　区	2. 文娱用耐用消费品	3. 音像器材	六、文化办公用品	七、日用品	1. 日用百货	2. 日用杂品
全国平均	**92.9**	**98.2**	**98.6**	**101.9**	**101.6**	**101.5**
北　　京						
天　　津						
河　　北	88.1	96.0	96.9	101.8	100.9	100.9
山　　西	88.9	97.3	97.4	101.4	101.1	101.1
内 蒙 古	93.2	100.0	99.2	100.9	101.1	100.8
辽　　宁	94.0	100.0	99.7	101.5	100.5	101.4
吉　　林	85.3	91.3	95.5	101.0	100.9	100.3
黑 龙 江	97.3	98.2	99.1	103.2	104.0	100.5
上　　海						
江　　苏	89.0	97.5	94.3	101.8	101.1	102.6
浙　　江	91.6	98.2	99.5	102.9	102.0	102.8
安　　徽	90.4	99.8	96.9	101.6	100.6	101.4
福　　建	88.9	99.5	95.7	102.6	103.8	102.4
江　　西	94.0	100.0	99.4	102.0	100.1	100.1
山　　东	96.5	99.8	101.0	102.3	103.3	100.7
河　　南	91.3	100.0	99.4	102.1	101.4	102.3
湖　　北	95.4	99.3	98.5	101.8	101.5	101.5
湖　　南	94.3	98.0	105.1	102.2	100.5	102.7
广　　东	94.1	99.0	98.0	100.6	101.0	100.5
广　　西	88.9	99.3	95.4	102.0	102.1	102.5
海　　南	92.3	95.7	94.7	102.4	100.4	100.4
重　　庆						
四　　川	98.2	97.8	99.1	101.4	100.3	101.6
贵　　州	91.6	92.0	99.5	100.7	101.7	102.0
云　　南	92.1	99.4	99.9	102.4	101.2	100.8
西　　藏	91.9	91.2	92.2	95.6	95.5	98.2
陕　　西	91.8	98.3	98.9	102.1	103.0	101.4
甘　　肃	98.1	99.7	100.8	103.3	104.8	103.0
青　　海	92.5	100.0	101.1	106.0	101.0	111.6
宁　　夏	89.7	91.7	96.0	103.6	104.6	101.6
新　　疆	98.5	100.0	100.8	101.9	101.6	99.0

8—2续表6

地　　区	3.洗涤用品	4.其他日用品	八、体育娱乐用品	1.体育用品	2.娱乐用品	九、交通、通信用品
全国平均	**103.7**	**100.2**	**100.0**	**101.0**	**99.0**	**95.5**
北　　京						
天　　津						
河　　北	104.0	101.2	98.4	98.7	98.0	95.0
山　　西	103.5	99.1	98.1	98.6	97.8	95.2
内 蒙 古	101.8	100.0	100.1	99.6	100.5	95.1
辽　　宁	103.4	99.7	100.2	100.2	100.1	96.2
吉　　林	101.5	100.8	99.9	99.8	100.0	97.4
黑 龙 江	105.7	100.5	99.9	99.9	100.0	97.7
上　　海						
江　　苏	104.5	99.1	97.9	100.5	96.6	96.1
浙　　江	105.7	100.1	99.4	101.8	98.2	96.0
安　　徽	103.9	101.0	99.8	100.4	99.3	94.9
福　　建	102.6	100.7	101.0	103.9	98.8	94.6
江　　西	107.2	99.8	99.8	103.6	97.4	93.8
山　　东	103.9	99.9	102.4	103.0	101.5	97.5
河　　南	103.7	100.6	99.7	100.5	98.1	91.4
湖　　北	103.5	100.3	99.8	99.7	99.9	95.6
湖　　南	106.5	100.2	107.4	113.0	101.8	96.0
广　　东	101.3	99.7	99.7	100.4	99.0	94.7
广　　西	102.9	99.4	96.7	101.0	92.4	96.4
海　　南	100.2	107.6	100.8	102.6	98.2	90.5
重　　庆						
四　　川	102.6	100.5	99.5	99.9	99.5	96.9
贵　　州	99.1	99.2	96.7	95.6	99.4	99.0
云　　南	105.7	100.1	99.1	100.9	97.1	95.4
西　　藏	98.2	89.3	92.1	93.4	90.1	92.7
陕　　西	103.4	99.8	99.4	99.8	98.9	94.0
甘　　肃	103.4	101.3	100.7	100.9	100.5	98.8
青　　海	104.6	108.6	99.8	99.7	99.8	94.0
宁　　夏	103.2	103.5	96.3	100.3	91.2	93.0
新　　疆	107.2	100.7	100.0	100.0	100.0	98.1

8—2 续表 7

地　区	1、交通运输机械	2. 通信器材	十、家具	十一、化妆品	十二、金银珠宝	十三、中西药品及医疗保健用品
全国平均	**99.4**	**89.9**	**99.0**	**101.0**	**96.7**	**101.5**
北　京						
天　津						
河　北	99.1	88.5	96.9	103.7	87.5	102.3
山　西	99.9	85.9	97.2	100.5	95.4	103.0
内蒙古	98.7	91.5	99.8	101.5	94.2	101.0
辽　宁	99.5	90.5	98.8	101.0	95.8	101.4
吉　林	101.9	91.8	99.9	100.4	98.6	102.9
黑龙江	99.4	96.7	100.4	99.5	85.4	100.5
上　海						
江　苏	98.8	86.1	98.9	101.3	95.1	101.0
浙　江	98.4	86.2	100.5	100.5	97.1	105.0
安　徽	98.8	87.6	99.4	101.5	94.0	101.8
福　建	100.4	85.3	100.6	100.2	97.2	100.7
江　西	98.3	89.2	99.6	103.0	97.2	100.3
山　东	100.7	93.7	99.0	100.9	100.4	101.6
河　南	99.3	85.9	99.0	100.2	98.1	101.1
湖　北	98.9	92.9	99.8	100.6	94.9	100.7
湖　南	100.2	91.5	97.5	101.5	93.5	100.1
广　东	99.6	89.1	98.4	101.6	103.6	98.6
广　西	99.5	90.7	95.5	101.5	96.9	102.5
海　南	99.0	75.4	99.2	100.8	97.5	101.7
重　庆						
四　川	99.3	93.8	100.5	99.8	98.7	101.1
贵　州	99.7	96.3	103.1	96.9	95.7	100.8
云　南	97.8	92.5	99.1	100.3	97.0	102.0
西　藏	99.8	87.6	99.5	96.2	94.1	100.0
陕　西	99.3	89.0	100.1	101.9	99.7	102.3
甘　肃	99.9	98.1	101.7	100.6	95.4	100.0
青　海	101.3	86.9	102.1	99.1	90.0	100.7
宁　夏	99.8	85.1	101.4	103.1	92.5	100.6
新　疆	99.6	96.5	100.8	100.1	104.1	102.2

8—2续表8

地　　区	1.医疗器具及用品	2.中药材及中成药	3.西药	4.保健器具及用品	十四、书报杂志及电子出版物	1.教材及参考书	2.书报杂志
全国平均	**100.8**	**101.7**	**101.6**	**100.8**	**103.5**	**102.9**	**105.9**
北　　京							
天　　津							
河　　北	104.2	102.3	102.6	98.7	104.3	106.1	105.3
山　　西	100.3	106.3	101.9	99.0	106.3	106.6	108.6
内 蒙 古	100.4	102.1	100.4	100.1	100.9	101.0	101.4
辽　　宁	99.3	101.5	101.8	100.1	103.1	100.2	109.0
吉　　林	103.8	106.8	100.7	98.6	101.8	103.4	101.9
黑 龙 江	102.4	99.8	100.9	99.7	99.8	96.9	103.5
上　　海							
江　　苏	101.3	100.9	101.3	99.9	109.7	102.4	112.7
浙　　江	100.1	104.4	106.3	103.0	103.1	103.1	104.2
安　　徽	100.3	104.2	100.4	100.6	103.6	108.2	101.4
福　　建	101.9	101.9	100.0	100.3	105.9	99.9	113.2
江　　西	102.0	101.1	99.5	100.4	103.5	103.6	104.5
山　　东	99.8	102.6	101.5	100.8	101.5	100.7	103.3
河　　南	102.4	101.3	100.7	102.2	107.0	108.9	106.5
湖　　北	105.4	98.7	101.6	101.2	101.9	100.2	105.7
湖　　南	101.4	99.7	100.2	100.7	100.7	98.7	102.6
广　　东	98.8	98.0	98.7	100.0	102.4	103.0	103.7
广　　西	100.8	102.6	100.3	116.8	103.5	102.3	108.7
海　　南	100.1	102.9	100.6	102.8	100.2	99.3	101.9
重　　庆							
四　　川	98.0	103.2	100.6	99.7	102.5	101.9	105.9
贵　　州	100.7	103.6	99.0	100.1	102.3	102.2	103.7
云　　南	102.0	100.5	102.9	102.3	103.3	106.2	101.8
西　　藏	100.9	100.6	98.5	101.6	101.1	101.6	107.1
陕　　西	106.4	104.3	101.2	99.3	103.6	104.2	105.0
甘　　肃	102.6	96.5	102.3	100.6	101.1	100.5	103.1
青　　海	100.2	99.1	101.8	101.2	105.3	105.1	109.2
宁　　夏	105.2	102.4	99.5	97.9	104.6	103.1	109.1
新　　疆	102.8	102.0	102.3	100.8	101.2	100.1	103.6

8—2 续表 9

地　　区	3. 电子音像制品	十五、燃料	1. 煤炭及制　品	2. 石油及制　品	十六、建筑材料及五金电料	1. 建筑装璜材料	2. 五　金电　料
全国平均	**99.3**	**92.5**	**105.4**	**86.0**	**98.2**	**97.5**	**100.6**
北　　京							
天　　津							
河　　北	98.1	96.2	107.4	86.0	100.9	100.3	103.7
山　　西	99.9	100.6	122.9	86.4	101.3	101.1	102.0
内 蒙 古	99.9	99.8	102.6	97.4	100.1	99.8	100.7
辽　　宁	99.4	97.5	114.2	88.7	101.7	101.6	101.8
吉　　林	99.6	97.8	116.9	88.9	101.3	101.2	101.5
黑 龙 江	100.0	103.8	120.8	87.4	103.7	104.9	100.5
上　　海							
江　　苏	100.2	84.3	108.4	82.3	96.5	96.0	97.6
浙　　江	99.3	87.7	104.5	84.5	97.5	96.3	100.9
安　　徽	98.1	94.0	107.3	86.8	97.1	96.7	98.7
福　　建	98.3	88.2	107.0	85.1	93.4	92.9	95.6
江　　西	99.5	92.4	99.9	87.1	97.3	96.8	100.0
山　　东	100.1	92.6	101.6	85.3	98.4	97.5	100.8
河　　南	99.9	96.4	108.3	85.7	97.2	96.7	99.7
湖　　北	98.5	92.7	108.3	86.6	96.7	95.9	99.3
湖　　南	101.4	86.3	86.5	87.4	97.0	95.7	107.2
广　　东	99.0	84.9	99.6	82.0	97.0	96.2	100.7
广　　西	97.6	88.0	77.6	88.7	96.5	96.4	96.3
海　　南	99.1	87.1	101.8	86.7	96.1	95.1	101.7
重　　庆							
四　　川	99.9	103.5	107.6	99.3	100.5	100.0	102.8
贵　　州	99.3	96.1	99.2	93.4	96.5	94.9	110.6
云　　南	99.7	98.2	107.0	90.9	97.6	96.7	100.4
西　　藏	91.9	98.8	95.3	100.4	99.7	100.9	95.7
陕　　西	100.0	96.6	109.9	91.0	102.7	102.7	102.8
甘　　肃	99.5	111.6	130.2	91.2	102.5	101.8	104.4
青　　海	99.0	105.5	121.0	91.6	101.5	101.2	103.2
宁　　夏	98.6	95.9	98.8	90.0	98.7	97.6	102.1
新　　疆	99.8	103.7	115.6	91.8	105.1	105.1	105.5

8—3　各地区农村居民消费价格分类指数

（以上年价格为100）

地　　区	居民消费价格指数	一、食品	1.粮食	2.淀粉	3.干豆类及豆制品	4.油脂
全国平均	**99.7**	**100.1**	**105.5**	**102.9**	**97.8**	**81.2**
北　京						
天　津						
河　北	100.3	100.1	104.1	90.6	94.8	81.9
山　西	100.9	100.7	108.6	101.6	101.3	79.8
内蒙古	99.8	100.6	105.0	95.6	101.5	82.7
辽　宁	100.3	101.9	108.9	101.7	96.8	79.7
吉　林	100.7	101.6	113.0	102.4	91.9	80.0
黑龙江	101.2	100.8	115.1	101.8	86.0	73.9
上　海						
江　苏	99.5	100.7	104.0	102.7	96.2	74.1
浙　江	98.2	99.5	105.3	100.5	97.0	78.5
安　徽	99.4	99.8	105.1	103.0	101.8	82.5
福　建	97.9	98.0	101.4	99.3	97.7	81.2
江　西	99.2	99.0	102.9	109.8	99.6	80.1
山　东	100.1	100.5	105.8	106.5	93.5	85.0
河　南	100.4	100.3	105.5	99.7	94.1	81.9
湖　北	100.0	100.6	103.8	98.6	97.4	79.9
湖　南	99.6	99.4	104.6	103.1	104.7	87.3
广　东	97.8	98.3	102.5	102.2	98.8	78.5
广　西	97.5	97.1	106.5	98.7	95.6	75.9
海　南	99.0	99.2	103.9	104.6	99.0	88.7
重　庆						
四　川	101.0	100.5	104.3	103.6	103.0	84.8
贵　州	99.0	97.6	102.8	102.9	98.7	75.5
云　南	100.2	102.1	103.9	103.4	105.4	84.7
西　藏	101.3	104.3	102.5	98.2	101.9	99.6
陕　西	101.8	102.2	106.2	109.9	100.8	85.4
甘　肃	102.2	103.5	105.7	104.6	101.8	88.1
青　海	101.7	100.8	104.2	103.7	99.8	82.8
宁　夏	101.5	101.3	106.9	100.0	97.2	76.0
新　疆	102.0	103.1	103.6	103.5	94.8	78.1

8—3 续表 1

地　　区	5. 肉禽及其制品	(1)食用畜肉及副产品	(2)禽	(3)加工肉禽	6. 蛋	7. 水产品
全国平均	**90.8**	**86.0**	**99.4**	**99.7**	**102.0**	**101.7**
北　京						
天　津						
河　北	90.2	85.6	95.3	102.9	107.4	98.3
山　西	89.2	83.6	98.5	97.4	102.1	97.7
内蒙古	93.5	91.3	99.1	102.4	102.0	96.2
辽　宁	92.6	89.2	99.7	100.4	103.0	100.0
吉　林	91.1	87.6	94.3	104.5	100.5	96.7
黑龙江	94.0	91.0	95.9	98.3	100.9	96.8
上　海						
江　苏	89.4	82.9	102.7	100.7	101.4	101.0
浙　江	87.9	82.7	97.9	101.4	101.4	105.4
安　徽	87.6	83.5	97.3	99.9	101.5	102.7
福　建	90.0	85.4	100.4	99.4	103.1	101.7
江　西	92.1	85.2	105.7	105.6	105.4	104.4
山　东	91.5	87.3	98.0	98.7	101.1	99.9
河　南	88.6	84.6	95.2	101.2	102.2	99.7
湖　北	94.6	90.9	97.8	102.4	99.1	102.7
湖　南	87.0	82.6	97.4	99.4	100.1	97.5
广　东	91.6	87.7	99.0	96.2	99.6	101.2
广　西	90.0	84.7	97.0	100.1	102.2	92.0
海　南	93.9	88.9	102.9	101.3	100.1	105.2
重　庆						
四　川	92.2	86.9	103.0	97.5	106.0	105.4
贵　州	95.8	87.8	98.1	98.7	95.2	97.2
云　南	90.6	84.9	101.2	100.8	100.9	103.2
西　藏	101.7	100.9	102.1	104.6	103.6	101.0
陕　西	95.8	87.7	103.4	100.6	101.6	99.4
甘　肃	95.7	93.7	102.1	94.9	105.8	100.9
青　海	91.6	90.2	95.7	101.8	105.6	102.6
宁　夏	91.9	90.5	95.0	99.1	105.2	96.3
新　疆	102.9	104.3	95.8	104.6	104.1	100.0

8—3 续表 2

地　区	(1)鱼	(2)其他水产品	8. 菜	9. 调味品	10. 糖	11. 茶及饮料
全国平均	**100.5**	**104.8**	**114.0**	**103.0**	**102.1**	**101.4**
北　京						
天　津						
河　北	96.5	106.8	116.7	103.3	100.2	102.9
山　西	96.9	101.2	112.7	105.9	103.2	101.4
内蒙古	94.9	101.6	112.1	101.6	98.9	101.9
辽　宁	99.1	103.0	121.6	104.7	101.7	101.3
吉　林	95.3	101.8	111.6	111.8	100.3	98.8
黑龙江	95.6	101.8	107.3	104.3	102.9	100.4
上　海						
江　苏	100.3	103.6	123.4	101.9	101.1	101.1
浙　江	103.3	108.6	110.8	103.4	102.9	101.5
安　徽	100.6	108.9	112.2	101.4	101.8	102.0
福　建	100.2	103.6	107.9	103.0	102.4	100.9
江　西	105.0	99.6	109.0	103.8	103.9	101.5
山　东	98.4	103.6	117.1	102.3	101.7	100.4
河　南	99.5	103.2	120.6	103.0	104.1	102.3
湖　北	101.2	109.2	111.9	103.2	98.7	103.5
湖　南	97.0	102.9	115.1	104.7	103.9	99.7
广　东	101.0	101.6	104.3	103.5	102.4	101.6
广　西	90.9	97.1	103.1	101.3	104.8	100.0
海　南	105.1	104.8	101.8	103.0	108.0	102.9
重　庆						
四　川	105.1	106.5	119.0	101.9	102.7	101.4
贵　州	95.1	105.6	98.7	103.3	100.6	100.0
云　南	102.6	105.8	120.1	100.9	100.6	101.7
西　藏	101.0	101.1	111.4	98.7	101.5	100.9
陕　西	99.0	101.5	118.7	100.0	100.6	101.4
甘　肃	100.8	101.5	120.6	103.4	99.1	102.3
青　海	97.9	109.5	117.1	103.8	107.1	101.7
宁　夏	95.7	99.4	118.4	104.7	104.2	100.1
新　疆	99.5	101.1	114.7	104.0	101.1	100.6

8—3 续表 3

地　　区	(1)茶叶	(2)饮料	12. 干鲜瓜果	13. 糕点饼干面包	14. 液体乳及乳制品	15. 在外用膳食品
全国平均	**101. 0**	**101. 6**	**107. 5**	**103. 3**	**102. 3**	**103. 5**
北　　京						
天　　津						
河　　北	105. 6	101. 8	103. 3	104. 4	103. 9	104. 3
山　　西	101. 2	101. 4	102. 5	103. 9	100. 9	106. 0
内 蒙 古	103. 1	100. 9	103. 2	101. 4	100. 5	102. 7
辽　　宁	98. 4	102. 6	105. 3	105. 1	101. 6	101. 6
吉　　林	97. 9	99. 1	103. 3	105. 0	100. 5	105. 0
黑 龙 江	100. 9	100. 2	106. 9	101. 5	104. 9	102. 5
上　　海						
江　　苏	100. 4	101. 4	105. 2	103. 2	100. 9	102. 7
浙　　江	100. 2	101. 6	106. 9	102. 4	101. 2	102. 5
安　　徽	101. 9	102. 2	105. 8	104. 6	104. 9	103. 4
福　　建	99. 5	102. 0	105. 5	103. 9	101. 0	100. 5
江　　西	100. 6	101. 7	108. 6	101. 7	103. 0	104. 3
山　　东	99. 7	100. 9	105. 9	101. 6	102. 7	102. 5
河　　南	101. 4	102. 4	113. 7	105. 1	105. 4	104. 3
湖　　北	105. 9	102. 2	106. 9	102. 8	100. 6	104. 5
湖　　南	99. 2	100. 1	123. 9	109. 6	100. 4	104. 9
广　　东	100. 9	102. 0	103. 6	101. 1	101. 5	104. 2
广　　西	103. 0	98. 9	107. 0	98. 8	98. 1	103. 2
海　　南	101. 5	103. 3	100. 6	100. 5	104. 2	102. 1
重　　庆						
四　　川	101. 1	101. 7	115. 8	102. 2	102. 9	102. 3
贵　　州	98. 3	101. 1	114. 5	100. 6	101. 6	106. 5
云　　南	99. 5	103. 3	110. 3	102. 7	100. 7	104. 9
西　　藏	101. 6	100. 3	111. 9	98. 5	110. 8	103. 8
陕　　西	100. 0	102. 3	97. 5	102. 1	100. 9	102. 0
甘　　肃	101. 3	103. 2	110. 9	101. 5	103. 0	103. 5
青　　海	101. 2	102. 1	106. 4	101. 2	100. 6	103. 2
宁　　夏	99. 8	100. 3	108. 8	101. 8	101. 4	103. 4
新　　疆	101. 3	100. 0	104. 0	101. 5	104. 7	103. 9

8—3 续表 4

地　　区	16.其他食品	二、烟酒及用品	1.烟草	2.酒	3.吸烟、饮酒用品	三、衣着
全国平均	**101.8**	**101.3**	**100.3**	**102.9**	**100.6**	**98.4**
北　　京						
天　　津						
河　　北	101.4	101.0	100.0	101.9	102.4	98.1
山　　西	102.5	101.0	100.0	101.9	109.8	99.6
内 蒙 古	102.9	100.3	99.7	101.0	100.3	99.8
辽　　宁	105.1	101.3	100.0	103.3	99.0	95.6
吉　　林	102.9	100.5	98.6	102.2	100.3	100.5
黑 龙 江	101.6	101.1	100.7	101.6	100.0	99.7
上　　海						
江　　苏	97.9	101.5	100.1	103.8	107.4	95.9
浙　　江	99.5	100.2	99.4	102.3	101.1	97.8
安　　徽	106.3	101.0	99.8	103.1	100.1	99.3
福　　建	104.9	101.9	100.2	104.6	100.2	95.7
江　　西	101.8	100.3	99.7	101.1	103.5	98.6
山　　东	102.0	102.3	100.7	103.8	100.1	96.1
河　　南	102.7	101.7	100.4	103.8	101.6	100.4
湖　　北	102.3	100.9	99.8	102.9	100.3	98.0
湖　　南	100.7	99.5	99.5	100.0	95.6	100.5
广　　东	101.3	104.3	104.7	104.5	99.6	97.9
广　　西	105.2	101.4	98.5	104.9	96.8	93.9
海　　南	108.0	101.2	99.3	104.0	100.6	99.3
重　　庆						
四　　川	106.0	101.7	100.4	103.9	103.6	100.0
贵　　州	93.6	100.7	99.8	101.2	99.5	97.6
云　　南	101.6	100.0	99.7	101.3	95.7	97.5
西　　藏	101.9	100.0	99.8	100.6	99.0	101.5
陕　　西	102.8	101.5	100.9	103.5	100.6	99.2
甘　　肃	102.3	102.0	101.8	102.3	101.5	101.4
青　　海	101.8	101.4	100.2	102.1	108.5	101.0
宁　　夏	105.2	103.3	100.8	110.4	100.5	101.5
新　　疆	101.7	100.1	98.2	101.8	100.5	101.5

8—3 续表 5

地　区	1. 服装	(1)男式服装	(2)女式服装	(3)儿童服装	2. 衣着材料	3. 鞋袜帽
全国平均	**98.1**	**97.9**	**97.6**	**99.6**	**100.7**	**98.6**
北　京						
天　津						
河　北	97.5	96.6	96.7	100.5	101.3	98.9
山　西	99.2	100.2	99.3	97.6	99.4	100.4
内蒙古	99.8	100.4	99.2	100.1	99.5	99.4
辽　宁	95.0	95.4	94.0	96.8	97.2	96.2
吉　林	100.9	100.8	101.1	100.2	100.7	99.7
黑龙江	99.9	99.9	100.0	99.8	100.6	99.0
上　海						
江　苏	96.0	96.1	96.3	93.9	102.0	95.0
浙　江	97.9	98.5	97.4	97.8	99.0	96.8
安　徽	98.3	96.8	97.3	104.9	101.1	101.5
福　建	95.3	97.1	93.9	94.3	100.6	96.6
江　西	98.4	99.1	97.9	98.1	101.0	98.2
山　东	95.1	95.9	93.4	97.6	100.8	96.1
河　南	100.1	100.2	100.1	100.1	100.8	100.7
湖　北	97.1	98.0	96.5	96.5	101.1	99.5
湖　南	100.4	99.9	100.3	100.9	100.9	100.7
广　东	97.3	96.3	97.9	97.4	100.8	98.7
广　西	93.1	93.2	95.4	86.8	95.3	95.6
海　南	98.1	94.8	98.7	101.5	100.8	102.4
重　庆						
四　川	100.2	99.9	98.9	102.4	101.1	99.4
贵　州	99.2	96.9	97.7	102.6	102.2	93.6
云　南	96.4	94.2	96.3	100.0	100.5	98.6
西　藏	102.8	101.6	102.3	104.7	100.5	98.8
陕　西	98.0	97.0	96.6	100.9	105.9	99.9
甘　肃	101.1	101.0	100.6	102.0	101.4	102.1
青　海	100.0	100.3	99.2	100.9	101.4	103.7
宁　夏	101.8	99.6	103.4	101.6	100.7	100.8
新　疆	101.3	102.0	100.9	101.1	100.6	101.5

8—3 续表 6

地　区	(1)鞋	(2)袜子	(3)帽子	4. 衣着加工服务	四、家庭设备用品及维修服务	1. 耐　用消费品
全国平均	**98.3**	**99.8**	**100.1**	**102.5**	**100.0**	**98.1**
北　京						
天　津						
河　北	98.7	99.6	99.5	103.3	101.0	97.2
山　西	100.4	100.6	99.6	107.5	99.2	97.0
内 蒙 古	99.0	101.0	100.6	104.3	99.3	98.2
辽　宁	95.5	100.3	96.1	104.8	100.6	98.9
吉　林	99.6	100.2	100.7	100.5	100.1	98.6
黑 龙 江	98.6	100.2	100.7	100.1	100.5	99.4
上　海						
江　苏	94.0	100.4	100.8	101.4	99.5	97.9
浙　江	95.9	101.0	100.7	100.5	99.2	97.2
安　徽	101.6	99.6	104.8	100.6	99.1	97.3
福　建	95.5	100.5	99.0	104.3	99.1	96.9
江　西	98.1	99.2	98.1	102.8	101.5	98.5
山　东	96.0	95.8	98.3	105.8	99.6	98.8
河　南	100.9	99.8	100.5	104.0	100.8	98.6
湖　北	99.4	99.8	100.7	101.8	100.5	98.7
湖　南	100.4	102.3	100.0	100.9	99.7	98.3
广　东	98.7	98.0	99.2	100.6	99.1	96.8
广　西	95.1	98.2	99.7	105.7	99.0	94.7
海　南	102.8	100.9	102.1	106.1	100.6	99.5
重　庆						
四　川	99.4	99.9	98.3	102.3	100.7	99.6
贵　州	91.3	101.2	98.8	103.8	98.6	98.0
云　南	98.4	98.8	100.9	102.1	100.6	97.8
西　藏	99.2	97.9	100.0	102.3	98.8	97.4
陕　西	100.1	98.9	100.6	103.1	100.9	99.6
甘　肃	101.9	103.2	100.1	101.0	101.5	100.3
青　海	104.3	100.3	106.2	102.4	103.1	99.5
宁　夏	100.8	99.1	103.9	107.3	101.3	100.4
新　疆	101.9	100.2	99.7	111.0	102.2	100.4

8—3 续表 7

地　　区	(1)家具	(2)家庭设备	2. 室内装饰品	3. 床上用品	4. 家庭日用杂品	5. 家庭服务及加工维修服务费
全国平均	**99.1**	**97.5**	**99.9**	**99.1**	**102.1**	**104.4**
北　　京						
天　　津						
河　　北	97.7	96.9	100.4	97.9	104.5	119.3
山　　西	97.6	96.6	98.4	99.0	101.4	103.9
内 蒙 古	99.8	97.6	99.4	98.0	100.7	102.4
辽　　宁	99.1	98.9	101.4	98.3	102.6	106.5
吉　　林	99.6	97.7	100.1	101.6	101.6	100.2
黑 龙 江	100.4	98.7	101.3	99.9	102.0	107.2
上　　海						
江　　苏	98.9	97.6	99.5	98.3	101.7	101.5
浙　　江	100.4	96.1	100.0	98.9	102.9	102.3
安　　徽	99.1	96.5	100.8	100.1	100.1	106.6
福　　建	100.3	95.4	97.2	100.7	100.5	105.9
江　　西	99.7	97.8	107.8	99.2	104.2	106.9
山　　东	98.3	99.2	98.8	96.5	101.7	102.2
河　　南	98.9	98.4	99.3	100.0	102.5	108.2
湖　　北	99.5	98.2	101.2	98.3	102.8	102.3
湖　　南	96.6	99.4	100.0	100.7	100.7	101.4
广　　东	96.9	96.6	100.1	99.1	101.0	101.8
广　　西	95.2	94.1	98.2	101.9	102.8	105.9
海　　南	98.6	101.2	100.4	101.8	100.4	115.6
重　　庆						
四　　川	100.4	98.6	101.3	99.5	101.6	103.7
贵　　州	103.2	97.3	96.4	94.4	101.3	104.0
云　　南	98.7	96.9	98.7	98.9	102.8	110.0
西　　藏	99.9	94.3	99.4	99.5	99.9	101.9
陕　　西	100.4	98.5	99.8	99.1	103.1	103.3
甘　　肃	101.5	99.3	99.9	102.3	101.7	105.7
青　　海	101.7	97.6	98.2	102.1	109.9	112.5
宁　　夏	101.4	98.6	102.0	101.7	102.5	105.5
新　　疆	101.0	100.1	100.2	100.0	102.2	118.1

8—3 续表 8

地　　区	五、医疗保健和个人用品	1. 医疗保健	(1)医疗器具及用品	(2)中药材及中成药	(3)西药	(4)保健器具及用品
全国平均	**101.5**	**101.5**	**101.2**	**101.6**	**101.6**	**101.3**
北　　京						
天　　津						
河　　北	102.5	102.3	105.0	101.5	102.6	98.1
山　　西	100.7	101.7	104.7	104.7	102.3	98.8
内 蒙 古	101.5	100.8	100.3	102.0	100.5	100.0
辽　　宁	101.3	101.7	100.4	102.1	102.1	100.2
吉　　林	101.1	102.2	103.3	105.1	101.0	99.2
黑 龙 江	101.3	101.6	102.7	99.7	101.2	99.7
上　　海						
江　　苏	100.9	100.5	100.9	100.9	100.3	99.8
浙　　江	103.0	104.1	100.3	104.6	105.8	103.0
安　　徽	100.9	101.3	100.3	103.9	100.5	100.4
福　　建	100.6	100.3	100.5	101.5	99.8	100.4
江　　西	101.2	100.9	102.1	101.9	99.6	100.5
山　　东	101.8	102.0	98.7	103.5	101.8	100.7
河　　南	102.0	101.9	102.2	101.8	100.6	101.5
湖　　北	101.2	101.1	105.3	100.3	101.6	101.4
湖　　南	100.7	100.1	102.9	99.8	100.1	100.6
广　　东	100.1	99.0	99.1	97.5	98.9	99.9
广　　西	101.5	100.9	101.3	102.5	99.5	114.7
海　　南	102.2	102.8	100.3	101.9	100.5	102.8
重　　庆						
四　　川	101.7	101.3	98.6	102.5	101.4	100.1
贵　　州	101.5	99.6	101.4	103.0	98.5	100.0
云　　南	101.3	101.8	101.1	100.7	103.4	101.9
西　　藏	99.4	101.2	102.1	101.7	100.3	101.3
陕　　西	102.0	101.5	105.1	103.4	101.0	98.4
甘　　肃	101.6	101.2	98.9	94.8	100.7	100.2
青　　海	100.9	101.2	98.0	98.1	102.1	101.3
宁　　夏	101.7	101.1	103.8	102.2	99.3	97.7
新　　疆	102.0	102.2	101.6	101.8	103.2	99.9

8—3 续表 9

地　区	(5)医疗保健服　务	2. 个人用品及服务	(1)化妆美容用品	(2)清洁化妆用品	(3)个人饰品	(4)个人服务
全国平均	**101.2**	**101.5**	**100.8**	**101.9**	**97.5**	**104.8**
北　京						
天　津						
河　北	102.4	103.1	100.9	101.2	94.9	112.3
山　西	99.9	98.8	100.6	100.6	93.3	104.2
内 蒙 古	100.0	102.8	100.2	100.9	98.1	112.2
辽　宁	101.4	100.4	100.3	102.3	93.6	105.6
吉　林	101.1	98.5	99.8	99.7	92.4	102.8
黑 龙 江	103.2	99.9	99.4	101.2	91.7	106.6
上　海						
江　苏	100.5	101.8	100.5	102.8	91.0	107.7
浙　江	100.4	99.4	100.0	103.6	92.5	101.6
安　徽	100.7	100.0	102.5	101.7	94.6	100.8
福　建	100.0	101.2	100.1	102.7	100.1	101.8
江　西	101.2	101.8	102.0	104.7	99.2	101.9
山　东	101.8	101.2	101.0	100.9	99.6	102.6
河　南	102.4	102.3	99.9	101.7	100.9	104.7
湖　北	100.6	101.4	100.9	101.4	97.7	105.1
湖　南	100.1	101.7	101.8	100.9	100.1	103.1
广　东	100.3	102.6	101.5	100.0	104.2	104.5
广　西	100.0	102.9	101.2	101.3	94.2	115.9
海　南	103.8	100.8	101.0	102.7	96.7	104.6
重　庆						
四　川	101.0	102.4	100.4	104.4	101.4	102.4
贵　州	99.4	105.5	100.1	102.9	97.9	119.0
云　南	100.1	100.1	99.2	97.6	99.4	104.1
西　藏	101.4	97.6	99.1	99.8	93.2	97.6
陕　西	100.3	103.3	101.4	102.8	99.3	106.4
甘　肃	105.5	102.5	100.2	107.3	99.9	102.5
青　海	100.8	99.7	99.9	103.2	91.9	105.7
宁　夏	102.2	103.6	103.9	106.0	98.5	105.8
新　疆	101.4	101.8	99.9	104.2	99.9	104.2

8—3 续表 10

地　　区	六、交通和通信	1. 交通	(1)交通工具	(2)车用燃料及零配件	(3)车辆使用及维修	(4)市内公共交通费
全国平均	**98.2**	**99.3**	**99.6**	**92.7**	**100.8**	**101.7**
北　　京						
天　　津						
河　　北	97.7	98.2	97.8	93.5	101.2	104.2
山　　西	98.8	99.8	100.2	89.2	100.8	100.5
内 蒙 古	97.3	98.5	97.2	96.9	100.5	100.3
辽　　宁	98.4	98.7	98.1	91.0	99.5	103.2
吉　　林	99.2	102.4	101.1	95.0	101.4	106.8
黑 龙 江	99.6	100.9	100.9	91.8	100.2	112.2
上　　海						
江　　苏	97.7	98.2	99.5	90.5	99.7	102.4
浙　　江	96.3	97.5	98.4	90.7	100.6	99.3
安　　徽	97.8	99.9	99.9	93.5	100.2	101.3
福　　建	97.6	99.4	100.3	92.5	101.2	99.0
江　　西	97.7	100.4	98.1	95.5	103.2	100.3
山　　东	98.9	100.2	102.1	91.2	100.0	102.8
河　　南	97.6	98.6	98.5	90.1	102.2	103.2
湖　　北	98.5	98.5	100.3	91.0	100.4	103.0
湖　　南	98.7	99.5	100.1	94.2	100.0	101.2
广　　东	97.9	98.6	100.2	91.5	99.9	100.7
广　　西	98.4	99.4	99.1	99.7	103.1	99.3
海　　南	97.6	99.7	98.3	95.5	100.0	102.9
重　　庆						
四　　川	100.7	101.5	99.3	99.3	103.4	102.8
贵　　州	98.0	98.4	99.2	97.7	106.0	91.3
云　　南	97.1	98.7	97.3	91.7	101.6	101.6
西　　藏	98.7	101.8	100.0	102.0	103.0	102.4
陕　　西	100.6	101.7	100.8	97.3	102.1	104.1
甘　　肃	99.9	100.3	101.0	96.5	100.1	100.5
青　　海	99.7	100.8	101.4	91.8	106.3	102.9
宁　　夏	96.6	98.6	99.4	92.0	102.0	98.3
新　　疆	99.8	99.7	99.6	95.9	102.0	100.1

8—3 续表 11

地　　区	(5)城市间交通费	2. 通信	(1)通信工具	(2)通信服务	七、娱乐教育文化用品及服务	1. 文娱用耐用消费品及服务
全国平均	**101.1**	**96.5**	**87.2**	**99.4**	**100.6**	**93.7**
北　　京						
天　　津						
河　　北	101.4	97.2	87.5	99.5	99.5	90.2
山　　西	104.2	97.4	83.7	100.3	100.8	92.2
内 蒙 古	101.6	94.8	81.9	100.2	99.9	94.6
辽　　宁	101.2	97.9	88.5	99.8	99.8	94.0
吉　　林	100.2	96.1	87.6	99.0	98.1	85.9
黑 龙 江	101.9	97.5	94.1	98.9	99.9	97.3
上　　海						
江　　苏	100.6	97.0	86.5	99.9	102.2	89.4
浙　　江	99.0	93.9	81.0	97.9	98.7	92.3
安　　徽	101.5	95.6	82.0	100.0	101.0	90.2
福　　建	102.6	95.6	81.4	98.6	99.0	89.5
江　　西	103.1	93.9	87.1	95.5	100.7	93.6
山　　东	102.4	97.0	91.3	99.5	102.3	97.8
河　　南	100.5	96.4	84.6	99.8	101.4	94.5
湖　　北	96.2	98.4	92.0	100.3	99.9	95.0
湖　　南	99.6	96.9	89.7	100.0	102.8	95.0
广　　东	99.2	97.0	85.7	100.0	99.3	94.8
广　　西	97.7	97.0	86.8	100.3	99.9	88.3
海　　南	106.0	93.9	77.2	99.9	99.3	91.5
重　　庆						
四　　川	102.7	98.1	93.9	99.5	101.2	97.6
贵　　州	99.2	97.3	94.1	98.5	99.8	94.8
云　　南	103.4	95.2	88.2	97.8	100.2	92.5
西　　藏	101.3	92.8	85.2	96.7	98.9	92.6
陕　　西	102.5	97.9	88.1	100.1	101.8	91.0
甘　　肃	100.5	98.8	98.4	98.9	99.3	98.9
青　　海	101.7	96.4	85.4	100.0	100.7	92.5
宁　　夏	103.9	93.7	84.4	97.4	102.5	89.1
新　　疆	101.7	99.8	95.1	101.4	101.0	98.0

8—3 续表 12

地　　区	2.教育	(1)教材及参考书	(2)学　杂托幼费	3.文化娱乐	(1)文　　化娱乐用品	(2)书报杂志
全国平均	**102.4**	**102.5**	**102.4**	**102.1**	**100.6**	**104.6**
北　　京						
天　　津						
河　　北	101.5	105.7	101.2	101.7	99.9	105.0
山　　西	103.2	108.9	103.0	101.3	99.3	108.4
内 蒙 古	101.4	102.5	101.2	100.7	100.2	101.8
辽　　宁	100.6	100.9	100.5	102.8	101.1	107.6
吉　　林	103.8	103.9	103.8	103.5	100.0	101.3
黑 龙 江	100.3	105.1	100.2	101.2	100.1	103.2
上　　海						
江　　苏	104.7	102.1	104.8	102.4	99.5	114.0
浙　　江	101.0	103.2	100.9	100.9	100.4	103.8
安　　徽	103.6	107.2	103.0	100.3	99.5	100.8
福　　建	101.2	101.1	101.1	103.8	99.9	112.4
江　　西	101.8	103.8	101.6	101.9	100.4	104.4
山　　东	103.5	101.3	103.9	101.6	101.2	103.2
河　　南	103.1	106.6	102.7	101.9	100.5	105.0
湖　　北	101.1	100.0	101.3	103.5	100.0	105.5
湖　　南	104.4	99.3	104.8	104.5	107.0	102.8
广　　东	101.0	101.6	100.6	102.3	99.8	104.2
广　　西	103.7	103.1	103.8	102.0	97.9	108.4
海　　南	101.0	99.2	101.1	100.6	100.3	101.8
重　　庆						
四　　川	101.9	101.4	101.9	102.6	101.9	104.9
贵　　州	100.4	101.1	100.4	101.1	96.4	102.9
云　　南	102.5	105.1	101.7	102.2	101.9	101.8
西　　藏	102.8	101.1	103.6	101.7	94.9	109.1
陕　　西	102.5	104.1	102.4	104.1	101.2	104.6
甘　　肃	97.4	99.8	96.9	102.3	103.6	102.8
青　　海	100.1	104.3	97.7	109.7	105.2	107.8
宁　　夏	107.0	103.0	107.5	106.4	98.8	108.0
新　　疆	100.9	102.0	100.8	102.1	100.6	105.7

8—3 续表 13

地　区	(3)文娱费	4.旅游	八、居住	1.建房及装修材料	2.租房	3.自有住房	4.水电燃料
全国平均	**101.9**	**98.9**	**98.5**	**99.6**	**101.4**	**93.0**	**98.5**
北　京							
天　津							
河　北	102.6	96.2	102.4	102.2	102.4	102.8	102.2
山　西	99.4	97.1	104.4	103.0	100.5	105.4	106.1
内蒙古	100.4	101.4	99.3	101.5	103.9	93.2	100.3
辽　宁	102.1	100.5	100.7	101.3	100.4	94.0	101.4
吉　林	109.6	97.2	101.3	103.4	104.4	82.3	104.0
黑龙江	100.4	102.3	105.5	104.3	108.9	101.6	110.6
上　海							
江　苏	101.2	100.1	96.7	96.6	99.1	92.9	97.6
浙　江	100.2	93.0	93.3	98.6	99.6	81.6	91.7
安　徽	101.0	99.1	97.4	100.0	110.8	87.0	97.4
福　建	101.0	98.3	95.1	97.6	102.4	98.9	91.6
江　西	99.8	102.9	97.5	99.5	108.6	86.9	96.3
山　东	100.3	102.0	99.0	99.1	98.1	99.2	99.0
河　南	101.6	102.1	100.5	99.1	104.6	100.9	102.2
湖　北	105.5	100.4	100.1	98.0	100.1	98.2	103.1
湖　南	100.0	100.2	97.4	99.4	105.8	96.2	94.6
广　东	103.3	98.4	93.3	95.5	100.3	90.2	91.2
广　西	101.5	98.4	93.3	99.7	96.9	73.1	95.6
海　南	100.0	98.0	96.1	98.4	103.4	95.5	91.7
重　庆							
四　川	100.6	102.6	101.7	101.4	102.0	98.6	103.2
贵　州	103.6	100.1	100.6	100.9	101.0	100.1	100.0
云　南	103.1	103.0	98.4	100.1	99.8	86.5	100.9
西　藏	100.4	97.7	98.5	101.8	100.6	90.2	98.4
陕　西	108.5	105.6	103.7	104.4	101.2	98.3	104.3
甘　肃	99.4	103.8	103.6	102.2	101.4	86.6	112.1
青　海	110.0	100.2	106.9	101.7	110.7	96.6	115.4
宁　夏	121.3	101.6	105.3	104.2	111.1	102.3	106.6
新　疆	101.2	104.2	103.1	107.5	104.0	99.7	101.3

8—4 各地区农业生产资料价格分类指数

（上年价格＝100）

地　　区	农业生产资料价格指数	一、农用手工工具	二、饲料	三、产品畜	四、半机械化农具
全国平均	**97.5**	**103.1**	**102.4**	**82.7**	**101.5**
北　　京					
天　　津					
河　　北	100.6	104.9	100.5	89.1	100.8
山　　西	101.6	101.5	102.4	86.9	99.4
内 蒙 古	99.7	100.9	102.4	89.7	100.8
辽　　宁	96.7	102.5	104.7	71.3	100.4
吉　　林	96.4	106.7	101.5	86.9	104.9
黑 龙 江	94.2	100.4	102.2	83.6	102.4
上　　海					
江　　苏	97.6	99.9	102.6	84.1	100.7
浙　　江	95.9	104.5	97.8	79.1	100.4
安　　徽	95.8	102.8	108.3	90.8	100.7
福　　建	93.3	104.2	97.9	82.6	99.9
江　　西	97.6	100.3	98.6	79.9	104.7
山　　东	96.3	100.9	101.6	87.0	101.5
河　　南	98.1	105.9	108.1	80.9	100.1
湖　　北	95.3	101.0	96.1	79.8	101.0
湖　　南	95.0	99.8	104.7	75.0	104.7
广　　东	98.2	101.0	102.6	84.4	100.1
广　　西	94.2	107.8	102.5	82.6	96.9
海　　南	94.0	102.3	103.4	73.3	96.0
重　　庆					
四　　川	101.2	105.5	101.3	90.1	100.5
贵　　州	96.2	107.9	100.6	75.9	106.1
云　　南	99.3	104.3	106.3	78.9	107.0
西　　藏	99.1	97.9	99.8	98.8	100.5
陕　　西	95.8	105.0	103.8	81.2	100.5
甘　　肃	99.0	106.6	111.0	91.7	101.7
青　　海	97.8	104.6	101.1	76.1	103.9
宁　　夏	96.3	104.7	102.7	79.5	99.7
新　　疆	99.5	100.5	110.4	108.4	100.7

8—4 续表 1

地　　区	五、机械化农具	六、化学肥料	七、农药及农药械	1. 化学农药	2. 农药器械
全国平均	**100.9**	**93.7**	**100.1**	**100.0**	**101.5**
北　　京					
天　　津					
河　　北	102.2	101.2	100.7	100.2	103.3
山　　西	100.4	99.1	103.5	103.6	102.8
内 蒙 古	101.7	95.4	98.9	98.6	99.6
辽　　宁	101.4	94.1	103.1	103.3	101.6
吉　　林	104.0	87.7	95.6	94.4	104.2
黑 龙 江	100.8	92.8	100.1	99.7	102.5
上　　海					
江　　苏	101.7	92.5	101.2	101.2	101.3
浙　　江	98.8	93.2	98.4	98.4	99.1
安　　徽	100.5	81.0	100.4	100.0	104.2
福　　建	100.6	88.2	96.9	96.8	97.4
江　　西	99.7	95.5	99.0	98.7	100.4
山　　东	101.4	91.2	99.7	99.6	100.3
河　　南	100.9	92.6	100.0	98.1	108.8
湖　　北	99.1	89.2	101.2	101.3	100.3
湖　　南	101.8	92.2	101.5	101.6	98.2
广　　东	101.1	97.3	96.7	96.0	101.4
广　　西	100.8	87.2	98.7	97.9	104.1
海　　南	97.9	89.2	100.0	99.8	100.9
重　　庆					
四　　川	101.1	101.7	101.1	101.6	98.1
贵　　州	98.8	91.5	100.8	103.3	96.7
云　　南	104.6	100.2	100.4	99.8	102.8
西　　藏	99.7	100.9	101.1	102.1	98.1
陕　　西	97.1	92.3	102.4	102.8	98.9
甘　　肃	100.5	95.3	101.7	100.9	106.2
青　　海	106.4	91.9	105.6	106.7	100.0
宁　　夏	103.6	87.7	101.5	101.8	98.2
新　　疆	102.3	93.2	105.4	106.5	101.5

8—4 续表 2

地　　区	八、农用机油	九、其他农业生产资料	1. 农用种子	2. 其他	十、农业生产服务
全国平均	**94.4**	**102.5**	**106.5**	**95.9**	**107.9**
北　　京					
天　　津					
河　　北	90.2	100.0	103.3	94.2	111.2
山　　西	91.3	102.6	105.9	95.3	119.7
内 蒙 古	97.3	101.1	106.8	93.8	105.6
辽　　宁	87.3	101.9	102.2	101.2	112.6
吉　　林	98.5	110.2	113.6	101.2	113.4
黑 龙 江	85.8	90.7	84.9	95.8	106.6
上　　海					
江　　苏	96.9	100.0	101.5	97.5	104.1
浙　　江	92.0	99.8	102.9	94.2	102.1
安　　徽	93.7	105.8	119.3	89.4	102.0
福　　建	90.9	101.3	108.4	89.4	103.6
江　　西	95.9	100.5	105.7	93.2	110.6
山　　东	93.5	102.2	106.8	96.8	108.8
河　　南	89.4	104.5	110.6	90.5	105.5
湖　　北	96.9	111.5	116.5	97.6	107.1
湖　　南	93.8	102.4	105.9	95.2	112.3
广　　东	96.0	101.5	102.7	99.8	108.9
广　　西	95.1	103.9	109.3	96.4	102.6
海　　南	97.5	104.6	106.2	100.7	99.3
重　　庆					
四　　川	102.3	103.8	106.9	99.1	112.3
贵　　州	95.4	100.6	113.0	93.9	101.5
云　　南	96.4	103.5	105.4	100.4	104.9
西　　藏	98.9	96.9	98.5	95.0	100.0
陕　　西	95.9	105.9	116.3	93.7	103.0
甘　　肃	97.4	99.7	98.1	100.8	103.4
青　　海	98.0	99.6	100.9	97.9	108.8
宁　　夏	95.2	99.4	102.3	93.4	115.5
新　　疆	101.1	96.1	100.1	92.9	102.0

8—5 农产品生产价格指数

（上年=100）

指　　标	2006年	2007年	2008年	2009年
农产品生产价格总指数	101.20	118.49	114.06	97.60
种植业产品	104.50	109.82	108.43	102.88
谷物	102.14	108.95	107.07	104.92
小麦	100.07	105.50	108.67	107.86
稻谷	102.02	105.43	106.60	105.24
玉米	103.02	115.04	107.32	98.52
豆类	99.29	122.62	117.91	93.79
油料	104.83	133.44	128.00	94.15
棉花	97.06	109.60	90.58	111.75
糖料	121.13	100.00	98.44	101.47
蔬菜	109.29	106.85	104.73	111.81
水果	111.35	101.27	101.35	106.96
林业产品	112.78	104.37	108.47	94.88
牧业产品	94.33	131.36	123.94	90.13
猪(毛重)	90.59	145.85	130.84	81.62
牛(毛重)	100.58	117.46	123.60	101.03
羊(毛重)	101.77	121.01	118.76	101.09
家禽(毛重)	97.17	117.02	111.94	102.21
蛋类	95.98	115.89	112.23	102.78
奶类	102.90	106.23	125.54	91.63
渔业产品	103.93	108.05	111.24	99.01
海水鱼类	109.65	110.13	109.40	99.94
淡水鱼类	99.94	106.75	114.63	101.29

8—6 各地区农产品生产价格指数

（上年=100）

地　区	总指数	一.种植业产品	二、林业产品	三、畜牧业产品	四、渔业产品
全　国	**97.60**	**102.88**	**94.88**	**90.13**	**99.01**
北　京	98.27	106.22	83.51	91.98	96.32
天　津	103.03	105.81	84.22	96.44	106.48
河　北	99.70	102.40	104.30	95.79	103.77
山　西	100.43	104.59	101.14	96.98	77.61
内蒙古	99.83	102.92	102.35	95.77	99.03
辽　宁	102.90	104.57	94.75	98.33	119.99
吉　林	103.77	106.16	100.11	93.85	95.27
黑龙江	98.07	99.51		92.15	75.86
上　海	102.23	108.66	101.88	90.12	100.97
江　苏	99.92	104.98	96.80	90.44	104.80
浙　江	100.25	104.82	96.35	90.10	102.45
安　徽	99.08	103.14	97.58	90.59	106.02
福　建	98.04	103.28	101.50	88.62	97.11
江　西	96.81	99.70	99.10	90.56	100.12
山　东	101.23	105.40	90.08	95.08	100.00
河　南	99.07	106.00		87.40	103.17
湖　北	96.30	99.97	103.67	85.63	105.15
湖　南	90.61	100.61	106.54	82.67	105.00
广　东	94.95	98.77	98.87	89.66	94.24
广　西	89.25	98.13	104.52	80.52	96.89
海　南	101.91	107.07	83.50	94.92	104.15
重　庆	88.99	104.15	111.36	80.84	104.74
四　川	96.94	103.49	101.00	92.39	103.84
贵　州	96.11	104.38	108.30	85.50	103.79
云　南	96.50	103.62	98.35	84.48	98.10
西　藏					
陕　西	95.83	96.35	92.03	94.75	98.41
甘　肃	100.22	104.93	92.91	91.13	108.17
青　海	94.61	97.78		92.22	
宁　夏	99.39	106.27		91.78	104.94
新　疆	92.87	106.39	121.88	91.06	104.31

8—7 各地区主要农产品分品种生产价格指数

(上年=100)

地 区	一、种植业产品	谷物	小麦	稻谷	玉米	豆 类
全 国	**102.88**	**104.92**	**107.86**	**105.24**	**98.52**	**93.79**
北 京	106.22	103.46	109.40	107.14	100.38	95.87
天 津	105.81	106.09	113.37	106.60	100.53	109.54
河 北	102.40	102.02	111.34	107.20	95.00	89.49
山 西	104.59	100.92	107.37		99.75	101.25
内蒙古	102.92	100.31	99.96	103.27	99.86	98.32
辽 宁	104.57	104.40		112.38	101.91	93.18
吉 林	106.16	106.88		111.23	105.59	97.01
黑龙江	99.51	108.94	98.60	117.22	101.83	85.91
上 海	108.66	104.94	104.46	106.95	100.00	
江 苏	104.98	105.28	109.66	104.98	94.96	87.00
浙 江	104.82	103.25	107.16	103.32	99.98	98.66
安 徽	103.14	107.38	112.48	104.96	99.30	85.20
福 建	103.28	101.09		100.81	116.77	94.83
江 西	99.70	99.22		99.22	104.54	100.46
山 东	105.40	102.04	110.89	98.71	95.04	85.60
河 南	106.00	107.17	112.56	105.87	96.84	91.72
湖 北	99.97	103.65	102.79	103.97	101.63	87.60
湖 南	100.61	101.04		101.11	98.83	85.36
广 东	98.77	101.39		101.41	100.64	94.40
广 西	98.13	100.71		104.79	99.62	94.83
海 南	107.07	99.00		100.63	66.67	103.93
重 庆	104.15	100.40	103.51	100.78	97.88	105.23
四 川	103.49	103.54	107.22	102.79	101.34	95.47
贵 州	104.38	103.63	103.62	102.92	105.11	100.47
云 南	103.62	100.78	95.59	100.20	102.26	90.83
西 藏						
陕 西	96.35	100.71	107.88	100.47	93.77	96.45
甘 肃	104.93	100.40	106.07		96.55	93.30
青 海	97.78	105.65	103.30			103.56
宁 夏	106.27	104.85	110.12	108.58	97.37	92.41
新 疆	106.39	103.22	105.60	114.76	105.49	103.17

8—7 续表 1

地　区	大　豆	薯　类	油　料	花　生	油菜籽	棉　花	糖　料
全　国	**92.30**	**107.10**	**94.15**	**92.88**	**89.50**	**111.75**	**101.47**
北　京	95.49	110.79	94.21	94.21			
天　津	109.54		100.00			108.68	
河　北	89.49	97.96	86.20	83.39		91.67	
山　西	101.15	91.72	98.68	108.57	90.91	107.27	
内蒙古	96.00	101.91	97.28	80.49	75.30		99.02
辽　宁	93.18	104.69	89.10	89.10			
吉　林	93.27	109.60	108.87	104.60			
黑龙江	85.91	113.23	105.56	115.38			109.38
上　海							
江　苏	84.67	103.03	82.41	88.57	80.28	110.26	100.00
浙　江	98.90	127.29	88.19	103.40	86.91	124.90	101.08
安　徽	82.85	100.67	78.54	84.09	68.11	111.45	112.43
福　建	95.83	103.76	94.58	94.73	91.84		102.00
江　西	100.46	108.90	90.57	91.05	87.25	107.40	101.38
山　东	85.60	101.29	81.32	81.32		101.57	
河　南	90.83	101.93	88.97	88.97	89.57	93.30	
湖　北	86.09	109.67	74.15	88.45	68.74	108.27	112.51
湖　南	85.02	104.99	88.11	84.85	73.18	101.09	106.97
广　东	91.20	108.31	92.10	89.07	100.57		102.91
广　西	94.83	85.82	90.47	90.50	71.98		100.60
海　南	101.41	104.69	91.91	91.91			98.68
重　庆	98.92	109.89	80.29	96.35	70.77		
四　川	89.22	104.02	83.80	90.46	80.07		
贵　州	100.41	110.56	83.74	101.72	81.23		95.87
云　南	102.78	110.28	74.34	102.13	68.88		98.80
西　藏							
陕　西	97.03	102.62	80.47	83.27	80.01	91.78	
甘　肃	92.81	108.20	90.29		95.05	98.10	
青　海	96.89	101.35	87.19		87.19		
宁　夏	92.41	102.99	97.33				
新　疆	105.24	98.90	97.14	99.42	96.45	115.77	105.07

8—7 续表 2

地　区	麻　类	烟　叶	蔬　菜	水　果	茶　叶
全　国	**96.87**	**104.72**	**111.81**	**106.96**	**96.83**
北　京			105.58	110.46	
天　津			105.36	110.02	
河　北			115.61	109.45	
山　西			109.67	107.90	
内蒙古		107.10	122.67		
辽　宁		79.38	101.05	100.12	
吉　林		124.17	107.17	101.33	
黑龙江		103.68	122.11		
上　海			111.07	126.01	
江　苏	100.00	100.00	110.93		100.35
浙　江			104.29	106.94	103.78
安　徽			105.93	102.94	110.01
福　建		112.85	101.15	102.51	102.73
江　西		114.96	104.06	84.77	105.18
山　东		103.00	110.77	106.31	
河　南		105.08	145.27		
湖　北		106.59	109.00	100.31	96.80
湖　南	81.30	99.22	108.53	89.77	95.04
广　东	100.02	110.06	97.20	95.28	101.72
广　西	79.35	105.90	103.22	97.83	67.09
海　南			106.90	120.79	
重　庆	91.20	110.44	110.51	106.69	
四　川	82.61	104.40	110.63	104.27	96.76
贵　州		109.40	108.74	101.93	106.14
云　南	108.66	103.97	109.49	108.93	93.58
西　藏					
陕　西		105.01	114.61	90.59	95.66
甘　肃		91.22	124.00	97.22	
青　海			119.53		
宁　夏			115.88	93.89	
新　疆			96.08		

8—7 续表 3

地　区	二、林产品	三、畜产品	#猪	#家禽	#蛋类	#奶类
全　国	**94.88**	**90.13**	**81.62**	**102.21**	**102.78**	**91.63**
北　京	83.51	91.98	78.33	98.03	101.15	89.63
天　津	84.22	96.44	89.13	103.89	100.72	99.15
河　北	104.30	95.79	85.27	100.28	102.69	88.71
山　西	101.14	96.98	93.59	100.08	103.02	95.00
内蒙古	102.35	95.77	91.45	100.52	101.75	93.62
辽　宁	94.75	98.33	84.91	106.26	102.95	84.15
吉　林	100.11	93.85	89.11	103.97	103.73	110.41
黑龙江		92.15	86.19	104.12	108.42	88.41
上　海	101.88	90.12	81.23	101.04	99.31	101.19
江　苏	96.80	90.44	80.52	100.17	100.48	100.00
浙　江	96.35	90.10	81.08	104.38	103.33	100.90
安　徽	97.58	90.59	81.75	102.42	103.50	70.12
福　建	101.50	88.62	80.32	103.13	99.33	115.39
江　西	99.10	90.56	88.18	101.78	101.10	
山　东	90.08	95.08	81.56	102.34	103.87	85.07
河　南		87.40	84.38			
湖　北	103.67	85.63	78.72	99.15	104.56	
湖　南	106.54	82.67	80.16	101.35	103.29	
广　东	98.87	89.66	83.38	101.70	103.94	99.99
广　西	104.52	80.52	79.07	101.03	96.01	
海　南	83.50	94.92	85.59	105.25	104.98	
重　庆	111.36	80.84	77.12	102.80	101.91	
四　川	101.00	92.39	82.12	104.78	104.38	100.77
贵　州	108.30	85.50	80.49	99.57	100.19	
云　南	98.35	84.48	78.01	100.10	98.46	109.23
西　藏						
陕　西	92.03	94.75	79.05	101.73	104.10	84.29
甘　肃	92.91	91.13	85.39	95.11	102.62	92.25
青　海		92.22	74.95	103.67	106.10	104.47
宁　夏		91.78	85.46	98.53	106.04	78.88
新　疆	121.88	91.06	80.47	107.71	107.68	91.32

8—7 续表 4

地　区	四、渔业产品	海水水产品	#海水鱼类	内陆水域水产品	#淡水鱼类
全　国	**99.01**	**98.43**	**99.94**	**101.34**	**101.29**
北　京	96.32			96.32	95.53
天　津	106.48	133.33		105.91	108.88
河　北	103.77	108.62		94.29	94.29
山　西	77.61			77.61	77.61
内蒙古	99.03			99.03	99.03
辽　宁	119.99	121.96		116.17	116.17
吉　林	95.27	105.71		95.26	92.80
黑龙江	75.86			75.86	75.86
上　海	100.97	88.28	87.22	107.70	107.73
江　苏	104.80	102.96	103.09	105.68	100.13
浙　江	102.45	102.20		102.82	105.47
安　徽	106.02			106.02	106.49
福　建	97.11	96.51	99.50	99.46	99.34
江　西	100.12			100.12	99.73
山　东	100.00	100.48	99.39	97.84	97.84
河　南	103.17			103.17	103.17
湖　北	105.15			105.15	105.14
湖　南	105.00			105.00	106.07
广　东	94.24	100.36	100.59	92.03	91.40
广　西	96.89	104.84	101.25	94.49	94.49
海　南	104.15	103.90	104.39	106.11	106.53
重　庆	104.74			104.74	104.74
四　川	103.84			103.84	104.20
贵　州	103.79			103.79	103.79
云　南	98.10			98.10	98.10
西　藏					
陕　西	98.41			98.41	98.41
甘　肃	108.17			108.17	108.17
青　海					
宁　夏	104.94			104.94	104.94
新　疆	104.31			104.31	104.31

8—8 主要农产品集贸市场价格指数

（上年=100）

指　标	2001 年	2007 年	2008 年	2009 年
籼　稻	104.70	111.25	112.13	102.96
优质籼稻	105.10	109.29	110.76	102.44
粳　稻	102.89	104.82	104.45	107.08
小　麦	107.09	108.68	110.88	109.42
玉　米	122.78	115.61	109.62	99.86
大　豆	96.36	117.16	134.78	85.51
棉花(籽棉)	106.65	116.03	86.44	91.39
花 生 仁		121.64	119.86	76.47
油 菜 籽		136.09	130.40	84.67
活　猪	105.31	160.19	128.91	76.58
仔　猪	106.81	188.49	156.92	62.92
猪　肉	105.27	153.89	124.28	78.89
牛　肉	102.62	121.61	140.31	103.45
羊　肉	100.14	126.66	133.39	102.86
活　鸡		128.24	109.54	94.25
鸡　蛋	104.27	124.59	102.66	97.41
草　鱼	99.83	104.77	121.60	100.41
鲤　鱼	97.31	110.53	121.60	92.66
带　鱼		104.40	113.74	104.68
大 白 菜		112.05	102.42	110.21
黄　瓜		113.85	101.27	114.19
西 红 柿		111.55	104.58	114.00
红富士苹果		106.64	108.76	108.57
香　蕉		101.02	113.23	107.57

农产品进出口

9—1 海关出口主要农产品数量

单位：万头、万吨

年份	活猪	大米	棉花(原棉)	蔬菜	水果	水产品
1980	316	109	1.0	34	24.2	11.2
1981	318	59		47	19.9	11.6
1982	324	47		51	20.8	10.3
1983	321	58	6.0	54	19.6	10.5
1984	308	116	19.0	52	17.4	12.4
1985	296	101	35.0	51	21.4	12.0
1986	310	95	56.0	64	22.4	16.7
1987	302	102	75.0	64	24.4	21.8
1988	303	70	47.0	77	29.8	28.7
1989	297	32	27.0	82	25.2	29.4
1990	300	33	17.0	98	22.6	35.8
1991	285	69	20.0	104	16.0	37.8
1992	290	95	14.0	138	14.6	44.0
1993	272	143	15.0	137	32.0	48.0
1994	270	152	11.0	154	39.2	57.0
1995	253	5	2.0	158	39.8	61.0
1996	240	26	0.4	167	56.0	64.0
1997	227	94	0.1	167	68.0	72.0
1998	219	375	4.5	201	66.0	79.0
1999	196	271	23.6	225	73.0	109.0
2000	203	295	29.2	245	82.0	120.0
2001	196	186	5.2	298	81.0	154.0
2002	188	199	15.0	360	113.0	163.0
2003	188	262	11.2	432	146.0	158.0
2004	197	91	0.9	470	175.0	177.0
2005	176	69	0.5	520	200.0	176.0
2006	172	124	1.3	568	198.0	194.0
2007	161	134	2.1	622	240.0	183.0
2008	164	97	1.6	624	285.0	175.0
2009	169	79	0.8	636	330.0	209.0

注：水果 1996 年及以后为干、鲜水果及坚果数据

9—2 海关进口主要农产品数量

单位:万吨

年 份	小 麦	玉 米	大 豆	棉花(原棉)	食用植物油
1980	1057	163.8	56.5	88.5	9.2
1981	1300	67.6	56.8	80.1	4.4
1982	1380	156.9	36.2	47.3	5.6
1983	1111	211.0	…	23.0	3.5
1984	987	5.5	…	4.0	1.4
1985	541	9.1	0.1	…	3.5
1986	611	58.8	29.1	…	19.8
1987	1320	154.2	27.3	0.6	51.1
1988	1455	10.9	15.2	3.5	21.4
1989	1488	6.8	0.1	51.9	105.6
1990	1253	36.9	0.1	41.7	112.3
1991	1237	0.1	0.1	37.1	61.2
1992	1058	…	12.1	28.0	42.0
1993	642	…	9.9	1.0	24.0
1994	730	0.1	5.2	50.0	163.0
1995	1159	518.1	29.4	74.0	213.0
1996	825	44.1	111.4	65.0	263.1
1997	186	…	280.1	75.0	274.6
1998	149	25.1	319.7	20.0	205.5
1999	45	7.0	431.7	5.0	208.0
2000	88	…	1041.6	4.7	179.0
2001	69	…	1394.0	6.0	165.0
2002	63	1.0	1131.0	18.0	319.0
2003	45	…	2074.0	87.0	541.0
2004	726	…	2023.0	191.0	676.0
2005	354	…	2659.0	257.0	621.0
2006	61	7	2824.0	364.0	669.0
2007	10	4	3082.0	246.0	838.0
2008	4.3	5	3744.0	211.0	816.0
2009	90.4	8	4255.0	153.0	816.0

9—3 海关出口农副产品及加工品数量

指　　标	单位	1995 年	2000 年	2008 年	2009 年	2009 年为2008 年百分比(%)
活猪	万头	253	203	164	169	103.0
活家禽	万只	5263	4890	1166	696	59.7
鲜、冻牛肉	万吨	2	2	2.3	1.3	56.5
鲜、冻猪肉	万吨	15	5	8.2	8.7	106.1
冻鸡	万吨	24.9	35.7	7.3	7	95.9
鲜、冻兔肉	吨	20187	22563			
鲜蛋	百万个	358	757	1216	1111	91.4
水产品	万吨	61	120	175	209	119.4
谷物及谷物粉	万吨	64	1378	181	132	72.9
其中:大米	万吨	5	295	97	78.6	81.0
小麦	万吨	1159	88			
玉米	万吨	11	1047	27	13	48.1
棉花(原棉)	万吨	2.2	29.2	1.6	0.8	50.0
蔬菜	万吨	158	245	624	636	101.9
鲜、干水果及坚果	万吨	49	82	285	330	115.8
其中:橘、橙	万吨	13.2	19.1	74.8	98.5	131.7
鲜苹果	万吨	10.9	29.8	115.3	117.2	101.6
食糖	万吨	48	41.4	5.8	6.4	110.3
天然蜂蜜	万吨	8.7	10.3	8.5	7.2	84.7
茶叶	万吨	16.7	22.8	29.7	30.3	102.0
辣椒干	万吨	3.6	5.4	9.6	9.1	94.8
猪肉罐头	万吨	6.4	3.8	3.2	3.6	112.5
蘑菇罐头	万吨	19.0	20.4	42.2	28.6	67.8
烤烟	万吨	5.7	9.4	11.6	9.9	85.3
生丝	万吨	1.3	1.3	1.3	0.9	69.2
山羊绒	吨	1829	3123	2421	2125	87.8
兔毛	吨	4395	4990			
猪鬃	吨	10511	12398			
肠衣	吨	44971	52316	67642	69219	102.3
填充用羽毛羽绒	吨	23345	36882	29846	27030	90.6
药材	万吨	13.7	17.6	18.8	20	106.4
食用油籽	万吨	121	76	88	75	85.2
其中:大豆	万吨	38	21	47	35	74.5
花生和花生仁	万吨	39	40	23	24	104.3
食用植物油	万吨	51	11.2	24.8	11.4	46.0

注:1995 年鲜、干水果及坚果仅包括鲜、干水果。

9—4 海关出口农副产品及加工品金额

单位:万美元

指　　标	1995 年	2000 年	2008 年	2009 年	2009 年为 2008 年 百分比(%)
活猪	27771	23045	38270	33008	86.2
活家禽	12534	10411	3399	2608	76.7
鲜、冻牛肉	3391	2353	9550	6121	64.1
鲜、冻猪肉	24535	6862	27565	26272	95.3
冻鸡	55656	51302	15666	13627	87.0
鲜冻兔肉	4765	4581			
鲜蛋	1667	1712	8013	7889	98.4
水产品	208728	226755	517708	680851	131.5
谷物及谷物粉		169417	75857	71620	94.4
其中:大米	1624	56105	48326	52506	108.7
玉米		105170	7942	3171	39.9
棉花(原棉)	4680	30579	3410	1812	53.1
蔬菜	157130	157691	416654	499576	119.9
鲜、干水果及坚果	18175	34836	182199	216216	118.7
#橘、橙	5570	4537	36227	50640	139.8
鲜苹果	4530	9656	69834	71213	102.0
食糖	18710	8359	2708	3365	124.3
天然蜂蜜	8748	8412	14711	12570	85.4
茶叶	27475	34717	68226	70495	103.3
辣椒干	5872	3446	17997	14262	79.2
猪肉罐头	11853	5845	8747	9765	111.6
烤烟	7732	13206	33430	41148	123.1
生丝	30055	27159	33379	24352	73.0
山羊绒	13987	252266	19621	13783	70.2
兔毛	7109	6177			
猪鬃	6541	8396			
肠衣		31508	84141	78798	93.6
填充用羽毛羽绒	28142	30710	29618	24825	83.8
药材	43610	20795	45145	48488	107.4
食用油籽	39460	39428	91212	66176	72.6
其中:大豆		6414	35146	23714	67.5
花生和花生仁	25687	23175	30652	21823	71.2
食用植物油	20935	6702	40156	15149	37.7

注:鲜、干水果及坚果 1995 年为水果数据。

9—5 海关进口农副产品及加工品数量

指　　标	单位	1990 年	1995 年	2000 年	2008 年	2009 年	2009 年为 2008 年百分比(%)
冻鱼	万吨			89	180	178	99.0
鲜、干水果及坚果	万吨				171	235	137.3
其中:香蕉	万吨			59	36	49	136.4
谷物及谷物粉	万吨			315	154	315	204.5
其中:玉米	万吨				5	8	168.0
小麦	万吨	1253	1159	88	4	90	2102.3
♯小麦粉	万吨				1	1	90.9
大麦	万吨	65	127	197	108	174	160.9
稻谷和大米	万吨			24	33	36	108.8
大豆	万吨	…	29	1042	3744	4255	113.6
食用植物油	万吨	112	213	179	816	816	100.0
♯豆油	万吨				259	239	92.3
棕榈油	万吨				465	511	109.9
菜子油和芥子油	万吨				27	47	173.3
其他植物油	万吨	119	160	23	65	19	29.5
食糖	万吨	113	295	64	78	106	135.9
饲料用鱼粉	万吨				135	131	97.0
豆饼、豆粕	吨				220296	132834	60.3
配制的动物饲料	吨						
纸烟	万条				1752	1813	103.5
天然橡胶(包括胶乳)	万吨				168	171	101.8
合成橡胶(包括胶乳)	万吨				120	147	122.7
原木	万立方米				2957	2806	94.9
锯材	万立方米				709	988	139.4
纸浆	万吨				952	1368	143.7
羊毛(包括羊毛条)	万吨	3	28	30	29	31	106.2
棉花(原棉)	万吨	42	74	5	211	153	72.5
肥料	万吨	1626	1991	1189	622	411	66.1
化肥	万吨				619	404	65.3
尿素	吨				67	38798	57907.5
氮磷钾复合肥料	万吨				64	131	204.7
磷酸氢二胺	万吨				10	43	430.0
氯化钾	万吨				514	198	38.5
硫酸钾	万吨				11	9	81.8
农药	吨				44316	44208	99.8

9－6 海关进口农副产品及加工品金额

单位:万美元

指　　标	1990年	1995年	2000年	2008年	2009年	2009年为2008年百分比(%)
冻鱼			68437	272945.2	271100.1	99.3
鲜、干水果及坚果				115171.9	164926	143.2
其中:香蕉			16926	13856.5	17901.6	129.2
谷物及谷物粉	235297	358153	59375	73178.9	89806.9	122.7
其中:玉米				1304.5	2134.1	163.6
小麦	215653	202639	14737	1479.8	21116.8	1427.0
＃ 小麦粉				746.9	659.6	88.3
大麦	10909	24054	31330	48429.1	43460.9	89.7
稻谷和大米			11271	20840.7	21557.8	103.4
大豆	32	7549	227024	2181265.4	1878727.7	86.1
食用植物油	52829	145482	62714	897734.4	589519.3	65.7
＃豆油				333382.4	184245.9	55.3
棕榈油				467257.3	346034.5	74.1
菜子油和芥子油				35526.9	37725.2	106.2
其他植物油	41904	97673	12773	61567.8	21513.7	34.9
食糖	37880	89758	11533	31850.1	37839.9	118.8
饲料用鱼粉				139746.5	130181.7	93.2
豆饼、豆粕				8996.2	4718.5	52.4
配制的动物饲料						
纸烟				6657.1	7602.7	114.2
天然橡胶(包括胶乳)				430182.1	281371.4	65.4
合成橡胶(包括胶乳)				334031.1	300041.5	89.8
原木				518362.3	408651.8	78.8
锯材				202416.4	231927.1	114.6
纸浆				670556.3	684370.3	102.1
羊毛(包括羊毛条)	14606	94414	103731	169825.5	146590.1	86.3
棉花(原棉)	71079	137782	7411	349238.1	211463.6	60.5
肥料	260313	374150	173006	348121.1	200831.7	57.7
化肥				347489.6	198579.1	57.1
尿素				9.7	770.4	7942.3
氮磷钾复合肥料				40255.6	52687	130.9
磷酸氢二胺				12610.4	16804.4	133.3
氯化钾				283105.4	117790.7	41.6
硫酸钾				4630.9	4668.7	100.8
农药				29538.3	33429.1	113.2

9—7 各地区出口农产品数量

单位:吨

地 区	大米产品	小麦产品	玉米产品	大 豆	棉花(原棉)	食用植物油	食 糖
全国合计	**786,199**	**245,027**	**129,584**	**356,295**	**8,247**	**115,595**	**63,886**
北 京	149,648	439	300	48		714	21
天 津	463			271	1,246	468	308
河 北		993	6,285	787		1,572	35
山 西				40			
内蒙古	4,569	2,065	4,379	2,773			2,456
辽 宁	96,682	7,808	15,787	58,803	20	52,609	122
吉 林	124,853	3,953	79,000	104,544		6,975	264
黑龙江	267,529	764	17,522	178,086		1,812	6
上 海		1,700		12	344	1,423	1
江 苏	4,248	3,227		916	48	6,738	30
浙 江				29		11	106
安 徽	6,441	47,997	1	288		636	6
福 建	1,093			27		97	386
江 西	96,614						3
山 东		41,200		6,659	1,896	19,468	12,981
河 南		2,858		42		213	
湖 北	1,112		182	47		237	510
湖 南	2,197			20			
广 东	2,482	131,735		2,728		20,467	44,530
广 西	873						1,966
海 南	534						
重 庆	330			1		2	2
四 川	11,256					5	
贵 州							
云 南	585			78			153
西 藏							
陕 西	50	50	6,100	96			
甘 肃			26			27	
青 海							
宁 夏							
新 疆	14,641	239			4,692	2,120	

9—8 各地区进口农产品数量

单位:吨

地 区	大米产品	小麦产品	玉米产品	大 豆	棉花(原棉)	食用植物油	食 糖
全国合计	**356,810**	**904,125**	**84,480**	**42,551,687**	**1,526,042**	**9,502,490**	**1,064,482**
北 京	8,418	23,754	53	90,414	73,056	130,534	248,049
天 津	4,401	407		2,134,348	28,899	1,742,453	13,455
河 北				3,192,755	18,839	122,691	1,778
山 西				102,087	698		1,050
内蒙古					120		
辽 宁	286	223	257	2,521,675	15,814	65,192	114,214
吉 林			3	452,925	3,203	6	272
黑龙江		281	27	1,883	1,721	98	1
上 海	2,901	19,337	3,515	446,588	124,511	503,629	2,095
江 苏	4,639	8,798	1	8,473,543	260,600	3,217,357	46,724
浙 江	4,271	94,411	834	1,560,876	50,110	256,662	1,574
安 徽		1			8,645	16,981	37,976
福 建	20,859	24,124	9,421	2,655,391	3,639	414,393	1,259
江 西					795		418
山 东	78	6,489	252	8,159,669	789,395	596,521	370,528
河 南				992,364	29,420	13,001	30,000
湖 北					29,306	20,856	10
湖 南	2,407				2,854	2,040	1,362
广 东	289,429	726,276	3,855	6,581,125	61,906	1,953,276	159,446
广 西	326		6	4,119,440	2,138	232,722	20,870
海 南						25,301	
重 庆				587,361	796	3	
四 川	59			257,346	2,673	84	
贵 州							
云 南	18,736		66,237	105	793	186,622	13,398
西 藏							
陕 西				161,792	7,676	2,032	
甘 肃			2			32	
青 海							
宁 夏							
新 疆		24	16	60,000	8,436	3	

农产品成本与收益

10—1 全国种植业产品成本与收益

指　　标	单位	三种粮食平均		稻　　谷	
		2008 年	2009 年	2008 年	2009 年
每亩					
主产品产量	千克	436.60	423.50	464.20	462.48
产值合计	元	748.81	792.76	900.72	934.32
主产品产值	元	729.49	773.45	883.03	916.44
副产品产值	元	19.32	19.31	17.69	17.88
总成本	元	562.42	600.41	665.10	683.12
生产成本	元	462.80	485.79	556.06	560.59
物质与服务费用	元	287.78	297.40	341.41	333.77
人工成本	元	175.02	188.39	214.65	226.82
家庭用工折价	元	158.33	171.05	181.87	191.90
雇工费用	元	16.69	17.34	32.78	34.92
土地成本	元	99.62	114.62	109.04	122.53
流转地租金	元	10.09	11.31	17.27	20.13
自营地折租	元	89.53	103.31	91.77	102.41
净利润	元	186.39	192.35	235.62	251.20
现金成本	元	314.56	326.05	391.46	388.82
现金收益	元	434.25	466.71	509.26	545.50
成本利润率	%	33.14	32.04	35.43	36.77
每 50 公斤主产品					
平均出售价格	元	83.54	91.32	95.11	99.08
总成本	元	62.75	69.16	70.23	72.44
生产成本	元	51.63	55.96	58.72	59.45
净利润	元	20.79	22.16	24.88	26.64
现金成本	元	35.09	37.56	41.34	41.23
现金收益	元	48.45	53.76	53.77	57.85
附：					
每亩用工数量	日	7.69	7.22	9.06	8.35
每亩主产品出售数量	千克	253.40	252.13	252.90	259.55
每亩主产品出售产值	元	414.40	450.91	474.37	509.39
商品率	%	70.80	74.27	64.60	67.84
每亩成本外支出	元	1.30	1.09	1.55	1.46

10—1 续表 1

指　　标	单位	小　　麦		玉　　米	
		2008 年	2009 年	2008 年	2009 年
每亩					
主产品产量	千克	388.30	378.08	457.20	429.94
产值合计	元	663.06	717.51	682.67	726.47
主产品产值	元	642.70	698.75	662.75	705.17
副产品产值	元	20.36	18.76	19.92	21.30
总成本	元	498.55	567.00	523.45	551.10
生产成本	元	411.88	463.12	420.29	433.66
物质与服务费用	元	278.69	317.48	243.31	241.05
人工成本	元	133.19	145.64	176.98	192.61
家庭用工折价	元	130.03	142.75	162.86	178.39
雇工费用	元	3.16	2.89	14.12	14.22
土地成本	元	86.67	103.88	103.16	117.44
流转地租金	元	4.52	4.70	8.48	9.09
自营地折租	元	82.15	99.18	94.68	108.35
净利润	元	164.51	150.51	159.22	175.37
现金成本	元	286.37	325.07	265.91	264.36
现金收益	元	376.69	392.44	416.76	462.11
成本利润率	%	33.00	26.54	30.42	31.82
每 50 公斤主产品					
平均出售价格	元	82.76	92.41	72.48	82.01
总成本	元	62.23	73.03	55.58	62.21
生产成本	元	51.41	59.65	44.62	48.96
净利润	元	20.53	19.38	16.90	19.80
现金成本	元	35.74	41.87	28.23	29.84
现金收益	元	47.02	50.54	44.25	52.17
附:					
每亩用工数量	日	6.10	5.81	7.90	7.50
每亩主产品出售数量	千克	216.70	216.24	290.50	280.61
每亩主产品出售产值	元	350.65	389.58	418.17	453.75
商品率	%	63.10	65.81	84.80	89.17
每亩成本外支出	元	1.72	1.27	0.63	0.53

10—1 续表 2

指　　标	单位	大　　豆		两种油料平均	
		2008 年	2009 年	2008 年	2009 年
每亩					
主产品产量	千克	139.70	128.79	177.70	179.97
产值合计	元	526.44	485.71	817.77	851.66
主产品产值	元	514.83	474.39	805.30	839.86
副产品产值	元	11.61	11.32	12.47	11.80
总成本	元	347.99	378.19	535.53	557.36
生产成本	元	242.03	248.35	450.92	463.40
物质与服务费用	元	153.71	144.82	239.73	233.94
人工成本	元	88.32	103.53	211.19	229.46
家庭用工折价	元	79.49	91.98	206.93	224.19
雇工费用	元	8.83	11.55	4.26	5.27
土地成本	元	105.96	129.84	84.61	93.96
流转地租金	元	13.55	16.91	4.01	4.25
自营地折租	元	92.41	112.93	80.60	89.71
净利润	元	178.45	107.52	282.24	294.30
现金成本	元	176.09	173.28	248.00	243.46
现金收益	元	350.35	312.43	569.77	608.20
成本利润率	%	51.28	28.43	52.70	52.80
每 50 公斤主产品					
平均出售价格	元	184.26	184.17	226.59	233.33
总成本	元	121.80	143.40	148.39	152.70
生产成本	元	84.71	94.17	124.94	126.96
净利润	元	62.46	40.77	78.20	80.63
现金成本	元	61.63	65.70	68.72	66.70
现金收益	元	122.63	118.47	157.87	166.63
附：					
每亩用工数量	日	3.89	3.94	9.69	9.15
每亩主产品出售数量	千克	115.90	109.38	112.20	118.42
每亩主产品出售产值	元	424.60	400.22	510.69	544.03
商品率	%	91.30	93.63	74.00	76.37
每亩成本外支出	元	0.05		1.20	0.81

10—1 续表 3

指　　标	单位	花生		油菜籽	
		2008 年	2009 年	2008 年	2009 年
每亩					
主产品产量	千克	220.50	226.87	134.90	133.06
产值合计	元	933.46	1224.35	702.07	478.95
主产品产值	元	918.08	1210.12	692.52	469.59
副产品产值	元	15.38	14.23	9.55	9.36
总成本	元	677.07	677.97	393.61	436.43
生产成本	元	569.97	561.27	331.49	365.22
物质与服务费用	元	336.82	306.44	142.48	161.36
人工成本	元	233.15	254.83	189.01	203.86
家庭用工折价	元	228.10	249.12	185.54	199.04
雇工费用	元	5.05	5.71	3.47	4.82
土地成本	元	107.10	116.70	62.12	71.21
流转地租金	元	3.42	2.72	4.60	5.77
自营地折租	元	103.68	113.98	57.52	65.44
净利润	元	256.39	546.38	308.46	42.52
现金成本	元	345.29	314.87	150.55	171.95
现金收益	元	588.17	909.48	551.52	307.00
成本利润率	%	37.87	80.59	78.37	9.74
每 50 公斤主产品					
平均出售价格	元	208.18	266.70	256.68	176.46
总成本	元	151.00	147.68	143.91	160.79
生产成本	元	127.11	122.26	121.19	134.56
净利润	元	57.18	119.02	112.77	15.67
现金成本	元	77.01	68.59	55.04	63.35
现金收益	元	131.17	198.11	201.64	113.11
附：					
每亩用工数量	日	10.69	10.18	8.67	8.12
每亩主产品出售数量	千克	126.20	139.08	98.10	97.75
每亩主产品出售产值	元	518.76	745.68	502.61	342.38
商品率	%	71.00	73.72	77.00	79.02
每亩成本外支出	元	0.33	0.15	2.06	1.46

10—1 续表 4

指　标	单位	棉花		烤烟	
		2008 年	2009 年	2008 年	2009 年
每亩					
主产品产量	千克	83.30	84.24	147.90	151.70
产值合计	元	1063.26	1440.03	2040.04	2191.41
主产品产值	元	870.54	1119.88	2031.94	2182.95
副产品产值	元	192.72	320.15	8.10	8.46
总成本	元	1079.97	1131.44	1720.81	1922.23
生产成本	元	930.47	961.82	1578.56	1761.06
物质与服务费用	元	403.39	393.64	759.70	841.97
人工成本	元	527.08	568.18	818.86	919.09
家庭用工折价	元	464.18	504.41	722.52	807.98
雇工费用	元	62.90	63.77	96.34	111.11
土地成本	元	149.50	169.62	142.25	161.17
流转地租金	元	9.86	12.41	16.85	18.24
自营地折租	元	139.64	157.21	125.40	142.93
净利润	元	—16.71	308.59	319.23	269.18
现金成本	元	476.15	469.82	872.89	971.32
现金收益	元	587.11	970.21	1167.15	1220.09
成本利润率	%	—1.54	27.27	18.55	14.00
每 50 公斤主产品					
平均出售价格	元	522.53	664.70	686.93	719.50
总成本	元	530.74	522.26	579.44	631.12
生产成本	元	457.27	443.96	531.54	578.20
净利润	元	—8.21	142.44	107.49	88.38
现金成本	元	234.00	216.86	293.92	318.91
现金收益	元	288.53	447.84	393.01	400.59
附：					
每亩用工数量	日	23.09	21.80	35.83	35.13
每亩主产品出售数量	千克	68.50	73.47	146.90	150.79
每亩主产品出售产值	元	716.81	967.32	2016.97	2169.19
商品率	%	98.20	98.40	99.90	99.85
每亩成本外支出	元	2.77	2.54	0.69	0.40

10—1续表5

指　标	单位	甘蔗		甜菜	
		2008年	2009年	2008年	2009年
每亩					
主产品产量	千克	4928.10	4738.99	3318.30	3225.41
产值合计	元	1307.31	1517.44	1102.07	1006.06
主产品产值	元	1283.81	1495.67	1087.78	988.75
副产品产值	元	23.50	21.77	14.29	17.31
总成本	元	1111.49	1168.70	738.89	756.74
生产成本	元	984.01	1029.37	596.20	613.65
物质与服务费用	元	513.04	516.19	393.90	380.80
人工成本	元	470.97	513.18	202.30	232.85
家庭用工折价	元	240.62	261.99	147.31	171.52
雇工费用	元	230.35	251.19	54.99	61.33
土地成本	元	127.48	139.33	142.69	143.09
流转地租金	元	5.46	6.28	14.88	15.98
自营地折租	元	122.02	133.05	127.81	127.11
净利润	元	195.82	348.74	363.18	249.32
现金成本	元	748.85	773.66	463.77	458.11
现金收益	元	558.46	743.78	638.30	547.95
成本利润率	%	17.62	29.84	49.15	32.95
每50公斤主产品					
平均出售价格	元	13.03	15.78	16.39	15.33
总成本	元	11.08	12.15	10.99	11.53
生产成本	元	9.81	10.70	8.87	9.35
净利润	元	1.95	3.63	5.40	3.80
现金成本	元	7.46	8.05	6.90	6.98
现金收益	元	5.57	7.73	9.49	8.35
附：					
每亩用工数量	日	17.06	16.61	8.14	8.20
每亩主产品出售数量	千克	4825.50	4628.12	3318.30	3225.41
每亩主产品出售产值	元	1257.97	1459.26	1087.78	988.75
商品率	%	98.40	98.53	100.00	100.00
每亩成本外支出	元	0.12	0.40	0.21	0.04

10—1 续表 6

指　　标	单位	桑蚕茧		苹果	
		2008 年	2009 年	2008 年	2009 年
每亩					
主产品产量	千克	105.60	105.25	1966.10	1961.50
产值合计	元	1822.69	2217.53	4203.14	6462.27
主产品产值	元	1786.90	2183.18	4197.79	6457.41
副产品产值	元	35.79	34.35	5.35	4.86
总成本	元	1685.70	1798.41	2257.62	3520.99
生产成本	元	1570.80	1667.84	2053.04	3312.68
物质与服务费用	元	494.92	484.65	1051.54	1823.71
人工成本	元	1075.88	1183.19	1001.50	1488.97
家庭用工折价	元	1001.59	1100.67	675.65	633.81
雇工费用	元	74.29	82.52	325.85	855.16
土地成本	元	114.90	130.57	204.58	208.31
流转地租金	元	15.39	17.99	19.66	16.80
自营地折租	元	99.51	112.58	184.92	191.51
净利润	元	136.99	419.12	1945.52	2941.28
现金成本	元	584.60	585.16	1397.05	2695.67
现金收益	元	1238.09	1632.37	2806.09	3766.60
成本利润率	%	8.13	23.31	86.18	83.54
每 50 公斤主产品					
平均出售价格	元	846.07	1037.14	106.75	164.60
总成本	元	782.48	841.12	57.34	89.68
生产成本	元	729.15	780.05	52.14	84.38
净利润	元	63.59	196.02	49.41	74.92
现金成本	元	271.36	273.68	35.48	68.66
现金收益	元	574.71	763.46	71.27	95.94
附：					
每亩用工数量	日	48.50	46.40	39.41	42.30
每亩主产品出售数量	千克	105.30	105.22	1827.10	1852.63
每亩主产品出售产值	元	1784.62	2182.63	3962.33	6222.76
商品率	%	99.80	99.96	96.30	97.41
每亩成本外支出	元	2.39	1.87		

10—2 全国饲养业产品成本与收益

指 标	单位	生猪平均		规模养猪平均		农户散养生猪	
		2008 年	2009 年	2008 年	2009 年	2008 年	2009 年
每头(百只、亩)							
主产品产量	千克	110.50	111.51	108.80	110.04	112.10	112.98
产值合计	元	1559.57	1257.80	1568.10	1247.90	1551.03	1267.69
主产品产值	元	1542.51	1241.54	1554.25	1234.73	1530.76	1248.35
副产品产值	元	17.06	16.26	13.85	13.17	20.27	19.34
总成本	元	1290.18	1149.85	1263.88	1118.67	1316.17	1180.82
生产成本	元	1289.04	1148.93	1261.96	1116.84	1315.81	1180.82
物质与服务费用	元	1160.45	1013.09	1192.13	1042.71	1128.68	983.44
人工成本	元	128.59	135.84	69.83	74.13	187.13	197.38
家庭用工折价	元	113.62	119.54	40.18	41.59	186.84	197.33
雇工费用	元	14.97	16.30	29.65	32.54	0.29	0.05
土地成本	元	1.14	0.92	1.92	1.83	0.36	
净利润	元	269.39	107.95	304.22	129.23	234.86	86.87
成本利润率	%	20.88	9.39	24.07	11.55	17.84	7.36
每 50 公斤主产品							
平均出售价格	元	697.97	556.69	714.27	561.04	682.77	552.47
总成本	元	577.41	508.91	575.70	502.94	579.38	514.61
生产成本	元	576.90	508.51	574.82	502.12	579.23	514.61
净利润	元	120.56	47.78	138.57	58.10	103.39	37.86
附:							
每核算单位用工数量	日	5.68	5.23	2.68	2.50	8.66	7.96
平均饲养天数	日	154.00	152.24	139.00	141.18	169.00	163.29

注:2006、2007 年的蛋鸡(肉鸡)平均指标该为规模养殖蛋鸡(肉鸡)平均。

10—2 续表 1

指　　标	单位	规模养殖蛋鸡平均		规模养殖肉鸡平均	
		2008 年	2009 年	2008 年	2009 年
每头(百只、亩)					
主产品产量	千克	1670.40	1686.61	211.70	221.35
产值合计	元	11816.95	12445.73	2112.31	2161.92
主产品产值	元	10240.81	10818.51	2086.96	2135.61
副产品产值	元	1576.14	1627.22	25.35	26.31
总成本	元	10927.51	11748.77	1877.20	1970.33
生产成本	元	10905.63	11731.34	1872.91	1957.31
物质与服务费用	元	10430.88	11210.60	1770.65	1845.47
人工成本	元	474.75	520.74	102.26	111.84
家庭用工折价	元	299.81	327.19	75.17	85.14
雇工费用	元	174.94	193.55	27.09	26.70
土地成本	元	21.88	17.43	4.29	13.02
净利润	元	889.44	696.96	235.11	191.59
成本利润率	%	8.14	5.93	12.52	9.72
每 50 公斤主产品					
平均出售价格	元	306.54	320.72	492.91	482.41
总成本	元	283.47	302.76	438.05	439.66
生产成本	元	282.90	302.31	437.05	436.75
净利润	元	23.07	17.96	54.86	42.75
附：					
每核算单位用工数量	日	18.92	18.07	4.15	4.04
平均饲养天数	日	350.00	354.20	65.00	67.12

10—2 续表 2

指　　标	单位	奶牛平均		规模奶牛平均		农户散养奶牛	
		2008 年	2009 年	2008 年	2009 年	2008 年	2009 年
每头(百只、亩)							
主产品产量	千克	5413.50	5543.15	5686.00	5686.22	5140.90	5400.08
产值合计	元	14638.08	15654.82	15690.83	16573.03	13585.33	14736.60
主产品产值	元	13507.38	14312.68	14532.97	15184.63	12481.79	13440.72
副产品产值	元	1130.70	1342.14	1157.86	1388.40	1103.54	1295.88
总成本	元	11413.84	12154.74	12539.85	13196.47	10287.52	11113.00
生产成本	元	11380.81	12124.37	12501.39	13159.55	10259.93	11089.18
物质与服务费用	元	10120.36	10793.36	11258.82	11855.15	8981.82	9731.54
人工成本	元	1260.45	1331.01	1242.57	1304.40	1278.11	1357.64
家庭用工折价	元	745.85	774.26	236.95	290.83	1254.53	1257.71
雇工费用	元	514.60	556.75	1005.62	1013.57	23.58	99.93
土地成本	元	33.03	30.37	38.46	36.92	27.59	23.82
净利润	元	3224.24	3500.08	3150.98	3376.56	3297.81	3623.60
成本利润率	%	28.25	28.80	25.13	25.59	32.06	32.61
每 50 公斤主产品							
平均出售价格	元	124.76	129.10	127.80	133.52	121.40	124.45
总成本	元	97.28	100.24	102.14	106.32	91.93	93.85
生产成本	元	97.00	99.99	101.82	106.02	91.68	93.65
净利润	元	27.48	28.86	25.66	27.20	29.47	30.60
附：							
每核算单位用工数量	日	47.23	43.42	35.88	34.43	58.57	52.41
平均饲养天数	日	365.00	365.00	364.00	365.00	365.00	365.00

农村居民收入与消费

11—1 农村居民纯收入

单位:元/人

年 份	纯收入合计	扣除价格因素实际比上年增长%	工资性收入	家庭经营纯收入	财产性收入	转移性收入
1949	43.8					
1952	57.0					
1954	64.1		2.4	56.4		5.3
1956	72.9		45.5	17.0		10.4
1957	73.0		43.4	21.5		8.1
1962	99.1		52.3	38.2		8.7
1963	101.3		54.6	35.7		11.1
1964	102.3		55.1	35.7		11.5
1965	107.2		63.2	33.3		10.7
1976	113.1		78.4	26.2		8.5
1977	117.1		76.1	32.8		8.2
1978	133.6		88.3	35.8		9.5
1979	160.2	19.2	100.7	44.0		15.5
1980	191.3	16.6	106.4	62.6		22.4
1981	223.4	15.4	113.8	84.5		25.1
1982	270.1	19.9	142.9	102.8		24.5
1983	309.8	14.2	57.5	227.7		24.6
1984	355.3	13.6	66.5	261.7		27.2
1985	397.6	7.8	72.2	296.0		29.5
1986	423.8	3.2	81.6	313.3		28.9
1987	462.6	5.2	95.5	345.5		21.6
1988	544.9	6.4	117.8	403.2		24.0
1989	601.5	−1.6	136.5	434.6		30.5
1990	686.3	1.8	138.8	518.6		29.0
1991	708.6	2.0	151.9	523.6		33.0
1992	784.0	5.9	184.4	561.6		38.0
1993	921.6	3.2	194.5	678.5	7.0	41.6
1994	1221.0	5.0	263.0	881.9	28.6	47.6
1995	1577.7	5.3	353.7	1125.8	41.0	57.3
1996	1926.1	9.0	450.8	1362.5	42.6	70.2
1997	2090.1	4.6	514.6	1472.7	23.6	79.3
1998	2162.0	4.3	573.6	1466.0	30.4	92.0
1999	2210.3	3.8	630.3	1448.4	31.6	100.2
2000	2253.4	2.1	702.3	1427.3	45.0	78.8
2001	2366.4	4.2	771.9	1459.6	47.0	87.9
2002	2475.6	4.8	840.2	1486.5	50.7	98.2
2003	2622.2	4.3	918.4	1541.3	65.8	96.8
2004	2936.4	6.8	998.5	1745.8	76.6	115.5
2005	3254.9	6.2	1174.5	1844.5	88.5	147.4
2006	3587.0	7.4	1374.8	1931.0	100.5	180.8
2007	4140.4	9.5	1596.2	2193.7	128.2	222.3
2008	4760.6	8.0	1853.7	2435.6	148.1	323.2
2009	5153.2	8.5	2061.3	2526.8	167.2	397.9

注:1992年以前的转移性收入包括财产性收入。

11-2 农村居民生活消费支出

单位:元/人

年份	生活消费支出	扣除价格因素实际比上年增长%	食品支出	衣着支出	居住支出	家庭设备用品及服务支出	交通和通讯支出	文教娱乐用品及服务支出	医疗保健支出	其他支出
1954	59.6		40.9	7.8	7.2					
1956	66.6		45.4	8.8	6.4					
1957	70.9		46.6	9.5	8.6					
1962	92.2		56.1	7.7	17.3					
1963	93.9		59.4	8.8	14.9					
1964	93.6		62.8	8.6	12.5					
1965	95.1		65.1	10.0	10.6					
1978	116.1		78.6	14.7	12.0					
1979	134.5	13.6	86.0	17.6	16.0					
1980	162.2	15.5	100.2	20.0	22.5	4.1	0.6	8.3	3.4	3.2
1981	190.8	15.2	114.1	23.8	31.6	4.2	0.6	10.1	4.2	2.2
1982	220.2	13.5	133.5	25.0	35.6	9.4	0.6	7.5	4.7	4.0
1983	248.3	11.4	147.6	28.0	42.0	14.0	3.6	5.7	4.4	3.0
1984	273.8	7.1	162.3	28.9	48.4	14.8	3.4	8.2	5.0	2.7
1985	317.4	7.7	183.4	30.8	57.9	16.2	5.6	12.4	7.7	3.6
1986	357.0	6.0	201.5	33.0	70.3	19.6	6.2	14.4	8.7	3.3
1987	398.3	5.1	222.1	34.2	79.8	21.5	8.2	18.5	10.7	3.4
1988	476.7	1.9	257.4	41.1	96.3	30.0	8.9	25.7	13.4	3.9
1989	535.4	−5.9	293.4	44.5	105.2	32.4	8.5	30.6	16.4	4.3
1990	584.6	4.5	343.8	45.4	101.4	30.9	8.4	31.4	19.0	4.3
1991	619.8	3.6	357.1	51.1	102.3	35.3	10.3	36.4	22.3	5.0
1992	659.0	1.6	379.3	52.5	104.9	36.7	12.2	43.8	24.2	5.5
1993	769.7	2.7	446.8	55.3	106.8	44.7	17.4	58.4	27.2	13.1
1994	1016.8	7.1	598.5	70.3	142.3	55.5	24.0	75.1	32.1	19.0
1995	1310.4	9.7	768.2	89.8	182.2	68.5	33.8	102.4	42.5	23.1
1996	1572.1	11.2	885.5	113.8	219.1	84.2	47.1	132.5	58.3	31.7
1997	1617.2	0.4	890.3	109.4	233.2	85.4	53.9	148.2	62.5	34.3
1998	1590.3	−0.7	849.6	98.1	239.6	81.9	60.7	159.4	68.1	32.9
1999	1577.4	0.7	829.0	92.0	232.7	82.3	68.7	168.3	70.0	34.3
2000	1670.1	6.0	820.5	96.0	258.3	75.5	93.1	186.7	87.6	52.5
2001	1741.1	3.4	830.7	98.7	279.1	77.0	110.0	192.6	96.6	56.4
2002	1834.3	5.8	848.4	105.0	300.2	80.4	128.5	210.3	103.9	57.7
2003	1943.3	4.3	886.0	110.3	308.4	81.7	162.5	235.7	115.8	43.0
2004	2184.7	7.3	1031.9	120.2	324.3	89.2	192.6	247.6	130.6	48.3
2005	2555.4	11.5	1162.2	148.6	370.2	111.4	245.0	295.5	168.1	54.5
2006	2829.0	9.1	1217.0	168.0	469.0	126.6	288.8	305.1	191.5	63.1
2007	3223.9	8.1	1389.0	193.4	573.8	149.1	328.4	305.7	210.2	74.2
2008	3660.7	6.6	1598.7	211.8	678.8	174.0	360.2	314.5	246.0	76.7
2009	3993.5	9.4	1636.0	232.5	805.0	204.8	402.9	340.6	287.5	84.1

注:1979年以前生活消费支出中的各细项均为其中项。

11—3 农村居民主要食品消费量

单位:千克/人

年 份	粮食合计	细 粮	粗 粮	蔬 菜	食用油	植物油	动物油
1954	221.7	95.1	126.7	70.7	1.3	1.1	0.2
1956	246.5	126.0	120.5	91.0	1.5	1.3	0.3
1957	227.0	110.1	116.9	102.3	1.6	1.3	0.3
1962	189.3	91.7	97.6	199.7	1.0	0.8	0.2
1963	208.0	94.4	113.6	134.9	1.2	0.9	0.3
1964	212.7	106.0	106.7	126.4	1.3	0.9	0.4
1965	226.5	113.0	113.5	130.0	1.5	1.1	0.4
1977	234.7	113.4	121.3	134.0	1.8	1.2	0.7
1978	247.8	122.5	125.3	141.5	2.0	1.3	0.7
1979	256.7	139.4	117.3	131.2	2.4	1.5	0.9
1980	257.2	162.9	94.2	127.2	2.5	1.4	1.1
1981	256.1	172.4	83.7	124.0	3.1	1.9	1.2
1982	260.0	191.8	68.1	132.0	3.4	2.1	1.4
1983	259.9	196.3	63.6	131.0	3.5	2.2	1.3
1984	266.5	209.1	57.5	140.0	4.0	2.5	1.5
1985	257.5	208.8	48.6	131.1	4.0	2.6	1.4
1986	259.3	212.2	47.1	133.7	4.2	2.6	1.6
1987	259.4	211.4	48.0	130.4	4.7	3.1	1.6
1988	259.5	210.7	48.8	130.1	4.8	3.3	1.5
1989	262.3	213.5	48.8	133.4	4.8	3.3	1.5
1990	262.1	215.0	47.1	134.0	5.2	3.5	1.6
1991	255.6	213.8	41.8	127.0	5.7	3.9	1.8
1992	250.5	210.6	39.9	129.1	5.9	4.1	1.8
1993	251.8	221.0	30.8	107.4	5.7	4.1	1.6
1994	257.6	212.0	45.6	107.9	5.7	4.1	1.6
1995	256.1	210.7	45.3	104.6	5.8	4.3	1.6
1996	256.2	206.5	49.7	106.3	6.1	4.5	1.6
1997	250.7	208.9	41.8	107.2	6.2	4.7	1.4
1998	248.9	209.0	39.9	109.0	6.1	4.6	1.5
1999	247.5	206.2	41.3	108.9	6.2	4.6	1.6
2000	250.2	207.1	43.1	106.7	7.1	5.5	1.6
2001	238.6	199.7	38.9	109.3	7.0	5.5	1.5
2002	236.5	199.4	37.1	110.6	7.5	5.8	1.8
2003	222.4	192.5	29.9	107.4	6.3	5.3	1.0
2004	218.3	189.8	28.5	106.6	5.3	4.3	1.0
2005	208.9	181.8	27.1	102.3	6.0	4.9	1.1
2006	205.6	178.0	27.6	100.5	5.8	4.7	1.1
2007	199.5	173.8	25.7	99.0	6.0	5.1	0.9
2008	199.1	173.7	25.4	99.7	6.2	5.4	0.9
2009	189.3	165.2	24.0	98.4	6.3	5.4	0.8

11—3 续表　　单位:千克/人

年　份	猪牛羊肉	猪　肉	牛羊肉	家　禽	禽蛋及制品	水产品	食糖	酒
1954	4.6	3.7	0.9		0.8	1.4	0.4	0.8
1956	4.2	3.1	1.1		0.7	1.2	0.5	0.5
1957	4.5	3.5	1.1		0.8	1.1	0.5	0.5
1962	2.7	1.8	0.9		0.5	1.4	0.6	0.6
1963	4.2	3.0	1.2		0.8	1.4	0.4	0.5
1964	4.4	3.5	0.9		0.9	1.3	0.7	0.6
1965	4.8	3.8	1.0		0.9	1.3	0.7	0.6
1977	5.3	4.8	0.5	0.2	0.7	0.8	0.7	1.2
1978	5.8	5.2	0.6	0.3	0.8	0.8	0.7	1.2
1979	6.5	6.1	0.4	0.3	0.9	0.7	0.8	1.4
1980	7.7	7.3	0.5	0.7	1.2	1.1	1.1	1.9
1981	8.7	8.2	0.5	0.7	1.3	1.3	1.1	2.3
1982	9.1	8.4	0.7	0.8	1.4	1.3	1.2	2.7
1983	10.0	9.3	0.7	0.8	1.6	1.6	1.3	3.2
1984	10.6	9.9	0.7	0.9	1.8	1.7	1.3	3.5
1985	11.0	10.3	0.7	1.0	2.1	1.6	1.5	4.4
1986	11.8	11.1	0.7	1.1	2.1	1.9	1.6	5.0
1987	11.7	11.0	0.7	1.2	2.3	2.0	1.7	5.5
1988	10.7	10.1	0.7	1.3	2.3	1.9	1.4	5.9
1989	11.0	10.3	0.7	1.3	2.4	2.1	1.5	6.0
1990	11.3	10.5	0.8	1.3	2.4	2.1	1.5	6.1
1991	12.2	11.2	1.0	1.3	2.7	2.2	1.4	6.4
1992	11.8	10.9	1.0	1.5	2.9	2.3	1.5	6.6
1993	11.7	10.9	0.8	1.6	2.9	2.8	1.4	6.5
1994	11.0	10.2	0.8	1.6	3.0	3.0	1.3	6.0
1995	11.3	10.6	0.7	1.8	3.2	3.4	1.3	6.5
1996	12.9	11.9	1.1	1.9	3.4	3.7	1.4	7.1
1997	12.7	11.5	1.3	2.4	4.1	3.8	1.4	7.1
1998	13.2	11.9	1.3	2.3	4.1	3.7	1.4	7.0
1999	13.9	12.7	1.2	2.5	4.3	3.8	1.5	7.0
2000	14.4	13.3	1.1	2.8	4.8	3.9	1.3	7.0
2001	14.5	13.4	1.2	2.9	4.7	4.1	1.4	7.1
2002	14.9	13.7	1.2	2.9	4.7	4.4	1.6	7.5
2003	15.0	13.8	1.3	3.2	4.8	4.3	1.2	7.7
2004	14.8	13.5	1.3	3.1	4.6	4.5	1.1	7.8
2005	17.1	15.6	1.5	3.7	4.7	4.9	1.1	9.6
2006	17.0	15.5	1.6	3.5	5.0	5.0	1.1	10.0
2007	14.9	13.4	1.5	3.9	4.7	5.4	1.1	10.2
2008	13.9	12.6	1.3	4.4	5.4	5.2	1.1	9.7
2009	15.3	14.0	1.4	4.2	5.3	5.3	1.1	10.1

11—4 农村居民家庭基本情况

指标	单位	1990年	1995年	2000年	2008年	2009年	2009年为下列各年%	
							1990年	2008年
调查户数	户	66960	67340	68116	68190	68190	101.8	100.0
调查户常住人口	人	321429	301878	286162	273695	271403	84.4	99.2
平均每户常住人口	人	4.80	4.48	4.20	4.01	3.98	82.9	99.2
平均每户劳动力	人	2.92	2.88	2.76	2.85	2.85	97.7	100.2
平均每人经营耕地面积	亩	2.10	2.17	1.98	2.18	2.26	107.4	103.5
平均每人经营山地面积	亩	0.42	0.44	0.28	0.33	0.34	81.0	103.0
平均每户生产性固定资产原值	元	1258.1	2774.3	4673.1	9054.9	9970.6	792.5	110.1
平均每人全年收入								
总收入	元	990.4	2337.9	3146.2	6700.7	7115.6	718.5	106.2
#工资性收入	元	138.8	353.7	702.3	1853.7	2061.3	1485.1	111.2
家庭经营收入	元	815.8	1877.4	2251.3	4302.1	4404.0	539.8	102.4
纯收入	元	686.3	1577.7	2253.4	4760.6	5153.2	750.9	108.2
#工资性收入	元	138.8	353.7	702.3	1853.7	2061.3	1485.1	111.2
家庭经营收入	元	518.6	1125.8	1427.3	2435.6	2526.8	487.3	103.7
现金收入	元	676.7	1595.6	2381.6	5737.0	6270.2	926.6	109.3
#工资性收入	元	136.4	352.9	700.4	1850.6	2057.8	1508.3	111.2
家庭经营收入	元	481.2	1116.7	1498.8	3370.5	3590.8	746.2	106.5
平均每人全年支出								
总支出	元	903.5	2138.3	2652.4	5915.7	6333.9	701.1	107.1
#家庭经营费用支出	元	241.1	621.7	654.3	1704.5	1700.1	705.2	99.7
税费支出	元	38.7	88.7	95.5	11.6	10.1	26.2	87.3
生活消费支出	元	584.6	1310.4	1670.1	3660.7	3993.5	683.1	109.1
财产性和转移性支出	元	18.8	55.3	168.6	377.3	429.2	2282.9	113.8
现金支出	元	639.1	1545.8	2140.4	5257.9	5694.8	891.1	108.3
#家庭经营费用现金支出	元	162.9	454.7	544.5	1551.0	1554.6	954.3	100.2
税费支出	元	33.4	77.0	89.8	11.6	10.1	30.1	87.0
生活消费现金支出	元	374.7	859.4	1284.7	3159.4	3504.8	935.3	110.9
财产性和转移性支出	元	47.6	92.4	157.4	374.4	424.3	891.5	113.3

11—5 农村居民总收入和纯收入

单位:元/人

指标	1990年	1995年	2000年	2008年	2009年	2009年为下列各年%	
						1990年	2008年
一、总收入	990.4	2337.9	3146.2	6700.7	7115.6	718.5	106.2
工资性收入	138.8	353.7	702.3	1853.7	2061.3	1485.1	111.2
家庭经营收入	815.8	1877.4	2251.3	4302.1	4404.0	539.8	102.4
财产性收入		41.0	45.0	148.1	167.2		112.9
转移性收入	35.8	65.8	147.6	396.8	483.1	1349.9	121.8
二、纯收入	686.3	1577.7	2253.4	4760.6	5153.2	750.9	108.2
(一)工资性收入	138.8	353.7	702.3	1853.7	2061.3	1485.1	111.2
(二)家庭经营纯收入	518.6	1125.8	1427.3	2435.6	2526.8	487.3	103.7
1. 第一产业收入	456.0	956.5	1090.7	1945.9	1988.2	436.0	102.2
农业收入	344.6	799.4	833.9	1427.0	1497.9	434.7	105.0
林业收入	7.5	13.5	22.4	66.2	69.6	924.6	105.2
牧业收入	96.8	127.8	207.4	397.5	360.4	372.2	90.7
渔业收入	7.1	15.7	27.0	55.2	60.3	847.4	109.2
2. 第二产业收入	21.3	48.2	99.4	149.0	164.5	771.2	110.4
工业收入	9.2	13.6	52.7	81.6	87.0	950.7	106.6
建筑业收入	12.2	34.5	46.7	67.4	77.5	636.3	115.0
3. 第三产业收入	41.2	121.2	237.2	340.7	374.1	908.5	109.8
交通、运输和邮电业收入	13.5	27.8	63.6	103.8	111.6	829.4	107.4
批发零售贸易、餐饮业收入	12.7	34.3	78.5	142.1	161.6	1273.2	113.7
社会服务业收入	6.6	17.2	28.1	41.9	45.9	700.5	109.6
文教卫生业收入			6.9	16.9	19.0		112.2
其他收入	8.5	42.0	60.1	36.0	36.2	426.1	100.4
(三)财产性和转移性收入	29.0	98.3	123.9	471.3	565.1	1951.5	119.9

11—6 各地区农村居民纯收入

单位:元/人

地 区	1990年	1995年	2000年	2008年	2009年	2009年为下列各年%	
						1990年	2008年
全国总计	**686.3**	**1577.7**	**2253.4**	**4760.6**	**5153.2**	**750.9**	**108.2**
北 京	1297.1	3223.7	4604.5	10661.9	11668.6	899.6	109.4
天 津	1069.0	2406.4	3622.4	7910.8	8687.6	812.7	109.8
河 北	621.7	1668.7	2478.9	4795.5	5149.7	828.4	107.4
山 西	603.5	1208.3	1905.6	4097.2	4244.1	703.2	103.6
内蒙古	607.2	1208.4	2038.2	4656.2	4937.8	813.3	106.0
辽 宁	836.2	1756.5	2355.6	5576.5	5958.0	712.5	106.8
吉 林	803.5	1609.6	2022.5	4932.7	5265.9	655.4	106.8
黑龙江	759.9	1766.3	2148.2	4855.6	5206.8	685.2	107.2
上 海	1907.3	4245.6	5596.4	11440.3	12482.9	654.5	109.1
江 苏	959.1	2456.9	3595.1	7356.5	8003.5	834.5	108.8
浙 江	1099.0	2966.2	4253.7	9257.9	10007.3	910.6	108.1
安 徽	539.2	1302.8	1934.6	4202.5	4504.3	835.4	107.2
福 建	764.4	2048.6	3230.5	6196.1	6680.2	873.9	107.8
江 西	669.9	1537.4	2135.3	4697.2	5075.0	757.6	108.0
山 东	680.2	1715.1	2659.2	5641.4	6118.8	899.6	108.5
河 南	527.0	1232.0	1985.8	4454.2	4807.0	912.2	107.9
湖 北	670.8	1511.2	2268.6	4656.4	5035.3	750.6	108.1
湖 南	664.2	1425.2	2197.2	4512.5	4909.0	739.0	108.8
广 东	1043.0	2699.2	3654.5	6399.8	6906.9	662.2	107.9
广 西	639.5	1446.1	1864.5	3690.3	3980.4	622.5	107.9
海 南	696.2	1519.7	2182.3	4390.0	4744.4	681.4	108.1
重 庆			1892.5	4126.2	4478.4		108.5
四 川	557.8	1158.3	1903.6	4121.2	4462.1	800.0	108.3
贵 州	435.1	1086.6	1374.2	2796.9	3005.4	690.7	107.5
云 南	540.9	1011.0	1478.6	3102.6	3369.3	623.0	108.6
西 藏	649.7	1200.3	1330.8	3175.8	3531.7	543.6	111.2
陕 西	530.8	962.9	1443.9	3136.5	3437.6	647.6	109.6
甘 肃	431.0	880.3	1428.7	2723.8	2980.1	691.5	109.4
青 海	559.8	1029.8	1490.5	3061.2	3346.2	597.8	109.3
宁 夏	578.1	998.8	1724.3	3681.4	4048.3	700.2	110.0
新 疆	683.5	1136.5	1618.1	3502.9	3883.1	568.1	110.9

11－7 各地区农村居民纯收入

（按收入来源分）

单位:元/人

地　区	纯收入	工资性收入	家庭经营纯收入	财产性收入	转移性收入
全国总计	**5153.2**	**2061.3**	**2526.8**	**167.2**	**397.9**
北　京	11668.6	7326.2	1540.0	1268.6	1533.8
天　津	8687.6	4408.3	3551.6	267.5	460.1
河　北	5149.7	2251.0	2440.4	123.9	334.3
山　西	4244.1	1789.9	1919.8	205.1	329.3
内蒙古	4937.8	900.4	3277.5	137.3	622.6
辽　宁	5958.0	2239.8	3017.3	205.5	495.4
吉　林	5265.9	869.0	3436.8	290.9	669.3
黑龙江	5206.8	1019.6	3326.7	241.0	619.4
上　海	12482.9	8671.0	590.2	932.8	2289.0
江　苏	8003.5	4238.5	2938.7	325.6	500.7
浙　江	10007.3	5090.2	3869.6	487.9	559.7
安　徽	4504.3	1882.4	2238.6	117.0	266.3
福　建	6680.2	2678.4	3330.2	199.9	471.7
江　西	5075.0	2019.0	2685.3	80.4	290.3
山　东	6118.8	2496.6	3129.3	196.1	296.8
河　南	4807.0	1621.8	2890.6	56.0	238.6
湖　北	5035.3	1900.5	2828.5	58.4	247.8
湖　南	4909.0	2234.0	2257.3	81.2	336.5
广　东	6906.9	4089.7	2017.4	357.7	442.2
广　西	3980.4	1465.2	2228.2	41.5	245.5
海　南	4744.4	972.7	3426.3	56.1	289.3
重　庆	4478.4	1919.7	2111.7	67.8	379.2
四　川	4462.1	1821.4	2072.9	94.8	473.1
贵　州	3005.4	1074.3	1537.6	81.9	311.6
云　南	3369.3	685.0	2279.0	127.5	277.9
西　藏	3531.7	914.1	1956.5	148.3	512.9
陕　西	3437.6	1428.5	1570.2	92.6	346.3
甘　肃	2980.1	994.9	1583.2	34.1	367.9
青　海	3346.2	1081.6	1666.2	117.0	481.3
宁　夏	4048.3	1518.9	2111.6	63.1	354.7
新　疆	3883.1	461.5	3069.6	121.3	230.8

11—8 农村居民生活消费支出及构成

指标	1990年	1995年	2000年	2008年	2009年	2009年为下列各年%	
						1990年	2008年
生活消费支出(元/人)	**584.6**	**1310.4**	**1670.1**	**3660.7**	**3993.5**	**683.1**	**109.1**
一、食品支出	343.8	768.2	820.5	1598.8	1636.0	475.9	102.3
二、衣着支出	45.4	89.8	96.0	211.8	232.5	511.7	109.8
三、居住支出	101.4	182.2	258.3	678.8	805.0	794.1	118.6
四、家庭设备、用品及服务支出	30.9	68.5	75.5	174.0	204.8	662.8	117.7
五、交通和通讯支出	8.4	33.8	93.1	360.2	402.9	4785.2	111.9
六、文教娱乐用品及服务支出	31.4	102.4	186.7	314.5	340.6	1085.3	108.3
七、医疗保健支出	19.0	42.5	87.6	246.0	287.5	1511.8	116.9
八、其他商品及服务支出	4.3	23.1	52.5	76.7	84.1	1937.8	109.7
生活消费支出构成(%)	**100.0**	**100.0**	**100.0**	**100.0**	**100.0**		
一、食品支出	58.8	58.6	49.1	43.7	41.0		
二、衣着支出	7.8	6.9	5.7	5.8	5.8		
三、居住支出	17.3	13.9	15.5	18.5	20.2		
四、家庭设备、用品及服务支出	5.3	5.2	4.5	4.8	5.1		
五、交通和通讯支出	1.4	2.6	5.6	9.8	10.1		
六、文教娱乐用品及服务支出	5.4	7.8	11.2	8.6	8.5		
七、医疗保健支出	3.3	3.2	5.2	6.7	7.2		
八、其他商品及服务支出	0.7	1.8	3.1	2.1	2.1		

11—9 农村居民生活消费现金支出及构成

指 标	1990年	1995年	2000年	2008年	2009年	2009年为下列各年%	
						1990年	2008年
生活消费现金支出(元/人)	**374.7**	**859.4**	**1284.7**	**3159.4**	**3504.8**	**935.3**	**110.9**
一、食品支出	155.9	353.2	464.3	1135.2	1180.7	757.6	104.0
二、衣着支出	44.0	88.7	95.2	211.1	231.9	526.7	109.9
三、居住支出	81.2	147.9	231.1	642.3	772.6	952.1	120.3
四、家庭设备、用品及服务支出	30.7	68.1	74.4	173.6	204.5	665.2	117.8
五、交通和通讯支出	8.4	33.7	93.1	360.2	402.9	4790.8	111.9
六、文教娱乐用品及服务支出	31.3	102.4	186.7	314.5	340.6	1087.0	108.3
七、医疗保健支出	19.0	42.5	87.6	246.0	287.5	1515.0	116.9
八、其他商品及服务支出	4.3	23.1	52.5	76.7	84.1	1978.8	109.7
生活消费现金支出构成(%)	**100.0**	**100.0**	**100.0**	**100.0**	**100.0**		
一、食品支出	41.6	41.1	36.1	35.9	33.7		
二、衣着支出	11.7	10.3	7.4	6.7	6.6		
三、居住支出	21.7	17.2	18.0	20.3	22.0		
四、家庭设备、用品及服务支出	8.2	7.9	5.8	5.5	5.8		
五、交通和通讯支出	2.2	3.9	7.2	11.4	11.5		
六、文教娱乐用品及服务支出	8.4	11.9	14.5	10.0	9.7		
七、医疗保健支出	5.1	4.9	6.8	7.8	8.2		
八、其他商品及服务支出	1.1	2.7	4.1	2.4	2.4		

11—10 各地区农村居民生活消费支出

单位:元/人

地　　区	生活消费支出	服务性支出	1.食品支出	2.衣着支出	3.居住支出
全国总计	**3993.5**	**1155.9**	**1636.0**	**232.5**	**805.0**
北　　京	8897.6	3016.3	2808.9	654.4	1798.9
天　　津	4273.2	1351.6	1848.1	324.6	674.7
河　　北	3349.7	907.4	1195.7	217.8	796.6
山　　西	3304.8	1032.0	1224.6	283.2	584.1
内 蒙 古	3968.4	1213.3	1578.6	271.9	609.3
辽　　宁	4254.0	1264.9	1563.3	335.9	793.9
吉　　林	3902.9	1090.1	1371.1	287.0	737.1
黑 龙 江	4241.3	1187.9	1331.1	345.7	946.8
上　　海	9804.4	2895.9	3639.1	496.1	2103.0
江　　苏	5804.5	2012.4	2275.3	306.6	969.8
浙　　江	7731.7	2429.8	2812.4	473.1	1489.0
安　　徽	3655.0	1040.5	1494.2	203.4	813.1
福　　建	5015.7	1438.3	2304.1	291.7	821.2
江　　西	3532.7	1011.3	1609.2	162.6	725.1
山　　东	4417.2	1245.3	1618.7	265.6	945.8
河　　南	3388.5	915.5	1220.4	225.6	875.8
湖　　北	3725.2	1081.8	1668.4	195.5	702.6
湖　　南	4020.9	1260.0	1967.5	182.5	691.6
广　　东	5019.8	1477.0	2425.6	192.7	946.1
广　　西	3231.1	872.5	1572.8	91.8	677.9
海　　南	3088.6	752.3	1639.3	108.0	348.5
重　　庆	3142.1	896.3	1542.1	198.6	406.4
四　　川	4141.4	1089.5	1740.6	197.1	1138.7
贵　　州	2422.0	573.7	1093.9	125.4	588.4
云　　南	2924.9	685.0	1410.0	137.2	496.7
西　　藏	2399.5	296.9	1190.0	266.7	383.2
陕　　西	3349.2	1187.8	1175.3	208.0	697.4
甘　　肃	2766.5	722.3	1142.1	157.3	648.6
青　　海	3209.4	764.0	1164.1	224.7	820.8
宁　　夏	3347.9	857.2	1395.4	256.3	501.8
新　　疆	2950.6	793.7	1225.9	261.3	514.7

11—10 续表

单位:元/人

地　　区	家庭设备用品及服务支出	交通和通讯支出	文教娱乐用品及服务支出	医疗保健支出	其他支出
全国总计	**204.8**	**402.9**	**340.6**	**287.5**	**84.1**
北　京	528.0	1132.1	960.4	867.9	147.1
天　津	187.8	481.3	371.9	299.8	85.0
河　北	170.4	350.9	263.5	289.3	65.6
山　西	156.3	324.9	416.9	240.9	73.9
内蒙古	148.0	466.3	390.9	416.9	86.6
辽　宁	185.5	416.4	437.8	409.6	111.5
吉　林	168.4	356.0	376.8	511.5	95.1
黑龙江	161.0	427.4	496.4	434.3	98.6
上　海	480.6	1212.4	942.8	738.9	191.4
江　苏	286.4	691.6	818.5	323.0	133.4
浙　江	374.3	968.2	843.3	609.1	162.4
安　徽	229.7	302.2	312.1	227.1	73.3
福　建	260.7	570.2	421.7	219.0	127.0
江　西	181.9	295.8	254.8	232.8	70.5
山　东	273.8	533.6	400.0	301.6	78.3
河　南	203.8	310.1	234.0	242.9	75.9
湖　北	229.3	307.2	281.7	236.3	104.3
湖　南	203.7	341.3	291.0	258.1	85.3
广　东	206.4	558.8	296.7	232.0	161.6
广　西	157.9	275.6	192.5	205.2	57.4
海　南	132.2	357.3	287.9	129.3	86.1
重　庆	209.4	260.3	237.4	242.6	45.4
四　川	219.6	324.1	206.7	258.1	56.6
贵　州	115.4	175.1	151.6	133.2	39.0
云　南	147.8	313.3	177.7	197.6	44.7
西　藏	148.6	224.8	61.1	71.5	53.5
陕　西	195.9	300.3	380.4	329.3	62.6
甘　肃	142.7	237.9	217.4	180.1	40.4
青　海	132.5	341.1	173.8	291.3	61.0
宁　夏	169.0	365.6	217.2	356.4	86.3
新　疆	107.3	319.4	158.1	316.6	47.4

11—11 各地区农村居民生活消费支出构成

单位：%

地 区	生活消费支出	食品支出	衣着支出	居住支出	家庭设备用品及服务支出	交通和通讯支出	文教娱乐用品及服务支出	医疗保健支出	其他支出
全国总计	**100.0**	**41.0**	**5.8**	**20.2**	**5.1**	**10.1**	**8.5**	**7.2**	**2.1**
北 京	100.0	31.6	7.4	20.2	5.9	12.7	10.8	9.8	1.7
天 津	100.0	43.2	7.6	15.8	4.4	11.3	8.7	7.0	2.0
河 北	100.0	35.7	6.5	23.8	5.1	10.5	7.9	8.6	2.0
山 西	100.0	37.1	8.6	17.7	4.7	9.8	12.6	7.3	2.2
内蒙古	100.0	39.8	6.9	15.4	3.7	11.8	9.8	10.5	2.2
辽 宁	100.0	36.7	7.9	18.7	4.4	9.8	10.3	9.6	2.6
吉 林	100.0	35.1	7.4	18.9	4.3	9.1	9.7	13.1	2.4
黑龙江	100.0	31.4	8.2	22.3	3.8	10.1	11.7	10.2	2.3
上 海	100.0	37.1	5.1	21.4	4.9	12.4	9.6	7.5	2.0
江 苏	100.0	39.2	5.3	16.7	4.9	11.9	14.1	5.6	2.3
浙 江	100.0	36.4	6.1	19.3	4.8	12.5	10.9	7.9	2.1
安 徽	100.0	40.9	5.6	22.2	6.3	8.3	8.5	6.2	2.0
福 建	100.0	45.9	5.8	16.4	5.2	11.4	8.4	4.4	2.5
江 西	100.0	45.6	4.6	20.5	5.1	8.4	7.2	6.6	2.0
山 东	100.0	36.6	6.0	21.4	6.2	12.1	9.1	6.8	1.8
河 南	100.0	36.0	6.7	25.8	6.0	9.2	6.9	7.2	2.2
湖 北	100.0	44.8	5.2	18.9	6.2	8.2	7.6	6.3	2.8
湖 南	100.0	48.9	4.5	17.2	5.1	8.5	7.2	6.4	2.1
广 东	100.0	48.3	3.8	18.8	4.1	11.1	5.9	4.6	3.2
广 西	100.0	48.7	2.8	21.0	4.9	8.5	6.0	6.3	1.8
海 南	100.0	53.1	3.5	11.3	4.3	11.6	9.3	4.2	2.8
重 庆	100.0	49.1	6.3	12.9	6.7	8.3	7.6	7.7	1.4
四 川	100.0	42.0	4.8	27.5	5.3	7.8	5.0	6.2	1.4
贵 州	100.0	45.2	5.2	24.3	4.8	7.2	6.3	5.5	1.6
云 南	100.0	48.2	4.7	17.0	5.1	10.7	6.1	6.8	1.5
西 藏	100.0	49.6	11.1	16.0	6.2	9.4	2.5	3.0	2.2
陕 西	100.0	35.1	6.2	20.8	5.8	9.0	11.4	9.8	1.9
甘 肃	100.0	41.3	5.7	23.4	5.2	8.6	7.9	6.5	1.5
青 海	100.0	36.3	7.0	25.6	4.1	10.6	5.4	9.1	1.9
宁 夏	100.0	41.7	7.7	15.0	5.0	10.9	6.5	10.6	2.6
新 疆	100.0	41.5	8.9	17.4	3.6	10.8	5.4	10.7	1.6

11—12 各地区农村居民生活消费现金支出

单位:元/人

地　　区	生活消费现金支出	服务性支出	1.食品支出	2.衣着支出	3.居住支出
全国总计	**3504.8**	**1155.9**	**1180.7**	**231.9**	**772.6**
北　京	8847.8	3016.3	2759.3	654.4	1798.7
天　津	4192.6	1351.6	1767.6	324.6	674.7
河　北	3067.9	907.4	937.8	217.7	772.8
山　西	3057.1	1032.0	988.4	283.2	573.2
内蒙古	3396.1	1213.3	1046.9	271.6	568.9
辽　宁	3861.4	1264.9	1202.1	335.2	763.1
吉　林	3510.3	1090.1	1086.0	287.0	629.6
黑龙江	3992.8	1187.9	1169.4	345.7	860.0
上　海	9643.0	2895.9	3478.5	496.1	2102.2
江　苏	5332.2	2012.4	1831.4	306.6	941.6
浙　江	7493.9	2429.7	2597.3	472.4	1467.1
安　徽	3233.6	1040.5	1093.9	202.7	792.7
福　建	4512.9	1438.3	1905.0	291.7	717.6
江　西	2934.1	1011.3	1039.0	162.2	697.4
山　东	4100.4	1245.3	1303.7	264.5	945.4
河　南	2996.2	915.5	879.4	225.6	824.6
湖　北	3033.4	1081.8	991.7	194.1	689.8
湖　南	3303.9	1260.0	1270.1	182.3	672.7
广　东	4441.4	1477.0	1952.0	192.7	841.6
广　西	2548.2	872.5	952.2	91.8	615.7
海　南	2456.2	752.3	1044.1	108.0	311.4
重　庆	2458.5	896.3	895.6	198.5	369.7
四　川	3384.6	1089.5	997.9	197.0	1126.0
贵　州	1888.1	573.6	569.1	125.4	579.5
云　南	2217.6	685.0	741.1	137.2	458.4
西　藏	1860.8	296.9	676.3	246.9	378.2
陕　西	3088.4	1187.7	920.8	207.9	691.2
甘　肃	2231.9	722.3	615.9	157.3	640.3
青　海	2675.3	764.0	645.0	222.9	808.5
宁　夏	2782.2	857.1	834.2	256.3	497.3
新　疆	2459.1	793.7	759.9	257.2	495.8

11—12 续表

单位:元/人

地　　区	家庭设备用品及服务支出	交通和通讯支出	文教娱乐用品及服务支出	医疗保健支出	其他支出
全国总计	**204.5**	**402.9**	**340.6**	**287.5**	**84.1**
北　京	528.0	1132.1	960.4	867.9	147.1
天　津	187.8	481.3	371.8	299.8	85.0
河　北	170.4	350.9	263.5	289.3	65.5
山　西	155.8	324.9	416.9	240.9	73.8
内蒙古	148.0	466.3	390.8	416.9	86.6
辽　宁	185.5	416.4	437.8	409.6	111.5
吉　林	168.4	356.0	376.8	511.5	95.1
黑龙江	161.0	427.4	496.4	434.3	98.6
上　海	480.6	1212.4	942.8	738.9	191.4
江　苏	286.2	691.6	818.5	323.0	133.4
浙　江	374.3	968.2	843.3	609.1	162.4
安　徽	229.6	302.2	312.0	227.1	73.3
福　建	260.7	570.2	421.7	219.0	127.0
江　西	181.7	295.8	254.8	232.8	70.5
山　东	273.5	533.6	400.0	301.6	78.3
河　南	203.8	310.1	234.0	242.9	75.8
湖　北	228.3	307.2	281.7	236.3	104.3
湖　南	203.1	341.3	291.0	258.1	85.3
广　东	206.0	558.8	296.7	232.0	161.6
广　西	157.9	275.6	192.5	205.2	57.4
海　南	132.2	357.3	287.9	129.3	86.1
重　庆	209.0	260.3	237.4	242.6	45.4
四　川	218.3	324.1	206.7	258.1	56.5
贵　州	115.4	175.1	151.6	133.1	39.0
云　南	147.8	313.3	177.7	197.6	44.7
西　藏	148.4	224.8	61.1	71.5	53.4
陕　西	195.9	300.3	380.4	329.3	62.6
甘　肃	142.7	237.9	217.3	180.1	40.4
青　海	131.7	341.1	173.8	291.3	61.0
宁　夏	169.0	365.6	217.2	356.4	86.3
新　疆	104.7	319.4	158.1	316.6	47.4

11—13　农村居民家庭年末主要耐用消费品拥有量

（平均每百户）

指　　标	单位	1990年	1995年	2000年	2008年	2009年	2009年为下列各年%	
							1990年	2008年
洗衣机	台	9.1	16.9	28.6	49.1	53.1	582.7	108.2
电冰箱	台	1.2	5.2	12.3	30.2	37.1	3041.8	122.9
空调机	台			1.3	9.8	12.2		124.5
抽油烟机	台		0.6	2.8	8.5	9.8		114.6
吸尘器	台		0.3	0.4	1.1	1.2		113.2
自行车	辆	118.3	147.0	120.5	97.6	96.5	81.5	98.8
摩托车	辆	0.9	4.9	21.9	52.5	56.6	6364.0	108.0
彩色电视机	台	4.7	16.9	48.7	99.2	108.9	2308.1	109.8
黑白电视机	台	39.7	63.8	53.0	9.9	7.7	19.3	77.4
固定电话	部			26.4	67.0	62.7		93.5
移动电话	部			4.3	96.1	115.2		119.9
照相机	部	0.7	1.4	3.1	4.4	4.8	680.0	107.4
家用计算机	台			0.5	5.4	7.5		139.2

11—14　农村居民家庭新建房屋和居住情况

指　　标	单位	1990年	1995年	2000年	2008年	2009年	2009年为下列各年%	
							1990年	2008年
一、年内新建房屋情况								
年内新建房屋面积	平方米/人	0.82	0.78	0.87	0.99	1.21	147.6	122.2
#砖木结构	平方米/人	0.47	0.37	0.36	0.28	0.32	68.1	114.3
钢筋混凝土结构	平方米/人	0.23	0.33	0.47	0.66	0.85	369.6	128.8
新建房屋造价	元/平方米	92.3	200.3	260.2	533.7	620.4	672.0	116.3
二、年末居住情况								
住房面积	平方米/人	17.8	21.0	24.8	32.4	33.6	188.3	103.6
#砖木结构	平方米/人	9.8	11.9	13.6	14.9	15.1	153.6	101.5
钢筋混凝土结构	平方米/人	1.2	3.1	6.2	13.4	14.5	1189.3	108.3
住房价值	元/平方米	44.6	101.6	187.4	332.8	359.3	805.7	108.0

11－15　各地区农村居民家庭年末主要耐用消费品拥有量

（平均每百户）

地　区	洗衣机(台)		电冰箱(台)		空调机(台)	
	2008年	2009年	2008年	2009年	2008年	2009年
全国总计	**49.1**	**53.1**	**30.2**	**37.1**	**9.8**	**12.2**
北　京	99.1	100.8	103.6	104.7	77.2	86.5
天　津	98.5	99.5	84.2	85.3	49.5	55.5
河　北	82.4	84.2	37.8	41.5	7.0	8.5
山　西	77.1	78.6	23.0	25.5	3.4	3.9
内蒙古	52.3	54.9	29.3	37.0	0.6	0.6
辽　宁	72.3	74.2	44.4	54.0	0.8	1.0
吉　林	72.4	76.4	29.1	40.5	0.7	0.1
黑龙江	75.6	80.8	35.2	45.9	0.6	0.6
上　海	93.3	93.0	100.5	101.0	128.7	134.8
江　苏	85.5	88.4	48.5	53.4	35.3	39.6
浙　江	60.8	64.3	83.4	88.9	67.0	76.5
安　徽	45.2	51.8	40.7	51.4	13.8	19.3
福　建	57.5	59.8	57.0	62.7	23.5	27.0
江　西	9.8	11.6	22.0	34.7	4.1	6.2
山　东	64.9	71.9	46.7	55.0	7.6	12.6
河　南	73.4	79.5	27.1	34.4	11.4	15.1
湖　北	37.1	41.7	30.5	41.4	9.9	12.5
湖　南	34.2	37.6	25.9	32.0	6.1	7.3
广　东	37.1	40.6	34.9	41.3	27.8	31.0
广　西	10.0	12.6	16.0	21.0	1.6	2.8
海　南	6.7	6.4	8.6	11.3	0.8	1.3
重　庆	36.2	42.1	32.7	43.6	6.7	10.1
四　川	56.0	61.3	29.2	40.5	4.2	5.2
贵　州	41.8	48.7	14.9	19.3	1.0	1.0
云　南	33.7	37.2	9.8	12.3	0.2	0.3
西　藏	8.1	9.2	11.7	12.3		
陕　西	63.9	69.0	15.3	19.2	2.9	4.4
甘　肃	52.1	56.8	10.9	14.4	0.2	0.3
青　海	63.2	68.2	32.0	37.0	0.3	0.3
宁　夏	63.2	70.3	18.7	27.7	0.3	0.2
新　疆	38.0	42.7	30.3	36.3	0.3	0.7

11—15 续表 1

地　区	抽油烟机(台)		吸尘器(台)		自行车(辆)	
	2008 年	2008 年	2008 年	2008 年	2008 年	2008 年
全国总计	**8.5**	**9.8**	**1.1**	**1.2**	**97.6**	**96.5**
北　京	53.6	58.9	5.2	5.9	185.1	180.3
天　津	23.0	27.7	7.5	7.3	187.8	184.3
河　北	5.7	7.1	0.8	0.6	184.8	185.4
山　西	4.7	4.6	0.2	0.2	113.2	113.8
内蒙古	2.2	2.7	0.3	0.4	60.6	61.1
辽　宁	8.4	9.8	1.3	1.4	102.5	103.1
吉　林	2.2	2.6	0.4	0.5	68.6	61.8
黑龙江	6.3	7.4	0.4	0.6	74.0	73.3
上　海	70.8	71.0	25.8	27.7	174.2	173.3
江　苏	19.7	22.1	4.1	4.4	159.6	159.6
浙　江	49.5	52.9	4.5	5.0	126.5	128.3
安　徽	4.3	5.8	0.1	0.3	107.2	104.1
福　建	16.5	18.7	1.2	1.8	55.4	55.4
江　西	2.9	2.7	0.2	0.2	82.6	83.5
山　东	10.2	14.9	1.0	1.4	172.8	175.2
河　南	1.5	2.3	0.2	0.1	136.1	132.3
湖　北	6.1	7.7	0.1	0.3	72.5	68.5
湖　南	2.2	2.2	0.1	0.2	49.3	47.4
广　东	21.6	22.6	1.3	0.8	106.6	99.9
广　西	1.3	1.4	0.1	0.1	87.5	87.4
海　南	0.8	0.6	0.1	0.1	39.0	39.3
重　庆	0.9	1.5	0.1	0.5	13.8	12.0
四　川	1.5	2.0	0.0	0.2	42.2	40.9
贵　州	1.4	1.3	0.1	0.1	7.7	6.3
云　南	1.7	2.9	0.3	0.3	27.7	27.3
西　藏					36.3	36.9
陕　西	1.5	2.0		0.1	114.0	112.3
甘　肃	1.3	2.1	0.2	0.2	99.6	100.4
青　海	1.3	1.7	0.2	0.2	37.5	37.0
宁　夏	2.2	2.3	0.2	0.2	123.7	118.7
新　疆	1.6	1.6	0.1	0.3	80.5	80.4

11—15 续表 2

地区	摩托车(辆)		彩色电视机(台)		黑白电视机(台)	
	2008 年	2009 年	2008 年	2009 年	2008 年	2009 年
全国总计	**52.5**	**56.6**	**99.2**	**108.9**	**9.9**	**7.7**
北　京	33.2	29.9	134.5	137.6	0.7	0.4
天　津	51.2	51.3	122.8	123.0	0.8	1.0
河　北	62.8	62.7	114.3	115.5	7.3	5.5
山　西	57.0	57.1	104.1	107.1	9.0	7.8
内蒙古	63.3	66.2	94.8	97.5	7.7	4.9
辽　宁	56.5	57.8	109.8	110.9	2.6	2.3
吉　林	59.8	61.0	106.3	111.1	3.3	2.7
黑龙江	45.5	50.3	106.2	107.1	2.9	2.1
上　海	54.8	49.3	185.5	190.2	13.3	10.5
江　苏	63.0	63.4	129.1	134.7	14.4	10.7
浙　江	57.0	55.2	154.8	162.3	8.9	7.8
安　徽	49.5	53.4	102.8	106.1	13.7	7.8
福　建	87.5	89.5	119.0	122.5	3.4	2.4
江　西	50.7	58.3	95.8	103.8	17.1	15.1
山　东	69.6	70.3	106.6	110.7	8.0	6.6
河　南	48.8	52.0	100.0	103.8	9.1	6.5
湖　北	55.5	59.8	102.2	105.4	10.8	7.5
湖　南	38.1	41.9	89.6	93.5	19.0	16.1
广　东	97.8	101.6	114.2	116.6	2.3	1.8
广　西	66.9	72.6	95.3	97.9	15.9	14.3
海　南	86.0	96.8	90.0	99.0	1.5	0.6
重　庆	19.5	22.3	94.3	95.3	10.7	8.0
四　川	33.9	36.5	96.7	101.2	14.8	12.0
贵　州	23.0	26.8	83.5	88.1	4.1	2.3
云　南	33.3	38.8	89.0	92.3	6.8	4.2
西　藏	33.5	38.1	60.2	68.1	1.7	1.7
陕　西	46.1	47.3	100.2	104.4	12.8	9.8
甘　肃	51.3	53.9	99.9	103.7	9.8	7.4
青　海	71.5	73.3	94.0	97.2	7.5	6.2
宁　夏	78.3	83.7	115.2	120.3	13.8	11.0
新　疆	50.8	56.3	77.0	83.6	21.7	17.9

11—15 续表 3

地　　区	固定电话(部)		移动电话(部)		照相机(架)		家用计算机(台)	
	2008 年	2009 年	2008 年	2009 年	2008 年	2009 年	2008 年	2009 年
全国总计	**67.0**	**62.7**	**96.1**	**115.2**	**4.4**	**4.8**	**5.4**	**7.5**
北　　京	115.6	112.1	194.9	208.5	32.0	34.1	45.6	52.3
天　　津	88.7	88.7	118.7	129.7	10.7	11.8	11.0	12.5
河　　北	72.3	66.1	71.7	91.2	3.8	3.9	4.1	6.1
山　　西	77.2	76.1	78.8	94.3	4.5	4.6	3.5	6.2
内 蒙 古	41.2	35.2	96.3	115.6	2.4	2.5	1.0	1.9
辽　　宁	91.1	92.4	91.1	107.4	7.1	7.3	4.0	5.9
吉　　林	67.7	53.1	125.7	151.8	2.8	2.6	2.4	4.6
黑 龙 江	63.9	60.9	112.5	127.1	2.4	2.4	4.5	7.9
上　　海	98.8	97.2	156.2	173.8	21.0	24.0	46.8	54.3
江　　苏	93.2	91.9	131.4	143.7	10.1	11.2	6.6	8.2
浙　　江	93.3	90.8	164.3	179.9	10.6	12.0	25.7	31.1
安　　徽	80.4	69.9	101.3	110.6	3.3	3.5	3.3	4.3
福　　建	84.7	81.6	166.0	182.6	5.3	5.7	13.9	17.9
江　　西	59.9	53.8	107.0	127.4	1.7	2.5	1.9	3.4
山　　东	77.0	70.7	121.2	141.3	8.1	7.8	5.0	10.8
河　　南	43.9	35.5	114.1	126.2	2.2	2.3	2.7	4.1
湖　　北	59.3	55.6	117.9	134.2	2.1	2.6	3.0	5.2
湖　　南	61.8	57.8	88.5	106.3	1.6	2.0	1.8	3.0
广　　东	85.2	82.2	162.8	184.4	8.0	8.1	14.3	16.2
广　　西	62.1	60.8	101.3	125.2	2.6	2.2	1.4	3.0
海　　南	50.1	45.1	94.4	111.0	0.3	1.5	1.5	1.8
重　　庆	60.1	56.9	98.3	107.8	1.9	1.6	1.1	1.8
四　　川	62.7	59.2	103.5	118.2	2.6	2.7	2.2	3.7
贵　　州	43.5	38.1	65.1	82.5	0.6	0.7	1.1	1.0
云　　南	29.9	29.5	91.2	115.3	2.0	2.4	0.8	1.2
西　　藏	32.3	40.6	24.2	36.3	1.7	1.9		0.2
陕　　西	62.9	57.5	122.3	140.8	1.8	2.3	2.5	4.6
甘　　肃	67.1	60.6	70.8	95.1	2.5	2.4	1.9	2.7
青　　海	67.0	63.2	98.5	123.5	1.7	2.3	1.0	1.2
宁　　夏	68.2	63.8	121.0	151.8	2.7	2.7	0.8	4.0
新　　疆	40.2	41.3	54.0	73.4	2.7	3.9	1.1	1.7

11—16 各地区农村居民年内新建(购)住房情况

地　区	年内新建(购)住房价值(元/平方米)		新建(购)住房面积(平方米/人)					
	2008 年	2009 年	2008 年	2009 年	砖木结构		钢筋混凝土结构	
					2008 年	2009 年	2008 年	2009 年
全国总计	**533.7**	**620.4**	**0.99**	**1.21**	**0.28**	**0.32**	**0.66**	**0.85**
北　京	681.9	1353.1	0.57	0.83	0.25	0.56	0.31	0.27
天　津	2414.2	933.3	0.28	0.10	0.12	0.10	0.15	
河　北	545.6	708.3	0.55	0.57	0.38	0.28	0.14	0.27
山　西	494.6	514.6	0.42	0.76	0.17	0.24	0.25	0.52
内蒙古	516.1	483.3	0.42	0.44	0.30	0.32	0.12	0.11
辽　宁	684.8	875.5	0.44	0.48	0.26	0.26	0.18	0.21
吉　林	630.8	688.9	0.56	0.62	0.40	0.62	0.14	
黑龙江	800.0	829.4	0.59	0.54	0.49	0.42	0.08	0.10
上　海	1967.5	6297.3	0.45	0.46	0.07	0.01	0.38	0.45
江　苏	853.3	1093.7	1.02	1.01	0.20	0.16	0.81	0.85
浙　江	896.4	968.4	1.21	1.17	0.09	0.07	1.12	1.10
安　徽	507.2	603.6	1.57	1.57	0.20	0.22	1.37	1.35
福　建	624.2	599.4	1.25	1.39	0.18	0.06	1.05	1.34
江　西	363.1	473.3	1.14	2.05	0.03	0.09	1.10	1.96
山　东	552.1	579.3	1.31	1.36	0.63	0.59	0.68	0.76
河　南	449.0	474.9	1.79	2.21	0.44	0.64	1.34	1.56
湖　北	402.3	465.1	1.48	1.10	0.31	0.29	1.15	0.80
湖　南	413.9	510.7	0.75	1.15	0.28	0.35	0.47	0.80
广　东	665.9	639.5	0.71	0.72		0.03	0.71	0.69
广　西	423.5	437.0	1.08	1.18	0.07	0.05	1.02	1.10
海　南	639.3	645.4	0.83	1.07	0.33	0.23	0.51	0.82
重　庆	458.9	428.8	0.31	0.51	0.11	0.25	0.20	0.26
四　川	427.1	670.0	1.00	2.43	0.24	0.50	0.58	1.90
贵　州	440.3	476.8	0.78	1.28	0.36	0.58	0.37	0.70
云　南	594.5	829.2	0.90	1.27	0.07	0.07	0.80	1.14
西　藏	244.8	294.5	1.81	2.08	0.31	0.26		
陕　西	554.0	525.1	1.37	0.96	0.12	0.21	1.21	0.70
甘　肃	653.8	720.8	0.54	1.25	0.33	0.32	0.18	0.89
青　海	379.2	607.5	0.97	1.20	0.65	0.86	0.19	0.29
宁　夏	443.6	550.9	1.09	0.88	0.93	0.77	0.10	0.11
新　疆	342.3	390.3	1.18	1.11	0.89	0.82	0.08	0.15

11—17 各地区农村居民居住情况

地区	年末住房价值(元/平方米)		年末住房面积(平方米/人)					
					砖木结构		钢筋混凝土结构	
	2008年	2009年	2008年	2009年	2008年	2009年	2008年	2009年
全国总计	**332.8**	**359.3**	**32.4**	**33.6**	**14.9**	**15.1**	**13.4**	**14.5**
北京	1086.4	1202.1	38.7	38.5	30.8	30.5	7.4	7.8
天津	991.2	1037.0	28.3	28.6	23.2	23.9	4.6	4.6
河北	317.9	330.1	30.7	31.9	22.5	23.2	7.1	7.5
山西	293.9	302.9	26.5	28.0	17.6	18.1	6.1	7.0
内蒙古	216.3	231.3	21.5	22.2	13.7	14.3	0.4	0.5
辽宁	431.0	455.2	26.4	27.0	21.2	21.8	4.6	4.9
吉林	333.1	364.4	21.9	22.8	18.1	19.4	0.8	0.7
黑龙江	424.4	466.4	21.7	22.5	15.7	16.8	1.6	1.4
上海	1496.3	1695.1	62.3	60.2	26.2	21.0	36.0	39.1
江苏	464.5	507.3	44.0	45.2	18.8	18.8	25.0	26.3
浙江	498.5	527.8	60.5	61.5	17.5	18.1	41.9	42.2
安徽	312.1	340.0	29.9	31.0	13.9	12.4	15.5	18.0
福建	420.8	455.5	46.1	46.8	11.0	11.7	28.3	30.2
江西	219.2	253.4	37.6	39.5	11.2	10.7	24.3	26.9
山东	354.5	369.7	33.0	34.2	22.8	23.3	9.0	9.8
河南	269.1	293.7	31.7	33.5	16.4	16.2	14.4	16.4
湖北	232.8	259.6	39.0	40.1	14.2	14.6	22.2	22.9
湖南	200.7	215.0	40.7	41.7	22.4	22.5	15.9	16.8
广东	418.2	437.8	27.9	28.7	5.0	4.8	21.5	22.6
广西	237.7	250.5	31.7	33.1	6.7	6.7	21.3	22.8
海南	351.4	388.0	22.8	24.0	15.8	16.3	7.0	7.4
重庆	218.1	226.2	35.0	35.7	16.7	15.9	10.8	13.0
四川	215.7	254.6	34.9	36.7	15.9	16.1	11.8	13.6
贵州	191.2	214.2	25.3	26.4	11.6	12.2	8.9	9.6
云南	234.0	271.9	27.4	28.7	5.7	6.0	6.4	7.6
西藏	265.5	271.1	24.0	24.6	1.6	5.5	0.4	0.3
陕西	255.3	274.3	29.0	30.4	11.7	12.2	11.7	12.7
甘肃	207.1	239.3	19.9	20.6	7.1	6.9	1.7	2.5
青海	182.1	211.0	19.8	20.3	6.5	7.5	1.4	1.7
宁夏	208.6	233.8	23.1	24.5	13.4	14.9	0.9	1.3
新疆	207.1	226.5	22.8	23.5	9.2	10.3	1.3	1.5

11—18 农村居民主要食物消费量

指　　标	单位	1990年	1995年	2000年	2008年	2009年	2009年为下列各年百分比(%)	
							1990年	2008年
粮食(原粮)	千克/人	262.1	256.1	250.2	199.1	189.3	72.2	95.1
＃细粮	千克/人	215.0	210.7	207.1	173.7	165.2	76.8	95.1
食用油	千克/人	5.2	5.8	7.1	6.2	6.3	120.9	100.1
蔬菜及制品	千克/人	134.0	104.6	106.7	99.7	98.4	73.5	98.7
猪肉	千克/人	10.5	10.6	13.3	12.6	14.0	132.4	110.4
牛肉	千克/人	0.4	0.4	0.5	0.6	0.6	136.6	100.0
羊肉	千克/人	0.4	0.4	0.6	0.7	0.8	207.7	111.0
家禽	千克/人	1.3	1.8	2.8	4.4	4.2	340.0	97.5
蛋及蛋制品	千克/人	2.4	3.2	4.8	5.4	5.3	220.7	98.0
奶及奶制品	千克/人	1.1	0.6	1.1	3.4	3.6	333.3	105.0
水产品	千克/人	2.1	3.4	3.9	5.2	5.3	247.4	100.4
食糖	千克/人	1.5	1.3	1.3	1.1	1.1	71.3	96.4
卷烟	盒/人	28.0	24.6	23.9	24.1	24.3	86.9	100.7
酒	千克/人	6.1	6.5	7.0	9.7	10.1	164.2	104.2

11－19 各地区农村居民主要食品消费量

单位:千克/人

地 区	粮食(原粮)		食用植物油		蔬菜及制品		猪 肉	
	2008 年	2009 年	2008 年	2009 年	2008 年	2009 年	2008 年	2009 年
全国总计	**199. 1**	**189. 3**	**5. 4**	**5. 4**	**99. 7**	**98. 4**	**12. 6**	**14. 0**
北 京	100. 6	99. 4	10. 3	10. 2	92. 9	96. 3	12. 4	14. 1
天 津	138. 7	140. 9	10. 6	11. 3	59. 3	62. 9	8. 6	10. 3
河 北	185. 9	180. 1	7. 4	7. 5	59. 8	53. 7	5. 5	6. 5
山 西	188. 6	177. 7	6. 7	6. 7	73. 7	70. 6	4. 7	5. 3
内蒙古	195. 7	187. 0	3. 5	3. 4	79. 3	70. 9	16. 3	22. 0
辽 宁	196. 9	179. 4	7. 1	6. 9	162. 8	167. 9	15. 9	17. 8
吉 林	177. 7	153. 3	7. 7	7. 6	113. 2	99. 3	8. 9	10. 7
黑龙江	166. 4	156. 2	11. 1	10. 3	95. 7	83. 7	7. 1	9. 3
上 海	139. 8	138. 5	9. 1	7. 9	65. 6	64. 8	15. 6	17. 4
江 苏	201. 8	200. 1	5. 9	5. 9	113. 6	140. 4	10. 8	11. 4
浙 江	183. 0	170. 3	5. 6	5. 2	80. 8	76. 9	13. 3	14. 3
安 徽	190. 5	180. 4	5. 9	5. 4	109. 6	76. 9	8. 2	9. 0
福 建	179. 3	178. 3	5. 1	5. 0	93. 9	91. 2	14. 3	16. 1
江 西	238. 7	218. 2	5. 7	6. 0	142. 4	136. 2	11. 7	13. 0
山 东	194. 1	180. 2	7. 8	10. 2	79. 0	74. 3	6. 8	7. 3
河 南	245. 0	193. 5	5. 1	4. 8	121. 7	93. 6	4. 5	5. 6
湖 北	192. 8	191. 5	3. 6	3. 4	132. 6	137. 0	17. 5	18. 1
湖 南	227. 8	224. 8	4. 4	4. 1	138. 9	139. 2	15. 5	17. 5
广 东	194. 3	193. 1	5. 4	4. 8	109. 4	111. 5	19. 1	21. 6
广 西	191. 6	186. 9	2. 6	3. 1	100. 4	99. 8	11. 1	13. 3
海 南	188. 8	191. 1	2. 1	2. 1	63. 4	82. 2	13. 2	14. 8
重 庆	189. 6	186. 8	3. 1	3. 4	135. 4	122. 7	25. 3	27. 7
四 川	182. 6	192. 7	2. 8	2. 6	115. 1	121. 9	24. 7	26. 5
贵 州	183. 8	170. 7	1. 7	1. 7	133. 4	126. 1	25. 0	25. 9
云 南	186. 7	187. 5	1. 5	1. 5	97. 8	105. 7	27. 1	27. 3
西 藏	302. 8	290. 4	6. 4	5. 8	20. 6	16. 4	2. 5	2. 3
陕 西	182. 6	168. 9	6. 6	6. 3	51. 6	107. 6	6. 1	6. 9
甘 肃	246. 1	230. 7	3. 9	4. 1	42. 4	39. 1	11. 6	11. 2
青 海	212. 4	184. 0	2. 0	2. 3	39. 5	41. 8	9. 7	8. 9
宁 夏	209. 4	202. 1	7. 8	9. 5	74. 8	75. 9	7. 4	7. 9
新 疆	237. 2	232. 2	9. 9	11. 1	69. 3	71. 5	0. 6	0. 9

11—19 续表 1　　　　单位:千克/人

地区	牛、羊肉		家禽		蛋类及其制品		鱼虾贝蟹	
	2008 年	2009 年	2008 年	2009 年	2008 年	2009 年	2008 年	2009 年
全国总计	**1.3**	**1.4**	**4.4**	**4.2**	**5.4**	**5.3**	**4.9**	**4.9**
北京	3.5	4.1	3.4	3.3	10.1	10.9	4.7	5.3
天津	1.8	2.3	1.3	1.2	11.2	11.6	8.3	9.2
河北	0.6	0.7	1.1	0.9	7.6	7.2	2.5	2.5
山西	0.4	0.5	0.7	0.7	6.6	6.1	0.8	0.7
内蒙古	6.5	6.0	2.7	2.8	5.9	5.4	1.8	1.9
辽宁	0.8	0.7	2.7	2.4	11.0	10.2	5.0	4.8
吉林	0.8	0.6	3.7	3.6	9.2	8.6	4.0	3.9
黑龙江	0.8	0.8	3.8	3.4	6.9	6.2	4.1	4.2
上海	1.6	1.7	9.2	9.3	8.4	8.5	16.3	16.5
江苏	1.1	1.2	6.7	6.6	7.7	7.2	10.5	10.2
浙江	1.0	1.2	6.7	6.3	5.0	4.9	14.6	14.6
安徽	0.5	0.6	5.4	4.7	6.0	5.8	5.5	5.2
福建	0.6	0.7	7.0	7.2	3.8	4.0	12.5	13.4
江西	0.3	0.3	4.2	4.0	3.5	3.5	5.4	5.1
山东	0.6	0.5	3.2	2.8	11.4	11.1	4.5	4.5
河南	0.5	0.6	2.4	2.4	10.4	10.6	1.4	1.4
湖北	0.5	0.5	3.2	3.2	4.7	4.9	8.5	8.1
湖南	0.4	0.5	5.4	5.5	3.6	3.7	6.0	5.9
广东	0.5	0.5	11.9	11.8	2.9	2.8	12.5	12.8
广西	0.3	0.3	9.8	10.0	1.3	1.3	3.7	3.4
海南	0.8	2.8	12.2	12.6	2.6	1.9	16.7	15.1
重庆	0.1	0.1	4.2	4.1	6.2	6.3	2.8	3.2
四川	0.2	0.4	5.7	5.5	4.6	4.6	2.6	2.5
贵州	0.2	0.3	2.3	2.0	1.7	1.7	0.3	0.4
云南	0.9	0.6	4.9	4.4	2.4	2.3	1.7	1.6
西藏	13.9	13.0	0.1	0.1	0.8	0.7		0.0
陕西	0.5	0.4	0.6	0.6	2.3	2.5	0.4	0.4
甘肃	1.0	1.1	1.2	1.0	2.2	2.5	0.3	0.4
青海	9.3	10.0	1.1	1.2	0.8	0.9	0.3	0.6
宁夏	4.7	6.2	4.5	4.5	3.2	2.5	0.7	0.8
新疆	10.2	11.0	1.9	2.2	1.4	1.5	0.4	0.4

11—19 续表 2

单位:千克/人

地区	食糖		卷烟(盒)		酒	
	2008 年	2009 年	2008 年	2009 年	2008 年	2009 年
全国总计	**1.1**	**1.1**	**24.1**	**24.3**	**9.7**	**10.1**
北京	1.1	1.1	41.6	47.3	18.4	19.8
天津	0.6	0.7	32.0	34.1	9.9	13.8
河北	0.8	0.7	18.4	18.0	9.2	8.9
山西	1.2	1.0	31.7	31.2	3.9	3.7
内蒙古	1.0	1.0	26.1	27.3	14.5	14.5
辽宁	0.8	0.8	20.6	21.4	13.3	14.0
吉林	0.7	0.7	23.1	23.4	17.0	17.5
黑龙江	0.9	1.0	22.6	23.0	18.3	19.7
上海	1.8	1.7	48.3	45.5	16.5	16.1
江苏	1.2	1.3	26.8	25.9	11.4	11.6
浙江	2.1	1.5	36.0	34.9	24.7	25.2
安徽	1.0	1.0	26.4	26.2	12.5	12.9
福建	1.8	1.8	31.0	31.6	18.1	21.4
江西	0.9	0.9	22.3	22.8	10.3	11.4
山东	1.0	1.0	23.5	24.3	12.4	12.6
河南	1.1	1.0	20.4	21.0	6.0	6.5
湖北	0.8	0.9	28.9	27.5	11.8	11.4
湖南	1.1	1.1	26.3	28.1	5.2	5.8
广东	1.4	1.3	22.5	22.7	3.4	3.6
广西	1.0	1.1	14.0	15.2	7.8	8.4
海南	1.1	1.2	18.6	19.0	4.4	4.3
重庆	2.0	2.1	32.9	32.1	12.8	13.2
四川	1.3	1.2	23.7	22.9	9.1	9.2
贵州	0.9	0.9	22.9	23.7	6.7	6.7
云南	1.2	1.0	25.7	24.8	7.4	7.5
西藏	3.0	3.0	14.4	15.2	3.0	3.6
陕西	0.7	0.7	27.4	28.9	4.2	4.5
甘肃	1.0	1.0	27.0	26.3	6.7	7.3
青海	1.6	1.4	14.8	15.6	3.1	3.4
宁夏	1.5	1.5	15.6	14.5	3.0	3.1
新疆	0.4	0.4	3.3	3.2	1.2	1.1

11—20 各地区农村居民家庭纯收入构成

（按人均纯收入分组）

地　区	纯收入构成(%)				
	全年纯收入	一、工资性收入	二、家庭经营纯收入	三、财产性收入	四、转移性收入
全国总计	**100.0**	**40.0**	**49.0**	**3.2**	**7.7**
4000 元以上地区					
上 海	100.0	69.5	4.7	7.5	18.3
北 京	100.0	62.8	13.2	10.9	13.1
浙 江	100.0	50.9	38.7	4.9	5.6
天 津	100.0	50.7	40.9	3.1	5.3
江 苏	100.0	53.0	36.7	4.1	6.3
广 东	100.0	59.2	29.2	5.2	6.4
福 建	100.0	40.1	49.9	3.0	7.1
山 东	100.0	40.8	51.1	3.2	4.9
辽 宁	100.0	37.6	50.6	3.4	8.3
吉 林	100.0	16.5	65.3	5.5	12.7
黑龙江	100.0	19.6	63.9	4.6	11.9
河 北	100.0	43.7	47.4	2.4	6.5
江 西	100.0	39.8	52.9	1.6	5.7
湖 北	100.0	37.7	56.2	1.2	4.9
内蒙古	100.0	18.2	66.4	2.8	12.6
湖 南	100.0	45.5	46.0	1.7	6.9
河 南	100.0	33.7	60.1	1.2	5.0
海 南	100.0	20.5	72.2	1.2	6.1
安 徽	100.0	41.8	49.7	2.6	5.9
重 庆	100.0	42.9	47.2	1.5	8.5
四 川	100.0	40.8	46.5	2.1	10.6
山 西	100.0	42.2	45.2	4.8	7.8
宁 夏	100.0	37.5	52.2	1.6	8.8
3000～4000 元地区					
广 西	100.0	36.8	56.0	1.0	6.2
新 疆	100.0	11.9	79.0	3.1	5.9
西 藏	100.0	25.9	55.4	4.2	14.5
陕 西	100.0	41.6	45.7	2.7	10.1
云 南	100.0	20.3	67.6	3.8	8.2
青 海	100.0	32.3	49.8	3.5	14.4
贵 州	100.0	35.7	51.2	2.7	10.4
2000～3000 元地区					
甘 肃	100.0	33.4	53.1	1.1	12.3

11—21 四大地区农村居民家庭基本情况

指　　标	单位	全国合计	东部地区	中部地区	西部地区	东北地区
一、常住人口	人/户	4.0	3.8	4.0	4.2	3.4
整、半劳动力	人/户	2.9	2.8	2.9	2.9	2.6
平均每个劳动力负担人口	人	1.4	1.4	1.4	1.4	1.3
整、半劳动力占常住人口比重	%	71.6	71.8	73.2	69.5	75.1
二、年末生产性固定资产原值	元/户	9970.6	10977.9	7040.5	10164.6	15074.4
三、年内新建(购)住房面积	平方米/人	1.21	0.96	1.53	1.30	0.54
#砖木结构	平方米/人	0.32	0.23	0.34	0.37	0.43
钢筋混凝土结构	平方米/人	0.85	0.72	1.19	0.84	0.11
楼房	平方米/人	0.81	0.64	1.28	0.74	0.05
年末住房面积	平方米/人	33.58	38.99	36.04	28.80	23.96
#砖木结构	平方米/人	15.11	18.03	15.91	11.04	19.09
钢筋混凝土结构	平方米/人	14.51	19.72	18.32	9.36	2.28
四、总收入	元/人	7115.6	9233.2	6350.6	5604.1	9336.4
纯收入	元/人	5153.2	7155.5	4792.8	3816.5	5456.6
现金收入	元/人	6270.2	8603.4	5439.6	4579.9	8686.5
五、总支出	元/人	6333.9	7550.2	5429.0	5380.3	9250.6
#家庭经营费用支出	元/人	1700.1	1766.8	1334.5	1568.3	3466.7
购置生产性固定资产支出	元/人	201.0	144.7	147.3	232.4	498.5
税费支出	元/人	10.1	14.8	10.6	6.0	8.1
生活消费支出	元/人	3993.5	5148.6	3622.0	3238.7	4148.3
现金支出	元/人	5694.8	7119.1	4814.1	4517.4	8705.6
六、主要食品消费量						
粮食	千克/人	189.3	180.0	198.7	195.4	162.5
蔬菜	千克/人	98.4	88.4	110.5	94.3	114.3
食用油	千克/人	6.3	7.4	6.0	5.0	8.8
肉禽及其制品	千克/人	21.5	22.6	17.1	25.0	17.8

11—22 按人均纯收入五等分分组的农村居民收入与消费

指　　标	单位	低收入户	中下收入户	中等收入户	中上收入户	高收入户
一、纯收入	元/人	1549.3	3110.1	4502.1	6467.6	12319.1
工资性收入	元/人	561.8	1201.1	1865.6	2805.4	4993.7
家庭经营收入	元/人	767.3	1608.0	2238.3	3081.1	5778.6
财产性收入	元/人	25.8	49.6	86.3	144.1	629.7
转移性收入	元/人	194.3	251.5	312.0	436.9	917.1
二、现金收入	元/人	2508.7	3607.6	5165.7	7559.2	15012.1
三、生活消费支出	元/人	2354.9	2870.9	3546.0	4591.8	7485.7
四、主要耐用消费品拥有量						
彩电	台/百户	95.9	101.9	106.1	112.1	128.8
冰箱	台/百户	24.1	28.7	36.5	47.8	69.5
洗衣机	台/百户	46.7	53.2	57.0	62.9	74.8

12

农村文化、教育、卫生及其他事业

12—1 农村普通中学、小学的学生与教师数

指　标	单位	1995 年	2000 年	2006 年	2007 年	2008 年	2009 年
一、高　中							
学校数	所	3112	2629	2160	1912	1762	1618
班数	万 个	2.3	2.9	4.0	3.6	3.4	3.1
毕业生数	万 人	33.1	39.2	67.6	66.7	66.9	62.7
招生数	万 人	44.7	64.4	82.4	69.9	64.7	59.5
学生数	万 人	113.2	157.8	232.1	209.3	192.1	174.2
专任教师	万 人	9.4	10.4	12.7	12.2	11.9	11.1
二、初　中							
学校数	所	45626	39313	35283	32865	31458	30178
班数	万 个	50.9	60.1	45.9	41.1	38.6	36.9
毕业生数	万 人	684.6	903.8	940.2	830.6	748.0	676.7
招生数	万 人	1017.3	1265.9	809.6	713.9	677.0	631.1
学生数	万 人	2659.8	3428.5	2563.7	2243.3	2064.2	1934.5
专任教师	万 人	149.9	168.2	149.9	139.5	134.4	132.2
三、小　学							
学校数	万 所	55.9	44.0	29.5	27.2	25.3	23.4
班数	万 个	309.4	274.6	211.0	197.9	187.2	177.7
毕业生数	万 人	1328.7	1567.6	1215.6	1110.8	1076.1	1017.8
招生数	万 人	1791.1	1253.7	1081.4	1034.6	985.8	942.1
学生数	万 人	9306.2	8503.7	6676.1	6250.7	5824.9	5655.5
教职工数	万 人	419.9	398.3	377.7	364.1	356.9	352.2
其中:专任教师	万 人	382.7	367.8	352.1	340.0	333.7	329.7

注:高中包括完全中学在内.

12—2 农民成人教育基本情况

指　　标	单位	1995 年	2000 年	2006 年	2007 年	2008 年	2009 年
一、农民高等学校							
学 校 数	所	4	3	2	2	2	2
毕业生数	人	203	400	1845	916	641	1134
招 生 数	人	484	400	1116	1073	972	714
学 生 数	人	966	800	2130	2209	2137	1726
专任教师	人	146	100	130	129	129	129
二、农民中等专业学校							
学 校 数	所	453	381				
毕业生数	人	55670	69926				
招 生 数	人	87020	58742				
学 生 数	人	191769	164793				
专任教师	人	10055	11673				
三、农民技术培训学校							
学 校 数	万所	38.5	48.6	15.1	15.3	13.8	12.9
毕业生数	万人	7035.4	9047.1	4520.6	4670.3	4358.2	4130.7
招 生 数	万人	5437.3	7744.7				
在校学生	万人	4948.7	6209.6	3842.4	3787.7	3694.8	3723.9
专任教师	万人	13.6	14.6	10.3	10.3	10.1	9.7
四、农民中学							
学 校 数	所	3821	2622	2071	2047	2154	
毕业生数	万人	38.4	19.5	79.7	115.7	75.9	
招 生 数	万人	34.1	18.6				
学 生 数	万人	40.7	25.2	53.3	67.0	56.0	
专任教师	万人	0.9	0.8	0.6	0.6	0.9	
五、农民小学							
学 校 数	万所	16.7	16.0	5.4	4.8	4.8	
毕业生数	万人	754.0	493.5	273.3	226.2	234.9	
招 生 数	万人	669.4	442.6				
学 生 数	万人	763.7	473.5	263.2	222.7	235.1	
专任教师	万人	5.6	4.5	4.1	3.9	4.7	

12—3 农村乡(镇)卫生院、床位和卫生人员

指　　标	单位	1995 年	2000 年	2006 年	2007 年	2008 年	2009 年
一、乡(镇)卫 生 院	个	51797	49229	39975	39876	39080	38475
中心卫生院	个	10098	9631	10178	10396	10400	10397
乡卫生院	个	41699	39598	29797	29480	28680	28078
二、床 位	张	733064	734807	696231	747156	846856	933424
中心卫生院	张	289581	285638	296189	317022	356601	392214
乡卫生院	张	443483	449169	400042	430134	490255	541210
三、人员	人	1051752	1169826	1000112	1032921	1074900	1131052
中心卫生院	人	373601	422753	421625	437323	455841	478414
乡卫生院	人	678151	747073	578487	595598	619059	652638
卫生技术人员	人	918870	1026244	859945	863662	903725	949955

12—4 村卫生室及人员数

指　　标	1985 年	1990 年	1995 年	2000 年	2007 年	2008 年	2009 年
行政村数(万个)	94.1	74.3	73.7	73.5	61.4	60.4	59.9
设置卫生室的村数占行政村(%)	87.4	86.2	88.9	89.8	88.7	89.4	90.4
村卫生室数(万个)	77.8	80.4	80.4	70.9	61.4	61.3	63.3
村办	30.6	26.6	29.7	30.1	34.0	34.3	35.1
联营	8.9	8.7	9.1	9.0	3.4	3.2	3.1
乡卫生院设点	3.0	3.0	3.6	4.7	3.4	4.0	4.5
私人办	32.4	38.2	35.5	25.5	18.7	18.0	18.4
其他	3.0	3.9	2.3	1.6	1.9	1.8	2.2
乡村医生和卫生员数(万人)	129.3	123.2	133.1	131.9	93.2	93.8	111.3
其中:乡村医生	64.3	77.7	95.6	102.0	88.2	89.4	104.2
平均每村乡村医生和卫生员(人)	1.80	1.64	1.81	1.81	1.52	1.55	1.86
每千农业人口乡村医生和卫生员(人)	1.55	1.38	1.48	1.44	1.06	1.06	1.26
农村接生员(万人)	51.4	47.1	35.9	25.6	…	…	…

12—5 各地区乡(镇)卫生院、床位数和卫生人员数

地　　区	卫生院(个)	床 位(张)	卫生人员数(人)
全国合计	**38475**	**933424**	**1131052**
北　　京	116	2425	7454
天　　津	181	3325	5465
河　　北	1962	54336	51434
山　　西	1201	25018	27477
内 蒙 古	1327	15568	19519
辽　　宁	1002	25003	25459
吉　　林	788	16299	25462
黑 龙 江	977	17009	22625
上　　海			
江　　苏	1415	56416	78409
浙　　江	1670	18384	47740
安　　徽	1700	51322	60959
福　　建	874	22013	24727
江　　西	1553	28942	41148
山　　东	1561	76955	91205
河　　南	2084	78552	99835
湖　　北	1134	43331	66492
湖　　南	2317	59692	71034
广　　东	1275	43830	73722
广　　西	1242	39957	44996
海　　南	305	5581	9309
重　　庆			
	999	27605	28772
四　　川	4734	92052	82425
贵　　州	1439	25841	20317
云　　南	1383	31638	25085
西　　藏	657	2774	2619
陕　　西	1710	25505	31944
甘　　肃	1333	20175	19282
青　　海	406	2837	3541
宁　　夏	236	2377	3330
新　　疆	894	18662	19266

12—6 各地区农村村卫生室和人员情况

(2009年)

地　区	村卫生室（个）	设置卫生室的村占行政村数（%）	乡村医生和卫生员（人）	每千农业人口乡村医生和卫生员数（人）
全国合计	**632770**	**90.4**	**1113331**	**1.26**
北　京	3114	78.8	3670	1.34
天　津	1616	42.3	3949	1.03
河　北	66389	100.0	94418	1.90
山　西	28113	99.9	42270	1.81
内蒙古	14719	100.0	20428	1.40
辽　宁	20463	100.0	26354	1.25
吉　林	8978	98.4	14513	0.97
黑龙江	13147	100.0	24360	1.22
上　海	1447	84.0	1510	0.92
江　苏	17124	100.0	56819	1.53
浙　江	13922	46.5	11336	0.35
安　徽	17788	100.0	54845	1.04
福　建	19632	100.0	28197	1.22
江　西	26937	100.0	43047	1.28
山　东	48791	65.2	166638	2.82
河　南	63565	100.0	124322	1.49
湖　北	22405	87.6	41056	1.14
湖　南	40826	95.1	45959	0.84
广　东	28076	100.0	33929	0.85
广　西	21689	100.0	35318	0.83
海　南	2396	93.7	2598	0.48
重　庆	9985	100.0	23663	1.02
四　川	51670	100.0	72809	1.09
贵　州	18971	100.0	32450	0.95
云　南	13114	100.0	34652	0.93
西　藏	3635	69.1	3878	1.63
陕　西	25292	92.4	35877	1.33
甘　肃	15087	93.4	17781	0.88
青　海	4376	100.0	6055	1.60
宁　夏	2547	100.0	3538	0.89
新　疆	6956	78.8	7092	0.59

12—7 农村文化机构

指 标	单位	1995 年	2000 年	2006 年	2007 年	2008 年	2009 年
一、乡镇文化站	个	41633	39348	32706	32976	33367	33378
二、群众业余演出团(队)	个	35429	36151	58409	67998	75021	70177
三、民间职业剧团	个	7191	2940	4365	6094	6114	5260

12—8 农村养老服务机构情况

指 标	单位	1995 年	2000 年	2006 年	2007 年	2008 年	2009 年
一、老年收养性福利机构个数	个	40387	26650	31373	34684	30368	31286
工作人员数	人	115315	82987	100481	126527	132786	136005
二、年末收养人数	人	602656	489236	919649	1492713	1605178	1730200
#老人	人	563440	470971	891215	1302277	1456191	1597206

注:1995 年数据未区分城乡

12—9 农村社会救济费和自然灾害救济费

指 标	单位	1995 年	2000 年	2006 年	2007 年	2008 年	2009 年
一、农村社会救济费	万元	30425	109063	1477733	1897915	3267531	4878911
二、自然灾害救济费	万元	234755	410207	790086	798401	6098084	1991908
生活救济费	万元	170602	343232	432829	452952	1524052	658865
灾民抢救转移安置费	万元	18504	55771	45508	43135	120664	43896
救灾储备	万元	22676	11203	27185	17141	250448	38457
灾民倒房重建	万元			284565	237556	4004235	1071302
三、占民政事业费支出总额比重							
农村社会救济费	%	2.9	3.8	16.1	15.6	15.2	22.4
自然灾害救济费	%	22.7	14.4	8.6	6.6	28.4	9.1

12—10 各地区农村文化机构

地　　区	乡镇文化站(个)	群众业余演出团(队)(个)	民间职业剧团（个）
全国合计	**33378**	**70177**	**5260**
北　　京	184	1421	87
天　　津	133	1430	71
河　　北	1902	4388	216
山　　西	1197	2525	173
内 蒙 古	745	812	226
辽　　宁	982	2504	346
吉　　林	618	686	110
黑 龙 江	901	1078	331
上　　海	118	739	115
江　　苏	1038	2880	136
浙　　江	1187	4889	405
安　　徽	1254	1898	227
福　　建	947	1279	149
江　　西	1546	1525	137
山　　东	1376	7216	306
河　　南	1920	4153	376
湖　　北	1027	2957	201
湖　　南	2182	4444	90
广　　东	1192	2477	335
广　　西	1126	2936	73
海　　南	205	206	6
重　　庆	854	1040	90
四　　川	3829	3265	234
贵　　州	1339	981	88
云　　南	1310	8278	189
西　　藏	238	45	8
陕　　西	1518	1387	247
甘　　肃	1120	801	86
青　　海	239	485	46
宁　　夏	198	428	26
新　　疆	953	1024	130

12—11 各地区农村养老服务机构情况

地　区	单位数（个）	年在院总人天数	年末在院人数（人）	女性	老人
全国合计	**31286**	**407636696**	**1730200**	**346916**	**1597206**
北　京	195	2797924	11620	4348	10837
天　津	109	722979	2084	302	1987
河　北	1293	23429487	84478	7012	79857
山　西	817	4090950	18259	1314	16958
内蒙古	526	5419875	21446	2083	19549
辽　宁	809	12255479	37465	7134	34350
吉　林	586	5602187	35287	6758	31834
黑龙江	502	8058708	34795	5144	32673
上　海	281	6136352	24566	14271	23113
江　苏	1342	32611168	127705	32428	125626
浙　江	1082	16639134	54427	14667	54052
安　徽	1984	28205801	119755	19717	116671
福　建	581	1073408	5569	998	5445
江　西	1346	25912112	180799	36339	172863
山　东	1711	66489148	197566	47302	195524
河　南	2470	45888087	202794	35841	196991
湖　北	1982	32522841	144804	32479	139191
湖　南	2097	19486856	85731	17186	83279
广　东	1912	7996888	46390	10912	45817
广　西	1001	4569795	14846	2798	14775
海　南	190	556602	1768	796	1715
重　庆					
	2230	9757953	46739	7339	44101
四　川	2714	28314716	142330	20726	66773
贵　州	816	2818565	9644	1836	8956
云　南	558	3532974	18516	5343	17666
西　藏	165	673413	1934	893	1934
陕　西	758	7472626	29478	4979	28156
甘　肃	614	1329666	8992	1963	7718
青　海	130	380313	2514	461	2285
宁　夏	74	469234	3754	814	3582
新　疆	411	2421455	14145	2733	12928

12—12 各地区农村社会救济费和自然灾害救济费

单位:万元

地 区	农村社会救济	农村最低生活保障线救济费	农村居民最低生活保障人数(人)	自然灾害生活救助
全国合计	**4878911.4**	**3629528.5**	**47600086**	**1991907.6**
北 京	28646.7	13764.7	79821	2663.3
天 津	18428.2	11161.5	72570	706.4
河 北	180494.1	130633.4	1761144	31665.4
山 西	131225.7	98630.5	1209862	26061.3
内蒙古	141445.4	122055.9	1210818	26235.1
辽 宁	121780.6	76964.7	923664	29266.0
吉 林	98266.4	79221.2	984263	26149.4
黑龙江	113638.1	87858.7	1038787	28631.7
上 海	25290.6	12013.3	101576	3038.9
江 苏	256863.5	161065.3	1387642	8036.5
浙 江	158168.8	91781.3	565830	12828.2
安 徽	236231.7	160335.4	2129320	30374.9
福 建	84935.3	61540.6	704093	9806.0
江 西	187300.5	128602.3	1527522	48286.2
山 东	228322.2	161687.9	2002820	17566.2
河 南	324306.7	236990.6	3639082	27110.7
湖 北	199610.9	151023.9	1785172	42542.0
湖 南	219480.6	149992.5	2626872	61651.4
广 东	220221.9	163122.9	1711535	21956.2
广 西	156738.3	120597.5	2716789	47902.5
海 南	31310.4	23330.6	218433	9664.9
重 庆	105232.9	68956.0	1166318	28612.8
四 川	350232.2	249586.0	3965356	1000304.2
贵 州	254917.6	242342.2	3229852	38830.9
云 南	330160.1	273260.1	3386583	137770.3
西 藏	22789.8	20225.7	230000	14051.7
陕 西	230818.9	184973.3	2305737	88048.5
甘 肃	199855.7	171581.3	2931985	71307.0
青 海	73689.3	40447.4	380000	13325.4
宁 夏	24363.4	21684.1	305130	31886.9
新 疆	124144.9	114097.7	1301510	41248.1

13

国有农场

13—1　农垦系统国有农场基本情况

指　　标	单位	2003年	2008年	2009年	2009年比2008年增加	
					绝对数	%
一、农 场 数	个	1967.0	1893.0	1818.0	−75.0	−4.0
二、职工人数	万人	353.7	334.5	339.7	5.3	1.6
三、耕 地 面 积	千公顷	4690.1	5498.9	5598.3	99.4	1.8
四、农用机械总动力	亿瓦	129.9	181.1	197.1	16.0	8.8
大中型农用拖拉机	万台	7.0	11.7	13.2	1.5	12.5
小型及手扶拖拉机	万台	24.5	31.0	32.4	1.4	4.4
农用排灌动力机械	万台	17.7	22.0	24.7	2.7	12.3
联合收割机	万台	1.8	2.9	3.2	0.3	10.3
农用化肥施用量(折纯量)	万吨	143.9	204.6	210.8	6.2	3.0
农场用电量	亿千瓦小时	64.2	97.9	111.0	13.1	13.4
五、农业总产值						
按当年价格计算	亿元	846.3	1667.9	1906.6	238.7	14.3
六、主要农产品产量						
粮食总产量	万吨	1342.6	2421.5	2773.2	351.7	14.5
棉花总产量	万吨	103.4	163.6	141.2	−22.4	−13.7
油料总产量	万吨	71.9	78.5	81.1	2.6	3.3
肉类总产量	万吨	108.4	192.0	223.4	31.4	16.4

13—2 各地区农垦系统国有农场基本情况

地　区	农场数(个)		职工人数(万人)		耕地面积(千公顷)	
	2008年	2009年	2008年	2009年	2008年	2009年
全国总计	**1893**	**1818**	**334.5**	**339.7**	**5498.9**	**5598.3**
北　京	13	12	1.4	2.4	1.5	1.7
天　津	15	15	0.6	0.6	3.1	3.1
河　北	31	31	7.6	7.3	84.8	87.4
山　西	25	25	0.5	0.5	6.4	6.3
内蒙古	104	104	13.8	13.4	617.0	627.9
辽　宁	109	109	24.3	24.8	145.2	147.3
吉　林	100	91	6.6	7.5	105.3	113.2
黑龙江	113	112	39.6	39.7	2535.6	2649.9
上　海	17	17	5.1	5.0	22.2	22.1
江　苏	19	19	7.1	7.0	73.9	72.9
浙　江	63	62	0.3	0.3	4.6	4.3
安　徽	21	21	3.2	3.2	34.4	34.5
福　建	115	115	3.6	3.7	11.3	10.9
江　西	155	155	33.8	35.7	51.8	52.2
山　东	18	18	0.7	0.6	9.8	10.1
河　南	96	96	4.0	4.0	25.7	26.9
湖　北	53	53	39.8	38.0	136.7	136.8
湖　南	73	70	16.8	21.4	67.3	67.3
广　东	47	47	6.2	6.2	35.6	36.9
广　西	47	45	4.0	3.9	30.9	31.8
海　南	90	49	21.6	20.8	39.3	37.9
重　庆	13	14	0.5	0.5	4.7	4.7
四　川	44	40	0.5	0.4	2.2	2.5
贵　州	44	43	0.6	0.6	2.1	2.1
云　南	49	39	10.5	10.6	12.4	12.3
陕　西	12	12	0.5	0.5	8.9	9.0
甘　肃	17	17	2.1	2.5	48.7	49.3
青　海	31	30	1.0	1.0	23.8	26.2
宁　夏	15	14	2.3	2.1	40.2	39.6
新　疆	344	343	75.9	75.5	1313.7	1271.1

13－2 续表 1

地　区	农业机械总动力(万千瓦)		大中型拖拉机(台)		农用载重汽车(辆)	
	2007 年	2008 年	2007 年	2008 年	2007 年	2008 年
全国总计	**1810.9**	**1971.3**	**117191**	**131894**	**73500**	**82867**
北　京	0.9	1.0	74	85	6	9
天　津	1.4	1.0	15	19	52	61
河　北	80.2	83.5	1626	2247	11708	7726
山　西	1.9	1.8	58	54	114	127
内蒙古	135.5	146.7	7959	9679	4887	5075
辽　宁	84.5	97.1	1789	2843	13788	20376
吉　林	63.3	68.2	2366	2846	3122	3790
黑龙江	564.3	604.5	43757	47898	3029	2931
上　海	8.4	9.1	813	888	19	19
江　苏	45.8	44.4	3329	3542	576	623
浙　江	3.5	3.2	87	79	48	75
安　徽	36.3	43.5	2006	2439	1224	1191
福　建	7.6	16.0	108	111	697	718
江　西	21.2	26.1	1158	692	708	1016
山　东	5.6	5.4	207	213	162	170
河　南	21.3	22.0	828	949	438	1029
湖　北	125.2	134.6	5423	5863	3400	7360
湖　南	60.8	79.4	1310	2857	1678	1867
广　东	17.4	23.4	453	369	546	715
广　西	17.5	18.9	1013	1243	504	529
海　南	36.7	33.0	507	533	9	14
重　庆						
四　川	0.2	0.2	15	10		2
贵　州	2.0	2.0	56	56	172	172
云　南	23.4	31.9	492	491	1398	1491
陕　西	3.9	4.4	126	160	395	354
甘　肃	19.8	22.2	1989	2562	2885	2655
青　海	5.8	5.2	350	395	197	80
宁　夏	19.1	20.5	1506	1732	1707	1667
新　疆	397.4	422.3	37771	41039	20031	21025

13—2 续表 2

地　　区	化肥施用量(万吨)		现价农业总产值(万元)	
	2008 年	2009 年	2008 年	2009 年
全国总计	**204.6**	**210.8**	**16676527**	**19066019**
北　　京	0.1	0.1	114469	379668
天　　津	0.1	0.1	47987	47512
河　　北	2.3	2.4	485644	503109
山　　西	0.2	0.3	14438	16126
内 蒙 古	9.2	10.4	644714	724461
辽　　宁	8.1	9.6	920929	1035533
吉　　林	5.4	5.5	169532	199335
黑 龙 江	39.5	43.7	4645350	5557240
上　　海	1.1	1.3	155345	168787
江　　苏	6.1	7.3	341959	407904
浙　　江	0.7	1.0	80593	79353
安　　徽	2.6	2.8	137814	158485
福　　建	4.1	4.1	183512	183723
江　　西	5.5	5.9	327453	366640
山　　东	0.6	0.7	41061	48988
河　　南	2.0	2.2	97815	114801
湖　　北	14.5	14.8	994272	1084637
湖　　南	9.0	8.8	438382	494294
广　　东	6.3	3.4	343893	374454
广　　西	5.2	5.0	412140	426020
海　　南	9.5	7.6	1074597	1098391
重　　庆	0.0		26536	27752
四　　川	0.1	0.6	9471	11336
贵　　州	0.4	0.4	8038	9453
云　　南	8.2	7.3	334248	297113
陕　　西	0.7	0.7	31501	33017
甘　　肃	2.5	2.5	97400	109595
青　　海	0.4	0.6	18241	19446
宁　　夏	3.0	3.0	144879	141403
新　　疆	57.5	58.9	4334314	4947443

13－3　农垦系统国有农场种植业生产情况

指　　标	单位	2000 年	2007 年	2008 年	2009 年	2009 年比 2008 年增加	
						绝对数	%
农作物总播种面积	千公顷	4755.8	5633.4	5831.8	6073.3	241.5	4.1
一、粮食播种面积	千公顷	3163.9	3725.5	3948.8	4384.3	435.5	11.0
每公顷产量	千克	4631.0	5804.0	6132.0	6325.0	193.0	3.1
总产量	万吨	1465.2	2162.3	2421.5	2773.2	351.7	14.5
1.谷 物	万吨	1252.1	1969.5	2176.6	2524.2	347.6	16.0
其中:稻 谷	万吨	818.6	1180.9	1240.4	1354.3	113.9	9.2
小麦	万吨	255.0	234.8	258.4	382.2	123.8	47.9
玉 米	万吨	147.4	479.8	574.2	722.0	147.8	25.7
2.豆 类	万吨	200.6	154.7	196.0	215.6	19.6	10.0
其中:大 豆	万吨	184.8	133.2	170.8	205.8	35.0	20.5
3.薯 类	万吨	12.6	38.1	48.9	33.3	－15.6	－31.9
二、棉花播种面积	千公顷	527.3	803.8	756.0	656.2	－99.8	－13.2
每公顷产量	千克	1577.0	1960.0	2163.0	2152.0	－11.0	－0.5
总 产 量	吨	831595	1575568	1635659	1412208	－223451.0	－13.7
三、油料播种面积	千公顷	461.2	338.9	410.0	371.1	－38.9	－9.5
每公顷产量	千克	1545	1784	1915	2187	272.0	14.2
总产量	吨	712461	604419	784293	811445	27152.0	3.5
四、糖料播种面积	千公顷	103.6	121.2	117.6	101.9	－15.7	－13.3
每公顷产量	千克	56927.0	71327.0	71929.0	74394.0	2465.0	3.4
总产量	吨	5894802	8643443	8460304	7582235	－878069.0	－10.4
五、麻类播种面积	千公顷	9.4	39.5	31.0	7.9	－23.1	－74.5
每公顷产量	千克	3175	3485	3773	4567	794.0	21.0
总产量	吨	29689	137611	117024	36048	－80976.0	－69.2

13—4 各地区农垦系统国有农场农作物主要产品产量

地　　区	粮食（万吨）	棉花（吨）	油料（吨）	糖料（吨）	麻类（吨）
全国总计	**2773.1**	**1412208**	**811445**	**7582235**	**36048**
北　　京	0.5	1457			
天　　津	1.5	25487	14		
河　　北	39.3	177	1934	1504	
山　　西	2.3	162	287	3849	
内 蒙 古	159.5		272746	15874	1007
辽　　宁	116.8		10027	1298	
吉　　林	61.8		10953		
黑 龙 江	1652.6		32851	461963	18266
上　　海	21.6	1536	232		
江　　苏	98.2	49	3084	790	
浙　　江	1.5	6593	334	14	
安　　徽	34.1		5902		
福　　建	7.1	9012	4425	31610	
江　　西	49.8	6319	20870	6717	9
山　　东	4.8	2514	564		
河　　南	24.0	63521	11034		50
湖　　北	87.0	25334	97127	10395	88
湖　　南	57.8		45723	124576	4625
广　　东	5.4		7555	2162766	
广　　西	1.2		3648	2201458	
海　　南	14.5		6634	449949	17
重　　庆	0.0		6		
四　　川	0.2		473		
贵　　州	0.6		661		
云　　南	4.9	4296	295	445498	
陕　　西	6.5	9830	1529		
甘　　肃	19.6		8908	1773	
青　　海	2.4		14362		
宁　　夏	31.7		5056		
新　　疆	266.0	1255921	244212	1662200	11986

13－5　农垦系统国有农场茶、桑、果、林业生产情况

指　　标	单位	2000年	2007年	2008年	2009年	2009年比2008年增加	
						绝对数	%
一、年末实有茶园面积	千公顷	34.1	31.8	31.5	31.3	－0.2	－0.6
茶叶总产量	万吨	3.9	5.1	5.0	4.7	－0.3	－5.4
二、年末实有桑园面积	千公顷	3.9	2.0	1.9	1.9	0.0	0.5
三、年末实有果园面积	千公顷	193.6	270.6	296.7	322.6	25.9	8.7
水果总产量	万吨	118.6	239.6	250.6	307.8	57.1	22.8
其中:苹 果	万吨	24.1	30.0	32.4	40.6	8.2	25.2
梨	万吨	27.1	35.2	41.6	48.8	7.2	17.3
柑 桔	万吨	11.8	27.1	27.8	29.0	1.2	4.2
四、年末实有橡胶园面积	千公顷	382.3	465.8	471.8	465.2	－6.6	－1.4
当年橡胶平均开割面积	千公顷		320.6	315.3	317.4	2.1	0.7
每公顷产干胶	千克	1172.0	1044.9	894.4	998.8	104.4	11.7
全年干胶总产量	万吨	34.7	33.5	28.2	31.7	3.5	12.4
五、当年造林面积	千公顷	75.8	55.0	63.7	95.3	31.6	49.5
用 材 林	千公顷	21.4	16.5	21.7	18.7	－3.0	－13.9
经 济 林	千公顷	6.1	11.7	11.9	17.1	5.2	43.4
防 护 林	千公顷	47.3	25.0	28.0	55.2	27.2	97.2
薪 炭 林	千公顷	0.3	0.6	0.4	0.5	0.1	16.8
特种用材林	千公顷	0.7	1.0	0.9	1.8	1.0	112.8

13－6　各地区农垦系统国有农场茶、果、干胶、林业生产情况

地　区	茶叶（吨）	水果（吨）	苹果（吨）	梨（吨）	干胶（吨）	造林面积（公顷）
全国总计	**46806**	**3077702**	**405727**	**487927**	**316989**	**95248**
北　京		2181	1799	45		37
天　津		1656	250	260		3539
河　北		15649	7053	2543		13
山　西		992	502	181		8015
内蒙古		11589	2769	2818		4295
辽　宁		112648	66195	13760		670
吉　林		13715	3692	8570		16264
黑龙江		24858		612		309
上　海	3	2655		781		1407
江　苏	4	2612		1296		6
浙　江	4666	14182		3119		165
安　徽	11656	24751		20416		743
福　建	5524	107825		1513		3875
江　西	4036	62128	67	3645		193
山　东		295	46			81
河　南	7	43917	23350	12572		4305
湖　北	447	89229	326	25428		3751
湖　南	2996	35456		1765		365
广　东	1600	361135			13548	2296
广　西	1266	204198		216	368	1933
海　南	1042	472436	6517		162999	
重　庆	2	868				1
四　川	640	4017	1163	852		12
贵　州	4037	7352	94	85		17
云　南	8880	122308			140074	
陕　西		8450	2638	509		842
甘　肃		42707	8781	24804		12313
青　海						662
宁　夏		40334	20554	1521		29139
新　疆		1247560	259931	360616		

13－7　农垦系统国有农场畜牧业、渔业生产情况

指　标	单位	2000 年	2007 年	2008 年	2009 年	2009 年比 2008 年增加	
						绝对数	%
一、大牲畜年末头数	万头	214.6	300.0	306.9	317.2	10.3	3.3
# 役畜	万头	55.0	25.5	25.1	22.4	－2.7	－10.8
牛	万头	173.1	268.8	275.8	286.3	10.5	3.8
# 良种及改良奶牛	万头	51.0	112.5	119.7	127.0	7.3	6.1
马	万匹	25.8	20.3	19.7	20.1	0.4	2.0
驴	万头	9.8	6.0	6.9	6.7	－0.2	－2.6
骡	万头	1.8	1.6	1.3	0.8	－0.6	－42.3
骆驼	万头	4.1	3.4	3.2	3.3	0.1	2.7
二、猪年末头数	万头	478.1	878.2	968.7	1053.4	84.7	8.7
三、羊年末只数	万只	1104.7	1345.7	1452.3	1268.9	－183.4	－12.6
山羊	万只	216.3	361.9	426.0	319.4	－106.6	－25.0
绵羊	万只	888.4	983.8	1026.3	949.4	－76.9	－7.5
四、家禽年末只数	万只	4918.2	8435.0	10780.6	12368.7	1588.1	14.7
五、兔年末只数	万只	74.3	96.1	81.4	81.4	0.0	0.0
六、畜产品产量							
肉猪出栏头数	万头	643.5	1370.8	1516.8	1760.0	243.2	16.0
猪牛羊肉产量	万吨	68.3	145.1	157.1	172.6	15.5	9.9
其中:猪肉产量	万吨	51.1	109.3	120.6	136.9	16.3	13.5
牛奶产量	万吨	116.5	291.2	320.8	344.7	23.9	7.4
禽蛋产量	万吨	20.4	24.0	25.6	31.3	5.7	22.4
鹿茸产量	吨	41.5	93.9	97.5	92.4	－5.2	－5.3
羊毛产量	吨	20866	29243.0	25056.0	25202.0	146.0	0.6
七、水产品产量	万吨	49.1	95.0	97.1	107.7	10.6	10.9

13—8 各地区农垦系统国有农场畜牧业、渔业生产情况

地区	大牲畜年末头数（万头）	牛年末头数（万头）	其中:奶牛	猪年末头数（万头）	羊年末只数（万只）	家禽年末只数（万只）
全国总计	**317.2**	**286.3**	**127.0**	**1053.4**	**1268.9**	**12368.7**
北京	3.8	3.8	3.8	4.5		82.0
天津	2.0	1.9	1.9	0.6		0.0
河北	12.5	12.3	11.8	26.9	7.4	232.7
山西	1.2	1.1	1.1	0.5	1.9	4.1
内蒙古	38.4	34.7	18.2	16.6	201.9	185.3
辽宁	12.6	9.9	3.4	84.8	15.1	1498.0
吉林	4.1	3.6	1.2	16.3	13.9	555.0
黑龙江	89.2	88.9	37.4	232.6	171.4	1485.4
上海	3.5	3.5	3.5	10.0		15.4
江苏	0.5	0.5	0.4	7.6	1.2	368.3
浙江	0.2	0.2	0.2	32.9		8.2
安徽	0.7	0.7	0.5	2.7	0.6	99.6
福建	1.5	1.5	0.6	30.6	0.9	252.8
江西	3.2	3.2	0.5	51.1	1.4	3175.0
山东	0.2	0.2	0.2	2.2	1.1	115.4
河南	0.9	0.9	0.3	23.9	1.5	51.7
湖北	5.5	5.5	0.9	95.8	3.9	860.0
湖南	2.6	2.6	0.0	84.0	2.7	346.0
广东	3.2	3.2	1.2	35.0	0.1	1421.7
广西	0.9	0.9	0.2	75.5	0.1	232.3
海南	9.2	9.2	0.0	55.9	15.9	567.5
重庆	1.6	1.6	1.6	5.4		47.1
四川	11.7	11.1	0.2	0.7	2.9	0.5
贵州	1.0	1.0	0.9	0.6	0.2	4.2
云南	0.7	0.7	0.1	8.2	0.3	89.3
陕西	0.2	0.2	0.1	1.0	2.0	3.3
甘肃	1.5	1.3	0.3	1.3	15.4	22.1
青海	3.8	3.7	3.2	0.4	26.1	0.1
宁夏	3.0	3.0	2.6	3.9	6.9	27.3
新疆	98.0	75.6	30.7	142.5	774.5	618.5

13－8 续表

地　　区	肉猪出栏头数（万头）	肉类总产量（吨）	奶产量（吨）	水产品产量（吨）
全国总计	**1760.0**	**2234001**	**3446545**	**1077235**
北　京	5.8	110134	197336	
天　津	0.4	1161	94752	7875
河　北	39.4	47014	415144	73952
山　西	0.8	1043	35957	6
内蒙古	17.4	66187	431186	4727
辽　宁	108.1	185043	120651	282308
吉　林	24.8	29633	20342	1644
黑龙江	491.0	571461	1152921	23555
上　海	16.7	11115	111006	14755
江　苏	23.5	68488	7650	40348
浙　江	47.5	32927	5105	7231
安　徽	4.4	9448	20407	4635
福　建	45.0	37642	11774	32107
江　西	79.5	72801	19332	34518
山　东	2.0	10407	6773	4948
河　南	34.7	26901	6741	6736
湖　北	173.2	161513	35849	332622
湖　南	207.0	179797	1108	78684
广　东	55.6	60824	41958	29475
广　西	109.7	86437	5210	15487
海　南	60.6	89394	73	41947
重　庆	5.6	8384	45311	154
四　川	0.5	3091	7344	794
贵　州	0.4	450	31344	32
云　南	6.1	7227	566	6248
陕　西	1.5	1538	3539	42
甘　肃	1.3	3384	1356	20
青　海	0.2	1940	2527	
宁　夏	5.2	5768	87007	6714
新　疆	192.1	342850	526275	25673

区域农村经济

一、分类型区域农村经济情况

14—1—1　黄淮海地区农村经济情况

指　标	单位	2000年	2007年	2008年	2009年
县个数	个	318	318	318	318
年末总人口	万人	21175	22001	22216	22479
行政区域土地面积	万平方公里				37
农业机械总动力	万千瓦	18924	26282	27635	28877
农村用电量	亿千瓦时	409	913	942	1036
第一产业增加值	亿元	3357	5809	6651	7135
农业	亿元	2275	3621	4039	4449
林业	亿元	87	140	161	173
牧业	亿元	755	1512	1867	1859
渔业	亿元	240	371	397	433
农作物总播种面积	千公顷	31671	32490	32547	32882
粮食作物播种面积	千公顷	22064	22653	22875	23496
粮食总产量	万吨	11037	13364	14019	14630
棉花播种面积	千公顷	1670	2321	2223	2022
棉花产量	万吨	179	263	263	234
油料播种面积	千公顷	3016	2392	2403	2295
油料产量	万吨	925	861	890	870
糖料播种面积	千公顷	6	4	4	4
糖料产量	万吨	36	20	22	26
肉类总产量	万吨	1400	1668	1606	1732
奶类产量	万吨	143	730	826	849
水产品产量	万吨	725	907	804	832
普通中学专任教师数	万人	72	85	84	83
小学专任教师数	万人	102	98	98	98
普通中学在校学生数	万人	1497	1458	1359	1292
小学在校学生数	万人	2454	1782	1766	1755
医院、卫生院数	所	8481	7144	7145	7182
医院、卫生院床位数	床	304509	408925	451461	496282
医院、卫生院技术人员数	人	422422	489596	502778	532610
地方财政一般预算收入	亿元	402	1196	1448	1743
地方财政一般预算支出	亿元	616	2661	3312	4154
年末金融机构各项贷款余额	亿元	5974	12594	13252	17446

注：黄淮海地区包括北京市、天津市、河北省、江苏省、安徽省、山东省、河南省等7个省、市的318个县(市)。

14—1—2 长江中下游地区农村经济情况

指　标	单位	2000 年	2007 年	2008 年	2009 年
县个数	个	446	446	446	446
年末总人口	万人	25879	26281	26473	26629
行政区域土地面积	万平方公里				86
农业机械总动力	万千瓦	9114	13661	15445	16656
农村用电量	亿千瓦时	575	1719	1811	1920
第一产业增加值	亿元	3964	6591	7520	8125
农业	亿元	2262	3497	4066	4245
林业	亿元	247	388	483	497
牧业	亿元	867	1661	2169	2020
渔业	亿元	588	942	1181	1156
农作物总播种面积	千公顷	33772	33372	32633	33621
粮食作物播种面积	千公顷	20599	20520	20359	21010
粮食总产量	万吨	11400	12296	12456	12887
棉花播种面积	千公顷	895	1095	1109	998
棉花产量	万吨	97	143	134	127
油料播种面积	千公顷	4708	3887	4098	4437
油料产量	万吨	845	847	867	957
糖料播种面积	千公顷	256	374	387	387
糖料产量	万吨	1483	2610	2736	2605
肉类总产量	万吨	1427	1879	1797	1933
奶类产量	万吨	13	65	64	70
水产品产量	万吨	1245	1618	1580	1631
普通中学专任教师数	万人	81	97	100	98
小学专任教师数	万人	117	100	101	99
普通中学在校学生数	万人	1522	1555	1505	1458
小学在校学生数	万人	2597	1869	1846	1816
医院、卫生院数	所	13454	11990	11886	11504
医院、卫生院床位数	床	421885	483974	513723	541749
医院、卫生院技术人员数	人	567565	627639	656798	673793
地方财政一般预算收入	亿元	632	2310	2836	3334
地方财政一般预算支出	亿元	907	4006	5101	6402
年末金融机构各项贷款余额	亿元	8084	24461	28447	38809

注：长江中下游地区包括上海市、江苏省、浙江省、安徽省、福建省、江西省、河南省、湖北省、湖南省、广东省、广西自治区等 11 个省、区、市的 446 个县(市)。

14—1—3 黄土高原地区农村经济情况

指　　标	单位	2000 年	2007 年	2008 年	2009 年
县个数	个	211	211	211	211
年末总人口	万人	6828	6991	7055	7098
行政区域土地面积	万平方公里				38
农业机械总动力	万千瓦	3242	4832	5037	5328
农村用电量	亿千瓦时	112	145	159	159
第一产业增加值	亿元	510	1086	1283	1404
农业	亿元	359	704	817	897
林业	亿元	27	49	58	76
牧业	亿元	120	293	352	368
渔业	亿元	4	9	10	10
农作物总播种面积	千公顷	9678	9424	9555	10713
粮食作物播种面积	千公顷	7863	7331	7452	8339
粮食总产量	万吨	2161	2535	2792	2844
棉花播种面积	千公顷	75	164	150	116
棉花产量	万吨	7	17	17	14
油料播种面积	千公顷	759	639	671	685
油料产量	万吨	92	98	114	119
糖料播种面积	千公顷	5	2	2	1
糖料产量	万吨	9	3	3	2
肉类总产量	万吨	175	224	210	237
奶类产量	万吨	63	211	234	262
水产品产量	万吨	8	15	13	15
普通中学专任教师数	万人	24	32	32	33
小学专任教师数	万人	37	37	38	37
普通中学在校学生数	万人	412	534	514	486
小学在校学生数	万人	858	670	640	607
医院、卫生院数	所	5013	4428	4421	4388
医院、卫生院床位数	床	125543	148149	164792	170437
医院、卫生院技术人员数	人	151626	169293	175636	185635
地方财政一般预算收入	亿元	110	415	522	585
地方财政一般预算支出	亿元	214	1082	1430	1812
年末金融机构各项贷款余额	亿元	1745	3454	3570	4435

注：黄土高原地区包括河北省、山西省、河南省、陕西省、甘肃省、宁夏自治区等 6 个省、区的 211 个县(市)。

14—1—4 民族地区农村经济情况

指　　标	单位	2000 年	2007 年	2008 年	2009 年
县个数	个	633	633	633	633
年末总人口	万人	15056	15876	16084	16243
行政区域土地面积	万平方公里				584
农业机械总动力	万千瓦	5758	8768	9904	11005
农村用电量	亿千瓦时	114	196	239	230
第一产业增加值	亿元	2031	3973	4521	4837
农业	亿元	1288	2191	2439	2621
林业	亿元	129	265	313	343
牧业	亿元	546	1332	1526	1600
渔业	亿元	69	112	131	140
农作物总播种面积	千公顷	25340	26966	26397	27621
粮食作物播种面积	千公顷	16683	16576	16510	17598
粮食总产量	万吨	6119	6989	7565	7833
棉花播种面积	千公顷	996	1149	1297	1118
棉花产量	万吨	153	211	234	209
油料播种面积	千公顷	2372	1973	1964	2069
油料产量	万吨	338	332	355	364
糖料播种面积	千公顷	790	1196	1306	1240
糖料产量	万吨	4280	8424	9230	8488
肉类总产量	万吨	877	1391	1271	1368
奶类产量	万吨	235	1082	1184	1187
水产品产量	万吨	156	242	216	230
普通中学专任教师数	万人	42	54	55	56
小学专任教师数	万人	80	80	81	81
普通中学在校学生数	万人	756	903	886	871
小学在校学生数	万人	1705	1447	1422	1387
医院、卫生院数	所	13015	11356	11758	12042
医院、卫生院床位数	床	275117	327006	360131	396525
医院、卫生院技术人员数	人	354818	363175	379935	403833
地方财政一般预算收入	亿元	276	796	1000	1217
地方财政一般预算支出	亿元	642	2712	3734	4897
年末金融机构各项贷款余额	亿元	3662	7450	8339	11373

注：民族地区包括河北省、内蒙古自治区、辽宁省、吉林省、黑龙江省、浙江省、湖北省、湖南省、广东省、广西自治区、海南省、重庆市、四川省、贵州省、云南省、西藏自治区、甘肃省、青海省、宁夏回族自治区、新疆维吾尔自治区等 20 个省、区、市的 633 个县(市、旗)。

14—1—5 扶贫工作重点县农村经济情况

指　　标	单位	2000 年	2007 年	2008 年	2009 年
县个数	个	581	581	581	581
年末总人口	万人	21591	22766	23043	23285
行政区域土地面积	万平方公里				240
农业机械总动力	万千瓦	7095	11285	12668	13840
农村用电量	亿千瓦时	138	255	282	309
第一产业增加值	亿元	2084	4097	4805	5129
农业	亿元	1261	2237	2565	2784
林业	亿元	151	275	326	366
牧业	亿元	596	1349	1623	1658
渔业	亿元	76	141	164	182
农作物总播种面积	千公顷	33645	35121	34685	35786
粮食作物播种面积	千公顷	24423	24668	24466	25473
粮食总产量	万吨	8117	9779	10546	10732
棉花播种面积	千公顷	562	624	639	564
棉花产量	万吨	59	79	82	70
油料播种面积	千公顷	3468	3064	3072	3232
油料产量	万吨	473	535	575	588
糖料播种面积	千公顷	318	395	431	408
糖料产量	万吨	1261	2186	2531	2257
肉类总产量	万吨	1041	1453	1374	1488
奶类产量	万吨	91	554	605	645
水产品产量	万吨	150	239	241	251
普通中学专任教师数	万人	57	78	80	81
小学专任教师数	万人	110	108	110	110
普通中学在校学生数	万人	1094	1414	1388	1371
小学在校学生数	万人	2607	2217	2168	2117
医院、卫生院数	所	16258	12629	12926	12921
医院、卫生院床位数	床	293510	341310	389715	432965
医院、卫生院技术人员数	人	407603	398806	415604	445656
地方财政一般预算收入	亿元	249	647	816	1008
地方财政一般预算支出	亿元	658	2960	4087	5378
年末金融机构各项贷款余额	亿元	3816	6676	7117	9228

注：扶贫工作重点县包括河北省、山西省、内蒙古自治区、吉林省、黑龙江省、安徽省、江西省、河南省、湖北省、湖南省、广西自治区、海南省、重庆市、四川省、贵州省、云南省、陕西省、甘肃省、青海省、宁夏回族自治区、新疆维吾尔自治区等 21 个省、区、市的 581 个县（市、旗）。

14—1—6 丘陵地区农村经济情况

指　　标	单位	2000年	2007年	2008年	2009年
县个数	个	531	531	531	531
年末总人口	万人	28004	28701	28888	29089
行政区域土地面积	万平方公里				203
农业机械总动力	万千瓦	11035	15536	18110	19530
农村用电量	亿千瓦时	404	881	970	1024
第一产业增加值	亿元	4050	7362	8467	8884
农业	亿元	2374	3809	4336	4659
林业	亿元	148	270	327	359
牧业	亿元	1028	2355	2819	2692
渔业	亿元	500	788	936	929
农作物总播种面积	千公顷	39720	41582	40944	42278
粮食作物播种面积	千公顷	28202	29810	29813	31090
粮食总产量	万吨	12654	15045	15804	15784
棉花播种面积	千公顷	360	325	340	307
棉花产量	万吨	36	40	39	38
油料播种面积	千公顷	4255	3649	3715	3821
油料产量	万吨	761	800	832	845
糖料播种面积	千公顷	508	734	821	757
糖料产量	万吨	2477	5213	5761	5234
肉类总产量	万吨	1778	2657	2424	2560
奶类产量	万吨	137	806	902	867
水产品产量	万吨	1316	1676	1577	1647
普通中学专任教师数	万人	87	104	106	104
小学专任教师数	万人	130	120	120	118
普通中学在校学生数	万人	1661	1733	1682	1637
小学在校学生数	万人	2961	2224	2155	2075
医院、卫生院数	所	16794	13292	13422	13157
医院、卫生院床位数	床	460137	524252	580023	623502
医院、卫生院技术人员数	人	606542	644971	666755	697390
地方财政一般预算收入	亿元	547	1675	2093	2534
地方财政一般预算支出	亿元	875	3934	5265	6607
年末金融机构各项贷款余额	亿元	7541	15514	17314	23139

注：丘陵地区包括北京市、天津市、河北省、山西省、内蒙古自治区、辽宁省、吉林省、黑龙江省、江苏省、浙江省、安徽省、福建省、江西省、山东省、河南省、湖北省、湖南省、广东省、广西自治区、海南省、重庆市、四川省、贵州省、云南省、西藏自治区、陕西省、甘肃省、新疆维吾尔自治区等28个省、区、市的531个县(市、旗)。

14—1—7 山区县农村经济情况

指 标	单位	2000年	2007年	2008年	2009年
县个数	个	895	895	895	895
年末总人口	万人	29557	30721	31108	31384
行政区域土地面积	万平方公里				424
农业机械总动力	万千瓦	9194	13852	15757	17064
农村用电量	亿千瓦时	286	605	659	670
第一产业增加值	亿元	3626	6453	7416	7879
农业	亿元	2154	3465	4013	4293
林业	亿元	342	592	693	739
牧业	亿元	898	1898	2280	2245
渔业	亿元	232	373	412	435
农作物总播种面积	千公顷	38071	38230	37593	38644
粮食作物播种面积	千公顷	26836	25552	25140	25920
粮食总产量	万吨	10599	10928	11190	11431
棉花播种面积	千公顷	81	97	106	113
棉花产量	万吨	7	12	13	13
油料播种面积	千公顷	3430	3331	3340	3609
油料产量	万吨	544	655	661	710
糖料播种面积	千公顷	406	514	538	516
糖料产量	万吨	2117	3223	3421	3199
肉类总产量	万吨	1521	2158	2041	2208
奶类产量	万吨	126	351	368	382
水产品产量	万吨	571	735	672	706
普通中学专任教师数	万人	89	111	114	114
小学专任教师数	万人	150	143	145	144
普通中学在校学生数	万人	1584	1839	1817	1815
小学在校学生数	万人	3296	2741	2677	2593
医院、卫生院数	所	23089	18697	19281	19258
医院、卫生院床位数	床	488044	580468	639798	693986
医院、卫生院技术人员数	人	635560	665363	697842	731935
地方财政一般预算收入	亿元	518	1495	1842	2216
地方财政一般预算支出	亿元	1122	4530	6140	7901
年末金融机构各项贷款余额	亿元	6845	14574	16148	21624

注：山区地区包括北京市、河北省、山西省、内蒙古自治区、辽宁省、吉林省、黑龙江省、浙江省、安徽省、福建省、江西省、山东省、河南省、湖北省、湖南省、广东省、广西自治区、海南省、重庆市、四川省、贵州省、云南省、西藏自治区、陕西省、甘肃省、青海省、宁夏回族自治区、新疆维吾尔自治区等28个省、区、市的895个县(市、旗)。

14—1—8 平原地区农村经济情况

指　　标	单位	2000 年	2007 年	2008 年	2009 年
县个数	个	643	643	643	643
年末总人口	万人	36372	37555	37863	38180
行政区域土地面积	万平方公里				261
农业机械总动力	万千瓦	24003	33400	35821	37991
农村用电量	亿千瓦时	898	2255	2342	2438
第一产业增加值	亿元	5803	10285	11763	12788
农业	亿元	3795	6037	6846	7460
林业	亿元	137	238	275	299
牧业	亿元	1290	2792	3455	3455
渔业	亿元	581	960	1126	1177
农作物总播种面积	千公顷	56925	58510	59150	62213
粮食作物播种面积	千公顷	38075	39557	40282	43361
粮食总产量	万吨	19001	23253	25468	26124
棉花播种面积	千公顷	3308	4410	4424	3899
棉花产量	万吨	407	597	610	542
油料播种面积	千公顷	5946	4548	4740	4826
油料产量	万吨	1337	1175	1266	1280
糖料播种面积	千公顷	426	436	432	373
糖料产量	万吨	2081	2700	2716	2434
肉类总产量	万吨	2232	3010	2945	3137
奶类产量	万吨	336	1504	1686	1828
水产品产量	万吨	1260	1762	1704	1767
普通中学专任教师数	万人	116	143	144	144
小学专任教师数	万人	175	164	164	163
普通中学在校学生数	万人	2266	2465	2355	2246
小学在校学生数	万人	4042	3036	2957	2888
医院、卫生院数	所	18144	15429	15159	15490
医院、卫生院床位数	床	595037	741671	792109	856112
医院、卫生院技术人员数	人	823410	898313	932524	984320
地方财政一般预算收入	亿元	798	2901	3580	4192
地方财政一般预算支出	亿元	1210	5445	7201	8870
年末金融机构各项贷款余额	亿元	13747	32617	36236	48735

注：平原地区包括北京市、天津市、河北省、山西省、内蒙古自治区、辽宁省、吉林省、黑龙江省、上海市、江苏省、浙江省、安徽省、福建省、江西省、山东省、河南省、湖北省、湖南省、广东省、广西自治区、海南省、重庆市、四川省、贵州省、陕西省、甘肃省、宁夏回族自治区、新疆维吾尔自治区等 28 个省、区、市的 643 个县(市、旗)。

14—1—9　陆地边境县农村经济情况

指　　标	单位	2000 年	2007 年	2008 年	2009 年
县个数	个	129	129	129	129
年末总人口	万人	1931	2046	2064	2078
行政区域土地面积	万平方公里				191
农业机械总动力	万千瓦	973	1424	1515	1681
农村用电量	亿千瓦时	19	30	35	38
第一产业增加值	亿元	293	596	679	757
农业	亿元	170	306	348	386
林业	亿元	27	79	84	95
牧业	亿元	79	162	187	208
渔业	亿元	17	36	42	47
农作物总播种面积	千公顷	3992	4488	4663	5103
粮食作物播种面积	千公顷	2674	3069	3267	3737
粮食总产量	万吨	980	1190	1305	1473
棉花播种面积	千公顷	113	107	138	100
棉花产量	万吨	17	19	22	16
油料播种面积	千公顷	448	301	374	370
油料产量	万吨	68	50	61	62
糖料播种面积	千公顷	210	287	295	284
糖料产量	万吨	1095	1959	2004	1902
肉类总产量	万吨	102	157	159	166
奶类产量	万吨	52	145	155	156
水产品产量	万吨	41	71	74	82
普通中学专任教师数	万人	7	8	8	8
小学专任教师数	万人	13	12	12	12
普通中学在校学生数	万人	101	112	109	106
小学在校学生数	万人	210	168	166	161
医院、卫生院数	所	2072	2115	1950	1914
医院、卫生院床位数	床	52031	56409	58035	61056
医院、卫生院技术人员数	人	65775	62295	63460	66539
地方财政一般预算收入	亿元	45	137	176	208
地方财政一般预算支出	亿元	119	516	679	913
年末金融机构各项贷款余额	亿元	804	1123	1173	1592

注：陆地边境县包括内蒙古自治区、辽宁省、吉林省、黑龙江省、广西自治区、云南省、西藏自治区、甘肃省、新疆维吾尔自治区等 9 个省、区 129 个县（市、旗）。

14—1—10 沿海开放县农村经济情况

指　　标	单位	2000 年	2007 年	2008 年	2009 年
县个数	个	197	197	197	197
年末总人口	万人	14192	14396	14431	14486
行政区域土地面积	万平方公里				32
农业机械总动力	万千瓦	7027	8548	9170	9591
农村用电量	亿千瓦时	664	2013	2129	2145
第一产业增加值	亿元	2795	4266	4851	5271
农业	亿元	1552	2111	2515	2650
林业	亿元	97	156	192	190
牧业	亿元	444	832	1091	997
渔业	亿元	701	1052	1217	1250
农作物总播种面积	千公顷	14961	13503	13471	13557
粮食作物播种面积	千公顷	9851	8451	8514	8656
粮食总产量	万吨	5295	4983	5188	5319
棉花播种面积	千公顷	231	379	337	279
棉花产量	万吨	27	45	41	33
油料播种面积	千公顷	1419	1136	1164	1157
油料产量	万吨	377	360	373	370
糖料播种面积	千公顷	199	227	229	214
糖料产量	万吨	1257	1655	1669	1663
肉类总产量	万吨	784	982	947	1030
奶类产量	万吨	75	265	304	280
水产品产量	万吨	1774	2230	2070	2139
普通中学专任教师数	万人	47	58	58	59
小学专任教师数	万人	64	59	59	58
普通中学在校学生数	万人	849	920	913	890
小学在校学生数	万人	1423	1157	1093	1027
医院、卫生院数	所	6461	5571	5495	5528
医院、卫生院床位数	床	263472	341218	357253	376192
医院、卫生院技术人员数	人	338940	429515	441995	458941
地方财政一般预算收入	亿元	521	2318	2834	3291
地方财政一般预算支出	亿元	676	2944	3652	4412
年末金融机构各项贷款余额	亿元	7699	24287	27649	37020

注：沿海开放县包括天津市、河北省、辽宁省、上海市、江苏省、浙江省、福建省、山东省、广东省、广西自治区、海南省等 11 个省、区、市的 197 个县(市)。

14—1—11 粮食生产大县农村经济情况

指　标	单位	2000 年	2007 年	2008 年	2009 年
县个数	个	453	453	453	453
年末总人口	万人	32281	32886	33085	33337
行政区域土地面积	万平方公里				117
农业机械总动力	万千瓦	16782	23598	25962	27934
农村用电量	亿千瓦时	697	1616	1728	1841
第一产业增加值	亿元	5101	9082	10446	11202
农业	亿元	3168	5045	5829	6254
林业	亿元	163	284	342	369
牧业	亿元	1286	2805	3424	3376
渔业	亿元	483	781	860	925
农作物总播种面积	千公顷	48820	51517	51466	54445
粮食作物播种面积	千公顷	34734	37980	38286	40991
粮食总产量	万吨	17454	22115	24112	24004
棉花播种面积	千公顷	597	721	695	626
棉花产量	万吨	61	85	81	76
油料播种面积	千公顷	5338	4501	4589	4730
油料产量	万吨	1067	1069	1146	1148
糖料播种面积	千公顷	380	356	381	301
糖料产量	万吨	1632	2191	2306	1969
肉类总产量	万吨	2255	3259	3085	3242
奶类产量	万吨	247	1006	1164	1231
水产品产量	万吨	1057	1436	1338	1413
普通中学专任教师数	万人	103	120	121	121
小学专任教师数	万人	150	135	135	133
普通中学在校学生数	万人	1951	2042	1977	1911
小学在校学生数	万人	3387	2509	2426	2347
医院、卫生院数	所	16557	13330	13185	13194
医院、卫生院床位数	床	512423	624312	666702	720080
医院、卫生院技术人员数	人	712939	773848	804577	844393
地方财政一般预算收入	亿元	665	2281	2832	3376
地方财政一般预算支出	亿元	1009	4447	5902	7379
年末金融机构各项贷款余额	亿元	10949	24590	27749	36798

注:粮食生产大县包括除西藏自治区以外的 30 个省、区、市的 453 个县(市、旗)。

二、西部大开发12省(区、市)农村经济情况

14—2—1　西部大开发12省(区、市)农业机械拥有量

指　　标	单位	1990年	1995年	1999年	2000年	2008年	2009年
农用机械总动力合计	万千瓦	5906.2	7534.3	10106.9	10706.6	18430.1	19737.1
大中型拖拉机	万混合台	20.3	16.3	19.1	30.2	103.0	120.6
	万千瓦	727.2	630.3	700.7	929.6	2437.6	2908.2
小型拖拉机	万台	152.3	192.8	233.4	234.5	275.7	284.0
	万千瓦	1469.4	1913.2	2415.0	2443.1	3056.7	3164.1
大中型拖拉机配套农具	万部	20.0	22.6	29.0	30.2	122.1	158.8
小型拖拉机配套农具	万部	108.9	165.2	238.2	253.0	361.0	374.6
农用排灌柴油机	万台	38.6	48.3	77.3	84.5	149.0	158.0
	万千瓦	306.6	345.6	513.9	542.4	953.6	1013.1
农用排灌电动机	万台	44.6	54.7	84.5	89.8	175.5	189.9
	万千瓦	580.6	632.8	733.4	759.1	1060.4	1096.8
农用水泵	万台	78.0	97.9	139.5	164.9	327.8	352.7
节水灌溉机械	万套	2.4	2.8		7.1	13.3	14.9
联合收获机	万台	0.8	1.2	2.2	2.5	8.5	7.5
	万千瓦	38.0	53.8	89.8	98.9	249.9	313.6
机动收割机	万台	0.2	0.1	0.4	0.6		
	万千瓦	4.0	1.7	2.1	2.6		
机动脱粒机	万台	34.7	56.9	101.5	115.7	292.9	318.9
农用载重汽车	万辆	14.3	19.2	22.8	22.5		
	万千瓦	1102.2	1573.0	1889.8	1842.3		
农用运输车	万辆	5.3	13.9	30.3	39.1	209.6	213.3

14—2—2　西部大开发12省(区、市)农村电力和农田水利建设情况

指　　标	单位	1990年	1995年	1999年	2000年	2008年	2009年
一、乡村办水电站	个	17623	15320	11045	10381	13253	13234
装机容量	万千瓦	138.4	161.7	177.1	179.4	2233.4	2473.0
发电量	亿千瓦		48.4	61.9	63.5	815.0	837.7
二、农村用电量	亿千瓦小时	145.7	237.6	308.0	331.5	557.7	596.3
三、农田水利建设情况							
有效灌溉面积	千公顷	12685.9	13639.3	14824.5	15174.6	17065.5	17419.2
旱涝保收面积	千公顷	8865.1	9371.5	10072.3	10255.9	11262.4	11414.7
机电排灌面积	千公顷	3558.1	4503.6	5227.9	5348.2	6986.9	7347.8

注:2008年起乡村办水电站统计口径变更为农村水电。农村水电是指装机容量5万千瓦及以下水电站和配套电网。

14—2—3 西部大开发12省(区、市)农用化肥、农膜、柴油和农药使用量

指　　标	单位	1990年	1995年	1999年	2000年	2008年	2009年
一、化肥施用量							
(按折纯法计算)	万吨	570.8	825.4	983.4	1008.6	1402.0	1465.2
氮肥	万吨	371.1	472.4	539.0	541.0	669.7	689.8
磷肥	万吨	105.5	161.2	176.7	182.6	231.3	241.9
钾肥	万吨	28.8	54.3	74.4	79.6	134.7	144.0
复合肥	万吨	65.4	137.8	187.1	205.4	364.0	375.8
二、农用塑料薄膜使用量	吨		219243	375940	396198	633793	662673
#地膜使用量	吨		167323	292663	304539	456562	469845
地膜覆盖面积	千公顷		2573.7	4824.4	4983.7	655.2	6862.3
三、农用柴油使用量	万吨		253.2	265.9	288.2	375.4	430.4
四、农药使用量	万吨		15.4	20.1	20.5	29.0	30.0

14—2—4 西部大开发12省(区、市)自然灾害情况

指　　标	单位	1990年	1995年	1999年	2000年	2008年	2009年
一、受灾面积	千公顷	11692.0	14531.0	17504.5	15773.0	15490.9	15345.1
旱灾	千公顷	7209.3	8552.0	10869.0	11225.0	5521.5	10308.3
水灾	千公顷	2174.0	3182.0	2871.5	2509.0	1927.4	2312.4
风雹灾	千公顷	1560.7	1487.0	1321.0	1104.0	1733.6	1517.0
霜冻灾	千公顷	748.0	964.0	2437.0	935.0	5386.1	1156.5
二、成灾面积	千公顷	5484.0	7680.0	9213.7	9358.0	8475.7	7081.3
旱灾	千公顷	3350.7	4573.0	5864.0	7032.0	3312.6	4608.5
水灾	千公顷	1080.0	1793.0	1534.1	1492.0	1118.8	983.6
风雹灾	千公顷	652.0	755.0	734.0	536.0	865.9	891.5
霜冻灾	千公顷	401.3	496.0	1077.0	298.0	2842.9	581.8
三、成灾面积占受灾							
面积的比重	%	46.9	52.9	52.6	59.3	54.7	46.1

14—2—5 西部大开发12省(区、市)农作物播种面积及构成

(以农作物总播种面积为100)

单位:千公顷

指　　标	1990年	1995年	1999年	2000年	2008年	2009年
农作物总播种面积	43507.7	45890.4	49540.6	49345.9	50366.1	51396.1
一、粮食作物	33668.5	33920.3	35891.3	34528.8	32552.3	33456.0
1.谷物		26225.8	27032.9	25756.1	23698.9	24450.4
稻谷	7823.5	7467.6	7430.3	7452.3	6917.4	6956.8
小麦	9302.8	9019.6	8834.5	7999.1	5744.1	6296.3
玉米	6458.5	6678.5	8185.6	7542.1	9184.4	9529.6
谷子	603.5	400.1	414.8	320.8	246.0	256.6
高粱	318.2	292.6	288.0	257.3	218.5	243.6
2.豆类		3407.1	3771.8	3617.6	3393.3	3448.9
#大豆	1333.0	1593.2	1922.0	1960.1	1683.4	1890.9
杂豆		1813.9	1849.7	1657.6	1709.8	1558.0
3.薯类	3743.9	4287.6	5086.6	5155.0	5460.1	5556.7
#马铃薯	1847.9	2181.3	2843.9	2920.0	3574.8	3926.7
二、油料作物	3300.3	3687.7	4059.9	4410.4	4055.7	4356.2
#花 生	415.1	496.3	576.9	652.0	569.9	606.7
油菜籽	1820.0	2132.3	2262.1	2520.9	2449.1	2717.2
芝麻	39.9	38.6	47.5	61.7	46.8	51.6
胡麻籽	500.4	443.6	379.7	323.0	223.1	226.0
向日葵籽	312.5	404.1	609.6	609.2	685.2	670.7
三、棉花	682.8	981.1	1156.7	1154.3	1901.2	1548.2
四、麻类	102.1	85.0	53.9	55.2	80.5	65.9
# 黄红麻	56.9	34.4	15.0	12.7	6.8	6.2
五、糖料	693.9	932.0	1056.0	945.4	1568.4	1497.3
甘蔗	492.6	673.5	887.5	818.8	1443.6	1395.7
甜菜	201.3	258.8	168.5	126.6	124.8	101.6
六、烟叶	761.7	942.8	790.7	814.4	827.7	844.3
# 烤烟	631.1	856.6	703.6	719.6	767.9	778.2
七、药材	59.4	119.2	165.8	256.2	632.3	615.9
八、蔬菜、瓜类	1766.7	2538.1	3440.4	3929.9	5536.8	5955.8
九、其他农作物	2039.4	2684.5	2925.9	3252.5	3211.2	3056.6

14—2—5 续表

单位:%

指　　标	1990 年	1995 年	1999 年	2000 年	2008 年	2009 年
农作物总播种面积	100	100	100	100	100.0	100.0
一、粮食作物	77.4	73.9	72.4	70.0	64.6	65.1
1. 谷物		57.1	54.6	52.2	47.1	47.6
稻谷	18.0	16.3	15.0	15.1	13.7	13.5
小麦	21.4	19.7	17.8	16.2	11.4	12.3
玉米	14.8	14.6	16.5	15.3	18.2	18.5
谷子	1.4	0.9	0.8	0.7	0.5	0.5
高粱	0.7	0.6	0.6	0.5	0.4	0.5
2. 豆类		7.4	7.6	7.3	6.7	6.7
#大豆	3.1	3.5	3.9	4.0	3.3	3.7
杂豆		4.0	3.7	3.4	3.4	3.0
3. 薯类	8.6	9.3	10.3	10.4	10.8	10.8
# 马铃薯	4.2	4.8	5.7	5.9	7.1	7.6
二、油料作物	7.6	8.0	8.2	8.9	8.1	8.5
#花 生	1.0	1.1	1.2	1.3	1.1	1.2
油菜籽	4.2	4.6	4.6	5.1	4.9	5.3
芝麻	0.1	0.1	0.1	0.1	0.1	0.1
胡麻籽	1.2	1.0	0.8	0.7	0.4	0.4
向日葵籽	0.7	0.9	1.2	1.2	1.4	1.3
三、棉花	1.6	2.1	2.3	2.3	3.8	3.0
四、麻类	0.2	0.2	0.1	0.1	0.2	0.1
#黄红麻	0.1	0.1	0.0	0.0	0.0	0.0
五、糖料	1.6	2.0	2.1	1.9	3.1	2.9
甘蔗	1.1	1.5	1.8	1.7	2.9	2.7
甜菜	0.5	0.6	0.3	0.3	0.2	0.2
六、烟叶	1.8	2.1	1.6	1.7	1.6	1.6
#烤烟	1.5	1.9	1.4	1.5	1.5	1.5
七、药材	0.1	0.3	0.3	0.5	1.3	1.2
八、蔬菜、瓜类	4.1	5.5	6.9	8.0	11.0	11.6
九、其他农作物	4.7	5.8	5.9	6.6	6.4	5.9

14—2—6　西部大开发12省(区、市)主要农作物产量

单位:万吨

指　　标	1990年	1995年	1999年	2000年	2008年	2009年
一、粮食作物	11168.3	11729.9	13375.9	12896.3	13951.9	14245.4
1.谷物		10135.3	11479.5	10920.3	11639.5	11926.6
稻谷	4506.9	4498.0	4783.2	4735.7	4482.0	4531.4
小麦	2512.2	2463.0	2516.0	2307.1	1963.4	2192.1
玉米	2372.9	2589.8	3661.3	3351.1	4749.9	4807.1
谷子	87.3	38.1	51.6	34.3	45.6	31.2
高粱	99.3	82.7	88.0	70.0	85.8	82.3
2.豆类		437.4	489.8	460.0	602.1	605.1
#大豆	166.6	187.2	242.8	250.4	305.4	327.8
杂豆		250.2	247.0	209.6	296.7	277.4
3.薯类	854.4	1157.3	1406.6	1516.0	1710.3	1713.6
#马铃薯	370.2	560.9	680.3	811.6	1095.6	1129.9
二、油料作物	433.3	508.6	598.5	671.3	754.1	825.7
#花生	64.0	84.8	112.4	134.6	127.3	137.2
油菜籽	239.6	296.4	314.3	366.5	435.6	492.8
芝麻	2.1	2.4	3.8	5.4	5.7	5.3
胡麻籽	41.3	28.1	33.8	27.7	24.8	25.2
向日葵籽	67.0	83.9	116.6	116.5	139.4	154.3
三、棉花	67.1	117.1	149.8	160.5	327.1	272.5
四、麻类	17.0	12.9	9.4	10.5	20.8	14.1
# 黄红麻	10.9	5.7	2.8	2.3	1.4	1.2
五、糖料	3013.1	4528.1	5551.8	5047.5	10943.3	9989.5
甘蔗	2423.7	3818.4	4972.9	5600.9	10313.8	9440.7
甜菜	589.4	709.7	578.8	446.6	629.4	548.8
六、烟叶	117.7	143.3	136.0	142.8	170.5	180.8
# 烤烟	99.9	131.5	121.4	126.6	158.4	166.9
七、茶叶	13.8	16.5	18.6	19.1	39.7	46.0
八、水果	462.9	1070.3	1602.6	1613.4	4766.5	5673.6

14—2—7 西部大开发12省(区、市)主要农作物单位面积产量

指　　标	1990年	1995年	1999年	2000年	2008年	2009年
一、粮食作物	3317.1	3458.1	3726.8	3734.9	4286.0	4258.0
1.谷物		3864.6	4246.5	4239.9	4911.4	4877.9
稻谷	5760.7	6023.4	6437.5	6354.7	6479.3	6513.7
小麦	2700.5	2730.7	2847.9	2884.2	3418.0	3481.6
玉米	3674.1	3877.8	4472.9	4443.2	5171.7	5044.4
谷子	1446.5	952.3	1244.7	1068.4	1854.5	1214.8
高粱	3120.7	2826.4	3056.0	2719.4	3925.0	3378.0
2.豆类		1283.8	1298.5	1271.7	1774.3	1754.6
# 大豆	1249.8	1175.0	1263.3	1277.6	1814.3	1733.3
杂豆		1379.3	1335.1	1264.6	1735.0	1780.4
3.薯类	2282.1	2699.2	2765.4	2940.8	3132.3	3083.9
# 马铃薯	2003.4	2571.4	2392.1	2779.4	3064.9	2877.3
二、油料作物	1313.0	1379.1	1474.1	1522.0	1859.4	1895.5
# 花生	1543.1	1709.2	1949.2	2063.7	2233.7	2261.5
油菜籽	1316.4	1389.9	1389.3	1454.0	1778.8	1813.8
芝麻	538.0	615.4	806.0	886.3	1215.9	1019.3
胡麻籽	825.0	634.1	889.6	857.4	1113.2	1116.4
向日葵籽	2142.7	2076.9	1912.2	1912.8	2034.7	2300.6
三、棉花	982.6	1193.5	1294.9	1390.2	1720.7	1760.2
四、麻类	1669.7	1520.1	1752.8	1902.1	2583.6	2144.4
# 黄红麻	1916.5	1654.3	1867.9	1840.0	1995.9	1855.1
五、糖料	43425.3	48584.8	52574.1	53392.3	69774.2	66716.4
甘蔗	49202.2	56695.1	56031.9	56192.8	71446.3	67640.9
甜菜	29286.2	27422.1	34358.3	35276.4	50433.4	54021.8
六、烟叶	1544.7	1520.0	1719.9	1753.4	2059.8	2141.8
#烤烟	1583.4	1535.1	1725.8	1759.4	2062.4	2144.4

14－2－8 西部大开发12省(区、市)林业生产情况

单位：千公顷、万株、吨

指　　标	1990年	1995年	2000年	2007年	2008年	2009年
一.营林情况						
1.荒山荒(沙)地造林面积	2144.9	2183.7	2849.0	2361.3	3175.0	3840.3
按造林方式分：						
当年人工造林面积	1761.5	1894.0	2342.7	1477.0	1941.0	2177.0
当年飞机播种面积	383.4	289.7	506.3	80.1	97.4	182.7
无林地和疏林地新封				804.1	1136.6	1480.6
按用途分：						
用材林	1262.0	785.9	540.3	269.0	297.7	315.2
经济林	278.3	710.1	711.5	352.4	666.3	802.7
防护林	500.5	623.8	1549.2	1718.1	2196.4	2697.1
薪炭林	88.5	60.1	40.6	5.4	3.2	9.4
特种用材林	15.7	4.1	7.4	16.4	11.5	16.0
2.年末实有封山(沙)育林面积	8016.6	12243.0	15424.8	11675.0	13001.0	13269.3
3.更新造林	160.5	173.4	422.4	94.5	115.2	117.6
4.零星(四旁)植树	155269	124739	101350	78638	79190	79248.4
5.育苗面积	55.1	49.8	79.8	69.2	82.3	95.3
6.幼林抚育作业面积(千公顷次)	3634.1	3953.7	3370.0	6585.8	6887.2	6463.1
7.成林抚育面积	1173.2	2281.6	2399.7	3735.8	3914.5	4467.3
二.主要林产品产量						
生　漆	2076	2332	3786	4789	5921	7150
油桐籽	248892	294051	298754	210743	216052	201768
油茶籽	73923	103202	137637	156214	152497	174370
乌桕籽	16729	14959	9698	6962	10295	9760
五倍籽	3989	7977	4854	6491	6531	7727
棕　片	21170	30428	29879	25468	21707	23242
松　脂	184434	286008	278360	567575	554604	651145
竹笋干	9402	19771	34752	95969	109997	145699
核　桃	94811	139110	179831	370955	522318	602204
板　栗	16919	38062	75498	167066	189316	224699
紫胶(原胶)	798	2031	759	2387	3667	2492
木材(万立方米)	1650.3	2104.2	887.4	1926.9	2495.9	2245.0
竹材(万根)	1943.6	12738.6	7419.0	45545.5	38537.3	42237.3

14—2—9 西部大开发12省(区、市)畜牧业生产情况

指　　标	单位	1999年	2000年	2004年	2007年	2008年	2009年
一、牲畜出栏量							
1.大牲畜出栏							
牛	万头	1071.1	1171.0	1579.8	1605.1	1675.9	1761.0
马	万头	67.6	74.4	81.8	86.2	82.6	87.4
驴	万头	65.6	68.1	86.0	96.8	94.6	100.3
骡	万头	14.4	16.5	19.7	22.7	21.6	24.2
骆驼	万头	6.7	6.7	6.6	7.4	8.1	6.3
2.猪	万头	15371.9	16111.1	17833.8	17362.8	18513.6	19558.9
3.羊	万只	7228.5	7890.7	11717.8	13316.1	13614.3	13859.8
4.家禽	万只	120781	136586	126901.79	173367.6	187857.7	194551.6
5.兔	万只	6845.0	8226.0	14717.6	20834.9	18920.1	20967.9
二、肉类总产量	万吨	1639.2	1737.5	1991.6	2050.8	2154.1	2273.4
#猪牛羊肉产量	万吨	1434.7	1504.0	1748.9	1714.4	1799.6	1900.1
1、猪肉产量	万吨	1194.0	1239.4	1370.1	1281.0	1371.2	1455.0
2、牛肉产量	万吨	123.0	135.7	184.2	206.8	208.8	221.3
3、羊肉产量	万吨	117.7	128.8	194.5	226.6	219.6	223.8
4、禽肉产量	万吨	183.3	207.0	197.1	279.4	303.5	314.3
5、兔肉产量	万吨	9.2	11.1	20.5	29.5	26.0	29.1
6、其他肉产量	万吨	12.0	15.5	25.1	27.5	25.0	29.8
三、其他畜产品产量	万吨						
奶类产量	万吨	320.1	356.7	988.8	1598.2	1632.9	1613.0
#牛奶产量	万吨	281.0	315.7	938.4	1542.3	1501.1	1477.3
山羊毛产量	吨	11718	12955	16999	20413.3	22852.1	29805.0
绵羊毛产量	吨	182044	183782	237855	254685.6	246377.0	243624.0
# 细羊毛	吨	74101	74432	85510	92042.1	87299.1	93641.0
半细羊毛	吨	35706	38780	52876	55028.4	47058.0	49753.0
羊绒产量	吨	6984	7138	9825	10970.7	11581.3	11525.0
蜂蜜产量	万吨	5.0	5.1	6.8	8.4	7.9	83696.0
禽蛋产量	万吨	244.4	264.9	359.7	349.9	371.1	375.7

14—2—10 西部大开发12省(区、市)牲畜年末存栏量

指　　标	单位	1997年	2000年	2006年	2007年	2008年	2009年
一、大牲畜头数	万头	6814.4	7070.6	6552.1	6610.2	6672.6	6741.9
1、牛	万头	5489.9	5770.4	5347.5	5451.9	5539.0	5616.1
黄牛*	万头	3716.9	3865.6	3892.3	3952.2		
水牛*	万头	1161.2	1223.6	849.5	851.8		
肉牛*						2843.7	3222.8
奶牛*						645.3	597.0
2、马	万头	595.1	583.7	542.9	541.7	525.2	531.3
3、驴	万头	450.7	445.5	417.2	396.4	390.5	382.5
4、骡	万头	237.5	238.5	217.6	196.1	194.0	187.0
5、骆驼	万头	35.0	32.6	26.9	24.2	24.0	24.8
二、猪	万头	14788.5	16322.7	15009.9	15278.5	15949.4	15997.9
三、羊	万只	14797.0	15699.6	17675.9	17784.9	17247.8	17550.9
山羊	万只	5692.9	6081.2	6480.3	6766.4	7251.5	7265.8
绵羊	万只	9104.1	9618.4	11195.5	11018.5	9996.3	10285.0
四、家禽	万只	50701.6	63932.1	105006.2	110675.8	111359.5	114927.1

注:从2008年起牛的品种修正为肉牛和奶牛。

14—2—11 西部大开发12省(区、市)渔业生产情况

指　　标	单位	1990年	1995年	2000年	2007年	2008年	2009年
一、水产品总产量	吨	716131	1730062	3587609	4185305	4305582	4532213
1.按海水、内陆分							
海水产品产量	吨	202672	645706	1594505	1433236	1440596	1490189
内陆水产品产量	吨	513459	1084356	1993104	2752069	2864986	3042024
2.按生产性质分							
捕捞产量	吨	283759	632198	1100582	921029	918213	925920
养殖产量	吨	432372	1097864	2487027	3264276	3387369	3606293
3.按品种分							
鱼类	吨	673010	1459932	2509894	3081858	3218829	3394154
甲壳类	吨	30234	81959	197308	290703	291758	310551
贝类	吨	12286	178552	820903	702263	684791	711601
藻类	吨	7	110	15	219		
其他类	吨	594	9509	59489	110262	101498	111054
二、水产养殖面积	千公顷	602.2	723.9	823.3	688.8	822.4	925.0
1.海水养殖面积	千公顷	5.4	41.0	61.4	47.3	47.4	50.7
浅海养殖	千公顷		16.4	16.5	12.7	12.4	
滩涂养殖	千公顷		20.6	41.5	13.5	20.8	
其他养殖	千公顷		4.0	3.4	21.0	14.1	
2.内陆养殖面积	千公顷	596.8	682.9	761.9	641.5	775.1	874.3
池塘养殖	千公顷		226.2	262.2	227.1	289.4	
湖泊养殖	千公顷		88.4	102.7	94.9	80.9	
河沟养殖	千公顷		21.9	35.9	29.3	39.5	
水库养殖	千公顷		340.2	354.1	274.8	361.8	
其他养殖	千公顷		6.2	7.0	15.5	3.5	
三、稻田养殖面积	千公顷		561.7	577.8	682.3	621.1	

注:因农业部门报表制度修改,故水产养殖面积2009年无细项分类。

14—2—12　西部大开发12省(区、市)按人口平均的主要农产品产量

单位:千克/人

	1990年	1995年	1999年	2000年	2008年	2009年
一、粮食作物	348.0	342.1	374.8	363.0	385.1	388.9
(一)谷物		295.6	321.7	307.3	321.3	325.6
#稻谷	140.4	131.2	134.0	133.3	123.7	123.7
小麦	78.3	71.8	70.5	64.9	54.2	59.9
玉米	73.9	75.5	102.6	94.3	131.1	131.2
谷子	2.7	1.1	1.4	1.0	1.3	0.9
高粱	3.1	2.4	2.5	2.0	2.4	2.2
(二)豆类		12.8	13.7	12.9	16.6	16.5
#大豆	5.2	5.5	6.8	7.0	8.4	8.9
杂豆		7.3	6.9	5.9	8.2	7.6
(三)薯类	26.6	33.8	39.4	42.7	47.2	46.8
#马铃薯	11.5	16.4	19.1	22.8	30.2	30.8
二、油料作物	13.5	14.8	16.8	18.9	20.8	22.5
#花生	2.0	2.5	3.2	3.8	3.5	3.7
油菜籽	7.5	8.6	8.8	10.3	12.0	13.5
芝麻	0.1	0.1	0.1	0.2	0.2	0.1
胡麻籽	1.3	0.8	0.9	0.8	0.7	0.7
向日葵籽	2.1	2.4	3.3	3.3	3.8	4.2
三、棉花	2.1	3.4	4.2	4.5	9.0	7.4
四、麻类	0.5	0.4	0.3	0.3	0.6	0.4
#黄红麻	0.3	0.2	0.1	0.1	0.0	0.0
五、糖料	93.9	132.1	155.6	142.1	302.1	272.7
(一)甘蔗	75.5	111.4	139.3	157.6	284.7	257.8
(二)甜菜	18.4	20.7	16.2	12.6	17.4	15.0
六、水果	14.4	31.2	44.9	45.4	139.5	154.9
七、烟叶	3.7	4.2	3.8	4.0	4.7	4.9
#烤烟	3.1	3.8	3.4	3.6	4.4	4.6

14—2—13　西部大开发12省(区、市)按人口平均的畜产品、水产品产量

单位:千克/人

指　标	1990年	1995年	2000年	2007年	2008年	2009年
一、猪牛羊肉产量	37.3	39.2	41.5	47.3	49.4	51.9
猪肉	31.4	32.8	34.6	35.4	37.7	39.7
牛肉	3.1	3.3	3.6	5.7	5.7	6.0
羊肉	2.8	3.1	3.4	6.3	6.0	6.1
二、奶类产量	7.5	8.5	9.3	44.1	44.8	44.0
# 牛奶产量	6.5	7.4	8.1	42.6	41.2	40.3
三、禽蛋产量	6.3	6.4	7.1	9.7	10.2	10.3
四、水产品产量	8	9.0	10.4	11.6	11.8	12.4
鱼类	5.7	6.3	7.3	8.5	8.8	9.3
虾蟹类	0.4	0.5	0.6	0.8	0.8	0.8

14—2—14　西部大开发12省(区、市)农林牧渔业总产值及构成

(按当年价格计算)

指　　标	1995年	2000年	2001年	2007年	2008年	2009年
一、绝对数(亿元)						
农林牧渔业总产值合计	4690.6	5753.0	5970.6	12565.6	14860.3	15137.4
#农业	2890.8	3478.8	3525.3	6439.9	7465.2	8104.6
林业	177.4	242.8	238.8	544.8	642.8	701.2
牧业	1516.5	1848.9	2012.7	4823.3	5886.3	5372.5
渔业	105.9	182.5	193.8	345.4	405.6	452.1
二、构成(%)						
(以农林牧渔业合计为100)	100.0	100.0	100.0	100.0	100.0	100.0
#农业	61.6	60.5	59.0	43.3	50.2	53.5
林业	3.8	4.2	4.0	3.7	4.3	4.6
牧业	32.3	32.1	33.7	32.5	39.6	35.3
渔业	2.3	3.2	3.2	2.3	2.7	3.0
三、占全国的比重(%)						
农林牧渔业总产值合计	23.1	23.1	23.2	25.7	25.6	25.1
#农业	24.3	25.1	24.6	26.1	26.6	26.5
林业	24.1	25.9	26.0	29.3	29.9	29.7
牧业	24.7	25.0	25.9	29.9	28.6	27.6
渔业	6.2	6.7	6.9	7.7	7.8	8.0

注：自2003年起农林牧渔业总产值执行新国民经济行业分类标准，包括农林牧渔服务业产值。

14—2—15　西部大开发12省(区、市)农林牧渔业中间消耗及构成

(按当年价格计算)

指　　标	1995年	2000年	2006年	2007年	2008年	2009年
一、绝对数(亿元)						
农林牧渔业合计	1728.4	2081.3	3987.5	4883.6	5852.1	5942.5
1、农业	937.2	1148.8	1817.6	2140.0	2495.2	2757.0
2、林业	44.2	64.6	133.2	157.2	197.8	227.6
3、牧业	716.4	813.7	1818.1	2270.2	2771.4	2525.1
4、渔业	30.6	54.3	102.5	104.4	132.1	156.2
二、构成(%)						
(以农林牧渔业合计为100)	100.00	100.00	100.00	100.00	100.00	100.00
1、农业	54.22	55.20	69.40	43.82	42.64	46.39
2、林业	2.56	3.10	5.09	3.22	3.38	3.83
3、牧业	41.45	39.10	69.42	46.49	47.36	42.49
4、渔业	1.77	2.60	3.91	2.14	2.26	2.63

14—2—16　西部大开发12省(区、市)农林牧渔业增加值及构成

(按当年价格计算)

指　　标	1995年	2000年	2001年	2007年	2008年	2009年
一、绝对数(亿元)						
农林牧渔业合计	2962.2	3671.6	3798.2	7682.1	9008.3	9194.9
#农业	1953.6	2330.1	2353.3	4299.9	4970.0	5347.6
林业	133.2	178.2	175.1	387.6	445.0	473.6
牧业	800.1	1035.2	1133.6	2553.1	3114.9	2847.5
渔业	75.3	128.1	136.3	241.0	273.5	295.9
二、构成(%)						
(以农林牧渔业合计为100)	100.0	100.0	100.0	100.0	100.0	100.0
#农业	66.0	63.5	62.0	56.0	55.2	58.2
林业	4.5	4.9	4.6	5.0	4.9	5.2
牧业	27.0	28.2	29.8	33.2	34.6	31.0
渔业	2.5	3.5	3.6	3.1	3.0	3.2

14—2—17 西部大开发12省(区、市)农村住户基本情况

指标	单位	1990年	1995年	2000年	2008年	2009年
调查户常住人口	人/户	5.1	4.8	4.5	4.3	4.2
#整、半劳动力人数	人/户	3.0	3.0	2.8	2.9	2.9
劳动力负担人口	人/劳动力	1.7	1.6	1.6	1.5	1.4
劳动力文化状况						
不识字或识字很少	人/百劳动力	28.6	20.2	14.0	9.7	9.4
小学程度	人/百劳动力	39.7	39.4	37.6	31.7	31.0
初中程度	人/百劳动力	26.3	33.2	39.7	46.9	46.6
高中程度	人/百劳动力	5.0	6.5	7.1	8.7	9.4
中专程度	人/百劳动力	0.3	0.6	1.4	2.0	2.3
大专及大专以上	人/百劳动力	0.04	0.1	0.3	1.0	1.3
年内新建房屋面积	平方米/人	0.6	0.7	0.8	0.9	1.3
年内新建房屋造价	元/平方米	57.4	158.6	208.8	459.9	583.7
年末住房面积	平方米/人	15.4	18.3	21.6	27.7	28.8
# 砖木结构面积	平方米/人	4.3	6.1	8.3	10.6	11.0
年末住房价值	元/平方米	25.3	57.1	130.5	222.0	246.5
经营耕地面积	亩/人	2.4	2.5	2.2	2.4	2.5
经营山地面积	亩/人	0.5	0.6	0.4	0.4	0.4
农产品出售量						
粮食	千克/人	107.8	107.1	158.1	233.0	263.1
棉花	千克/人	2.2	4.6	8.1	23.4	17.7
油料	千克/人	16.4	11.9	18.1	16.0	24.9
糖料	千克/人	101.0	105.8	172.3	280.9	258.9
蔬菜及制品	千克/人	57.7	61.4	97.8	135.4	134.5
水果	千克/人	11.1	21.2	38.3	55.5	69.7
猪肉	千克/人	15.2	24.2	27.1	23.1	27.3
牛羊肉	千克/人	2.3	2.1	7.2	10.0	10.2
奶及奶制品	千克/人	2.2	3.1	5.0	24.7	23.9
家禽	千克/人	1.9	2.1	2.4	3.2	3.4
禽蛋	千克/人	1.4	1.6	3.3	4.3	4.9

14—2—18 西部大开发 12 省(区、市)农村居民收入及构成

指　　标	1990 年	1995 年	2000 年	2008 年	2009 年
一、总收入(元/人)	810.9	1789.3	2496.4	5285.8	5604.1
工资性收入	70.5	149.4	390.9	1098.6	1233.7
家庭经营收入	709.0	1554.2	1976.0	3768.0	3855.7
财产性收入		29.6	31.2	80.1	90.4
转移性收入	31.4	56.2	98.3	339.2	424.3
二、纯收入(元/人)	552.7	1116.8	1661.0	3517.7	3816.5
工资性收入	70.5	149.4	390.9	1098.6	1233.7
家庭经营收入	457.5	889.6	1182.4	2045.7	2121.1
财产性收入		29.6	31.2	80.1	90.4
转移性收入	24.7	48.3	56.4	293.5	371.3
三、现金收入(元/人)	494.7	1147.5	1722.5	4176.8	4579.9
工资性收入	70.2	149.1	390.3	1096.0	1231.7
家庭经营收入	373.4	891.8	1210.6	2680.0	2846.8
财产性收入		35.0	26.2	68.2	82.8
转移性收入	51.1	71.6	95.4	332.6	418.5
一、总收入构成(%)	100.0	100.0	100.0	100.0	100.0
工资性收入	8.7	8.3	15.7	20.8	22.0
家庭经营收入	87.4	86.9	79.2	71.3	68.8
财产性收入		1.7	1.3	1.5	1.6
转移性收入	3.9	3.1	3.9	6.4	7.6
二、纯收入构成(%)	100.0	100.0	100.0	100.0	100.0
工资性收入	12.8	13.4	23.5	31.2	32.3
家庭经营收入	82.7	79.7	71.2	58.2	55.6
财产性收入		2.6	1.9	2.3	2.4
转移性收入	4.5	4.3	3.4	8.3	9.7
三、现金收入构成(%)	100.0	100.0	100.0	100.0	100.0
工资性收入	14.2	13.0	22.7	26.2	26.9
家庭经营收入	75.5	77.7	70.3	64.2	62.2
财产性收入		3.1	1.5	1.6	1.8
转移性收入	10.3	6.2	5.5	8.0	9.1

14－2－19　西部大开发12省(区、市)农村居民支出及构成

指　　标	1990年	1995年	2000年	2008年	2009年
一、总支出(元/人)	742.3	1745.5	2211.4	4890.6	5380.3
家庭经营费用支出	210.4	564.3	643.6	1570.1	1568.3
购置生产性固定资产支出	20.6	62.6	63.6	177.8	225.7
建造生产性固定资产雇工支出				2.2	6.7
税费支出	23.0	59.0	79.5	6.8	6.0
生活消费支出	475.2	1023.0	1325.9	2867.1	3238.7
财产性和转移性支出	13.2	36.6	98.8	266.6	334.9
二、现金支出(元/人)	461.9	1144.4	1621.3	4000.1	4517.4
家庭经营费用支出	126.7	386.0	483.5	1289.5	1298.9
购买生产性固定资产支出	20.7	62.6	63.6	177.8	225.7
建造生产性固定资产雇工支出				2.2	6.7
税费支出	20.7	52.5	74.4	6.8	5.9
生活消费现金支出	263.1	586.9	907.0	2259.6	2647.5
财产性和转移性支出	30.7	56.5	92.8	264.2	332.7
一、总支出构成(%)	100.0	100.0	100.0	100.0	100.0
家庭经营费用支出	28.3	32.3	29.1	32.1	29.1
购置生产性固定资产支出	2.8	3.6	2.9	3.6	4.2
建造生产性固定资产雇工支出				0.0	0.1
税费支出	3.1	3.4	3.6	0.1	0.1
生活消费支出	64.0	58.6	60.0	58.6	60.2
财产性和转移性支出	1.8	2.1	4.4	5.5	6.2
二、现金支出构成(%)	100.0	100.0	100.0	100.0	100.0
家庭经营费用支出	27.4	33.7	29.8	32.2	28.8
购买生产性固定资产支出	4.5	5.5	3.9	4.4	5.0
建造生产性固定资产雇工支出				0.1	0.1
税费支出	4.5	4.6	4.6	0.2	0.1
生活消费现金支出	57.0	51.3	55.9	56.5	58.6
财产性和转移性支出	6.6	4.9	5.7	6.6	7.4

14—2—20 西部大开发12省(区、市)农村居民生活消费支出

指 标	1990年	1995年	2000年	2008年	2009年
生活消费支出(元/人)	475.2	1023.0	1325.9	2867.1	3238.7
一、食品支出	300.4	649.4	710.0	1367.5	1395.9
二、衣着支出	37.6	67.8	73.9	161.0	184.1
三、居住支出	68.2	120.8	186.0	497.3	677.4
四、家庭设备、用品及服务支出	21.4	48.2	53.7	129.0	163.1
五、交通和通讯支出	6.5	20.5	53.5	257.3	296.4
六、文教娱乐用品及服务支出	23.7	70.3	144.8	205.8	221.5
七、医疗保健支出	14.1	32.4	67.8	199.2	245.9
八、其他商品及服务支出	3.2	13.8	36.2	50.1	54.4
生活消费支出构成(%)	100.0	100.0	100.0	100.0	100.0
一、食品支出	63.2	63.5	53.5	47.7	43.1
二、衣着支出	7.9	6.6	5.6	5.6	5.7
三、居住支出	14.3	11.8	14.0	17.3	20.9
四、家庭设备、用品及服务支出	4.5	4.7	4.0	4.5	5.0
五、交通和通讯支出	1.4	2.0	4.0	9.0	9.2
六、文教娱乐用品及服务支出	5.0	6.9	10.9	7.2	6.8
七、医疗保健支出	3.0	3.2	5.1	6.9	7.6
八、其他商品及服务支出	0.7	1.3	2.7	1.7	1.7

14—2—21 西部大开发12省(区、市)农村居民生活消费现金支出

单位:元/人

指 标	1990年	1995年	2000年	2008年	2009年
生活消费现金支出	263.1	586.9	907.0	2259.6	2647.5
一、食品支出	106.2	239.7	314.2	788.1	829.7
二、衣着支出	37.6	67.1	73.6	159.8	183.0
三、居住支出	50.5	95.2	163.4	471.0	653.8
四、家庭设备、用品及服务支出	21.2	48.0	53.6	128.3	162.6
五、交通和通讯支出	6.5	20.5	53.5	257.3	296.4
六、文教娱乐用品及服务支出	23.7	70.3	144.8	205.8	221.5
七、医疗保健支出	14.1	32.4	67.8	199.2	245.9
八、其他商品及服务支出	3.2	13.8	36.2	50.1	54.4

14—2—22 西部大开发12省(区、市)农村居民主要食品消费量

单位:千克/人

指　　标	1990年	1995年	2000年	2008年	2009年
粮食	244.1	254.5	240.8	201.0	195.4
蔬菜	122.8	95.9	103.0	89.2	94.3
食用油	4.5	5.1	6.2	4.9	5.0
# 植物油	2.5	3.3	4.4	3.8	4.0
水果	6.0	9.6	14.8	10.8	12.3
猪肉	12.3	12.4	15.8	16.3	17.6
牛羊肉	1.5	1.3	2.1	2.5	2.6
奶及制品	3.1	1.6	2.3	4.0	3.9
家禽	1.0	1.3	2.0	3.8	3.7
蛋及制品	1.4	1.6	2.2	2.9	2.9
水产品	0.4	0.7	1.1	1.6	1.6
卷烟	21.0	20.9	21.1	21.8	22.0
食糖	1.5	1.1	1.2	1.1	1.1
酒	6.3	4.2	4.7	7.3	7.6
相当于全国平均水平(%)					
粮食	93.1	99.4	96.2	101.0	103.3
蔬菜	91.6	91.7	96.5	89.4	95.7
食用油	87.8	87.8	87.5	79.0	79.5
# 植物油	70.3	76.5	80.0	71.2	73.5
水果	101.5	73.9	80.8	84.3	90.8
猪肉	116.9	117.2	118.9	128.6	126.4
牛羊肉	188.8	178.9	171.3	192.2	186.9
奶及制品	288.0	242.2	217.0	117.0	109.4
家禽	76.2	68.3	70.5	87.2	88.2
蛋及制品	58.9	49.1	47.0	53.7	54.4
水产品	18.3	20.5	27.3	30.6	30.7
卷烟	75.0	85.1	88.6	90.4	90.3
食糖	74.0	81.5	93.8	102.7	104.5
酒	102.1	64.1	67.2	75.7	75.0

14—2—23 西部大开发12省(区、市)农村居民耐用消费品拥有量

(平均每百户)

指　　标	1990年	1995年	2000年	2008年	2009年
自行车(辆)	79.8	131.7	77.2	57.8	57.0
摩托车(辆)	0.6	2.2	12.3	43.8	47.4
洗衣机(台)	5.1	9.5	18.5	43.9	48.5
电冰箱(台)	0.1	0.9	4.6	21.1	27.5
空调机(台)			0.1	2.0	2.8
黑白电视机(台)	26.9	55.0	50.9	11.3	8.8
彩色电视机(台)	2.7	10.6	36.6	92.9	96.7
固定电话(部)			10.4	53.3	50.1
移动电话(部)			1.1	91.3	110.4
照相机(架)	0.4	0.6	1.8	2.1	2.3

14—2—24 西部大开发12省(区、市)扶贫工作重点县基本情况及占全部扶贫工作重点县的比重

指标	单位	2000年	2007年	2008年	2009年
县个数	个	365	365	365	365
年末总人口	万人	11554	12170	12332	12475
行政区域土地面积	万平方公里				187
农业机械总动力	万千瓦	2935	4544	5391	5923
农村用电量	亿千瓦时	65	107	119	127
第一产业增加值	亿元	1025	2047	2371	2524
农业	亿元	638	1094	1243	1359
林业	亿元	71	137	161	183
牧业	亿元	302	744	871	886
渔业	亿元	14	27	35	36
农作物总播种面积	千公顷	18312	18633	18684	19065
粮食作物播种面积	千公顷	13675	12989	13059	13315
粮食总产量	万吨	4050	4465	4811	4916
棉花播种面积	千公顷	204	199	217	168
棉花产量	万吨	24	31	34	26
油料播种面积	千公顷	1399	1314	1358	1451
油料产量	万吨	154	194	214	220
糖料播种面积	千公顷	257	342	380	370
糖料产量	万吨	1115	2001	2330	2119
肉类总产量	万吨	529	830	763	831
奶类产量	万吨	64	352	370	381
水产品产量	万吨	23	48	53	57
普通中学专任教师数	万人	27	41	42	44
小学专任教师数	万人	59	61	62	63
普通中学在校学生数	万人	500	750	748	746
小学在校学生数	万人	1453	1272	1238	1200
医院、卫生院数	所	10469	7720	8109	8254
医院、卫生院床位数	床	152340	178948	207233	232308
医院、卫生院技术人员数	人	200031	193415	204859	220934
地方财政一般预算收入	亿元	125	369	464	589
地方财政一般预算支出	亿元	385	1728	2514	3285
年末金融机构各项贷款余额	亿元	1770	3518	3903	5125

14—2—24 续表

单位：%

指　　标	2000 年	2007 年	2008 年	2009 年
县个数	62.8	62.8	62.8	62.8
年末总人口	53.5	53.5	53.5	53.6
行政区域土地面积				77.7
农业机械总动力	41.4	40.3	42.6	42.8
农村用电量	46.7	42.1	42.2	41.2
第一产业增加值	49.2	50.0	49.3	49.2
农业	50.6	48.9	48.4	48.8
林业	46.8	49.6	49.4	49.9
牧业	50.7	55.2	53.7	53.5
渔业	18.4	19.5	21.3	19.8
农作物总播种面积	54.4	53.1	53.9	53.3
粮食作物播种面积	56.0	52.7	53.4	52.3
粮食总产量	49.9	45.7	45.6	45.8
棉花播种面积	36.3	32.0	34.0	29.7
棉花产量	40.7	39.8	41.9	37.7
油料播种面积	40.3	42.9	44.2	44.9
油料产量	32.5	36.2	37.3	37.5
糖料播种面积	80.7	86.7	88.1	90.6
糖料产量	88.4	91.5	92.1	93.9
肉类总产量	50.8	57.1	55.5	55.8
奶类产量	70.4	63.5	61.1	59.1
水产品产量	15.4	20.0	22.1	22.7
普通中学专任教师数	47.8	52.4	52.4	54.0
小学专任教师数	53.3	56.1	56.2	56.9
普通中学在校学生数	45.7	53.0	53.9	54.4
小学在校学生数	55.8	57.4	57.1	56.7
医院、卫生院数	64.4	61.1	62.7	63.9
医院、卫生院床位数	51.9	52.4	53.2	53.7
医院、卫生院技术人员数	49.1	48.5	49.3	49.6
地方财政一般预算收入	50.0	56.9	56.9	58.4
地方财政一般预算支出	58.5	58.4	61.5	61.1
年末金融机构各项贷款余额	46.4	52.7	54.8	55.5

14—2—25　西部大开发12省(区、市)牧区、半牧区县基本情况及占全部牧区、半牧区县的比重

指　　标	单位	2000年	2007年	2008年	2009年
县个数	个	228	228	228	228
年末总人口	万人	2828	2965	3024	3054
行政区域土地面积	万平方公里				373
农业机械总动力	万千瓦	1607	2394	2855	3303
农村用电量	亿千瓦时	33	48	55	57
第一产业增加值	亿元	438	931	1106	1188
农业	亿元	238	464	554	592
林业	亿元	19	35	40	41
牧业	亿元	178	404	480	521
渔业	亿元	4	6	8	8
农作物总播种面积	千公顷	6669	7430	7666	8062
粮食作物播种面积	千公顷	4678	5068	5435	5798
粮食总产量	万吨	1326	1948	2279	2399
棉花播种面积	千公顷	183	240	276	232
棉花产量	万吨	29	44	48	42
油料播种面积	千公顷	902	636	716	717
油料产量	万吨	110	103	129	119
糖料播种面积	千公顷	69	54	55	38
糖料产量	万吨	282	278	268	172
肉类总产量	万吨	206	337	334	349
奶类产量	万吨	129	403	429	439
水产品产量	万吨	6	8	9	9
普通中学专任教师数	万人	9	11	11	11
小学专任教师数	万人	18	17	17	17
普通中学在校学生数	万人	122	168	164	162
小学在校学生数	万人	296	275	269	260
医院、卫生院数	所	4616	3746	4176	4343
医院、卫生院床位数	床	61677	63924	72887	78750
医院、卫生院技术人员数	人	81746	78275	84190	88920
地方财政一般预算收入	亿元	60	239	313	400
地方财政一般预算支出	亿元	165	822	1165	1534
年末金融机构各项贷款余额	亿元	850	1817	2100	3231

14—2—25 续表 单位:%

指 标	2000年	2007年	2008年	2009年
县个数	86.4	86.4	86.4	86.4
年末总人口	66.6	66.8	67.1	67.3
行政区域土地面积				95.8
农业机械总动力	67.0	62.0	63.8	64.7
农村用电量	70.8	59.0	59.5	61.3
第一产业增加值	70.8	66.1	65.6	65.3
农业	70.5	65.1	63.2	64.2
林业	75.8	71.2	73.0	65.1
牧业	73.0	67.4	68.0	66.8
渔业	31.3	36.8	46.7	45.8
农作物总播种面积	61.7	61.0	61.5	60.1
粮食作物播种面积	59.6	57.2	58.6	56.4
粮食总产量	60.8	52.0	46.8	51.1
棉花播种面积	98.9	98.7	99.0	99.2
棉花产量	99.7	99.4	98.9	99.5
油料播种面积	65.6	57.7	62.8	61.8
油料产量	73.3	64.9	59.8	64.7
糖料播种面积	50.9	59.3	57.4	62.6
糖料产量	75.7	75.0	67.2	76.8
肉类总产量	67.8	60.4	60.8	60.1
奶类产量	66.4	59.6	57.5	54.0
水产品产量	23.9	29.9	33.6	32.0
普通中学专任教师数	62.3	69.5	69.5	69.2
小学专任教师数	67.5	70.6	71.0	70.9
普通中学在校学生数	59.6	68.3	68.5	69.9
小学在校学生数	69.2	76.1	76.5	76.6
医院、卫生院数	81.4	81.8	83.3	83.5
医院、卫生院床位数	68.5	67.6	70.2	70.0
医院、卫生院技术人员数	65.4	68.2	69.2	69.0
地方财政一般预算收入	76.9	80.9	80.6	82.5
地方财政一般预算支出	76.5	78.5	79.9	81.2
年末金融机构各项贷款余额	56.9	70.7	72.5	78.3

14—2—26 西部大开发12省(区、市)民族县基本情况及占全部民族县的比重

指　　标	单位	2000年	2007年	2008年	2009年
县个数	个	571	571	571	571
年末总人口	万人	13016	13748	13937	14091
行政区域土地面积	万平方公里				564
农业机械总动力	万千瓦	5126	7699	8687	9660
农村用电量	亿千瓦时	96	155	191	185
第一产业增加值	亿元	1761	3435	3880	4159
农业	亿元	1134	1906	2098	2261
林业	亿元	101	206	243	268
牧业	亿元	472	1174	1338	1404
渔业	亿元	55	84	98	104
农作物总播种面积	千公顷	22273	23450	23239	24223
粮食作物播种面积	千公顷	14504	14180	14390	15255
粮食总产量	万吨	5358	5980	6405	6790
棉花播种面积	千公顷	992	1147	1295	1116
棉花产量	万吨	153	211	234	209
油料播种面积	千公顷	2085	1683	1681	1771
油料产量	万吨	298	290	299	314
糖料播种面积	千公顷	769	1175	1283	1228
糖料产量	万吨	4198	8302	9089	8354
肉类总产量	万吨	752	1202	1095	1174
奶类产量	万吨	223	1024	1122	1105
水产品产量	万吨	131	196	174	186
普通中学专任教师数	万人	35	47	48	48
小学专任教师数	万人	68	70	71	71
普通中学在校学生数	万人	642	788	775	767
小学在校学生数	万人	1485	1293	1274	1249
医院、卫生院数	所	11382	9864	10288	10596
医院、卫生院床位数	床	229337	275064	304988	339389
医院、卫生院技术人员数	人	291516	303082	316969	340531
地方财政一般预算收入	亿元	242	698	879	1075
地方财政一般预算支出	亿元	551	2356	3263	4287
年末金融机构各项贷款余额	亿元	2997	6451	7297	10100

14—2—26 续表

单位:%

指　　　标	2000年	2007年	2008年	2009年
县个数	90.2	90.2	90.2	90.2
年末总人口	86.5	86.6	86.7	86.8
行政区域土地面积				96.6
农业机械总动力	89.0	87.8	87.7	87.8
农村用电量	84.0	79.2	80.0	80.5
第一产业增加值	86.7	86.5	85.8	86.0
农业	88.0	87.0	86.0	86.2
林业	78.3	78.0	77.6	78.2
牧业	86.5	88.2	87.7	87.8
渔业	79.2	75.0	75.1	74.1
农作物总播种面积	87.9	87.0	88.0	87.7
粮食作物播种面积	86.9	85.5	87.2	86.7
粮食总产量	87.6	85.6	84.7	86.7
棉花播种面积	99.6	99.9	99.9	99.8
棉花产量	99.9	99.9	99.9	99.9
油料播种面积	87.9	85.3	85.6	85.6
油料产量	88.4	87.4	84.4	86.4
糖料播种面积	97.3	98.2	98.3	99.0
糖料产量	98.1	98.6	98.5	98.4
肉类总产量	85.7	86.4	86.1	85.8
奶类产量	95.0	94.6	94.8	93.1
水产品产量	83.9	81.0	80.4	80.9
普通中学专任教师数	83.4	86.8	86.5	86.8
小学专任教师数	85.1	87.5	87.6	88.2
普通中学在校学生数	84.9	87.3	87.4	88.1
小学在校学生数	87.1	89.3	89.7	90.0
医院、卫生院数	87.5	86.9	87.5	88.0
医院、卫生院床位数	83.4	84.1	84.7	85.6
医院、卫生院技术人员数	82.2	83.5	83.4	84.3
地方财政一般预算收入	87.4	87.7	87.9	88.3
地方财政一般预算支出	85.8	86.9	87.4	87.5
年末金融机构各项贷款余额	81.8	86.6	87.5	88.8

14—2—27　西部大开发12省(区、市)陆地边境县基本情况及占全部陆地边境县的比重

指　　标	单位	2000年	2007年	2008年	2009年
县个数	个	102	102	102	102
年末总人口	万人	1424	1542	1563	1586
行政区域土地面积	万平方公里				174
农业机械总动力	万千瓦	708	955	1028	1165
农村用电量	亿千瓦时	12	16	20	21
第一产业增加值	亿元	212	413	475	527
农业	亿元	117	207	234	258
林业	亿元	20	54	56	64
牧业	亿元	68	133	158	175
渔业	亿元	6	11	14	14
农作物总播种面积	千公顷	2999	3010	3143	3305
粮食作物播种面积	千公顷	1830	1728	1888	2044
粮食总产量	万吨	651	702	764	918
棉花播种面积	千公顷	113	107	138	100
棉花产量	万吨	17	19	22	16
油料播种面积	千公顷	404	265	339	346
油料产量	万吨	63	46	56	58
糖料播种面积	千公顷	206	286	293	284
糖料产量	万吨	1086	1956	1999	1902
肉类总产量	万吨	84	124	129	136
奶类产量	万吨	48	132	142	144
水产品产量	万吨	18	25	23	25
普通中学专任教师数	万人	4	6	6	6
小学专任教师数	万人	9	9	9	9
普通中学在校学生数	万人	70	83	82	81
小学在校学生数	万人	166	136	135	132
医院、卫生院数	所	1578	1682	1511	1480
医院、卫生院床位数	床	35791	40680	41646	45032
医院、卫生院技术人员数	人	42775	43556	44619	47153
地方财政一般预算收入	亿元	30	101	131	153
地方财政一般预算支出	亿元	88	380	506	687
年末金融机构各项贷款余额	亿元	402	686	723	1045

14—2—27 续表

单位:%

指　　标	2000年	2007年	2008年	2009年
县个数	79.1	79.1	79.1	79.1
年末总人口	73.7	75.4	75.7	76.3
行政区域土地面积				90.9
农业机械总动力	72.8	67.1	67.9	69.3
农村用电量	64.3	53.8	57.0	56.9
第一产业增加值	72.3	69.3	70.0	69.6
农业	68.9	67.6	67.3	66.9
林业	75.0	67.8	66.7	67.5
牧业	86.3	81.8	84.4	84.2
渔业	38.0	29.0	32.5	28.8
农作物总播种面积	75.1	67.1	67.4	64.8
粮食作物播种面积	68.5	56.3	57.8	54.7
粮食总产量	66.4	59.0	58.5	62.3
棉花播种面积	100.0	100.0	100.0	100.0
棉花产量	100.0	100.0	100.0	100.0
油料播种面积	90.1	88.1	90.8	93.5
油料产量	93.3	90.6	91.7	93.9
糖料播种面积	98.2	99.5	99.3	100.0
糖料产量	99.1	99.8	99.7	100.0
肉类总产量	82.3	78.9	80.9	81.8
奶类产量	92.6	91.6	92.0	92.0
水产品产量	42.7	35.6	31.6	30.5
普通中学专任教师数	65.3	73.5	73.3	74.1
小学专任教师数	73.9	77.8	78.2	78.8
普通中学在校学生数	69.2	74.3	75.3	77.0
小学在校学生数	78.9	80.7	81.4	82.0
医院、卫生院数	76.2	79.5	77.5	77.3
医院、卫生院床位数	68.8	72.1	71.8	73.8
医院、卫生院技术人员数	65.0	69.9	70.3	70.9
地方财政一般预算收入	67.7	73.9	74.7	73.3
地方财政一般预算支出	74.0	73.8	74.5	75.2
年末金融机构各项贷款余额	50.0	61.1	61.6	65.6

14—2—28 西部大开发12省(区、市)粮棉生产大县基本情况及占全部粮棉生产大县的比重

指 标	单位	2000年	2007年	2008年	2009年
县个数	个	105	105	105	105
年末总人口	万人	7154	7198	7274	7329
行政区域土地面积	万平方公里				54
农业机械总动力	万千瓦	2324	2778	3670	4064
农村用电量	亿千瓦时	81	99	112	127
第一产业增加值	亿元	944	1791	2075	2162
农业	亿元	665	1035	1158	1291
林业	亿元	23	54	63	77
牧业	亿元	227	619	754	691
渔业	亿元	29	52	54	54
农作物总播种面积	千公顷	10867	11054	11205	12625
粮食作物播种面积	千公顷	7519	7444	7590	8666
粮食总产量	万吨	3556	3794	4108	4296
棉花播种面积	千公顷	621	489	563	499
棉花产量	万吨	94	82	88	82
油料播种面积	千公顷	1077	987	1017	1069
油料产量	万吨	210	220	230	241
糖料播种面积	千公顷	124	144	157	131
糖料产量	万吨	640	1008	1097	904
肉类总产量	万吨	445	710	621	664
奶类产量	万吨	64	262	288	308
水产品产量	万吨	54	88	81	85
普通中学专任教师数	万人	20	25	25	26
小学专任教师数	万人	30	29	29	29
普通中学在校学生数	万人	400	453	443	424
小学在校学生数	万人	780	567	533	505
医院、卫生院数	所	5399	3455	3497	3624
医院、卫生院床位数	床	108058	129536	145618	162958
医院、卫生院技术人员数	人	148181	145151	150759	170716
地方财政一般预算收入	亿元	104	247	314	384
地方财政一般预算支出	亿元	180	805	1317	1588
年末金融机构各项贷款余额	亿元	1662	2658	3156	4339

14—2—28 续表

单位:%

指　　标	2000年	2007年	2008年	2009年
县个数	18.0	18.0	18.0	18.0
年末总人口	16.7	16.5	16.6	16.6
行政区域土地面积				34.8
农业机械总动力	9.9	8.3	10.1	10.4
农村用电量	9.2	4.6	4.9	5.2
第一产业增加值	13.9	14.9	15.1	14.6
农业	15.3	15.1	14.8	15.3
林业	11.9	15.6	15.3	17.1
牧业	14.0	17.7	17.6	16.3
渔业	4.5	4.9	4.6	4.2
农作物总播种面积	16.5	16.0	16.2	17.4
粮食作物播种面积	16.9	15.4	15.5	16.6
粮食总产量	15.6	13.3	13.4	13.8
棉花播种面积	22.9	15.8	18.4	18.4
棉花产量	29.1	20.6	22.7	23.4
油料播种面积	14.4	16.0	15.9	16.2
油料产量	12.8	14.0	13.8	14.3
糖料播种面积	30.5	39.0	40.1	42.2
糖料产量	36.3	44.4	46.5	44.8
肉类总产量	15.5	17.5	16.1	16.2
奶类产量	23.7	23.3	22.4	22.6
水产品产量	3.9	4.5	4.4	4.4
普通中学专任教师数	15.1	15.9	15.7	16.2
小学专任教师数	15.2	16.1	16.2	16.2
普通中学在校学生数	15.3	16.6	16.8	16.8
小学在校学生数	17.2	17.0	16.5	16.0
医院、卫生院数	26.1	20.5	20.9	21.7
医院、卫生院床位数	16.1	16.1	16.8	17.4
医院、卫生院技术人员数	15.9	14.5	14.5	15.8
地方财政一般预算收入	12.0	8.5	8.7	9.0
地方财政一般预算支出	13.9	14.1	17.3	16.8
年末金融机构各项贷款余额	12.0	8.5	9.0	9.3

14—2—29　西部大开发12省(区、市)黄土高原县基本情况及占全部黄土高原县的比重

指　　标	单位	2000年	2007年	2008年	2009年
县个数	个	112	112	112	112
年末总人口	万人	3575	3630	3665	3690
行政区域土地面积	万平方公里				23
农业机械总动力	万千瓦	1307	1963	2086	2228
农村用电量	亿千瓦时	44	46	53	54
第一产业增加值	亿元	261	578	697	746
农业	亿元	188	387	465	506
林业	亿元	11	16	18	20
牧业	亿元	60	156	184	187
渔业	亿元	1	3	2	3
农作物总播种面积	千公顷	5679	5463	5570	6632
粮食作物播种面积	千公顷	4596	4090	4164	4935
粮食总产量	万吨	1120	1232	1450	1524
棉花播种面积	千公顷	22	70	66	49
棉花产量	万吨	2	7	8	7
油料播种面积	千公顷	450	437	476	499
油料产量	万吨	49	63	80	83
糖料播种面积	千公顷	4	2	2	1
糖料产量	万吨	6	3	3	2
肉类总产量	万吨	82	103	100	116
奶类产量	万吨	49	141	149	172
水产品产量	万吨	3	5	3	4
普通中学专任教师数	万人	11	16	17	17
小学专任教师数	万人	19	20	20	20
普通中学在校学生数	万人	205	289	285	264
小学在校学生数	万人	489	359	338	317
医院、卫生院数	所	2641	2368	2318	2432
医院、卫生院床位数	床	54689	67927	74727	79117
医院、卫生院技术人员数	人	69215	75781	76814	87936
地方财政一般预算收入	亿元	45	111	134	166
地方财政一般预算支出	亿元	107	492	696	923
年末金融机构各项贷款余额	亿元	756	1323	1365	1748

14—2—29 续表 单位:%

指　　标	2000年	2007年	2008年	2009年
县个数	53.1	53.1	53.1	53.1
年末总人口	52.4	51.9	52.0	52.0
行政区域土地面积				61.4
农业机械总动力	40.3	40.6	41.4	41.8
农村用电量	39.5	32.0	33.2	34.0
第一产业增加值	51.2	53.2	54.3	53.1
农业	52.4	55.0	56.9	56.4
林业	39.3	31.8	31.2	26.9
牧业	50.5	53.3	52.3	50.9
渔业	37.9	29.6	24.6	27.6
农作物总播种面积	58.7	58.0	58.3	61.9
粮食作物播种面积	58.4	55.8	55.9	59.2
粮食总产量	51.8	48.6	51.9	53.6
棉花播种面积	29.6	42.5	44.2	41.7
棉花产量	28.7	39.2	44.2	46.0
油料播种面积	59.2	68.4	70.9	72.8
油料产量	53.6	64.5	69.8	69.9
糖料播种面积	78.6	98.7	98.7	99.5
糖料产量	66.7	96.6	95.4	99.3
肉类总产量	46.6	46.0	47.7	48.8
奶类产量	77.8	66.8	63.7	65.7
水产品产量	42.3	30.1	21.4	25.0
普通中学专任教师数	47.3	50.6	51.7	52.8
小学专任教师数	52.3	52.5	52.4	52.5
普通中学在校学生数	49.7	54.1	55.4	54.3
小学在校学生数	57.0	53.6	52.9	52.3
医院、卫生院数	52.7	53.5	52.4	55.4
医院、卫生院床位数	43.6	45.9	45.3	46.4
医院、卫生院技术人员数	45.6	44.8	43.7	47.4
地方财政一般预算收入	40.5	26.7	25.6	28.4
地方财政一般预算支出	50.1	45.5	48.6	51.0
年末金融机构各项贷款余额	43.3	38.3	38.2	39.4

14—2—30 西部大开发12省(区、市)平原县基本情况及占全部平原县的比重

指 标	单位	2000年	2007年	2008年	2009年
县个数	个	178	178	178	178
年末总人口	万人	5439	5673	5748	5801
行政区域土地面积	万平方公里				190
农业机械总动力	万千瓦	2774	3590	4149	4576
农村用电量	亿千瓦时	95	122	131	146
第一产业增加值	亿元	806	1651	1904	2049
农业	亿元	590	1046	1170	1288
林业	亿元	20	44	47	57
牧业	亿元	176	486	583	595
渔业	亿元	18	31	38	41
农作物总播种面积	千公顷	9005	8922	9474	10984
粮食作物播种面积	千公顷	5434	4957	5369	6587
粮食总产量	万吨	2693	2827	3202	3608
棉花播种面积	千公顷	1008	1248	1374	1167
棉花产量	万吨	155	222	245	217
油料播种面积	千公顷	964	649	739	786
油料产量	万吨	191	145	170	183
糖料播种面积	千公顷	149	166	160	139
糖料产量	万吨	790	1064	1060	927
肉类总产量	万吨	296	454	426	472
奶类产量	万吨	138	585	646	682
水产品产量	万吨	61	85	73	77
普通中学专任教师数	万人	19	25	25	26
小学专任教师数	万人	29	29	29	28
普通中学在校学生数	万人	320	395	382	357
小学在校学生数	万人	632	465	443	425
医院、卫生院数	所	4952	4009	3811	4028
医院、卫生院床位数	床	115387	157191	165979	181791
医院、卫生院技术人员数	人	156279	170792	175865	196565
地方财政一般预算收入	亿元	119	369	456	539
地方财政一般预算支出	亿元	206	915	1488	1794
年末金融机构各项贷款余额	亿元	2032	3704	4265	6166

14—2—30 续表 单位:%

指　　标	2000 年	2007 年	2008 年	2009 年
县个数	27.7	27.7	27.7	27.7
年末总人口	15.0	15.1	15.2	15.2
行政区域土地面积				72.7
农业机械总动力	11.6	10.7	11.6	12.0
农村用电量	10.5	5.4	5.6	6.0
第一产业增加值	13.9	16.1	16.2	16.0
农业	15.6	17.3	17.1	17.3
林业	15.0	18.4	17.3	19.0
牧业	13.7	17.4	16.9	17.2
渔业	3.2	3.3	3.4	3.5
农作物总播种面积	15.8	15.2	16.0	17.7
粮食作物播种面积	14.3	12.5	13.3	15.2
粮食总产量	14.2	12.2	12.6	13.8
棉花播种面积	30.5	28.3	31.1	29.9
棉花产量	38.1	37.2	40.1	40.0
油料播种面积	16.2	14.3	15.6	16.3
油料产量	14.3	12.3	13.4	14.3
糖料播种面积	34.9	38.1	36.9	37.3
糖料产量	38.0	39.4	39.0	38.1
肉类总产量	13.3	15.1	14.5	15.0
奶类产量	41.2	38.9	38.4	37.3
水产品产量	4.8	4.8	4.3	4.4
普通中学专任教师数	16.0	17.2	17.3	17.8
小学专任教师数	16.5	17.4	17.4	17.3
普通中学在校学生数	14.1	16.0	16.2	15.9
小学在校学生数	15.6	15.3	15.0	14.7
医院、卫生院数	27.3	26.0	25.1	26.0
医院、卫生院床位数	19.4	21.2	21.0	21.2
医院、卫生院技术人员数	19.0	19.0	18.9	20.0
地方财政一般预算收入	14.9	12.7	12.7	12.9
地方财政一般预算支出	17.0	16.8	20.7	20.2
年末金融机构各项贷款余额	14.8	11.4	11.8	12.7

14—2—31 西部大开发12省(区、市)丘陵县基本情况及占全部丘陵县的比重

指　　标	单位	2000年	2007年	2008年	2009年
县个数	个	224	224	224	224
年末总人口	万人	10325	10692	10780	10856
行政区域土地面积	万平方公里				139
农业机械总动力	万千瓦	2996	3664	5138	5575
农村用电量	亿千瓦时	80	119	137	147
第一产业增加值	亿元	1315	2585	2937	3027
农业	亿元	833	1364	1504	1667
林业	亿元	54	106	130	142
牧业	亿元	377	990	1138	1036
渔业	亿元	51	91	102	98
农作物总播种面积	千公顷	15765	16454	15927	16272
粮食作物播种面积	千公顷	11390	11187	11114	11398
粮食总产量	万吨	4491	4737	4951	4951
棉花播种面积	千公顷	92	54	65	43
棉花产量	万吨	10	8	9	6
油料播种面积	千公顷	1464	1369	1342	1384
油料产量	万吨	211	248	256	260
糖料播种面积	千公顷	378	651	731	703
糖料产量	万吨	2041	4855	5387	4934
肉类总产量	万吨	699	1105	931	976
奶类产量	万吨	58	451	483	454
水产品产量	万吨	101	171	159	166
普通中学专任教师数	万人	28	34	34	35
小学专任教师数	万人	44	42	42	42
普通中学在校学生数	万人	560	622	606	595
小学在校学生数	万人	1099	839	796	756
医院、卫生院数	所	7898	5485	5510	5531
医院、卫生院床位数	床	153556	170619	198598	222735
医院、卫生院技术人员数	人	200189	193307	200317	223279
地方财政一般预算收入	亿元	155	428	548	691
地方财政一般预算支出	亿元	292	1396	2036	2547
年末金融机构各项贷款余额	亿元	1910	3716	4303	5890

14—2—31 续表 单位:%

指　　标	2000 年	2007 年	2008 年	2009 年
县个数	42.2	42.2	42.2	42.2
年末总人口	36.9	37.3	37.3	37.3
行政区域土地面积				68.6
农业机械总动力	27.1	23.6	28.4	28.5
农村用电量	19.7	13.4	14.1	14.4
第一产业增加值	32.5	35.1	34.7	34.1
农业	35.1	35.8	34.7	35.8
林业	36.6	39.2	39.9	39.7
牧业	36.6	42.0	40.4	38.5
渔业	10.2	11.6	10.9	10.5
农作物总播种面积	39.7	39.6	38.9	38.5
粮食作物播种面积	40.4	37.5	37.3	36.7
粮食总产量	35.5	31.5	31.3	31.4
棉花播种面积	25.7	16.8	19.0	14.0
棉花产量	28.4	21.4	22.2	17.1
油料播种面积	34.4	37.5	36.1	36.2
油料产量	27.8	31.0	30.8	30.8
糖料播种面积	74.5	88.7	89.0	92.9
糖料产量	82.4	93.1	93.5	94.3
肉类总产量	39.3	41.6	38.4	38.1
奶类产量	42.2	55.9	53.6	52.4
水产品产量	7.7	10.2	10.1	10.1
普通中学专任教师数	32.1	32.9	32.5	33.2
小学专任教师数	33.7	35.4	35.2	35.8
普通中学在校学生数	33.7	35.9	36.0	36.3
小学在校学生数	37.1	37.7	36.9	36.4
医院、卫生院数	47.0	41.3	41.1	42.0
医院、卫生院床位数	33.4	32.5	34.2	35.7
医院、卫生院技术人员数	33.0	30.0	30.0	32.0
地方财政一般预算收入	28.3	25.5	26.2	27.3
地方财政一般预算支出	33.4	35.5	38.7	38.5
年末金融机构各项贷款余额	25.3	24.0	24.9	25.5

14—2—32 西部大开发12省(区、市)山区县基本情况及占全部山区县的比重

指　　标	单位	2000年	2007年	2008年	2009年
县个数	个	501	501	501	501
年末总人口	万人	13039	13718	13871	14026
行政区域土地面积	万平方公里				319
农业机械总动力	万千瓦	3433	5060	6017	6600
农村用电量	亿千瓦时	71	134	162	143
第一产业增加值	亿元	1265	2433	2736	2936
农业	亿元	790	1269	1411	1572
林业	亿元	90	176	206	227
牧业	亿元	366	894	1008	1023
渔业	亿元	20	39	47	51
农作物总播种面积	千公顷	18965	19383	19339	19600
粮食作物播种面积	千公顷	13734	13041	12959	13079
粮食总产量	万吨	4575	4777	4923	5087
棉花播种面积	千公顷	11	8	8	13
棉花产量	万吨	1	1	1	1
油料播种面积	千公顷	1544	1569	1542	1682
油料产量	万吨	194	254	246	273
糖料播种面积	千公顷	338	466	497	476
糖料产量	万吨	1790	2952	3179	2948
肉类总产量	万吨	650	1065	953	1046
奶类产量	万吨	83	174	189	191
水产品产量	万吨	33	68	76	83
普通中学专任教师数	万人	31	45	46	48
小学专任教师数	万人	65	68	70	70
普通中学在校学生数	万人	542	817	829	844
小学在校学生数	万人	1577	1459	1429	1387
医院、卫生院数	所	12480	9470	10162	10393
医院、卫生院床位数	床	196253	233574	264366	296243
医院、卫生院技术人员数	人	238186	232357	250526	271041
地方财政一般预算收入	亿元	180	472	589	738
地方财政一般预算支出	亿元	488	1999	2954	3809
年末金融机构各项贷款余额	亿元	2460	5155	5813	7929

14—2—32 续表 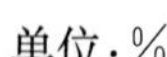
单位:%

指　　标	2000 年	2007 年	2008 年	2009 年
县个数	56.0	56.0	56.0	56.0
年末总人口	44.1	44.7	44.6	44.7
行政区域土地面积				75.3
农业机械总动力	37.3	36.5	38.2	38.7
农村用电量	24.9	22.1	24.6	21.4
第一产业增加值	34.9	37.7	36.9	37.3
农业	36.7	36.6	35.2	36.6
林业	26.3	29.7	29.7	30.7
牧业	40.8	47.1	44.2	45.6
渔业	8.6	10.6	11.5	11.7
农作物总播种面积	49.8	50.7	51.4	50.7
粮食作物播种面积	51.2	51.0	51.5	50.5
粮食总产量	43.2	43.7	44.0	44.5
棉花播种面积	13.7	8.1	7.3	11.4
棉花产量	10.7	6.8	6.8	5.8
油料播种面积	45.0	47.1	46.2	46.6
油料产量	35.7	38.8	37.2	38.4
糖料播种面积	83.2	90.7	92.6	92.2
糖料产量	84.6	91.6	92.9	92.2
肉类总产量	42.7	49.3	46.7	47.4
奶类产量	65.4	49.4	51.2	50.1
水产品产量	5.8	9.3	11.3	11.8
普通中学专任教师数	34.8	40.3	40.5	41.7
小学专任教师数	43.1	47.8	48.1	48.8
普通中学在校学生数	34.2	44.4	45.6	46.5
小学在校学生数	47.8	53.2	53.4	53.5
医院、卫生院数	54.1	50.6	52.7	54.0
医院、卫生院床位数	40.2	40.2	41.3	42.7
医院、卫生院技术人员数	37.5	34.9	35.9	37.0
地方财政一般预算收入	34.7	31.6	32.0	33.3
地方财政一般预算支出	43.5	44.1	48.1	48.2
年末金融机构各项贷款余额	35.9	35.4	36.0	36.7

各地区主要农村经济指标排序

15—1 粮食总产量与人均占有量

地 区	粮食总产量(万吨)		平均每人占有量(千克/人)	
	指标值	位 次	指标值	位 次
全国总计	**53082.1**		**398.7**	
北 京	124.8	28	72.3	30
天 津	156.3	27	130.0	29
河 北	2910.2	7	415.1	12
山 西	942.0	21	275.5	23
内蒙古	1981.7	12	819.6	3
辽 宁	1591.0	13	368.6	16
吉 林	2460.0	9	898.9	2
黑龙江	4353.0	2	1137.8	1
上 海	121.7	29	63.9	31
江 苏	3230.1	4	419.4	11
浙 江	789.2	23	153.2	27
安 徽	3069.9	6	500.5	7
福 建	666.9	24	184.4	26
江 西	2002.6	11	453.5	10
山 东	4316.3	3	457.1	8
河 南	5389.0	1	569.8	4
湖 北	2309.1	10	404.0	13
湖 南	2902.7	8	454.0	9
广 东	1314.5	16	137.1	28
广 西	1463.2	15	302.6	21
海 南	187.6	26	218.4	24
重 庆	1137.2	19	399.2	14
四 川	3194.6	5	391.4	15
贵 州	1168.3	17	307.8	20
云 南	1576.9	14	346.0	17
西 藏	90.5	31	313.8	19
陕 西	1131.4	20	300.3	22
甘 肃	906.2	22	344.3	18
青 海	102.7	30	184.8	25
宁 夏	340.7	25	548.2	5
新 疆	1152.0	18	537.1	6

15—2 棉花总产量与人均占有量

地　区	棉花总产量(吨)		平均每人占有量(千克/人)	
	指标值	位　次	指标值	位　次
全国总计	**6376776**		**4.79**	
北　京	767	22	0.04	19
天　津	70865	13	5.90	5
河　北	604600	3	8.62	3
山　西	83991	12	2.46	12
内 蒙 古	1230	19	0.05	18
辽　宁	956	20	0.02	22
吉　林	1958	18	0.07	17
黑 龙 江		26		26
上　海	2617	16	0.14	16
江　苏	255295	7	3.32	10
浙　江	28079	14	0.55	14
安　徽	346000	6	5.64	6
福　建	258	24	0.01	24
江　西	125104	9	2.83	11
山　东	921220	2	9.75	2
河　南	517452	4	5.47	7
湖　北	480530	5	8.41	4
湖　南	212000	8	3.32	9
广　东		26		26
广　西	2067	17	0.04	20
海　南		26		26
重　庆	95	25	0.00	25
四　川	14860	15	0.18	15
贵　州	944	21	0.02	21
云　南	398	23	0.01	23
西　藏		26		26
陕　西	85846	11	2.28	13
甘　肃	95444	10	3.63	8
青　海		26		26
宁　夏		26		26
新　疆	2524200	1	117.69	1

15—3 油料总产量与人均占有量

地 区	油料总产量(吨)		平均每人占有量(千克/人)	
	指标值	位 次	指标值	位 次
全国总计	**31542893**		**24**	
北 京	18136	30	1	30
天 津	5412	31	0	31
河 北	1432691	8	20	15
山 西	170188	25	5	28
内 蒙 古	1196204	9	49	4
辽 宁	553499	15	13	20
吉 林	503976	17	18	17
黑 龙 江	281578	23	7	26
上 海	33879	29	2	29
江 苏	1622317	7	21	13
浙 江	432433	19	8	25
安 徽	2403472	5	39	5
福 建	262662	24	7	27
江 西	1020240	10	23	10
山 东	3345121	2	35	6
河 南	5329800	1	56	2
湖 北	3140500	3	55	3
湖 南	1792449	6	28	9
广 东	846429	11	9	23
广 西	420771	20	9	24
海 南	91042	27	11	22
重 庆	405388	21	14	19
四 川	2617646	4	32	7
贵 州	786782	12	21	14
云 南	501562	18	11	21
西 藏	57855	28	20	16
陕 西	543788	16	14	18
甘 肃	585447	14	22	11
青 海	366016	22	66	1
宁 夏	136473	26	22	12
新 疆	639137	13	30	8

15－4 糖料总产量与人均占有量

地 区	糖料总产量(吨)		平均每人占有量(千克/人)	
	指标值	位 次	指标值	位 次
全国总计	**122765663**		**92.2**	
北 京		29		29
天 津		29		29
河 北	307313	15	4.4	17
山 西	154191	19	4.5	16
内 蒙 古	1095788	7	45.3	6
辽 宁	61941	23	1.4	23
吉 林	66276	22	2.4	21
黑 龙 江	1100000	6	28.8	7
上 海	16262	24	0.9	24
江 苏	116445	20	1.5	22
浙 江	813612	9	15.8	10
安 徽	217963	17	3.6	19
福 建	658544	11	18.2	8
江 西	622022	13	14.1	11
山 东	576	27	0.0	28
河 南	282741	16	3.0	20
湖 北	344270	14	6.0	15
湖 南	781618	10	12.2	12
广 东	12535140	3	130.7	5
广 西	75094353	1	1552.8	1
海 南	4791758	4	557.8	2
重 庆	115667	21	4.1	18
四 川	941401	8	11.5	13
贵 州	642907	12	16.9	9
云 南	17614168	2	386.5	3
西 藏		29		29
陕 西	1662	25	0.0	26
甘 肃	204205	18	7.8	14
青 海	600	26	0.1	25
宁 夏	140	28	0.0	27
新 疆	4184100	5	195.1	4

15—5 肉类总产量与人均占有量

地 区	肉类总产量(万吨)		平均每人占有量(千克/人)	
	指标值	位 次	指标值	位 次
全国总计	**7649.7**		**57.5**	
北 京	47.2	26	27.4	28
天 津	39.5	27	32.8	26
河 北	426.6	6	60.8	15
山 西	69.8	24	20.4	30
内蒙古	234.0	14	96.8	1
辽 宁	389.2	7	90.2	2
吉 林	226.2	15	82.7	4
黑龙江	187.6	17	49.0	18
上 海	26.2	29	13.8	31
江 苏	344.4	11	44.7	21
浙 江	170.4	19	33.1	25
安 徽	362.5	10	59.1	16
福 建	175.1	18	48.4	19
江 西	276.0	13	62.5	14
山 东	684.1	1	72.4	9
河 南	615.0	3	65.0	12
湖 北	367.0	9	64.2	13
湖 南	476.3	4	74.5	8
广 东	427.0	5	44.5	23
广 西	371.3	8	76.8	7
海 南	66.0	25	76.9	6
重 庆	187.7	16	65.9	11
四 川	632.8	2	77.5	5
贵 州	169.6	20	44.7	22
云 南	304.6	12	66.8	10
西 藏	24.0	31	83.3	3
陕 西	98.7	22	26.2	29
甘 肃	82.9	23	31.5	27
青 海	26.9	28	48.4	20
宁 夏	25.6	30	41.1	24
新 疆	115.4	21	53.8	17

15－6 水产品总产量与人均占有量

地　　区	水产品总产量(吨)		平均每人占有量(千克/人)	
	指标值	位　次	指标值	位　次
全国总计	**51164039**		**38.4**	
北　　京	58161	26	3.4	25
天　　津	334044	17	27.8	13
河　　北	1004100	13	14.3	15
山　　西	31000	28	0.9	28
内 蒙 古	105979	22	4.4	24
辽　　宁	4006050	6	92.8	3
吉　　林	165184	21	6.0	20
黑 龙 江	380700	16	10.0	18
上　　海	308986	18	16.2	14
江　　苏	4432236	4	57.6	8
浙　　江	4403134	5	85.5	4
安　　徽	1831462	11	29.9	11
福　　建	5675206	3	157.0	2
江　　西	2010503	9	45.5	10
山　　东	7535939	1	79.8	5
河　　南	537650	15	5.7	22
湖　　北	3338896	7	58.4	7
湖　　南	1880600	10	29.4	12
广　　东	7025951	2	73.3	6
广　　西	2622793	8	54.2	9
海　　南	1454899	12	169.4	1
重　　庆	203900	20	7.2	19
四　　川	1001317	14	12.3	17
贵　　州	80300	25	2.1	26
云　　南	271217	19	6.0	21
西　　藏	500	31	0.2	31
陕　　西	56000	27	1.5	27
甘　　肃	11926	29	0.5	29
青　　海	1400	30	0.3	30
宁　　夏	81844	24	13.2	16
新　　疆	95037	23	4.4	23

注：水产品总产量包括中农发集团产量。

15—7 水果总产量与人均占有量

地区	水果总产量(吨)		平均每人占有量(千克/人)	
	指标值	位次	指标值	位次
全国总计	**20395.5**		**153.2**	
北京	120.1	26	69.6	26
天津	67.0	29	55.8	27
河北	1578.6	3	225.1	7
山西	449.2	18	131.4	13
内蒙古	208.7	24	86.3	21
辽宁	655.6	14	151.9	11
吉林	253.5	22	92.6	20
黑龙江	267.7	21	70.0	25
上海	104.7	28	55.0	28
江苏	715.7	11	92.9	19
浙江	712.4	12	138.3	12
安徽	745.8	8	121.6	15
福建	645.0	15	178.4	9
江西	497.5	16	112.6	17
山东	2728.3	1	288.9	5
河南	2228.1	2	235.6	6
湖北	725.8	9	127.0	14
湖南	715.7	10	112.0	18
广东	1160.8	5	121.0	16
广西	1010.7	7	209.0	8
海南	350.4	19	407.9	2
重庆	212.9	23	74.7	24
四川	689.5	13	84.5	22
贵州	119.7	27	31.5	29
云南	342.7	20	75.2	23
西藏	1.2	31	4.3	31
陕西	1366.1	4	362.6	3
甘肃	459.9	17	174.7	10
青海	3.3	30	6.0	30
宁夏	202.4	25	325.7	4
新疆	1056.3	6	492.5	1

注:2003年后水果包括种植业的瓜果类。

15－8　奶类总产量与人均占有量

地　　区	奶类总产量(万吨)		平均每人占有量(千克/人)	
	指标值	位　次	指标值	位　次
全国总计	**3732.6**		**28.0**	
北　　京	67.4	14	39.1	10
天　　津	68.7	12	57.1	7
河　　北	461.0	3	65.8	5
山　　西	74.1	11	21.7	15
内 蒙 古	934.0	1	386.3	1
辽　　宁	115.6	8	26.8	13
吉　　林	44.5	16	16.3	16
黑 龙 江	534.7	2	139.8	2
上　　海	21.2	21	12.2	18
江　　苏	55.4	15	7.2	20
浙　　江	19.9	23	3.9	23
安　　徽	20.1	22	3.3	24
福　　建	15.6	24	4.3	22
江　　西	11.2	26	2.5	26
山　　东	258.1	5	27.3	12
河　　南	301.3	4	31.9	11
湖　　北	28.3	19	5.0	21
湖　　南	7.7	29	1.2	29
广　　东	14.4	25	1.5	28
广　　西	8.1	27	1.7	27
海　　南	0.4	31	0.4	31
重　　庆	7.9	28	2.8	25
四　　川	68.7	13	8.4	19
贵　　州	4.5	30	1.2	30
云　　南	105.9	9	23.2	14
西　　藏	28.7	18	99.6	4
陕　　西	185.8	6	49.3	8
甘　　肃	37.7	17	14.3	17
青　　海	25.3	20	45.6	9
宁　　夏	81.1	10	130.6	3
新　　疆	125.2	7	58.4	6

15—9 各地区农村居民人均纯收入位次

单位:元/人

地 区	1995 年		2000 年		2008 年		2009 年	
	实际数	位次	实际数	位次	实际数	位次	实际数	位次
全国总计	**1577.7**		**2253.4**		**4760.6**		**5153.2**	
北 京	3223.7	2	4604.6	2	10661.9	2	11668.6	2
天 津	2406.4	6	3622.4	5	7910.8	4	8687.6	4
河 北	1668.7	11	2478.9	9	4795.5	12	5149.7	12
山 西	1208.3	22	1905.6	20	4097.2	22	4244.1	22
内蒙古	1208.4	21	2038.2	16	4656.2	15	4937.8	15
辽 宁	1756.5	9	2355.6	10	5576.5	9	5958.0	9
吉 林	1609.6	12	2022.5	17	4932.7	10	5265.9	10
黑龙江	1766.3	8	2148.2	14	4855.6	11	5206.8	11
上 海	4245.6	1	5596.4	1	11440.3	1	12482.9	1
江 苏	2456.9	5	3595.1	6	7356.5	5	8003.5	5
浙 江	2966.2	3	4253.7	3	9257.9	3	10007.3	3
安 徽	1302.8	18	1934.6	19	4202.5	19	4504.3	19
福 建	2048.6	7	3230.5	7	6196.1	7	6680.2	7
江 西	1537.4	13	2135.3	15	4697.2	13	5075.0	13
山 东	1715.1	10	2659.2	8	5641.4	8	6118.8	8
河 南	1232.0	20	1985.8	18	4454.2	17	4806.9	17
湖 北	1511.2	15	2268.6	11	4656.4	14	5035.3	14
湖 南	1425.2	17	2197.2	12	4512.5	16	4909.0	16
广 东	2699.2	4	3654.5	4	6399.8	6	6906.9	6
广 西	1446.1	16	1864.5	23	3690.3	23	3980.4	24
海 南	1519.7	14	2182.3	13	4390.0	18	4744.4	18
重 庆	1270.4	19	1892.4	22	4126.2	20	4478.4	20
四 川	1158.3	24	1903.6	21	4121.2	21	4462.1	21
贵 州	1086.6	26	1374.2	30	2796.9	30	3005.4	30
云 南	1011.0	28	1478.6	27	3102.6	28	3369.3	28
西 藏	1200.3	23	1330.8	31	3175.8	26	3531.7	26
陕 西	962.9	30	1443.9	28	3136.5	27	3437.5	27
甘 肃	880.3	31	1428.7	29	2723.8	31	2980.1	31
青 海	1029.8	27	1490.5	26	3061.2	29	3346.1	29
宁 夏	998.8	29	1724.3	24	3681.4	24	4048.3	23
新 疆	1136.5	25	1618.1	25	3502.9	25	3883.1	25

16

国外主要农业指标

16—1 总人口与农业人口

国家或地区	总人口(万人)			农业人口(万人)			农业人口占总人口的比重(%)		
	2000年	2006年	2007年	2000年	2006年	2007年	2000年	2006年	2007年
世　界	**611537**	**659155**	**667080**	**257133**	**260991**	**261339**	**42.0**	**39.6**	**39.2**
孟加拉国	14077	15546	15775	7735	7642	7611	54.9	49.2	48.2
印　度	104259	114775	116467	55346	57722	57980	53.1	50.3	49.8
印度尼西亚	20528	22195	22467	9035	8867	8828	44.0	40.0	39.3
伊　朗	6690	7159	7244	1773	1674	1658	26.5	23.4	22.9
以色列	608	681	693	16	14	14	2.6	2.0	1.9
日　本	12671	12745	12740	490	344	324	3.9	2.7	2.5
哈萨克斯坦	1496	1530	1541	291	260	256	19.5	17.0	16.6
朝　鲜	2286	2363	2373	687	612	598	30.1	25.9	25.2
韩　国	4643	4777	4796	407	284	267	8.8	6.0	5.6
马来西亚	2327	2610	2656	416	369	360	17.9	14.1	13.6
蒙　古	239	258	261	58	52	51	24.2	20.3	19.6
缅　甸	4661	4872	4913	3278	3334	3346	70.3	68.4	68.1
巴基斯坦	14813	16947	17318	7012	7569	7632	47.3	44.7	44.1
菲律宾	7769	8710	8872	3067	3126	3133	39.5	35.9	35.3
斯里兰卡	1877	1970	1988	869	877	879	46.3	44.5	44.2
泰　国	6235	6651	6698	3053	2941	2910	49.0	44.2	43.4
越　南	7866	8510	8611	5299	5521	5550	67.4	64.9	64.4
埃　及	7017	7860	8006	2432	2411	2400	34.6	30.7	30.0
尼日利亚	12484	14427	14772	4153	4046	4023	33.3	28.0	27.2
南　非	4487	4864	4917	622	546	534	13.9	11.2	10.9
加拿大	3069	3263	3295	78	69	67	2.6	2.1	2.0
墨西哥	9953	10641	10749	2352	2135	2103	23.6	20.1	19.6
美　国	28784	30570	30867	641	571	559	2.2	1.9	1.8
阿根廷	3694	3911	3949	351	326	323	9.5	8.3	8.2
巴　西	17417	18816	19012	2762	2377	2306	15.9	12.6	12.1
委内瑞拉	2441	2719	2766	231	197	194	9.5	7.3	7.0
白俄罗斯	1005	977	972	133	101	97	13.2	10.4	10.0
捷克共和国	1022	1023	1027	85	72	70	8.3	7.0	6.8
法　国	5913	6137	6171	198	152	145	3.3	2.5	2.4
德　国	8208	8239	8234	206	156	149	2.5	1.9	1.8
意大利	5712	5898	5931	304	234	224	5.3	4.0	3.8
荷　兰	1592	1639	1646	53	45	44	3.3	2.8	2.7
波　兰	3843	3816	3813	730	625	608	19.0	16.4	15.9
罗马尼亚	2214	2154	2145	308	222	210	13.9	10.3	9.8
俄罗斯	14667	14253	14194	1546	1274	1234	10.5	8.9	8.7
西班牙	4026	4358	4405	293	236	227	7.3	5.4	5.1
土耳其	6646	7209	7300	1753	1603	1577	26.4	22.2	21.6
乌克兰	4887	4660	4629	778	612	586	15.9	13.1	12.6
英　国	5913	6080	6113	105	96	95	1.8	1.6	1.6
澳大利亚	1917	2063	2085	88	86	85	4.6	4.1	4.1
新西兰	387	415	419	34	34	34	8.8	8.1	8.0

资料来源：联合国FAO数据库。

16—2 农业生产指数

(1999—2001年=100)

国家或地区	2000	2004	2005	2006	2007
世　界	**100**	**110**	**112**	**113**	**115**
孟加拉国	102	104	116	118	125
印　度	98	103	108	114	121
印度尼西亚	100	122	126	131	136
伊　朗	96	117	125	127	123
以色列	99	98	96	95	93
日　本	100	96	97	95	98
哈萨克斯坦	93	110	118	127	139
朝　鲜	96	113	115	114	110
韩　国	100	95	96	96	96
马来西亚	99	120	126	132	132
蒙　古	106	78	74	78	79
缅　甸	99	129	135	147	156
巴基斯坦	101	112	115	117	122
菲律宾	99	117	118	123	127
斯里兰卡	101	98	107	109	108
泰　国	100	110	109	113	119
越　南	100	120	123	126	128
埃　及	102	113	115	119	115
尼日利亚	100	116	123	132	119
南　非	105	106	111	108	107
加拿大	101	105	110	108	107
墨西哥	98	110	109	115	117
美　国	101	107	105	103	107
阿根廷	99	105	116	116	127
巴　西	99	125	128	125	132
委内瑞拉	100	94	105	104	107
白俄罗斯	101	120	119	125	129
捷克共和国	97	103	95	88	91
法　国	100	101	97	93	92
德　国	100	101	97	95	96
意大利	99	101	99	95	94
荷　兰	101	95	93	91	94
波　兰	99	101	95	91	96
罗马尼亚	89	125	109	110	87
俄罗斯	99	111	112	115	118
西班牙	102	107	96	103	102
土耳其	104	105	110	110	100
乌克兰	99	118	118	118	110
英　国	101	98	98	96	94
澳大利亚	98	89	98	78	75
新西兰	100	116	113	116	119

资料来源：联合国FAO数据库。

16—3 谷物总产量、收获面积与单产

国家或地区	总产量(万吨)			收获面积(千公顷)			单产(千克/公顷)		
	2000年	2007年	2008年	2000年	2007年	2008年	2000年	2007年	2008年
世　界	**206039**	**234900**	**234900**	**672729**	**694559**	**713444**	**3063**	**3382**	**3539**
孟加拉国	3950	4471	4471	11672	11303	12363	3384	3956	3972
印　度	23493	26049	26049	102402	100696	100703	2294	2587	2647
印度尼西亚	6158	7044	7044	15293	15778	16312	4026	4465	4694
伊　朗	1287	2240	2240	7022	6596	7306	1833	3396	2479
以色列	18	28	28	75	103	67	2443	2766	3044
日　本	1280	1203	1203	2045	1984	2017	6257	6061	6017
哈萨克斯坦	1154	2009	2009	12240	15135	15380	943	1327	1011
朝　鲜	295	437	437	1206	1274	1266	2443	3432	3698
韩　国	750	631	631	1165	1033	1020	6436	6109	7064
马来西亚	221	246	246	726	699	694	3040	3515	3557
蒙　古	14	11	11	183	122	154	775	943	1383
缅　甸	2197	3290	3290	6884	8912	8912	3191	3692	3585
巴基斯坦	3046	3581	3581	12650	13051	13454	2408	2744	2674
菲律宾	1690	2298	2298	6548	6921	7121	2581	3320	3334
斯里兰卡	290	319	319	868	836	1091	3338	3822	3660
泰　国	3052	3596	3596	11225	11816	11422	2719	3044	3014
越　南	3454	4025	4025	8398	8305	8542	4112	4846	5064
埃　及	2011	2157	2157	2762	2895	3039	7280	7450	7506
尼日利亚	2137	2717	2717	18242	19410	18899	1171	1400	1598
南　非	1453	951	951	5266	3415	3800	2759	2786	3807
加拿大	5109	4811	4811	18210	16226	16543	2806	2965	3387
墨西哥	2799	3431	3431	10137	10231	10463	2761	3354	3454
美　国	34281	41517	41517	58562	61931	60951	5854	6704	6624
阿根廷	3875	4419	4419	11221	10152	9361	3454	4352	3918
巴　西	4590	6944	6944	17250	19544	20811	2661	3553	3829
委内瑞拉	295	401	401	909	1116	1116	3244	3592	3592
白俄罗斯	457	701	701	2339	2429	2451	1952	2888	3556
捷　克	646	716	716	1653	1584	1566	3908	4522	5353
法　国	6570	5933	5933	9075	9050	9611	7240	6556	7293
德　国	4527	4063	4063	7016	6572	7039	6453	6183	7119
意大利	2066	2035	2035	4137	3933	4099	4994	5174	5275
荷　兰	173	152	152	219	212	236	7906	7158	8308
波　兰	2234	2714	2714	8814	8353	8599	2535	3250	3217
罗马尼亚	1050	782	782	5644	4757	5182	1860	1643	3247
俄罗斯	6433	8019	8019	41145	40302	44550	1563	1990	2388
西班牙	2456	2396	2396	6802	6210	6666	3610	3859	3584
土耳其	3225	2925	2925	13954	12283	11256	2311	2381	2601
乌克兰	2381	2894	2894	12204	13112	15123	1951	2207	3486
英　国	2399	1913	1913	3348	2883	3273	7165	6634	7419
澳大利亚	3445	2200	2200	17554	18768	20322	1962	1172	1650
新西兰	85	93	93	136	117	135	6273	7916	7380

资料来源:联合国FAO数据库。

16—4 小麦总产量、收获面积与单产

国家或地区	总产量(万吨)			收获面积(千公顷)			单产(千克/公顷)		
	2000 年	2007 年	2008 年	2000 年	2007 年	2008 年	2000 年	2007 年	2008 年
世　界	**58581**	**61110**	**68995**	**215473**	**213894**	**223564**	**2719**	**2857**	**3086**
孟加拉国	184	74	84	832	399	388	2210	1847	2175
印　度	7637	7581	7857	27486	27995	28039	2778	2708	2802
伊　朗	809	1500	1000	5101	4045	4750	1586	3708	2105
以色列	9	16	8	64	86	50	1465	1850	1515
日　本	69	91	88	183	210	215	3761	4340	4104
哈萨克斯坦	907	1647	1254	10050	12683	12906	903	1298	971
朝　鲜	5	20	18	59	80	73	847	2438	2397
韩　国		1	1	1	2	3	2545	3813	4064
蒙　古	14	11	21	179	117	150	777	939	1399
缅　甸	9	16	16	80	98	98	1167	1612	1612
巴基斯坦	2108	2329	2096	8463	8578	8550	2491	2716	2451
泰　国				1	1	1	667	1000	1000
埃　及	656	738	798	1035	1141	1227	6342	6467	6501
尼日利亚	7	4	5	52	26	32	1404	1692	1656
南　非	243	191	230	934	632	753	2600	3014	3056
加拿大	2654	2005	2861	10855	8636	10032	2445	2322	2852
墨西哥	349	352	402	708	692	802	4936	5082	5013
美　国	6076	5582	6803	21502	20640	22542	2826	2705	3018
阿根廷	1615	1649	843	6476	5832	4284	2493	2827	1967
巴　西	166	411	589	1066	1853	2374	1559	2220	2480
委内瑞拉				1	1	1	369	304	304
白俄罗斯	97	140	205	452	426	514	2137	3277	3976
捷　克	408	394	463	970	811	802	4209	4857	5773
法　国	3735	3276	3900	5248	5239	5492	7117	6254	7101
德　国	2162	2083	2599	2969	2992	3214	7283	6961	8087
意大利	746	717	886	2323	2100	2289	3213	3414	3869
荷　兰	114	99	137	137	140	157	8359	7071	8730
波　兰	850	832	927	2635	2112	2278	3227	3938	4072
罗马尼亚	446	304	718	1928	1891	2098	2311	1610	3422
俄罗斯	3446	4937	6377	21346	23501	26070	1614	2101	2446
西班牙	729	635	671	2353	1830	2067	3100	3470	3248
土耳其	2101	1723	1778	9400	8098	7583	2235	2128	2345
乌克兰	1020	1394	2589	5162	5951	7054	1976	2342	3670
英　国	1670	1322	1723	2086	1830	2080	8008	7225	8281
澳大利亚	2211	1304	2140	12141	12345	13552	1821	1056	1579
新西兰	33	34	34	53	41	42	6210	8497	8112

资料来源:联合国 FAO 数据库。

16—5 稻谷总产量、收获面积与单产

国家或地区	总产量(万吨)			收获面积(千公顷)			单产(千克/公顷)		
	2000年	2007年	2008年	2000年	2007年	2008年	2000年	2007年	2008年
世　界	**59936**	**65741**	**68501**	**154057**	**155999**	**158955**	**3890**	**4214**	**4309**
孟加拉国	3763	4306	4691	10801	10732	11741	3484	4012	3995
印　度	12746	14457	14826	44712	43770	44000	2851	3303	3370
印度尼西亚	5190	5716	6025	11793	12148	12309	4401	4705	4895
伊　朗	197	280	350	534	630	630	3690	4444	5556
日　本	1186	1089	1103	1770	1673	1700	6702	6511	6488
哈萨克斯坦	21	29	25	72	87	76	2972	3368	3374
朝　鲜	169	235	286	535	575	570	3159	4087	5018
韩　国	720	604	692	1072	950	936	6711	6354	7394
马来西亚	214	238	238	699	673	668	3064	3528	3571
缅　甸	2132	3145	3050	6302	8200	8200	3383	3835	3720
巴基斯坦	720	835	1043	2377	2515	2963	3031	3318	3520
菲律宾	1239	1624	1682	4038	4273	4460	3068	3801	3770
斯里兰卡	286	313	388	832	796	1033	3437	3935	3752
泰　国	2584	3210	3047	9891	10669	10248	2613	3009	2973
越　南	3253	3594	3873	7666	7207	7414	4243	4987	5223
埃　及	600	688	725	659	704	745	9102	9767	9731
尼日利亚	330	319	418	2199	2451	2382	1500	1300	1754
南　非				1	1	1	2308	2286	2286
墨西哥	35	29	22	84	71	50	4180	4154	4462
美　国	866	900	924	1230	1112	1204	7037	8092	7672
阿根廷	90	108	125	189	165	182	4780	6560	6828
巴　西	1109	1106	1210	3655	2891	2862	3034	3826	4229
委内瑞拉	68	105	105	138	209	209	4897	5051	5051
法　国	12	9	9	20	17	16	5836	5077	5426
意大利	123	154	140	220	233	224	5581	6624	6244
罗马尼亚		3	5	1	8	10	2571	3402	4933
俄罗斯	59	70	74	168	157	160	3495	4488	4603
西班牙	83	74	67	117	102	96	7066	7224	6921
土耳其	35	65	75	58	94	99	6034	6908	7572
乌克兰	9	11	10	25	20	20	3560	5400	5086
澳大利亚	110	16	2	133	20	2	8257	8150	9500

资料来源：联合国FAO数据库。

16－6　玉米总产量、收获面积与单产

国家或地区	总产量(万吨)			收获面积(千公顷)			单产(千克/公顷)		
	2000 年	2007 年	2008 年	2000 年	2007 年	2008 年	2000 年	2007 年	2008 年
世　界	**59248**	**78811**	**82271**	**136999**	**158607**	**161017**	**4325**	**4969**	**5109**
孟加拉国	1	90	135	5	151	224	2060	5981	6015
印　度	1204	1896	1929	6611	8117	8300	1822	2335	2324
印度尼西亚	968	1329	1632	3500	3630	4003	2765	3660	4078
伊　朗	112	159	160	182	210	215	6166	7562	7442
以 色 列	7	9	10	6	6	6	12669	15497	16014
日　本							2466	2583	2583
哈萨克斯坦	25	42	42	75	92	76	3335	4564	5550
朝　鲜	104	159	141	496	496	503	2099	3200	2805
韩　国	6	8	9	16	17	18	4062	4918	5054
马来西亚	7	8	8	27	26	26	2407	3192	3192
缅　甸	36	111	111	210	345	345	1733	3229	3229
巴基斯坦	164	361	404	944	1052	1118	1741	3427	3611
菲 律 宾	451	674	693	2510	2648	2661	1797	2544	2604
斯里兰卡	3	6	11	29	34	52	1084	1651	2168
泰　国	447	366	375	1215	928	955	3676	3948	3931
越　南	201	430	453	730	1096	1126	2747	3926	4025
埃　及	647	624	654	843	776	820	7680	8046	7977
尼日利亚	411	672	753	3159	3944	3845	1300	1705	1957
南　非	1143	713	1160	4012	2552	2799	2849	2792	4143
加 拿 大	695	1165	1059	1107	1369	1169	6284	8511	9062
墨 西 哥	1756	2351	2432	7131	7333	7354	2462	3206	3307
美　国	25185	33118	30738	29316	35015	31826	8591	9458	9658
阿 根 廷	1678	2176	2202	3089	2838	3412	5433	7666	6452
巴　西	3188	5211	5902	11615	13767	14445	2745	3785	4086
委内瑞拉	169	257	257	483	740	740	3500	3472	3472
白俄罗斯	3	54	50	13	107	113	2308	5065	4391
捷　克	30	76	86	47	112	114	6428	6795	7545
法　国	1602	1436	1582	1765	1484	1702	9077	9673	9294
德　国	332	381	511	361	403	521	9212	9447	9810
意 大 利	1014	981	949	1064	1053	1053	9528	9312	9010
荷　兰	22	23	25	20	19	22	11000	11948	11416
波　兰	92	172	184	152	262	317	6064	6574	5815
罗马尼亚	490	385	785	3049	2263	2432	1606	1703	3227
俄 罗 斯	153	380	668	721	1296	1732	2123	2930	3859
西 班 牙	399	352	362	433	355	366	9216	9917	9901
土 耳 其	230	354	427	555	517	594	4144	6838	7198
乌 克 兰	385	742	1145	1279	1903	2440	3009	3900	4691
澳大利亚	41	24	39	82	49	68	4936	4898	5691
新 西 兰	18	19	21	18	17	18	10226	10900	11233

资料来源：联合国 FAO 数据库。

16—7 大豆总产量、收获面积与单产

国家或地区	总产量(万吨)			收获面积(千公顷)			单产(千克/公顷)		
	2000年	2007年	2008年	2000年	2007年	2008年	2000年	2007年	2008年
世　　界	**16129.2**	**21954.5**	**23095.3**	**74366.8**	**90111.1**	**96870.4**	**2168.8**	**2436.3**	**2384.1**
印　　度	527.6	1096.8	904.5	6416.6	8880.0	9600.0	822.2	1235.1	942.1
印度尼西亚	101.8	59.3	77.6	825.0	459.1	591.9	1233.4	1290.8	1311.8
伊　　朗	14.2	18.5	20.9	90.0	100.0	115.0	1577.7	1853.0	1817.3
日　　本	23.5	22.7	22.7	122.5	138.3	138.3	1918.3	1639.1	1639.1
哈萨克斯坦	0.4	8.3	8.9	3.5	49.4	51.2	1134.2	1685.6	1732.6
朝　　鲜	35.0	34.5	34.5	310.0	300.0	300.0	1129.0	1150.0	1150.0
韩　　国	11.3	11.4	13.3	86.2	76.3	75.2	1313.5	1497.9	1763.2
缅　　甸	9.9	19.0	19.0	107.8	156.0	156.0	917.5	1217.9	1217.9
巴基斯坦	1.0			8.0	0.1	0.0	1250.0	581.8	591.8
菲 律 宾	0.1	0.1	0.1	0.8	0.6	0.6	1231.2	1550.4	1550.4
斯里兰卡	0.1	0.5	0.3	0.7	2.9	1.3	927.5	1678.3	2404.7
泰　　国	31.2	20.4	20.4	215.0	128.9	131.6	1453.0	1582.7	1553.2
越　　南	14.9	27.6	26.9	124.1	187.4	191.5	1203.0	1470.1	1402.6
埃　　及	1.1	2.6	2.9	3.9	7.8	8.7	2719.9	3288.0	3358.9
尼日利亚	42.9	58.0	59.1	517.0	638.0	609.0	829.7	909.0	970.4
南　　非	15.3	20.5	32.3	93.8	183.0	174.4	1636.3	1120.2	1852.0
加 拿 大	270.3	269.6	333.6	1060.7	1171.5	1195.4	2548.3	2301.0	2790.6
墨 西 哥	10.2	8.8	15.3	70.0	62.6	75.8	1462.2	1412.1	2019.6
美　　国	7505.5	7286.0	8053.6	29302.8	25960.0	30206.5	2561.3	2806.6	2666.1
阿 根 廷	2013.6	4748.3	4623.2	8637.5	15981.3	16380.0	2331.2	2971.1	2822.4
巴　　西	3273.5	5785.7	5991.7	13640.0	20565.3	21271.8	2399.9	2813.3	2816.7
委内瑞拉	0.4	6.0	6.0	1.7	37.1	37.1	2658.1	1623.8	1623.8
捷　　克	0.2	1.3	0.9	1.9	7.5	4.3	1246.2	1751.2	2170.7
法　　国	20.1	8.5	6.3	77.7	32.6	21.8	2587.4	2599.0	2898.6
德　　国	0.1	0.1	0.1	0.5	1.0	1.0	2000.0	1000.0	1000.0
意 大 利	90.3	40.8	34.6	252.6	130.3	107.8	3576.0	3134.1	3212.0
波　　兰		0.1			0.3	0.1		1581.3	1522.3
罗马尼亚	7.0	13.6	9.1	117.0	109.3	46.1	594.0	1244.9	1963.3
俄 罗 斯	34.2	65.0	74.6	337.3	709.9	712.5	1013.8	915.8	1047.0
西 班 牙	0.7	0.1		3.1	0.6	0.2	2187.0	1833.3	2000.0
土 耳 其	4.5	3.1	3.4	15.0	8.7	9.4	2966.6	3535.3	3648.9
乌 克 兰	6.4	72.3	81.3	60.6	583.1	537.9	1062.7	1239.2	1511.0
澳大利亚	10.5	3.2	3.5	56.0	13.1	17.5	1871.4	2436.9	2000.0

资料来源:联合国 FAO 数据库。

16－8 薯类作物总产量、收获面积与单产

国家或地区	总产量(万吨)			收获面积(千公顷)			单产(千克/公顷)		
	2000年	2007年	2008年	2000年	2007年	2008年	2000年	2007年	2008年
世　界	**69886**	**71418**	**72958**	**53150**	**53075**	**52766**	**13149**	**13456**	**13827**
孟加拉国	331	547	696	284	379	434	11655	14451	16041
印　度	3212	3790	4466	1678	2121	2182	19140	17869	20470
印度尼西亚	1924	2323	2486	1617	1507	1496	11901	15416	16619
伊　朗	366	450	550	169	180	230	21663	25000	23913
以色列	40	65	58	12	18	16	34431	36330	37068
日　本	448	423	423	170	160	160	26292	26496	26496
哈萨克斯坦	169	241	235	159	155	163	10639	15579	14435
朝　鲜	216	227	190	211	218	209	10237	10437	9106
韩　国	105	93	93	46	42	40	23034	22322	23354
马来西亚	45	50	50	48	51	51	9271	9878	9883
蒙　古	6	11	13	8	11	12	7473	9989	10965
缅　甸	37	74	74	40	58	58	9245	12671	12671
巴基斯坦	230	306	302	136	163	164	16883	18773	18425
菲律宾	252	278	285	370	374	374	6821	7427	7605
斯里兰卡	35	35	37	41	34	36	8429	10066	10152
泰　国	1927	2718	2782	1148	1194	1203	16783	22761	23122
越　南	391	1000	1109	520	706	753	7527	14165	14729
埃　及	207	327	398	87	147	361	23840	22215	11027
尼日利亚	6516	8264	8941	7569	9137	8920	8609	9044	10023
南　非	177	202	215	69	74	76	25655	27524	28439
加拿大	457	500	472	159	159	151	28682	31457	31207
墨西哥	182	198	192	77	74	71	23705	26704	27212
美　国	2393	2121	1956	584	495	463	40962	42871	42272
阿根廷	266	247	247	114	110	110	23311	22511	22511
巴　西	2661	3087	3032	1941	2113	2059	13710	14610	14730
委内瑞拉	110	110	110	84	81	81	13089	13500	13500
白俄罗斯	872	874	875	661	413	396	13189	21195	22073
捷　克	148	82	77	69	32	30	21330	25715	25835
法　国	643	743	706	163	166	164	39559	44783	43012
德　国	1369	1164	1137	304	275	260	44991	42347	43761
意大利	207	179	161	83	70	71	24862	25587	22709
荷　兰	823	687	692	180	157	152	45655	43788	45574
波　兰	2423	1179	1046	1251	570	549	19376	20701	19061
罗马尼亚	347	371	365	283	273	260	12274	13621	14049
俄罗斯	3398	3678	2887	3229	2852	2098	10523	12899	13763
西班牙	310	255	240	120	91	87	25817	27996	27559
土耳其	537	425	423	205	154	149	26186	27641	28293
乌克兰	1984	1910	1955	1631	1453	1409	12163	13144	13873
英　国	664	564	600	166	140	144	39976	40193	41660
澳大利亚	121	122	122	43	34	34	28360	35367	35367
新西兰	52	52	52	13	11	11	39725	46270	46270

资料来源：联合国 FAO 数据库。

16—9 油菜籽总产量、收获面积与单产

国家或地区	总产量(吨)			收获面积(公顷)			单产(千克/公顷)		
	2000年	2007年	2008年	2000年	2007年	2008年	2000年	2007年	2008年
世　界	**39517581**	**51353701**	**57856158**	**25835280**	**29673836**	**30308662**	**1530**	**1731**	**1909**
孟加拉国	249000	188880	227930	328609	210545	233699	758	897	975
印　度	5788400	7438000	5833000	6026800	6790000	5750000	960	1095	1014
伊　朗		380000	390000		185000	190000		2054	2053
日　本	650	1100	1100	319	825	825	2038	1333	1333
哈萨克斯坦	2940	118310	82690	7500	160700	152800	392	736	541
韩　国	2737	719	700	1787	622	600	1532	1156	1167
巴基斯坦	297300	368000	390000	327300	399000	396000	908	922	985
南　非		38150	32000		33200	35000		1149	914
加拿大	7205300	9601100	12642900	4859200	6327600	6494400	1483	1517	1947
墨西哥	14000	6000	6000	10000	6000	7000	1400	1000	857
美　国	909030	660334	660334	607810	471059	471059	1496	1402	1402
阿根廷	6015	11230	20411	3725	8986	12716	1615	1250	1605
巴　西	41000	135000	170000	24000	80000	100000	1708	1688	1700
白俄罗斯	73000	240085	513959	110000	197437	283735	664	1216	1811
捷　克	844428	1031920	1048943	323842	337571	356924	2608	3057	2939
法　国	3476819	4691098	4719053	1186255	1618461	1421184	2931	2898	3321
德　国	3585661	5320518	5154700	1078010	1548177	1370700	3326	3437	3761
意大利	41016	14884	32659	36294	7121	12553	1130	2090	2602
荷　兰	2900	11800	9500	800	3400	2500	3625	3471	3800
波　兰	958145	2129873	2105840	436768	796751	771069	2194	2673	2731
罗马尼亚	76100	361500	673033	68400	306771	357430	1113	1178	1883
俄罗斯	148200	630325	752200	172000	533700	624380	862	1181	1205
西班牙	49600	32500	21400	31400	16800	11700	1580	1935	1829
土耳其	187	28727	83965	82	10403	27878	2280	2761	3012
乌克兰	131800	1047400	2872800	156700	799900	1379600	841	1309	2082
英　国	1157000	2108000	1973030	402000	681000	598154	2878	3095	3299
澳大利亚	1775000	1065000	1615000	1459000	1061000	1165000	1217	1004	1386
新西兰	4000	2000	2000	2000	2000	2000	2000	1000	1000

资料来源：联合国FAO数据库。

16—10 花生总产量、收获面积与单产

国家或地区	总产量(万吨)			收获面积(千公顷)			单产(千克/公顷)		
	2000年	2007年	2008年	2000年	2007年	2008年	2000年	2007年	2008年
世　　界	**3472.1**	**3781.6**	**3820.1**	**23256.8**	**22365.8**	**24590.1**	**1492.9**	**1690.8**	**1553.5**
印　　度	648.0	918.3	733.8	6558.6	6292.0	6850.0	988.0	1459.3	1071.2
尼日利亚	290.1	383.6	390.0	1934.0	2230.0	2300.0	1500.0	1720.0	1695.6
美　　国	148.1	169.7	233.5	540.7	483.6	609.9	2739.5	3508.5	3828.7
缅　　甸	63.4	100.0	100.0	559.9	650.0	650.0	1132.0	1538.4	1538.4
印度尼西亚	129.2	138.4	77.4	683.6	660.5	636.2	1890.1	2096.0	1216.2
苏　　丹	94.7	56.4	71.6	1462.7	597.9	953.8	647.4	943.2	750.6
塞内加尔	106.2	33.1	64.7	1095.4	607.2	670.0	969.0	545.4	965.6
阿 根 廷	42.0	60.0	62.5	219.3	215.1	227.4	1913.7	2790.0	2750.1
越　　南	35.5	51.0	53.4	244.9	254.3	256.0	1450.7	2005.5	2085.1
加　　纳	20.9	44.0	42.9	218.0	470.0	460.0	958.7	936.1	931.7
乍　　得	35.9	22.2	40.3	437.8	350.0	546.4	819.4	635.0	737.9
刚果(金)	38.2	36.9	37.0	491.0	474.8	475.6	777.9	777.9	778.0
马　　里	19.3	32.4	32.5	199.7	330.5	331.0	966.6	980.7	981.8
几 内 亚	20.0	30.5	31.5	153.4	218.0	203.9	1301.3	1398.4	1545.5
尼 日 尔	11.3	14.8	30.8	360.3	375.3	675.5	314.1	393.4	455.6
布基纳法索	16.9	24.5	30.0	236.9	415.2	430.0	714.0	589.9	697.6
坦桑尼亚	5.2	30.0	30.0	117.0	415.0	415.0	444.4	722.8	722.8
巴　　西	18.4	26.3	29.7	102.9	113.8	113.1	1792.6	2315.4	2622.8
马 拉 维	12.2	26.2	24.3	169.1	258.1	266.1	723.2	1014.3	913.9
埃　　及	18.7	21.8	20.9	60.3	65.3	61.4	3102.4	3334.5	3398.8
乌 干 达	13.9	16.5	17.3	199.0	235.0	244.0	698.4	702.1	709.0
喀 麦 隆	19.7	16.0	16.0	204.2	300.0	300.0	963.4	533.3	533.3
中　　非	10.5	15.8	15.8	100.0	135.0	135.0	1045.0	1169.6	1169.6
尼加拉瓜	9.7	15.7	13.9	22.3	28.1	38.6	4344.8	5572.9	3609.8
贝　　宁	12.1	11.4	11.6	138.6	121.3	125.0	874.2	943.4	924.3
塞拉利昂	1.5	11.5	11.5	19.0	150.0	150.0	772.8	766.6	766.6
泰　　国	13.2	11.4	11.4	82.8	65.0	65.0	1593.2	1753.8	1753.8
冈 比 亚	13.8	7.3	11.0	118.1	117.6	133.7	1168.5	617.0	820.0
莫桑比克	12.4	10.3	9.4	269.4	295.0	295.0	461.2	348.9	320.1
巴基斯坦	9.1	8.3	8.6	81.5	94.9	92.8	1121.4	878.8	921.3
南　　非	13.6	5.8	8.5	82.6	40.8	54.2	1648.0	1422.6	1574.9
土 耳 其	7.8	8.6	8.5	28.3	25.9	24.8	2756.1	3330.8	3433.6
墨 西 哥	14.2	8.3	8.1	91.8	52.2	52.0	1549.9	1585.2	1551.8
津巴布韦	19.1	12.5	7.9	268.1	275.1	150.0	712.0	454.3	524.0
安 哥 拉	1.3	6.0	6.0	38.5	180.0	180.0	330.8	333.3	333.3
赞 比 亚	5.2	6.0	6.0	132.3	88.0	88.0	392.8	681.8	681.8
科特迪瓦	7.2	6.9	5.0	79.9	74.6	54.0	899.3	928.0	923.7
埃塞俄比亚	1.2	5.1	4.5	13.6	37.1	40.2	880.3	1375.8	1111.6
孟加拉国	3.2	4.6	4.4	29.2	33.7	31.1	1097.7	1363.6	1424.0
马达加斯加	3.5	4.2	4.2	47.2	55.0	55.0	742.0	763.6	763.6
多　　哥	2.6	3.6	4.1	53.9	56.1	62.3	481.9	641.0	664.7
摩 洛 哥	3.9	5.0	4.1	18.2	19.7	20.8	2132.9	2518.2	1971.6
巴 拉 圭	2.2	3.6	3.7	29.3	37.0	38.0	751.6	972.9	973.6
老　　挝	1.3	3.5	3.3	12.8	16.0	19.4	1031.3	2196.6	1687.0
菲 律 宾	2.7	3.1	3.0	26.9	28.3	27.7	997.0	1102.0	1090.9
几内亚比绍	1.9	2.5	3.0	16.0	23.2	30.0	1187.5	1063.6	988.3
海　　地	2.1	2.7	2.6	26.0	32.0	31.0	807.6	843.7	838.7
叙 利 亚	2.8	2.6	2.6	10.3	8.0	8.0	2739.3	3187.5	3187.5
柬 埔 寨	0.7	3.0	2.5	10.3	21.5	18.2	729.2	1397.9	1400.7
刚果(布)	2.3	2.5	2.5	38.6	42.0	42.0	600.0	595.2	595.2

资料来源:联合国 FAO 数据库。

16—11 籽棉总产量、收获面积与单产

国家或地区	总产量(万吨)			收获面积(千公顷)			单产(千克/公顷)		
	2000年	2007年	2008年	2000年	2007年	2008年	2000年	2007年	2008年
世　界	**5289.3**	**7314.5**	**6598.5**	**31822.1**	**33608.7**	**31432.0**	**1662**	**2176**	**2099**
印　度	492.3	1320.0	1130.5	8576.5	9430.0	9373.0	574	1400	1206
美　国	958.1	1037.0	703.8	5282.0	4244.9	3127.7	1814	2443	2250
巴基斯坦	547.6	567.7	577.0	2927.5	3054.3	2819.9	1871	1859	2046
巴　西	201.0	411.1	397.1	801.6	1126.1	1057.0	2508	3651	3757
乌兹别克斯坦	300.2	371.6	371.6	1444.5	1448.7	1451.6	2078	2565	2560
土耳其	226.1	227.5	182.0	654.2	529.9	494.9	3456	4294	3678
希　腊	129.7	93.6	88.0	412.0	338.7	320.0	3148	2764	2750
土库曼斯坦	103.0	94.6	85.0	574.5	642.0	674.0	1793	1474	1261
叙利亚	108.2	71.1	71.1	270.3	192.8	192.8	4003	3691	3691
布基纳法索	21.3	37.7	56.0	209.1	378.5	500.0	1016	997	1120
埃　及	55.4	56.0	56.0	217.8	240.0	240.0	2543	2333	2333
阿根廷	41.8	54.5	49.4	332.1	393.0	303.4	1258	1388	1627
尼日利亚	39.9	45.1	49.2	538.0	434.0	427.0	742	1039	1152
墨西哥	22.4	37.9	36.5	77.2	108.7	99.7	2898	3485	3664
塔吉克斯坦	33.5	42.0	35.3	238.6	252.3	237.1	1406	1664	1489
坦桑尼亚	12.3	32.0	32.0	213.3	450.0	450.0	579	711	711
哈萨克斯坦	28.7	44.2	31.8	151.8	199.9	174.6	1892	2210	1818
澳大利亚	178.7	72.1	30.4	464.3	163.5	63.0	3848	4408	4825
伊　朗	49.7	30.0	30.0	246.0	120.0	120.0	2020	2500	2500
贝　宁	34.0	26.9	24.5	319.3	234.5	209.8	1064	1146	1166
莫桑比克	3.8	21.0	24.0	105.7	360.0	360.0	360	583	667
津巴布韦	32.7	23.5	24.0	369.9	398.0	400.0	884	590	600
秘　鲁	15.4	21.5	21.5	89.2	89.4	89.4	1723	2409	2409
缅　甸	17.6	19.2	19.2	322.1	300.0	300.0	545	640	640
马　里	24.3	24.8	19.0	227.8	283.9	196.7	1066	872	966
巴拉圭	24.7	10.5	18.5	194.8	110.0	250.0	1266	955	740
赞比亚	6.2	14.0	14.0	54.9	127.0	127.0	1129	1102	1102
科特迪瓦	40.2	27.8	13.5	291.5	309.0	134.0	1381	900	1007
喀麦隆	20.4	22.5	13.0	198.6	202.0	111.0	1027	1114	1171
苏　丹	14.7	24.4	10.7	171.4	181.3	97.5	858	1346	1098
乍　得	18.0	10.0	10.0	280.0	180.0	175.0	643	556	571
西班牙	29.5	12.0	9.8	91.7	63.6	52.6	3214	1882	1863
吉尔吉斯斯坦	8.8	9.5	9.5	33.8	34.8	32.7	2603	2735	2908
玻利维亚	4.5	8.0	8.0	90.0	80.0	80.0	500	1000	1000
马拉维	3.7	6.3	7.7	40.4	60.7	69.8	905	1043	1099
哥伦比亚	11.1	12.6	7.7	48.2	54.5	44.0	2304	2304	1742
埃塞俄比亚	4.6	7.0	7.0	43.0	85.0	85.0	1058	824	824
乌干达	6.7	6.2	6.2	250.0	85.0	85.0	268	733	733
阿富汗	5.6	5.6	5.6	50.0	50.0	50.0	1110	1110	1110
阿塞拜疆	9.2	10.0	5.5	101.2	74.7	48.2	905	1339	1148
以色列	4.4	4.8	4.8	11.1	11.0	11.0	3935	4327	4327
塞内加尔	2.0	4.5	4.5	22.3	43.2	45.0	917	1046	1000
几内亚	6.6	4.2	4.2	52.5	36.0	36.5	1251	1167	1162
孟加拉国	4.1	2.6	3.9	16.2	12.0	17.0	2502	2125	2294
肯尼亚	2.0	3.8	3.8	40.0	87.0	87.0	500	440	440
朝　鲜	3.5	3.6	3.6	19.0	19.0	19.0	1842	1895	1895
也　门	2.8	3.5	3.5	26.5	21.8	21.8	1044	1623	1623
多　哥	11.7	4.9	3.3	141.3	75.0	50.0	831	651	650
印度尼西亚	2.8	3.2	3.2	22.0	22.0	22.0	1273	1455	1455
南　非	7.0	2.9	2.6	51.0	11.0	14.0	1368	2661	1877

资料来源:联合国FAO数据库。

16－12　麻类总产量、收获面积与单产

国家或地区	总产量(吨)			收获面积(公顷)			单产(千克/公顷)		
	2000年	2007年	2008年	2000年	2007年	2008年	2000年	2007年	2008年
世　界	**3052286**	**3208271**	**3198069**	**1680720**	**1602943**	**1578270**	**1816**	**2001**	**2026**
印　度	1880424	2012080	2024200	1016600	952000	957000	1850	2114	2115
孟加拉国	824000	843682	853715	450335	443492	423473	1830	1902	2016
俄罗斯	45000	51000	51000	21000	23000	23000	2143	2217	2217
泰　国	33600	31000	31000	19220	20400	20400	1748	1520	1520
缅　甸	33410	30040	30040	36640	32050	32050	912	937	937
巴　西	7283	25658	25125	4876	16916	16197	1494	1517	1551
乌兹别克斯坦	20000	20000	20000	2000	2000	2000	10000	10000	10000
尼泊尔	15175	16815	16988	14535	11726	11590	1044	1434	1466
智　利	10000	12000	12000	10000	12000	12000	1000	1000	1000
古　巴	10000	10000	10000	10000	10000	10000	1000	1000	1000
越　南	11300	25700	8800	5500	11700	3400	2055	2197	2588
刚果(金)	5749	6000	6000	7600	7800	7800	756	769	769
印度尼西亚	7500	4053	4053	6000	3068	3068	1250	1321	1321
莫桑比克	3300	3300	3300	6000	6000	6000	550	550	550
苏　丹	3300	3300	3300						
萨尔瓦多	2800	2795	2727	3700	3220	3185	757	868	856
埃　及	2200	2200	2200	950	950	950	2316	2316	2316
津巴布韦	2100	1500	1500	3150	2300	2300	667	652	652
马　里	1300	1300	1300	2000	2000	2000	650	650	650
南　非	1100	1100	1100	1100	1100	1100	1000	1000	1000
巴基斯坦	2163	1020	1020	3106	1820	1820	696	560	560
安哥拉	1000	1000	1000	1000	1000	1000	1000	1000	1000
尼日利亚	900	900	900	1000	1000	1000	900	900	900
埃塞俄比亚	750	750	750	1500	1500	1500	500	500	500
马达加斯加	600	600	600	760	760	760	789	789	789
危地马拉	390	400	400	390	400	400	1000	1000	1000
不　丹	350	350	350	90	90	90	3889	3889	3889
柬埔寨	180	323	296	208	461	397	865	701	746
秘　鲁	357	215	215	210	130	130	1700	1654	1654
喀麦隆	100	100	100	190	190	190	526	526	526
中　非	86	90	90	460	470	470	187	191	191

资料来源：联合国FAO数据库。

16—13 甜菜总产量、收获面积与单产

国家或地区	总产量(万吨)			收获面积(千公顷)			单产(千克/公顷)		
	2000年	2007年	2008年	2000年	2007年	2008年	2000年	2007年	2008年
世　界	**24709.0**	**24655.4**	**22758.5**	**6022.1**	**5163.4**	**4386.2**	**41030**	**47750**	**51886**
法　国	3112.1	3323.0	3030.6	410.0	393.1	349.3	75905	84526	86763
俄罗斯	1405.3	2883.6	2899.5	746.5	987.8	800.0	18825	29192	36246
美　国	2952.1	3191.2	2683.7	555.6	504.6	406.6	53129	63242	66011
德　国	2787.0	2513.9	2300.3	452.0	402.7	369.3	61660	62427	62287
土耳其	1882.1	1241.5	1548.8	410.0	298.9	320.7	45902	41539	48291
乌克兰	1319.9	1697.8	1343.8	746.4	577.0	377.2	17684	29424	35625
波　兰	1313.4	1268.2	871.5	333.1	247.4	187.5	39427	51253	46485
英　国	907.9	650.0	750.0	173.0	122.0	119.7	52480	53279	62681
伊　朗	433.2	530.0	530.0	162.7	160.0	160.0	26621	33125	33125
荷　兰	679.8	551.2	521.9	111.0	82.1	72.2	61243	67132	72278
埃　及	289.0	545.8	513.3	57.0	104.3	108.3	50722	52316	47409
比利时	615.2	574.7	437.2	90.9	82.7	63.5	67679	69525	68821
日　本	367.3	429.7	429.7	69.2	66.6	66.6	53078	64520	64520
西班牙	793.0	531.5	407.4	125.3	73.9	52.3	63308	71920	77895
白俄罗斯	147.4	362.6	403.0	52.0	93.6	91.8	28338	38725	43890
意大利	1237.0	467.0	380.0	267.5	86.3	71.4	46241	54133	53221
奥地利	256.0	265.6	309.1	43.2	42.3	43.0	59224	62839	71840
摩洛哥	288.3	248.4	292.6	54.1	50.2	56.7	53298	49482	51600
捷　克	280.9	289.0	288.5	61.3	54.3	50.4	45826	53249	57258
塞尔维亚		320.6	230.0		79.0	48.0		40579	47884
丹　麦	334.5	225.5	218.7	59.2	39.4	36.4	56530	57241	60049
瑞　典	260.2	213.8	197.5	55.5	40.8	36.8	46900	52413	53666
瑞　士	140.8	157.3	162.5	17.7	21.2	20.7	79439	74338	78642
智　利	309.2	151.8	120.8	48.8	19.5	14.9	63413	77771	81380
叙利亚	117.5	115.0	115.0	27.5	26.5	26.5	42780	43396	43396
克罗地亚	48.2	158.3	106.0	21.0	34.3	22.0	22979	46119	48182
摩尔多瓦	94.3	61.2	96.1	62.7	35.4	24.7	15058	17301	38892
希　腊	303.3	85.2	90.3	48.0	15.8	13.8	63193	53921	65435
罗马尼亚	66.7	74.9	70.7	48.4	28.4	20.3	13779	26328	34890
斯洛伐克	96.1	84.7	67.9	31.7	18.9	11.1	30374	44890	61064
匈牙利	197.6	169.3	49.6	57.5	41.2	8.9	34389	41087	55730
芬　兰	104.6	67.3	46.8	32.2	16.0	13.6	32484	42069	34412
爱尔兰	182.9		38.0	32.2		8.5	56801		44706
加拿大	82.1	76.2	34.5	16.6	13.8	6.9	49458	55217	49957
立陶宛	88.2	80.0	33.9	27.7	16.9	8.7	31827	47331	38977
斯洛文尼亚	34.9	12.0	26.0	8.1	3.0	7.0	43009	40000	37143
土库曼斯坦	23.0	23.4	23.4	22.0	21.2	21.2	10455	11038	11038
阿塞拜疆	4.7	14.2	19.1	2.2	6.4	6.4	21036	22251	29701
吉尔吉斯斯坦	45.0	15.5	15.5	23.5	8.6	8.0	19134	18034	19375
葡萄牙	46.2	32.0	13.7	7.9	4.3	1.4	58514	74419	97857
哈萨克斯坦	27.3	30.9	13.0	17.7	12.4	6.2	15407	24952	21000
巴基斯坦	15.9	8.4	6.4	6.1	2.0	1.9	26283	40860	33279
阿尔巴尼亚	4.2	4.0	4.0	1.4	2.0	2.0	30000	20000	20000
黎巴嫩	34.2	3.1	3.1	7.0	0.4	0.4	48627	71860	71860
亚美尼亚	0.1	2.4	2.8	0.1	1.5	1.5	16000	16000	18667
委内瑞拉	1.7	2.1	2.1	0.9	1.1	1.1	19364	18700	18700
伊拉克	0.8	1.9	1.9	0.3	1.8	1.8	22727	10857	10857
阿富汗	0.1	1.3	1.3	0.2	2.5	4.6	5000	5175	2870
哥伦比亚	1.2	1.2	1.2	0.5	0.7	0.7	22582	18848	18462
马其顿	5.6	0.8	0.8	2.0	0.2	1.0	27918	32581	8000

资料来源:联合国FAO数据库。

16—14 甘蔗总产量、收获面积与单产

国家或地区	总产量(万吨)			收获面积(千公顷)			单产(千克/公顷)		
	2000 年	2007 年	2008 年	2000 年	2007 年	2008 年	2000 年	2007 年	2008 年
世　界	**125415**	**162745**	**174309**	**19514**	**23020**	**24375**	**64268**	**70696**	**71510**
巴　西	32770	54971	64892	4846	7081	8141	67624	77632	79709
印　度	29932	35552	34819	4220	5150	5055	70935	69033	68877
泰　国	5405	6437	7350	914	1010	1054	59161	63710	69707
巴基斯坦	4633	5474	6392	1010	1029	1241	45883	53199	51494
墨西哥	4410	5209	5111	618	690	669	71327	75444	76367
哥伦比亚	3500	3850	3850	406	410	383	86204	93856	100420
澳大利亚	3816	3640	3397	419	420	390	91085	86660	87110
阿根廷	1840	2995	2995	280	355	355	65714	84366	84366
美　国	3276	2775	2760	418	358	374	78423	77616	73765
菲律宾	2449	3250	2660	395	383	398	62013	84866	66839
印度尼西亚	2390	2530	2600	366	405	416	65307	62523	62563
危地马拉	1655	2544	2544	182	287	287	90947	88630	88630
南　非	2388	2030	2050	429	420	425	55655	48333	48235
埃　及	1571	1701	1647	134	141	136	117216	120855	121136
越　南	1504	1740	1613	302	293	271	49766	59293	59491
古　巴	3640	1190	1570	1041	330	380	34970	36115	41283
委内瑞拉	883	969	969	129	128	128	68672	75524	75524
厄瓜多尔	540	836	934	77	97	97	69821	86348	96136
秘　鲁	754	823	823	64	68	68	118074	121095	121095
缅　甸	580	700	700	133	130	130	43681	53846	53846
苏　丹	498	680	680	64	68	68	78406	100000	100000
玻利维亚	360	642	642	84	128	128	42961	50311	50311
洪都拉斯	397	596	596	47	82	82	84668	73018	73018
伊　朗	237	570	570	26	65	65	92697	87692	87692
萨尔瓦多	514	496	525	69	63	67	74932	78472	78472
肯尼亚	394	520	511	57	59	54	68856	87908	93858
斯威士兰	388	500	500	37	53	53	106427	94340	94340
孟加拉国	691	577	498	170	150	130	40558	38451	38475
多米尼加	451	482	482	119	85	85	37889	56428	56428
毛里求斯	511	424	453	73	65	62	69939	64908	73100
巴拉圭	224	410	450	59	82	90	37761	50000	50000
尼加拉瓜	352	448	430	51	54	54	69081	83331	79531
哥斯达黎加	380	395	350	47	53	51	80508	75238	68706
津巴布韦	423	300	310	43	36	39	98314	83333	79487
圭亚那	271	310	277	44	40	49	61305	78065	56344
马达加斯加	219	260	260	67	82	82	32508	31707	31707
马拉维	210	250	250	20	23	23	105000	108696	108696
赞比亚	160	250	250	15	24	24	106667	104167	104167
尼泊尔	210	260	249	58	64	63	36187	40610	39475
莫桑比克	40	206	245	27	160	180	14714	12879	13618
坦桑尼亚	136	237	237	15	23	23	90333	103043	103043
乌干达	148	235	235	20	35	35	73811	67143	67143
斐　济	360	251	232	63	54	54	57111	46537	43000
埃塞俄比亚	218	220	230	22	20	21	97038	110000	107066
牙买加	203	197	197	39	31	31	51409	63896	63896
巴拿马	179	180	182	34	34	34	51916	53003	52846
留尼汪	184	158	177	24	25	25	75791	63444	72301
科特迪瓦	167	164	163	26	26	26	63239	63240	62995
刚果(金)	167	155	155	36	40	40	46361	38750	38750
日　本	140	150	150	23	22	22	60390	67873	67873

资料来源:联合国 FAO 数据库。

16—15 烟叶总产量、收获面积与单产

国家或地区	总产量(吨)			收获面积(公顷)			单产(千克/公顷)		
	2000 年	2007 年	2008 年	2000 年	2007 年	2008 年	2000 年	2007 年	2008 年
世　界	**6690506**	**6228468**	**6881434**	**4169091**	**3625860**	**3698107**	**1605**	**1718**	**1861**
巴　西	578451	908679	850421	309989	459481	431378	1866	1978	1971
印　度	520000	520000	520000	433400	370000	370000	1200	1405	1405
美　国	477632	353177	360225	191178	144068	142010	2498	2451	2537
伊　朗	20980	16000	180000	19685	12000	13500	1066	1333	1333
阿根廷	114509	170000	170000	59612	92000	92000	1921	1848	1848
印度尼西亚	146100	164851	169668	168300	194517	199031	868	847	852
马拉维	98675	118000	160238	118752	118551	161626	831	995	991
巴基斯坦	107700	103240	107765	56400	50861	51398	1910	2030	2097
意大利	129937	100000	100000	38788	35000	35000	3350	2857	2857
土耳其	200280	74584	100000	236569	144904	120871	847	515	827
津巴布韦	227726	79000	79000	90769	51800	51800	2509	1525	1525
泰　国	74200	70000	70000	43300	40000	40000	1714	1750	1750
莫桑比克	9470	34132	64342	7000	29000	32500	1353	1177	1980
朝　鲜	63000	63000	63000	44000	45000	45000	1432	1400	1400
坦桑尼亚	26384	50600	50800	44000	36000	36500	600	1406	1392
赞比亚	9533	48000	48000	9000	45000	45000	1059	1067	1067
加拿大	53010	44000	44000	23800	16500	16500	2227	2667	2667
老　挝	39926	41535	43103	6700	4700	5923	5959	8837	7277
保加利亚	32296	41100	42162	28523	29900	25276	1132	1375	1668
孟加拉国	35000	39180	40248	31161	30699	29289	1123	1276	1374
日　本	60803	40000	40000	23991	19000	19000	2534	2105	2105
波　兰	29545	39482	36667	14057	17570	17395	2102	2247	2108
缅　甸	50900	36000	36000	33185	20000	20000	1534	1800	1800
韩　国	68198	35500	35500	24300	15000	15000	2807	2367	2367
菲律宾	49479	34289	32466	41051	23863	22182	1205	1437	1464
越　南	27100	31900	31900	24400	19200	19200	1111	1661	1661
乌干达	22837	26383	29040	13500	18000	18000	1692	1466	1613
希　腊	136593	30783	28000	61000	18500	16000	2239	1664	1750
西班牙	42908	28600	27900	14078	9331	9800	3048	3065	2847
叙利亚	26112	24066	24066	18100	14227	14227	1443	1692	1692
也　门	11613	21412	22054	5347	9642	9950	2172	2221	2216
古　巴	32237	25600	21500	45323	22858	23048	711	1120	933
危地马拉	18630	21500	21500	8374	9500	9500	2225	2263	2263
南　非	29700	20000	20000	15600	9000	9000	1904	2222	2222
乌兹别克斯坦	19000	19400	19400	6700	6600	6600	2836	2939	2939
哥伦比亚	27767	18109	18109	14692	10817	10817	1890	1674	1674
柬埔寨	7665	13644	17404	9669	7277	9447	793	1875	1842
前南马其顿	22175	22056	17087	22785	17132	17064	973	1287	1001
法　国	25252	15805	16268	9282	6809	6234	2721	2321	2610
巴拉圭	4486	15000	15500	3235	8000	8300	1387	1875	1867
马来西亚	7172	14000	14000	9129	13000	13000	786	1077	1077
吉尔吉斯斯坦	34613	14429	13600	14465	5848	5500	2393	2467	2473
克罗地亚	9714	12639	12000	5678	6005	6084	1711	2105	1972
多米尼加	17229	12000	12000	13250	9000	9000	1300	1333	1333
尼日利亚	22000	9000	12000	37000	19000	18000	595	474	667
墨西哥	45164	13008	11442	22674	6894	5919	1992	1887	1933
肯尼亚	17960	11153	11153	14160	13379	13379	1268	834	834
塞尔维亚		11136	10839		8043	7126		1385	1521
科特迪瓦	10200	10000	10000	20000	20000	20000	510	500	500

资料来源:联合国 FAO 数据库。

16—16 茶叶总产量、收获面积与单产

国家或地区	总产量(吨)			收获面积(公顷)			单产(千克/公顷)		
	2000年	2007年	2008年	2000年	2007年	2008年	2000年	2007年	2008年
世　界	**2963560**	**3902881**	**4735961**	**2384056**	**2847323**	**2806443**	**1243**	**1371**	**1688**
土耳其	138770	206160	1100257	76750	76000	75826	1808	2713	14510
印　度	826000	949220	805180	490000	567020	474000	1686	1674	1699
肯尼亚	236286	369600	345800	120390	149190	157700	1963	2477	2193
斯里兰卡	305840	305220	318470	188970	212720	212720	1618	1435	1497
越　南	69900	164000	174900	70300	126200	129300	994	1300	1353
印度尼西亚	162586	150224	150851	121200	110524	106948	1341	1359	1411
日　本	85000	94100	94100	50400	48200	48200	1687	1952	1952
阿根廷	74256	76000	76000	38620	40000	40000	1923	1900	1900
伊　朗	49874	60000	60000	32107	34000	34000	1553	1765	1765
孟加拉国	46000	58500	59000	48600	57580	58005	947	1016	1017
马拉维	42400	46000	46000	18162	19000	19000	2335	2421	2421
乌干达	29236	44923	42808	15701	20000	20000	1862	2246	2140
坦桑尼亚	23600	31300	34800	19000	19000	19000	1242	1647	1832
缅　甸	19000	26500	26500	66908	74500	74500	284	356	356
津巴布韦	22000	22300	22300	6500	6100	6100	3385	3656	3656
卢旺达	14481	19000	19000	12300	15300	15300	1177	1242	1242
莫桑比克	10466	16256	16866	5631	8400	8500	1859	1935	1984
尼泊尔	5085	15168	16160	8700	16420	17500	584	924	923
巴布亚新几内亚	9500	9000	9000	7400	7000	7000	1284	1286	1286
布隆迪	7134	7700	7700	8500	9000	9000	839	856	856
格鲁吉亚	24000	7500	7500	24000	6500	6500	1000	1154	1154
泰　国	5500	6000	6000	18500	20000	20000	297	300	300
马来西亚	5642	5540	5570	3003	2780	2770	1879	1993	2011
埃塞俄比亚	3776	4800	4800	4000	5000	5000	944	960	960
巴　西	8400	1083	4350	3911	311	2600	2148	3482	1673
南　非	12514	4200	4200	6700	2000	2000	1868	2100	2100
喀麦隆	4004	4000	4000	1546	1550	1550	2590	2581	2581
秘　鲁	6259	3597	3597	2541	2108	2108	2463	1706	1706
刚果(金)	1879	1760	2220	2723	5351	6000	690	329	370
厄瓜多尔	1211	1925	1925	815	900	900	1486	2139	2139
毛里求斯	1312	1563	1668	670	709	702	1958	2205	2376
韩　国	1434	1550	1550	1179	1400	1400	1216	1107	1107
玻利维亚	840	889	889	415	381	381	2024	2333	2333
俄罗斯	1520	630	820	1500	1400	1400	1013	450	586
赞比亚	850	750	750	650	500	500	1308	1500	1500
老　挝	307	260	625	560	740	1930	548	351	324
马达加斯加	490	580	580	241	470	470	2033	1234	1234
危地马拉	450	480	480	450	480	480	1000	1000	1000
留尼汪	370	370	370	290	290	290	1276	1276	1276
阿塞拜疆	1082	484	323	5391	1717	1004	201	282	322
巴拿马	135	145	151	180	195	200	750	744	755
塞舌尔	246	222	137	450	460	290	547	483	472
马　里	60	135	135	90	90	90	667	1500	1500
葡萄牙	120	125	125	40	45	45	3000	2778	2778
哥伦比亚	72	120	120	60	60	60	1200	2000	2000

资料来源:联合国FAO数据库。

16－17 水果总产量、收获面积与单产

（不包括瓜类）

国家或地区	总产量(万吨)			收获面积(千公顷)			单产(千克/公顷)		
	2000年	2007年	2008年	2000年	2007年	2008年	2000年	2007年	2008年
世　界	**47339**	**56143**	**57241**	**49048**	**54911**	**54964**	**9652**	**10224**	**10414**
印　度	4300	6151	6267	3797	5522	5607	11324	11140	11178
巴　西	3701	3919	3899	2430	2447	2456	15233	16019	15876
美　国	3280	2602	2820	1303	1163	1161	25174	22365	24300
意大利	1799	1679	1765	1371	1227	1243	13118	13689	14200
墨西哥	1331	1583	1612	1077	1217	1202	12350	13004	13414
印度尼西亚	841	1665	1592	692	1037	720	12157	16063	22100
西班牙	1611	1503	1584	1831	1846	1896	8800	8139	8353
菲律宾	1075	1415	1542	906	1110	1119	11863	12756	13787
伊　朗	1229	1360	1360	1123	1354	1354	10937	10045	10045
土耳其	1086	1229	1282	1006	1018	1094	10791	12076	11719
乌干达	1009	990	1004	1741	1821	1823	5797	5437	5508
埃　及	697	936	960	415	985	1070	16794	9501	8970
尼日利亚	898	980	950	1664	1713	1683	5395	5722	5648
法　国	1127	931	851	1030	964	943	10941	9661	9023
泰　国	785	894	841	802	853	852	9784	10480	9867
哥伦比亚	685	814	821	610	677	698	11227	12021	11776
阿根廷	717	810	810	433	492	492	16561	16481	16481
厄瓜多尔	767	732	793	443	402	428	17320	18225	18540
巴基斯坦	519	665	709	617	736	759	8399	9029	9350
南　非	511	599	608	300	289	312	17037	20707	19489
越　南	436	572	572	450	484	484	9707	11813	11813
智　利	388	534	534	289	344	343	13417	15508	15547
坦桑尼亚	185	471	471	633	879	879	2927	5356	5356
哥斯达黎加	385	526	433	132	164	161	29134	32036	26931
秘　鲁	319	409	409	282	332	332	11283	12321	12321
波　兰	225	173	388	391	404	395	5749	4288	9827
澳大利亚	308	326	369	234	292	294	13163	11179	12543
加　纳	239	363	363	319	402	402	7480	9029	9029
日　本	382	348	348	232	209	209	16459	16632	16632
孟加拉国	136	349	338	178	442	342	7626	7899	9863
希　腊	414	336	330	301	228	228	13771	14718	14488
危地马拉	196	302	302	74	135	135	26498	22384	22384
韩　国	263	297	291	181	162	161	14525	18341	18040
摩洛哥	269	286	284	284	308	296	9450	9277	9593
卢旺达	228	283	283	371	392	392	6148	7218	7218
俄罗斯	340	437	282	821	750	527	4141	5825	5362
德　国	529	296	280	330	174	174	16054	17008	16115
喀麦隆	199	249	249	311	380	380	6418	6550	6550
肯尼亚	215	247	247	146	162	162	14687	15187	15187
刚果(金)	243	246	247	409	416	417	5928	5907	5908
科特迪瓦	235	225	230	558	523	532	4209	4311	4322
委内瑞拉	319	229	229	212	176	176	15038	13034	13034
阿尔及利亚	143	219	223	296	469	449	4821	4661	4955
罗马尼亚	260	199	221	448	352	352	5793	5644	6276
乌兹别克斯坦	142	215	219	238	300	275	5950	7168	7977
巴布亚新几内亚	167	201	201	150	176	176	11125	11391	11391
叙利亚	188	201	201	192	157	157	9818	12742	12742
布隆迪	160	196	196	312	362	362	5122	5414	5414
缅　甸	142	188	188	306	360	360	4623	5222	5222
乌克兰	192	176	186	463	300	297	4144	5867	6244

资料来源：联合国 FAO 数据库。

16—18 牲畜存栏数

（2008 年）

单位：万头、万只

国家或地区	牛	水牛	山羊	绵羊	猪
世　界	**134747**	**18070**	**86190**	**107818**	**94128**
孟加拉国	2550	126	5640	164	
印　度	17451	9860	12573	6499	1400
印度尼西亚	1187	219	1581	836	738
伊　朗	761	63	2530	5380	
以色列	42		9	43	21
日　本	442		3	1	975
哈萨克斯坦	584	1	261	1347	135
朝　鲜	58		344	17	218
韩　国	289		30		915
马来西亚	79	13	29	12	186
蒙　古	250		1997	1836	3
缅　甸	1293	292	262	52	768
巴基斯坦	3183	2988	5674	2711	
菲律宾	257	334	730	3	1307
斯里兰卡	120	32	38	1	9
泰　国	670	170	31	5	785
越　南	634	290	148		2670
埃　及	502	502	424	502	3
尼日利亚	1629		5380	3387	691
南　非	1440		674	2523	168
加拿大	1390		3	83	1381
墨西哥	3257		883	783	1553
美　国	9667		302	606	6591
阿根廷	5075		425	1245	227
巴　西	17544	113	950	1650	4000
委内瑞拉	1690		145	57	300
白俄罗斯	401		7	5	360
捷克共和国	136		2	18	192
法　国	1989		122	819	1481
德　国	1297		19	244	2669
意大利	628	29	92	824	927
荷　兰	389		39	121	1203
波　兰	576		14	32	1543
罗马尼亚	282		87	847	657
俄罗斯	2147	1	218	1874	1613
西班牙	602		296	1995	2629
土耳其	1104	8	559	2397	
乌克兰	549		64	103	702
英　国	1011		10	3313	471
澳大利亚	2800		52	7900	260
新西兰	972		10	3409	32

资料来源：联合国 FAO 数据库。

16—19 肉类产量

（2008年）

单位：万吨

国家或地区	肉类总产量	#猪肉	#羊肉	#牛肉	#禽肉
世　界	**27995.3**	**10319.0**	**1317.4**	**6572.2**	**9169.9**
美　国	4317.1	1046.2	10.6	1223.6	2014.1
巴　西	2283.2	301.5	10.9	902.4	
德　国	768.7	511.1	2.5	121.0	124.6
印　度	679.6	49.7	78.1	275.5	256.3
俄罗斯	613.6	204.2	17.4	176.9	204.4
墨西哥	563.1	116.1	9.4	166.7	262.5
西班牙	557.2	348.4	16.6	65.8	117.5
法　国	547.1	202.9	9.7	147.9	161.0
加拿大	449.4	194.1	1.6	128.8	122.9
阿根廷	443.9	23.0	6.2	283.0	
澳大利亚	428.4	38.4	71.4	230.0	
意大利	413.4	160.6	6.0	105.9	111.8
英　国	336.7	74.0	32.6	86.2	143.0
越　南	334.1	255.3	1.1	31.6	44.3
波　兰	316.3	179.7	0.1	36.3	97.7
日　本	314.5	124.9		52.0	136.6
菲律宾	270.9	160.6	5.3	27.9	75.6
印度尼西亚	257.1	63.7	13.2	39.6	140.4
荷　兰	247.5	131.8	1.4	37.8	76.3
巴基斯坦	242.5		41.5	138.8	60.6
伊　朗	229.7		49.6	37.5	141.2
泰　国	226.8	86.4	0.2	29.8	110.5
南　非	211.0	15.0	15.5	80.5	98.1
委内瑞拉	191.2	15.3	0.7	49.4	77.7
乌克兰	190.6	59.0	1.7	48.0	79.4
韩　国	185.2	105.6	0.2	24.6	54.2
土耳其	179.4		31.7	37.2	110.2
新西兰	147.0	5.1	59.9	63.5	14.7
缅　甸	146.6	46.3	2.8	17.1	80.3
埃　及	143.1	0.2	6.1	59.0	66.4
尼日利亚	128.5	21.8	41.6	28.7	24.3
马来西亚	126.6	19.5	0.1	2.7	104.2
罗马尼亚	96.1	43.9	5.1	15.0	31.6
哈萨克斯坦	87.1	20.6	13.1	40.0	6.5
白俄罗斯	84.3	37.6	0.1	26.9	
以色列	68.6	1.8	0.9	11.7	54.2
捷克共和国	66.8	33.6	0.2	8.0	21.0
孟加拉国	59.3		21.4	19.3	17.8
朝　鲜	35.0	18.0	1.5	2.2	4.3
蒙　古	21.2	0.0	11.1	5.4	0.0
斯里兰卡	14.9	0.2	0.1	4.5	10.0

资料来源：联合国FAO数据库。

16—20 鸡蛋产量

单位:万吨

国家或地区	2000 年	2004 年	2005 年	2006 年	2007 年	2008 年
世　界	**5119.4**	**5538.4**	**5654.2**	**5774.8**	**5929.9**	**6067.8**
美　国	499.8	528.7	533.3	538.2	539.5	533.9
印　度	201.5	248.6	254.3	278.6	293.0	274.0
日　本	253.5	248.1	248.3	249.7	258.3	255.4
墨西哥	178.8	200.2	202.5	229.0	229.1	233.7
俄罗斯	189.5	199.2	205.0	210.0	210.3	211.9
巴　西	150.9	161.6	167.5	176.0	177.9	182.5
印度尼西亚	64.2	93.4	85.7	101.1	117.5	126.7
法　国	103.8	94.5	93.0	90.8	87.8	87.9
乌克兰	49.7	67.7	74.8	81.6	80.7	85.5
土耳其	81.0	69.1	75.3	73.3	79.5	82.4
德　国	90.1	81.3	79.5	79.7	77.8	78.7
伊　朗	57.9	65.5	75.8	67.7	71.1	71.1
西班牙	65.8	85.2	70.8	70.8	70.5	70.5
意大利	68.6	73.1	72.2	69.0	70.0	70.0
荷　兰	66.8	61.1	60.7	61.1	62.1	62.7
英　国	56.9	62.1	60.9	59.4	57.9	60.0
波　兰	42.4	51.4	53.6	53.7	54.7	58.2
韩　国	47.9	50.8	51.5	53.7	54.4	56.6
泰　国	51.5	39.3	46.9	51.3	53.9	56.2
尼日利亚	40.0	47.6	50.0	52.6	55.3	55.3
菲律宾	44.5	46.7	48.0	48.0	47.0	55.0
哥伦比亚	32.2	44.9	49.2	52.5	49.8	54.2
巴基斯坦	34.4	38.1	40.1	45.6	47.9	50.3
南　非	31.8	35.7	36.6	41.4	43.5	48.5
阿根廷	32.7	30.0	31.0	48.4	48.0	48.0
马来西亚	39.1	43.1	44.2	45.3	46.5	46.5
加拿大	37.2	37.7	39.9	40.0	39.8	40.0
罗马尼亚	26.3	33.5	35.5	35.7	31.1	33.4
秘　鲁	16.2	17.5	18.2	24.5	25.8	25.8
埃　及	17.7	24.0	24.0	24.0	24.0	24.0
缅　甸	11.2	15.7	18.7	21.0	23.1	23.1
越　南	18.5	19.7	19.7	19.9	22.5	22.5
孟加拉国	12.5	15.7	18.5	17.8	18.0	19.7
摩洛哥	23.5	19.0	19.5	16.8	20.0	19.5
阿尔及利亚	10.1	18.0	17.5	17.8	19.0	19.0
白俄罗斯	18.2	16.4	17.2	18.5	17.9	18.4
比利时	19.4	20.7	18.0	19.4	17.4	17.5
沙特阿拉伯	12.8	14.5	17.0	17.1	17.4	17.4
叙利亚	12.7	20.0	15.5	18.9	17.2	17.2
哈萨克斯坦	9.4	12.9	13.9	13.9	14.8	16.6
澳大利亚	14.3	13.2	13.9	17.1	16.2	16.2
匈牙利	17.6	18.1	16.5	16.4	15.6	15.9
委内瑞拉	17.5	14.6	17.4	16.1	15.0	15.0
朝　鲜	11.0	13.6	14.0	14.2	14.2	14.2
智　利	11.0	11.9	12.6	12.4	13.7	14.0
乌兹别克斯坦	6.9	10.3	10.8	11.7	12.1	13.3
葡萄牙	11.7	13.2	12.0	12.1	11.9	12.4
巴拉圭	6.8	10.5	10.7	11.4	12.0	12.0
古　巴	7.6	7.7	9.1	10.3	10.3	10.2
捷　克	18.8	9.8	8.9	8.7	9.3	9.9

资料来源:联合国 FAO 数据库。

16—21 禽蛋产量

单位:万吨

国家或地区	2000 年	2004 年	2005 年	2006 年	2007 年	2008 年
世　界	**5525.2**	**5981.4**	**6110.7**	**6229.9**	**6402.7**	**6558.6**
美　国	499.8	528.7	533.3	538.2	539.5	533.9
印　度	201.5	248.6	254.3	278.6	293.0	274.0
日　本	253.5	248.1	248.3	249.7	258.3	255.4
墨西哥	178.8	200.2	202.5	229.0	229.1	233.7
俄罗斯	190.3	200.5	206.5	211.8	212.4	213.5
巴　西	156.9	168.2	175.0	183.5	185.8	190.4
印度尼西亚	78.3	110.7	105.2	120.4	138.2	148.5
法　国	103.8	94.5	93.0	90.8	87.8	87.9
泰　国	80.7	69.8	77.9	82.3	84.9	87.2
乌克兰	50.5	68.4	75.6	82.6	81.5	86.9
土耳其	81.0	69.1	75.3	73.3	79.5	82.4
德　国	90.1	81.3	79.5	79.7	77.8	78.7
伊　朗	57.9	65.5	75.8	67.7	71.1	71.1
西班牙	66.1	85.5	71.0	70.9	70.7	70.7
意大利	68.6	73.1	72.2	69.0	70.0	70.0
荷　兰	66.8	61.1	60.7	61.1	62.1	62.7
菲律宾	51.8	53.9	55.2	55.2	54.3	62.2
英　国	58.4	63.7	62.5	61.1	59.3	61.3
韩　国	50.0	53.4	54.3	56.5	57.2	59.5
波　兰	42.4	51.4	53.6	53.7	54.7	58.2
尼日利亚	40.0	47.6	50.0	52.6	55.3	55.3
哥伦比亚	32.2	44.9	49.2	52.5	49.8	54.2
巴基斯坦	35.1	38.8	40.8	46.4	48.6	51.1
南　非	31.8	35.7	36.6	41.4	43.5	48.5
阿根廷	32.7	30.0	31.0	48.4	48.0	48.0
马来西亚	40.1	44.2	45.3	46.4	47.6	47.6
加拿大	37.2	37.7	39.9	40.0	39.8	40.0
罗马尼亚	28.6	36.9	36.6	37.1	32.6	34.5
孟加拉国	17.8	22.4	26.4	25.4	25.6	28.1
秘　鲁	16.2	17.5	18.2	24.5	25.8	25.8
缅　甸	12.2	17.1	20.1	22.5	24.7	24.7
埃　及	17.7	24.0	24.0	24.0	24.0	24.0
越　南	18.5	19.7	19.7	19.9	22.5	22.5
摩洛哥	23.5	19.0	19.5	16.8	20.0	19.5
阿尔及利亚	10.1	18.0	17.5	17.8	19.0	19.0
白俄罗斯	18.4	16.5	17.4	18.7	18.1	18.6
比利时	19.4	20.7	18.0	19.4	17.4	17.5
沙特阿拉伯	12.8	14.5	17.0	17.1	17.4	17.4
叙利亚	12.7	20.0	15.5	18.9	17.2	17.2
哈萨克斯坦	9.5	13.0	14.1	14.0	14.9	16.8
匈牙利	18.0	18.5	16.9	16.8	16.1	16.3
澳大利亚	14.3	13.2	13.9	17.1	16.2	16.2
委内瑞拉	17.5	14.6	17.4	16.1	15.0	15.0
朝　鲜	11.0	13.6	14.0	14.2	14.2	14.2
智　利	11.0	11.9	12.6	12.4	13.7	14.0
乌兹别克斯坦	7.1	10.5	11.1	12.0	12.4	13.6
葡萄牙	11.8	13.2	12.1	12.2	12.0	12.4
巴拉圭	6.8	10.6	10.8	11.5	12.1	12.1
古　巴	7.6	7.7	9.1	10.3	10.3	10.2
捷　克	18.8	9.8	8.9	8.7	9.3	9.9

资料来源:联合国 FAO 数据库。

16—22 牛奶产量①

单位:万吨

国家或地区	2000 年	2004 年	2005 年	2006 年	2007 年	2008 年
世　　界	**57859**	**62773**	**64722**	**66515**	**68066**	**69371**
印　　度	7966	9106	9562	9935	10328	10900
美　　国	7602	7754	8025	8246	8419	8618
巴基斯坦	2557	2862	2944	3121	3222	3327
俄 罗 斯	3228	3217	3115	3144	3218	3236
德　　国	2835	2828	2849	2803	2844	2869
巴　　西	2053	2434	2552	2632	2708	2789
法　　国	2574	2527	2571	2504	2521	2534
新 西 兰	1224	1503	1464	1517	1562	1522
英　　国	1449	1456	1447	1432	1402	1372
波　　兰	1189	1185	1195	1200	1212	1245
土 耳 其	979	1068	1111	1195	1233	1224
意 大 利	1330	1163	1186	1181	1148	1212
乌 克 兰	1266	1371	1371	1329	1226	1176
荷　　兰	1116	1091	1085	1099	1106	1129
墨 西 哥	944	1003	1003	1025	1051	1093
阿 根 廷	1012	810	991	1049	1050	1050
澳大利亚	1085	1008	1013	1009	958	922
加 拿 大	816	791	781	804	815	814
日　　本	850	833	829	814	801	798
伊　　朗	589	697	700	749	769	764
哥伦比亚	615	670	677	682	673	743
苏　　丹	579	745	759	731	736	740
西 班 牙	694	749	747	732	734	737
白俄罗斯	449	515	568	590	590	622
罗马尼亚	462	550	555	666	629	619
埃　　及	378	450	451	456	591	596
乌兹别克斯坦	361	428	455	486	510	543
爱 尔 兰	516	532	538	541	546	537
厄瓜多尔	202	480	458	519	477	533
哈萨克斯坦	373	456	475	493	507	520
丹　　麦	472	457	458	463	465	472
肯 尼 亚	240	302	284	368	442	416
瑞　　士	391	394	396	396	401	414
奥 地 利	336	316	314	317	318	322
南　　非	254	270	287	297	300	306
孟加拉国	214	249	262	275	290	306
瑞　　典	335	328	321	317	303	305
捷　　克	281	269	283	277	276	281
比 利 时	369	306	303	284	288	281
叙 利 亚	167	213	235	253	268	268
智　　利	200	226	231	241	246	256
芬　　兰	245	245	243	241	236	231
韩　　国	226	226	223	219	219	220
索 马 里	211	218	221	217	217	217
希　　腊	201	204	205	208	206	209
葡 萄 牙	214	208	212	198	205	208
阿尔及利亚	151	170	180	202	203	196
立 陶 宛	172	185	186	189	194	196
沙特阿拉伯	95	115	120	155	192	192
匈 牙 利	216	190	194	185	185	185

注:①包括奶牛奶和水牛奶。

资料来源:联合国 FAO 数据库。

16—23 羊毛产量

单位:吨

国家或地区	2000 年	2004 年	2005 年	2006 年	2007 年	2008 年
世 界	**2318945**	**2169191**	**2225652**	**2189892**	**2180600**	**2191090**
澳大利亚	671000	509473	519660	486726	464736	464736
新 西 兰	257200	217700	215500	224700	217900	217900
伊 朗	75000	73000	73000	75000	75000	75000
英 国	64000	60000	60000	60000	62000	62000
阿 根 廷	58000	60000	60000	60000	60000	60000
俄 罗 斯	39241	47111	48033	50276	52022	53491
印 度	48400	44600	44900	45085	44021	46400
苏 丹	45500	46000	46000	46000	46000	46000
土 耳 其	43139	45972	46176	46000	46000	46000
南 非	52671	44156	45000	45000	45000	45000
乌 拉 圭	57218	37271	42009	46709	45570	45000
巴基斯坦	38900	39900	40000	40100	40600	41000
摩 洛 哥	40000	40000	40000	40000	40000	40000
哈萨克斯坦	22924	28499	30444	32389	34200	35200
叙 利 亚	32000	41150	44000	34000	34000	34000
西 班 牙	32104	21709	30888	30387	30000	30000
印度尼西亚	22280	24225	24981	24400	24400	24400
乌兹别克斯坦	15834	18618	20081	21437	22386	23779
阿尔及利亚	17709	20000	25296	20357	23360	23360
法 国	22000	22000	22000	22000	22000	22000
蒙 古	21700	15300	15000	15800	18200	20800
土库曼斯坦	20000	20000	20000	20000	20200	20200
罗马尼亚	17997	17505	17600	17600	17700	17700
美 国	21070	17065	16888	17000	17500	17500
德 国	15000	15000	15000	15000	15000	15000
阿塞拜疆	10916	12301	13134	13580	14223	14770
爱 尔 兰	12000	12000	12000	12000	13000	13000
埃塞俄比亚	12000	12000	12000	12000	12000	12000
伊 拉 克	13000	13000	13000	12000	12000	12000
巴 西	13301	11172	10777	10876	11160	11000
吉尔吉斯斯坦	11250	10188	9980	10033	10073	10900
秘 鲁	12729	11237	10882	10374	10895	10895
沙特阿拉伯	10000	11800	12500	10800	10800	10800
智 利	17000	13000	10300	10300	9934	9934
阿 富 汗	18000	12200	12900	11400	9700	9600
意 大 利	11000	9304	9049	9053	9217	9203
利 比 亚	8625	9487	9500	8900	9000	9000
突 尼 斯	8800	8800	8800	8800	8800	8800
希 腊	9645	9076	9082	8866	8755	8755
玻利维亚	8751	8623	8816	8550	8550	8550
葡 萄 牙	8731	7624	7829	8000	7900	7900
埃 及	7373	7550	7550	7550	7600	7600
也 门	4391	6365	6496	6756	7000	7000
保加利亚	6976	6500	6500	6500	6500	6500
塔吉克斯坦	2059	3942	4353	4754	5063	5194
挪 威	4957	5185	5064	4901	4490	4661
匈 牙 利	3369	4703	5027	4689	4603	4603
墨 西 哥	4176	4282	4234	4312	4519	4361
阿尔巴尼亚	3400	3255	3400	3200	4000	4000
哥伦比亚	2975	3680	4333	4000	4000	4000

资料来源:联合国 FAO 数据库。

16－24 鱼类产量

单位:万吨

国家或地区	鱼类总计		海域		内陆水域	
	2007 年	2008 年	2007 年	2008 年	2007 年	2008 年
秘　　鲁	669.8	676.2	665.5	671.6	4.3	4.5
印度尼西亚	453.5	440.1	423.3	409.6	30.2	30.5
印　　度	330.8	360.1	254.4	270.8	76.4	89.4
美　　国	379.6	340.6	377.8	338.9	1.8	1.8
日　　本	335.7	332.1	333.2	330.1	2.5	2.0
智　　利	357.3	329.4	357.3	329.4		
俄 罗 斯	331.9	324.8	309.4	303.8	22.5	21.0
缅　　甸	220.3	245.8	148.6	164.4	71.8	81.5
菲 律 宾	228.2	234.6	218.5	223.8	9.6	10.8
挪　　威	229.1	232.5	229.0	232.4	0.1	0.1
泰　　国	204.5	216.9	182.2	194.2	22.2	22.7
越　　南	156.7	160.6	143.3	147.6	13.4	13.0
孟加拉国	144.2	142.5	43.6	44.4	100.7	98.1
韩　　国	122.0	133.0	121.5	132.5	0.5	0.5
墨 西 哥	121.6	131.0	110.1	120.1	11.5	10.9
冰　　岛	139.0	127.1	139.0	127.0		
马来西亚	120.6	120.9	120.2	120.5	0.4	0.4
摩 洛 哥	81.7	90.8	81.3	90.3	0.4	0.4
西 班 牙	74.7	84.8	74.2	84.3	0.5	0.5
中国台湾	84.4	75.1	84.4	75.1		
巴　　西	71.2	70.4	47.5	46.7	23.7	23.6
丹　　麦	57.9	63.9	57.9	63.9		
南　　非	66.5	63.3	66.4	63.2	0.1	0.1
阿 根 廷	65.0	63.1	63.0	62.0	2.0	1.1
尼日利亚	50.1	51.8	27.4	21.4	22.7	30.4
加 拿 大	56.3	49.1	53.1	46.0	3.2	3.1
法罗群岛	57.0	48.3	57.0	48.3		
乌 干 达	50.0	45.0			50.0	45.0
英　　国	47.2	44.5	47.0	44.3	0.3	0.3
土 耳 其	55.8	43.4	51.8	39.6	4.0	3.9
厄瓜多尔	37.7	43.3	37.7	43.3		
巴基斯坦	41.2	42.2	31.2	31.4	10.0	10.8
塞内加尔	41.5	42.1	35.3	36.7	6.1	5.4
柬 埔 寨	43.5	41.0	4.1	4.5	39.4	36.5
荷　　兰	39.2	39.7	39.0	39.5	0.2	0.2
伊　　朗	39.3	39.5	31.9	32.9	7.4	6.6
新 西 兰	41.4	38.6	41.3	38.5	0.1	0.1
纳米比亚	40.8	37.0	40.5	36.8	0.3	0.3
法　　国	41.2	36.9	40.9	36.7	0.3	0.3
加　　纳	31.6	34.6	24.1	27.1	7.5	7.5
埃　　及	34.7	34.1	11.4	11.3	23.3	22.8
坦桑尼亚	32.6	32.4	4.2	4.2	28.4	28.2
安 哥 拉	30.9	31.6	29.4	29.7	1.5	1.9
斯里兰卡	29.3	31.0	25.4	26.5	3.8	4.5
刚果(金)	23.6	23.6	0.6	0.6	23.0	23.0
瑞　　典	23.4	22.7	23.3	22.6	0.1	0.1
巴布亚新几内亚	26.8	22.3	25.4	20.9	1.3	1.3
葡 萄 牙	22.0	21.6	22.0	21.6		
巴 拿 马	19.8	21.4	19.5	21.0	0.3	0.3
德　　国	23.2	21.1	21.0	18.9	2.1	2.2

资料来源:联合国 FAO 数据库。

16—25 土地利用情况

（2007年） 单位：千公顷

国家或地区	国土面积	陆地面积	农业用地	耕地与多年生作物			永久性草场
					耕地面积	多年生作物	
世　界	**13442485**	**13009115**	**4931862**	**1553689**	**1411117**	**142571**	**3378173**
孟加拉国	14400	13017	9050	8450	7970	480	600
印　度	328726	297319	179900	169500	158650	10850	10400
印度尼西亚	190457	181157	48500	37500	22000	15500	11000
伊　朗①	174515	162855	48073	18549	16869	1680	29524
以色列②	2207	2164	501	376	307	69	125
日　本③	37793	36450	4650	4650	4326	324	
哈萨克斯坦	272490	269970	207898	22800	22700	100	185098
朝　鲜	12054	12041	3050	3000	2800	200	50
韩　国	9972	9692	1840	1782	1597	185	58
马来西亚	32974	32855	7870	7585	1800	5785	285
蒙　古	156412	155356	115996	853	851	2	115143
缅　甸	67659	65352	11984	11678	10577	1101	306
巴基斯坦	79610	77088	27300	22300	21500	800	5000
菲律宾	30000	29817	11500	10000	5100	4900	1500
斯里兰卡	6561	6463	2360	1920	970	950	440
泰　国	51312	51089	19750	18950	15200	3750	800
越　南	33121	31007	10072	9430	6350	3080	642
埃　及	100145	99545	3538	3538	3018	520	
尼日利亚	92377	91077	78500	39500	36500	3000	39000
南　非	121909	121447	99378	15450	14500	950	83928
加拿大	998467	909351	67600	52150	45100	7050	15450
墨西哥	196438	194395	106800	26900	24500	2400	79900
美　国	963203	916192	411158	173158	170428	2730	238000
阿根廷	278040	273669	133350	33500	32500	1000	99850
巴　西	851488	845942	263500	66500	59500	7000	197000
委内瑞拉	91205	88205	21350	3350	2650	700	18000
白俄罗斯	20760	20290	8950	5655	5535	120	3295
捷克共和国	7887	7725	4249	3271	3032	239	978
法　国	54919	54766	29418	19519	18433	1086	9899
德　国	35712	34877	16950	12075	11877	198	4875
意大利	30134	29414	13888	9702	7171	2531	4186
荷　兰	4153	3376	1914	1093	1059	34	821
波　兰④	31268	30425	16177	12906	12502	404	3271
罗马尼亚	23839	22989	13546	9013	8553	460	4533
俄罗斯⑤	1709824	1637774	215463	123368	121574	1794	92095
西班牙	50537	49898	28660	17560	12700	4860	11100
土耳其	78356	76963	39454	24837	21929	2908	14617
乌克兰⑥	60355	57933	41266	33333	32434	899	7933
英　国	24361	24193	17647	6131	6085	46	11516
澳大利亚	774122	768230	425449	44530	44180	350	380919
新西兰	26771	26771	12286	932	866	66	11354

注：①永久性草场数据是指条件好及条件一般的牧场，不包括条件差的牧场。②国土面积和陆地面积均包括戈兰高地。③永久性草场包括在耕地中。④农业用地仅包括被农业相关物品占用土地。⑤国土面积不包括白海和亚速海面下土地。⑥国土面积不包括亚速海面下土地。

资料来源：联合国FAO数据库。

16－26 农业机械拥有量

（2007 年）

单位：台

国家或地区	农用拖拉机	挤奶机	联合收割机
世　界	**29320418**		**4382366**
孟加拉国	3000		2
印　度	3149000		477000
印度尼西亚	5200		108000
伊　朗	308422	24065	10880
以色列	24500	1600	238.00
日　本	1877000	160000	957000
哈萨克斯坦	40228	559	18802
韩　国	64200		
朝　鲜	243662		84624
马来西亚		44	
蒙　古	3700		500
缅　甸	7342		18900
巴基斯坦	470000		1572
菲律宾	63000		1360
斯里兰卡	21500		10
泰　国	830000	620	210000
越　南	163000		223000
埃　及	102584		2451
尼日利亚	24800	35	4
南　非	63000		10500
加拿大	733314		81258
墨西哥	238830		22500
美　国	4389812		346935
阿根廷	254011	8200	50000
巴　西	776905		53621
委内瑞拉	49000		5800
白俄罗斯	50436	12776	12960
捷克共和国	83813	5178	10442
法　国	1135000	200000	76500
德　国	767300	250000	85480
意大利	1913000	150000	54800
荷　兰	144000	37500	5600
波　兰	1553390	272000	160000
罗马尼亚	174003		25417
俄罗斯	406000	40000	108000
西班牙	1016043	130000	52047
土耳其	1039120	169800	12775
乌克兰	336848	12653	57503
英　国	443000	157000	40000
澳大利亚	315000	200000	56500
新西兰	76611	13800	3100

资料来源：联合国 FAO 数据库。

16—27 化肥施用量

（2007年） 单位：万吨

国家或地区	化肥施用总量	氮 肥	磷 肥	钾 肥
世 界	**17883.7**	**10968.1**	**4147.8**	**2767.7**
孟加拉国	152.4	113.1	25.6	13.7
印 度	2257.2	1441.9	551.8	263.5
印度尼西亚	373.2	246.1	43.6	83.6
伊 朗	143.6	88.5	43.5	11.6
以色列	16.1	5.9	1.1	9.0
日 本	149.1	54.2	38.0	56.9
哈萨克斯坦	12.1	5.9	5.4	0.9
韩 国	72.6	31.7	20.0	20.8
马来西亚	146.1	35.7	15.6	94.7
蒙 古	0.6	0.6		0.0
缅 甸	12.0	3.3	6.9	1.7
巴基斯坦	357.3	271.3	81.6	4.4
菲律宾	72.0	53.5	12.0	6.5
斯里兰卡	29.0	16.2	5.1	7.8
泰 国	208.8	123.0	47.7	38.1
越 南	269.9	164.0	82.7	23.3
埃 及	159.1	132.6	24.4	2.1
尼日利亚	8.8	5.6	1.8	1.4
南 非	63.7	43.9	8.4	11.4
加拿大	380.5	269.5	67.8	43.2
墨西哥	160.4	91.9	44.1	24.5
美 国	2917.6	1674.4	540.6	702.6
阿根廷	179.5	98.1	76.6	4.7
巴 西	1131.3	295.2	405.2	430.9
委内瑞拉	51.2	33.5	8.8	8.9
白俄罗斯	120.5	44.7	19.1	56.7
捷克共和国	49.4	35.5	6.9	7.0
法 国	383.0	240.2	63.3	79.5
德 国	230.7	160.0	26.5	44.3
意大利	132.3	78.1	27.4	26.8
荷 兰	129.9	121.9	8.0	
波 兰	265.8	149.4	58.0	58.5
罗马尼亚	38.7	26.5	10.3	1.8
俄罗斯	171.4	103.3	40.4	27.7
西班牙	198.4	101.7	49.6	47.1
土耳其	219.4	160.4	44.1	14.8
乌克兰	106.1	73.1	22.4	10.7
英 国	154.9	100.8	22.4	31.7
澳大利亚	182.3	79.4	82.0	20.9
新西兰	99.3	27.7	70.2	1.4

资料来源：联合国FAO数据库。

16—28 主要林产品产量

（2008 年）

单位:吨

国家或地区	栗子	榛子	天然橡胶	核桃
世　界	**1260306**	**1052001**	**10605618**	**1724172**
阿塞拜疆	795	27745		8376
孟加拉国			5300	
格鲁吉亚		6000		11800
印　度			819000	37000
印度尼西亚			2921872	
伊　朗		18000		170000
日　本	22100			
朝　鲜	9000			
韩　国	80000			1000
马来西亚			1072400	
蒙　古		300		
缅　甸			45000	
巴基斯坦				12722
菲律宾			411044	
斯里兰卡			129240	
泰　国			3193213	
越　南			659600	
埃　及				27000
科特迪瓦			188532	
利比里亚			81000	
尼日利亚			143000	
墨西哥			27709	69620
美　国		33000		290000
阿根廷				10000
巴　西			114000	2270
智　利				23000
危地马拉			70000	
白俄罗斯		1800		12000
捷克共和国				9500
法　国	6258	4999		36591
德　国				17000
希　腊	9800	2500		15100
意大利	55000	111841		17000
波　兰	260	3434		11577
葡萄牙	22000	400		4100
罗马尼亚	44	6		32259
俄罗斯	2200	800		1800
塞尔维亚				24405
西班牙	15000	18000		10000
土耳其	55395	800791		170897
乌克兰		20		79170
澳大利亚				22

资料来源:联合国 FAO 数据库。

16—29 农业集约化经营程度

（2007 年）

国家或地区	农业经济活动人口（万人）	耕地面积（千公顷）	人均耕地面积（公顷/人）	每千公顷耕地使用农用拖拉机（台/千公顷）	每千公顷耕地使用联合收割机（台/千公顷）	每千公顷耕地化肥施用量（吨/千公顷）
世　界	**128720**	**1411117**	**1.10**	**20.78**	**3.1**	**127**
孟加拉国	3554	7970	0.22	0.38	…	191
印　度	25864	158650	0.61	19.85	3.0	142
印度尼西亚	4778	22000	0.46	0.24	4.9	170
伊　朗	653	16869	2.58	18.28	0.6	85
以色列	5	307	5.69	79.80	0.8	525
日　本	175	4326	2.48	433.89	221.2	345
哈萨克斯坦	121	22700	18.76	1.77	0.8	5
朝　鲜	312	2800	0.90	22.93		
韩　国	153	1597	1.05	152.57	53.0	454
马来西亚	166	1800	1.08			811
蒙　古	22	851	3.82	4.35	0.6	7
缅　甸	1912	10577	0.55	0.69	1.8	11
巴基斯坦	2421	21500	0.89	21.86	0.1	166
菲律宾	1323	5100	0.39	12.35	0.3	141
斯里兰卡	388	970	0.25	22.16	…	299
泰　国	1959	15200	0.78	54.61	13.8	137
越　南	2895	6350	0.22	25.67	35.1	425
埃　及	690	3018	0.44	33.99	0.8	527
尼日利亚	1231	36500	2.96	0.68	…	2
南　非	129	14500	11.21	4.34	0.7	44
加拿大	35	45100	130.35	16.26	1.8	84
墨西哥	806	24500	3.04	9.75	0.9	65
美　国	273	170428	62.47	25.76	2.0	171
阿根廷	144	32500	22.63	7.82	1.5	55
巴　西	1193	59500	4.99	13.06	0.9	190
委内瑞拉	76	2650	3.50	18.49	2.2	193
白俄罗斯	49	5535	11.34	9.11	2.3	218
捷克共和国	35	3032	8.59	27.64	3.4	163
法　国	66	18433	27.93	61.57	4.2	208
德　国	75	11877	15.84	64.60	7.2	194
意大利	95	7171	7.55	266.77	7.6	184
荷　兰	23	1059	4.58	135.98	5.3	1227
波　兰	318	12502	3.93	124.25	12.8	213
罗马尼亚	103	8553	8.30	20.34	3.0	45
俄罗斯	659	121574	18.45	3.34	0.9	14
西班牙	112	12700	11.39	80.00	4.1	156
土耳其	875	21929	2.51	47.39	0.6	100
乌克兰	265	32434	12.25	10.39	1.8	33
英　国	49	6085	12.42	72.80	6.6	255
澳大利亚	44	44180	99.73	7.13	1.3	41
新西兰	18	866	4.71	88.47	3.6	1147

资料来源：联合国 FAO 数据库。

16－30　中国农业主要指标占世界的比重

单位:%

指　　标	1978	1980	1990	2000	2005	2007	2008
农业人口			33.98	32.91	32.20	32.01	
耕地面积	7.20	7.17	8.81	9.53	9.61	9.97	
森林面积			3.85	4.44	4.99	5.22	
谷物产量	17.26	18.08	20.72	19.77	18.94	19.48	19.05
小麦产量	12.13	12.54	16.58	17.00	15.55	17.89	16.30
稻谷产量	36.35	36.00	36.95	31.69	28.81	28.51	28.23
玉米产量	14.24	15.81	20.11	17.92	19.49	19.34	20.18
大豆产量	10.09	9.83	10.15	9.55	7.63	5.80	6.73
油菜籽产量	17.71	22.18	28.48	28.80	26.26	20.59	20.92
花生产量	13.37	21.82	27.86	41.84	37.67	34.59	37.54
籽棉产量	16.80	19.72	25.05	25.05	24.61	31.27	34.10
甘蔗产量	3.80	4.35	6.02	5.53	6.64	6.99	7.17
茶叶产量	16.27	17.35	22.28	23.74	26.47	30.31	26.55
水果产量①	2.82	2.77	5.93	13.62	17.10	18.24	18.84
肉类产量②	8.70	10.81	16.88	26.48	27.09	26.18	26.63
牛奶产量	0.62	0.63	1.30	2.14	4.95	5.85	5.78
羊毛产量	5.19	6.30	7.15	12.61	17.67	18.11	18.03

注:①不包括瓜类。②1990年以前为猪、牛、羊肉产量的比重。
资料来源:联合国FAO数据库。

16－31　中国农业主要指标居世界的位次

指　　标	1978	1980	1990	2000	2005	2007	2008
农业人口			1	1	1	1	
耕地面积	4	4	4	3	3	3	
谷物产量	2	1	1	1	1	1	1
小麦产量	2	2	1	1	1	1	1
稻谷产量	1	1	1	1	1	1	1
玉米产量	3	4	2	4	2	2	2
大豆产量	3	3	3	4	4	4	4
油菜籽产量	2	2	1	1	1	1	2
花生产量	2	2	2	1	1	1	1
籽棉产量	2	2	1	1	1	1	1
甘蔗产量	7	9	4	3	3	3	3
茶叶产量	2	2	2	2	1	1	1
水果产量①	9	10	4	1	1	1	1
肉类产量②	3	3	1	1	1	1	1
牛奶产量	30	30	16	11	3	3	3
羊毛产量	5	4	4	2	2	2	2

注:①不包括瓜类。②1990年以前为猪、牛、羊肉产量的位次。
资料来源:联合国FAO数据库。

如何使用《中国农村统计年鉴》

如何使用《中国农村统计年鉴》

为了使广大读者更好地使用《中国农村统计年鉴》，我们编写了《如何使用农村统计年鉴》一章，主要对农村统计改革和发展进行了概述，对各章资料的来源进行说明，对主要统计指标的统计含义和口径作了诠注。

一、农村统计制度方法改革概述

改革开放以来，我国农村统计适应农村经济改革的要求，取得了长足的发展和进步，农村统计范围由农业统计向农村统计转变；农村统计制度方法由以全面统计为主向以普查为基础、抽样调查为主体、辅之以全面报表、重点调查、科学核算等多种方法综合运用的方法体系转变。

1. 抽样调查得到恢复和全面发展。 1978 年以后，中国进入改革开放的新时期，国家统计局和地方统计局陆续恢复。从农村开始的中国经济体制改革，带来了两方面的巨大变化。一是在经济结构上，由过去单一的农业经济向农业、工业、商业、建筑业、运输业、服务业等全面发展，农业统计面临向农村统计的转变。二是在经营体制上，由三级所有、队为基础的"一大二公"式的集体经营向以家庭联产承包责任制为主要形式的双层经营体制转变，农村统计的对象由 600 多万个生产队变为 2 亿多农户。面对大量分散的、小规模经营的农户，继续实行全面统计的方法，依靠层层报表的形式搜集数据，越来越困难。1983 年，国务院办公厅转发了国家统计局《关于加强农村统计工作等问题的报告》。提出"根据农村多种经营的新情况，农村统计首先要认真搞准粮食产量和经济作物产量；同时还要调查农村工业、交通运输业、商业等情况，调查农村的人口、教育、文化、卫生等社会情况。今后，除了改进全面报表制度外，一定要大力推行抽样调查"。随后，全国农村抽样调查队在原有 1600 人的基础上扩大到 6100 人，正式成为国家统计局直属的事业单位，并于 1985 年底完成了全国 857 个抽样调查县的建队工作。在进行组织建设的同时，业务建设也加快了步伐。一是农村住户调查由以前的收支调查扩展为全面反映农民社会经济活动，增加了农户生产经营情况、主要生活消费品实物消费量，以及农民家庭基本情况等方面的内容。二是农产量抽样调查增加了"农作物种植意向调查"，"播种面积调查"和"夏收、早稻、秋粮预测和实测产量调查"等，到 1988 年由粮食产量调查发展为种植业调查，全面调查反映粮、棉、油、麻、糖、烟、蔬菜和瓜果的生产情况。三是增加了农村社会经济抽样调查，内容包括农村劳动力、固定资产投资等生产要素和农村社区状况等。

抽样调查网点的抽选也逐步实现了科学化。1979 年采用多阶段、半距起点、等距抽样方法，住户调查抽样框按各单位人均从集体分配的收入排队，参加分配的人口作辅助资料进行编制。农产量调查抽样框按平均亩产排队，以平均播种面积作为辅助资料进行编制。1984 年开始启用多阶段、随机起点、对称等距抽样方法。为了克服样本老化的问题，从 1990 年开始在县以下实施样本轮换制度，每四年轮换一次样本。

2. 全面统计不断完善并发挥了独特的作用。 由于全面统计在满足我国政府分层决策和分层管理方面具有优势，所以对于行政记录比较健全、起报单位较高或一时还不具备实施抽样调查条件的统计项目，如农村基层组织状况，农业自然资源、人力资源和机械、电力、化学肥料等物质、技术装备情况，农田水利建设和农业灾害情况等，继续采用全面统计的方法取得数据。此外，还有一部分综合性内容，如农村社会总产值、农业总产值、农业增加值、农业商品产值、经济收益分配等，主要是由县以上综合统计部门根据相关基础资料，按照全国统一方案测算的。

全面统计的源头数据按照村、乡（镇）、县（市）、省（区、市）、国家的顺序层层汇总并逐级上报，它的基础是乡镇统计网络。

3. 第二次全国农业普查取得了圆满成功。 根据国务院决定，我国开展了第二次全国农业普查。这次普查的标准时点为 2006 年 12 月 31 日，时期资料为2006年度。普查对象为我国境内的农村住户、城镇农业生产经营户、农业生产经营单位、村民委员会和乡镇人民政府。本次普查共调查了40656个乡级行政单位，656026个村级组织，22592万个住户。普查主要内容包括：农业生产条件、农业生产经营活动、农业土地利用、农村劳动力及就业、农村基础设施、农村社会服务、农村居民生活，以及乡镇、村民委员会和社区环境等方面的情况。农业普查采用全面调查的方法，对所有普查对象由普查员进行逐个查点和填报。全国共组织动员了普查员、普查指导员和各级普查机构的工作人员近700万人，填报普查表近5亿张。通过普查获得了大量数据，掌握了我国有关农业、农村、农民的基本情况，填补了反映我国基本国情国力数据的缺陷和空白，矫正了常规统计数据因各种原因引起的系统性偏差。它不仅为党和政府的决策提供了科学依据，而且为农村统计改革与发展打下了很好的基础。第二次全国农业普查的成功，标志着我国农村统计事业进入了新的发展阶段。

二、资料来源

《中国农村统计年鉴》资料绝大部分是由国家统计局农村司根据《农林牧渔业综合统计报表制度》、《乡村社会经济调查方案》、《农产量抽样调查制度》、《农村住户调查方案》和《县(市)社会经济调查卡片》的有关资料整理提供。

部分章节资料来自于部门统计。农业生态与环境资料主要来源于国家环保总局、水利部和国家林业局统计报表；农村市场与价格资料主要是根据国家工商行政管理局统计报表和国家统计局城市司的价格统计资料整理而成；农产品生产成本资料主要是根据国家发改委农产品成本调查报表整理而成；农产品进出口主要依据海关总署有关资料加工整理的；农村文化、教育、卫生资料是国家统计局社会科技统计司根据文化部、教育部、卫生部有关资料加工整理而成的；国外农业统计资料是国家统计局国际统计中心根据联合国粮农组织提供的资料加工整理而成的。

三、主要统计指标解释

国内生产总值(GDP)：指一个国家(或地区)所有常住单位在一定时期内生产活动的最终成果。国内生产总值有三种表现形态，即价值形态、收入形态和产品形态。从价值形态看，它是所有常住单位在一定时期内生产的全部货物和服务价值超过同期中间投入的全部非固定资产货物和服务价值的差额，即所有常住单位的增加值之和；从收入形态看，它是所有常住单位在一定时期内创造并分配给常住单位和非常住单位的初次收入分配之和；从产品形态看，它是所有常住单位在一定时期内最终使用的货物和服务价值与货物和服务净出口价值之和。在实际核算中，国内生产总值有三种计算方法，即生产法(总产出减中间投入)、收入法(由劳动者报酬、生产税净额、固定资产折旧、营业盈余组成)和支出法(由最终消费、资本形成总额、货物和服务净出口组成)。三种方法分别从不同的方面反映国内生产总值及其构成。

劳动者报酬：指劳动者因从事生产活动所获得的全部报酬。包括劳动者获得的工资、奖金和津贴，既包括货币形式的，也包括实物形式的；还包括劳动者所享受的公费医疗和医药卫生费、上下班交通补贴和单位支付的社会保险费等。对于个体经济来说，其所有者所获得的劳动报酬和经营利润不易区分，这两部分统一作为劳动者报酬处理。

生产税净额：指生产税减生产补贴后的余额。生产税指政府对生产单位生产、销售和从事经营活动以及因从事生产活动使用某些生产要素(如固定资产、土地、劳动力)所征收的各种税、附加费和规费。生产补贴与生产税相反，指政府对生产单位的单方面收入转移，因此视为负生产税，包括政策亏损补贴、粮食系统价格补贴、外贸企业出口退税收入等。

固定资产折旧：指为弥补固定资产损耗按照核定的固定资产折旧率提取的固定资产折旧，或按国民经济核算统一规定的折旧率虚拟计算的固定资产折旧。各类企业和企业化管理的事业单位的固定资产折旧是指实际计提并计入成本费中的折旧费；不计提折旧的政府机关、非企业化管理的事业单位和居民住房的固定资产折旧是按照统一规定的折旧率和固定资产原值计算其虚拟折旧。原则上，固定资产折旧应按固定资产的重置价值计算，但是目前我国尚不具备对全社会固定资产进行重新估价的基础，所以暂时只能采用上述办法。

营业盈余：指常住单位创造的增加值扣除劳动者报酬、生产税净额和固定资产折旧后的余额。它相当于企业的营业利润加上生产补贴，但要扣除从利润中开支的工资和福利等。

支出法国内生产总值：指一个国家(或地区)所

有常住单位在一定时期内用于最终消费、资本形成总额，以及货物和服务的净出口总额，它反映本期生产的国内生产总值的使用及构成。

最终消费：指常住单位在一定时期内对于货物和服务的全部最终消费支出，也就是常住单位为满足物质、文化和精神生活的需要，从本国经济领土和国外购买的货物和服务的支出；不包括非常住单位在本国经济领土内的消费支出。最终消费分为居民消费和政府消费。

资本形成总额：指常住单位在一定时期内获得的减去处置的固定资产加存货的变动，包括固定资本形成总额和存货增加。

货物和服务净出口：指货物和服务出口减货物和服务进口的差额。出口包括常住单位向非常住单位出售或无偿转让的各种货物和服务的价值；进口包括常住单位从非常住单位购买或无偿得到的各种货物和服务的价值。由于服务活动的提供与使用同时发生，因此服务的进出口业务并不发生出入境现象，一般把常住单位从国外得到的服务作为进口，非常住单位从本国得到的服务作为出口。货物的出口和进口都按离岸价格计算。

三次产业：指根据社会生产活动历史发展的顺序对产业结构的划分，产品直接取自自然界的部门称为第一产业，对初级产品进行再加工的部门称为第二产业，为生产和消费提供各种服务的部门称为第三产业。我国的三次产业划分是：第一产业为农业（包括种植业、林业、牧业和渔业），第二产业为工业（包括采掘业，制造业，电力、煤气及水的生产和供应业）和建筑业，第三产业为除第一、第二产业以外的其他各业。

当年价格：也称现行价格，指报告期内的实际市场价格。按现行价格计算的各种综合指标可以反映当年国民经济发展水平及比例关系，但因其变化受实物数量增减和价格升降因素的影响，在不同时期之间缺乏可比性。

可比价格：指计算各种总量指标所采用的扣除了价格变动因素的价格，可进行不同时期总量指标的对比。按可比价格计算总量指标有两种方法：一种是直接用产品产量乘某一年的不变价格计算；另一种是用价格指数进行缩减。

不变价格：指以同类产品某年的平均价格作为固定价格，用于计算各年的产品价值。按不变价格计算的产品价值消除了价格变动因素，不同时期对比可以反映生产的发展速度。新中国成立后，随着工农业产品价格水平的变化，国家统计局先后五次制定了全国统一的工业产品不变价格和农业产品不变价格。从 1952 年到 1957 年使用 1952 年工（农）业产品不变价格，从 1957 年到 1970 年使用 1957 年不变价格，从 1971 年到 1980 年使用 1970 年不变价格，从 1981 年到 1990 年使用 1980 年不变价格，从 1991 年开始使用 1990 年不变价格。从 2003 年起使用可比价计算产值，取消不变价产值。

人口数：指一定时点、一定地区范围内有生命的个人总和。年度统计的年末人口数指每年 12 月 31 日 24 时的人口数。年度统计的全国人口总数内未包括台湾省和港澳同胞以及海外华侨人数。

从业人员：指从事一定社会劳动并取得劳动报酬或经营收入的人员，包括全部职工、再就业的离退休人员、私营业主、个体户主、私营和个体从业人员、乡镇企业从业人员、农村从业人员和其他从业人员（包括民办教师、宗教职业者、现役军人等）。

固定资产投资额：指以货币表现的建造和购置固定资产活动的工作量，分为基本建设投资、更新改造投资、房地产开发投资和其他固定资产投资四个部分。

财政收入：指国家财政参与社会产品分配所取得的收入，是实现国家职能的财力保证。财政收入所包括的内容几经变化，目前主要包括各项税收、专项收入、其他收入（如基本建设贷款归还收入、基本建设收入、捐赠收入等）和国有企业计划亏损补贴。

财政收入按财政体制划分为中央本级收入和地方本级收入。1994 年分税制财政体制以后，属于中央财政的收入包括关税、海关代征消费税和增值税，消费税，中央企业所得税，地方银行和外资银行及非银行金融企业所得税，铁道、银行总行、保险总公司等集中缴纳的营业税、所得税、利润和城市维护建设税，增值税的 75％部分，证券交易税（印花税）50％部分和海洋石油资源税。属于地方财政的收入包括营业税，地方企业所得税，个人所得税，城镇土地使用税，固定资产投资方向调节税，城镇维护建设税，房产税，车船使用税，印花税，屠宰税，农业特产税，耕地占用税，契税，增值税 25％部分，证券交易税（印花税）50％部分和除海洋石油资源税以外的其他资源税。

财政支出：国家财政将筹集起来的资金进行分配使用，以满足经济建设和各项事业的需要，主要包括基本建设支出、企业挖潜改造资金、地质勘探费用、科技三项费用、支援农村生产支出、农林水利气象等部门的事业费用、工业交通商业等部门的事业费、文教科学卫生事业费、抚恤和社会福利救济费、国防支出、行政管理费和价格补贴支出。

财政支出按照政府在经济和社会活动中的不同职权，划分为中央财政支出和地方财政支出。中央财政支出包括国防支出，武装警察部队支出，中央级行政管理费和各项事业费，重点建设支出以及中央政府调整国民经济结构、协调地区发展、实施宏观调控的支出。地方财政支出主要包括地方行政管理和各项事业费，地方统筹的基本建设、技术改造支出，支援农村生产支出，城市维护和建设经费，价格补贴支出等。

城镇居民家庭可支配收入：指被调查的城镇居民家庭在支付个人所得税、财产税及其他经常性转移支出后所余下的实际收入。

社会消费品零售总额：指国民经济各行业直接售给城乡居民和社会集团的消费品总额。社会消费品零售总额包括售给城乡居民作为生活用的商品和修建房屋用的建筑材料；售给社会集团的各种办公用品和公用消费品；售给机关、团体、学校、部队、企业、事业单位的职工食堂和旅店(招待所)附设专门供本店旅客食用，不对外营业的食堂的各种食品、燃料；企业、单位和国营农场直接售给本单位职工和职工食堂的自己生产的产品；售给部队干部、战士生活用的粮食、副食品、衣着品、日用品、燃料；售给来华的外国人、华侨、港澳台同胞的消费品；居民自费购买的中、西药品，中药材及医疗用品；报社、出版社直接售给居民和社会集团的报纸、图书、杂志，集邮公司出售的新、旧纪念邮票、特种邮票、首日封、集邮册、集邮工具等；旧货寄售商店自购、自销部分的商品；煤气公司、液化石油气站售给居民和社会集团的煤气灶具和罐装液化石油气；农民售给非农业居民和社会集团的商品。

海关进出口总额：指实际进出我国国境的货物总金额。包括对外贸易实际进出口货物，来料加工装配进出口货物，国家间、联合国及国际组织无偿援助物资和赠送品，华侨、港澳台同胞和外籍华人捐赠品，租赁期满归承租人所有的租赁货物，进料加工进出口货物，边境地方贸易及边境地区小额贸易进出口货物(边民互市贸易除外)，中外合资、中外合作、外商独资经营企业进出口货物和公用物品，到、离岸价格在规定限额以上的进出口货样和广告品(无商业价值、无使用价值和免费提供出口的除外)，从保税仓库提取在中国境内销售的进口货物，以及其他进出口货物。我国规定出口货物按离岸价格统计，进口货物按到岸价格统计。

农业机械总动力：指用于农、林、牧、渔业生产的各种动力机械的动力之和，包括耕作机械、农用排灌机械、收获机械、植保机械、林业机械、渔业机械、农产品加工机械、农用运输机械、其他农用机械。按能源又分为柴油、汽油、电力和其他动力。总动力按法定计量单位千瓦计算。(注：1 马力＝735.5 瓦特＝0.735 千瓦)

农用大中型拖拉机：指发动机额定功率为 14.7 千瓦及以上的专门用于农作物田间作业和以农作物田间作业为主进行综合利用的拖拉机，包括轮式和履带式两种。不包括用于森工、基建、营林等方面的拖拉机。

小型拖拉机：指专门或主要用于农作物田间作业的不足 14.7 千瓦的拖拉机。包括四轮拖拉机和手扶拖拉机。

农用载重汽车：指主要用于农林牧渔业生产运输的载重汽车。

有效灌溉面积：指具有一定的水源，地块比较平整，灌溉工程或设备已经配套，在一般年景下当年能够进行正常灌溉的耕地面积。在一般情况下，有效灌溉面积应等于灌溉工程或设备已经配备，能够进行正常灌溉的水田和水浇地面积之和。

(1)灌溉工程或设备已经配套，可以灌溉，但由于雨水及时或所种作物不需要灌溉等原因，当年没有进行灌溉的，应统计为有效灌溉面积。

(2)灌溉工程或设备不配套(如只有深水井，没有安装机器)、渠系不健全(如只有水库，没有修渠)、地块不平整，当年不能发挥灌溉效益的灌溉面积，不应统计为有效灌溉面积。

(3)北方地区没有灌溉工程或设备的引洪淤灌的耕地面积，不应统计为有效灌溉面积。

(4)南方地区没有灌溉工程或设备，完全靠雨蓄水的“冬水田”、“屯水田”、“望天田”、“雷响田”等水田面积，不应统计为有效灌溉面积。

(5)没有灌溉工程或设备，遇到旱年临时抗旱点种的耕地面积，不应统计为有效灌溉面积。

(6)原有的灌溉工程或设备，由于受到破坏等原因不能起灌溉作用，这部分耕地面积不应统计为有效灌溉面积。

旱涝保收面积：指在有效灌溉面积中，灌溉设施齐全，抗灾能力较强，土地肥力较高，遇到较大的旱涝灾害能保证遇旱能灌、遇涝能排的耕地面积。灌溉设施的抗旱能力和排涝能力，全国各地根据当地的气候执行不同的标准。一般抗旱能力：南方在50—100天，北方在30—50天；排涝能力达到5年至10年一遇的标准，防洪一般达到20年一遇的标准。旱涝保收面积应小于或等于有效灌溉面积。

化肥施用量：指本年度内实际用于农业生产的化学肥料数量，包括氮肥、磷肥、钾肥和复合肥。施用量要求按折纯量计算数量，即各类化学肥料的实际施用数量按其含氮、含五氧化二磷、含氧化钾的比例折成百分之百计算。

农村用电量：指本年度内，扣除在农村中的国有工业、交通、基建等单位的用电量以后的农村生产和生活的全年用电总量。包括国家电网供电和农村自办电站供电量。

农作物总播种面积：指本日历年度内收获农产品的作物播种面积之和，包括实际播种或移植有农作物面积。凡是实际种植有作物面积，不论种植在耕地上还是种植在非耕地上，均包括在农作物播种面积中。在播种季节基本结束后，因遭受灾害而重新改种和补种的农作物面积也包括在内。

农作物包括范围

(1)谷物　包括稻谷、小麦、玉米、谷子、高粱和其他谷物，不包括豆类和薯类。谷类作物一律按脱粒后的原粮计算。

(2)豆类作物　是以食用种籽及其制成品的豆科植物，包括大豆和杂豆。大豆包括黄豆、黑豆、青豆三类。产量按去荚后的干豆计算。

(3)薯类作物　包括甘薯和马铃薯。不包括芋头、木薯等。芋头一般应作为“蔬菜”计算，木薯作为其他作物计算。城市郊区以蔬菜种植为主把马铃薯产量统计在蔬菜内。

(4)油料作物　是以榨取油脂为主要用途的一类作物。种子含油率约达20－60%。包括花生、油菜籽、芝麻、胡麻籽、向日葵籽等。不包括木本油料和野生油料。花生以带壳干花生计算。

(5)棉花　不包括木棉，按去籽后的皮棉计算，3公斤籽棉折1公斤皮棉。棉花产量从1999年起在主产区实行抽样调查(河北、江苏、安徽、山东、河南、湖北、湖南、新疆)，非主产区仍按全面统计。

(6)糖料　包括甘蔗和甜菜。甘蔗以蔗杆计算，甜菜以块根计算。

(7)药材　指人工栽培的各种药材作物，不包括野生药材。

(8)蔬菜　包括菜用瓜、茭白、芋头、生姜等在内。

(9)瓜类作物　指果用瓜，如西瓜、甜瓜(香瓜)、白兰瓜、哈密瓜、脆瓜等，但不包括菜用瓜。

(10)其他作物　包括饲料作物、荸子、莲子、席草等。

(11)饲料作物　指人工栽培的主要用于喂养牲畜的作物，如苜蓿等。有些地方在饲料地上种植粮食作物，除了种植目的就是作为青饲料用的可作为饲料作物统计以外，收获主产品以后，副产品不管是否作为饲料的，仍应分别列入谷物，豆类作物，薯类等项下统计产量，不得列入饲料作物内。

粮食总产量：指全社会的产量。包括国营农场等国有经济的、集体统一经营的和农民家庭经营的产量，还包括工矿企业办的农场和其他生产单位的产量。粮食除包括稻谷、小麦、玉米、高粱、谷子、其他杂粮外，还包括薯类和大豆。其产量计算方法，豆类按去豆荚后的干豆计算，薯类(包括甘薯和马铃薯，不包括芋头和木薯)1963年以前按每4千克鲜薯折1千克粮食计算，从1964年以后按5千克鲜薯折1千克粮食计算。其他粮食一律按脱粒后的原粮计算。

粮食比国际上通行的谷物口径大，相当于谷物＋薯类＋大豆。

茶叶产量：指本年度内生产的全部茶叶产量。包括从成片茶园和零星种植的茶树以及荒芜未垦复的茶树上所采摘的全部产量。不论自食的或出售的，都应统计在内。茶叶的产量按经过初步加工的干毛茶的重量计算。由于加工毛茶的方法不同，以分为红毛茶、绿毛茶、乌龙茶、紧压茶、其他茶。紧压茶是指作紧压茶原料的茶叶产量。其他茶是上述四种毛茶之外的毛茶。

水果产量：指本年度内从果树上收获的全部水果产量。不论自食的或出售的，都应计算在内。但不包括果用瓜(如西瓜、甜瓜、白兰瓜、哈密瓜、脆瓜等)和主要作蔬菜食用的藕、西红柿等。不包括采集的野生水果。水果的产量按鲜果计算，干枣、葡萄干、柿饼、桔饼等应统一折成鲜果计算。香蕉不包括大蕉、龙牙蕉、粉蕉、西贡蕉等。

林产品产量　指从人工栽培的竹木上，不经砍伐竹木的根而取得的各种林产品数量。包括生漆、棕片、五倍子、松脂、笋干、油桐籽、油茶籽、乌桕籽、核桃、板栗等各种林木果实以及修剪竹木所获得的枝叶(如荆条、柳条、蒲葵叶)等。不包括桑叶、茶叶、水果，也不包括野生的林产品。如果某些林产品人工栽培和野生的混在一起，不易划分，则应根据它的主要来源决定其应计入林产品产量统计中还是其他农业内采集野生植物果实产量统计中，但不要两方面都算，以免重复。

林产品产量的计算方法为：

(1)油茶籽、油桐籽、乌桕籽、核桃、文冠果 按去掉果皮、外壳的干籽计算产量。

(2)五倍子 以干籽计算产量。

(3)生漆、松脂 按从树上割下来的生漆、松脂计算产量。

(4)棕片和竹笋 按干片和笋干计算产量。

(5)板栗 按除去毛荚的果实计算产量。

(6)油橄榄 按果实计算产量。

(7)紫胶(虫胶) 按原胶计算产量。

畜牧业生产

猪、牛、羊、禽等主要畜禽的存栏、出栏及产品产量。1999年畜牧调查和数据采集方式发生变化。非农户生产经营单位按全面统计的组织方式逐级上报；农户(含规模饲养农户)采取抽样调查，全部调查工作在国家调查(行政)村进行。抽中村中规模饲养农户(制定的规模养殖参照标准)要进行逐个调查。非规模饲养农户，应按随机原则，抽选10个有代表性的农户进行入户调查访问。同时，在调查村要建立畜牧业统计台账，并按要求定期填报有关资料。根据1996年农业普查结果，国家统计局农调总队对猪、牛、羊等主要畜产品存栏、出栏及肉产量等指标常规年报数据与农业普查数据进行衔接。2000年以后的生猪存栏、出栏和肉产量均为抽样调查数据。

当年出栏的畜禽数 指当年(报告期内)乡村各种合作经济和农民、国有农场、机关、团体、学校、工矿企业、部队等单位及城镇居民饲养的，已屠宰或出售的全部畜禽数，包括交售给国家，集市上出售和农民自食的部分。不包括个别地区习惯吃的"烤小猪"或出口的"乳猪"。

期初(末)畜禽存栏头(只数) 指本期(报告期)期初(末)，农村与城市的全部畜禽存栏头(只)数。除科学研究单位专门用于试验研究的牲畜和军马以外，农村各种合作经济组织和国营农场、农民个人、机关、团体、学校、工矿企业、部队等单位以及城镇居民饲养的各种畜禽，不分大小、公母、品种、用途一律包括在内。专业运输组织的运输用牲畜也应包括在内。但商业部门库存的和运输途中的活牲畜不进行统计。

肉类总产量 指当年出栏并已屠宰的畜禽肉产量，即屠宰后除去头蹄下水后带骨肉的重量，也叫酮体重。

牛奶产量、羊奶产量 指全社会产量。包括出售给国家、农贸市场交易和农牧民自食部分。无论是纯种牛、杂种牛、黄牛或兼用牛产的奶；无论是奶山羊、绵羊或其他改良羊所产的奶都要计算为产量。牛犊、羊羔直接吮食部分，不统计产量。

细羊毛 指细毛及其改良羊所产的羊毛量。

半细羊毛 指半细毛羊及其改良羊所产的羊毛产量。

禽蛋产量 指鸡、鸭、鹅三种家禽的禽蛋产量，包括出卖和农民自食以及种蛋。

蚕茧产量 指本年度内生产的全部蚕茧产量，无论自用的或出售的，都应计算在内。在计算产量时，要把土茧、改良茧和种茧包括在内，桑蚕茧、柞蚕茧均按鲜茧计算，木薯蚕茧和蓖麻蚕茧等的产量均按茧壳的重量计算。

渔业生产

水产品产量 指当年捕捞的水产品(包括人工养殖并捕捞的水产品和捕捞天然生长的水产品)产量。

海水产品产量 指从海洋和海水养殖水域中捕捞的海水产品产量。包括海水中的鱼类、虾蟹类、贝类、藻类。

内陆水域水产品产量 指淡(咸)水湖泊、水库、河沟和池塘以及其他内陆水域内捕捞的水产品产量。包括鱼类、虾蟹类、贝类，不包括淡水水生植物。

养殖产量 指从海水养殖面积和内陆水域养殖面积中捕捞的产量。

捕捞产量:指捕捞天然生长的水产品产量。

农林牧渔业总产值:指以货币表现的农、林、牧、渔业全部产品和对农林牧渔业生产活动进行的各种支持性服务活动的价值总量，它反映一定时期内农业生产总规模和总成果。1957年以前的农业总产值中包括了厩肥和农民自给性手工业(如农民自制衣服、鞋、袜，自己从事粮食初步加工等)。1958年及以后的农业总产值，林业中增加了村及村以下竹木采伐产值；牧业中取消了厩肥产值；副业中取消了农民自给性手工业产值，增加了村及村以下办的工业产值；渔业中增加了海洋捕捞水产品产值。1980年及以后，在副业中增加了农民家庭兼营工业商品部分产值。从1984年起村及村以下工业产值划归工业。从1993年起取消副业，将野生动物的捕猎划入牧业、野生植物采集和农民家庭兼营商品性工业划归农业。从2003年起，执行新的国民经济行业分类标准，农林牧渔业总产值中包括了农林牧渔服务业产值。林业中增加了森林采运业产值。农业中取消了家庭兼营商品性工业产值，将野生林产品的采集划归林业。第一次农业普查以后，由于畜牧业产品年报数据与普查数据之间存在一定的差距，国家统计局农村司对畜牧业年报数据与普查数据进行衔接，相应的畜牧业产值进行调整。

农林牧渔业总产值的计算方法通常是按农、林、牧、渔业产品及其副产品的产量分别乘以各自单位产品价格求得；少数生产周期较长，当年没有产品或产品产量不易统计的，则采用间接方法匡算其产值；然后将四业产品产值相加即为农林牧渔业总产值。

农林牧渔业增加值：用生产法计算的一定时期内农业生产活动的最终成果。其计算方法是用现价计算的农林牧渔业产值扣除各项中间投入。

1996年第一次农业普查以后，由于畜牧业产品产量年报数据与普查数据之间存在一定的差距，国家统计局农村司对畜牧业年报数据与普查数据进行衔接，相应的畜牧业产值、增加值进行调整。

农村固定资产：是指使用年限在一年以上，单位价值在规定的标准以上，并在使用过程中保持原来物质形态的资产。企事业单位所有的使用期限在一年以上、单位价值在200元以上的房屋建筑物、机器设备、器具、工具等资产应作为固定资产统计；不属于生产经营的物品，单位价值在200元以上，并且使用期限超过两年的也应作为固定资产统计。农户所有的使用年限在一年以上、单位价值在50元以上的房屋建筑物、机器设备、器具等资产应作为固定资产统计。

农村固定资产统计调查方式由全面统计改为抽样调查。九十年代初，农村固定资产投资统计进行了初步改革，即集体部分的投资由统计部门中负责投资统计的单位通过全面统计的方式，逐级汇总、层层上报取得数据；农户部分则以抽样调查方式取得数据。由于全面统计数据存在行政干扰，农户抽样调查不太规范等原因，从1999年年报开始，农村固定资产投资全面实行抽样调查。根据农村固定资产投资调查的现实情况，本着“不重不漏、方便调查”的原则，界定了调查范围，即城关镇以下（不包括城关镇，但包括城关镇所辖的行政村）属于农村固定资产投资调查的范围。但为了保持工作的衔接，在此范围内的大中型工矿企业、县级以上直属单位所属的企业和单位的投资活动不列入农村固定资产投资调查的范围。统计原则由按所属统计改革为按所在地原则调查。具体划分为三个层次：一是乡政府所在地或镇区所在地范围内的非农户投资单位；二是行政村范围内的非农户投资单位；三是农户投资。

除涝

(1)易涝耕地面积：是指抗涝能力标准低的低洼涝耕地面积。即经过治理的“除涝面积”和尚未经过治理的或虽经过治理，但抗涝标准尚未达到三年一遇的“现有易涝面积”之和。

(2)除涝面积：指由于兴修治涝工程或安装排涝机械等水利设施（或进行改种），使易涝耕地免除淹涝，除涝标准达到三年一遇以上者。易涝面积虽经过治理，但标准尚未达到三年一遇标准的，不做为除涝面积统计。

易涝面积＝除涝面积＋现有易涝面积（即尚未治理面积＋虽经过治理，标准尚未达到三年一遇的标准）

除涝面积＝三年至五年治理面积＋五年至十年治理面积＋十年以上治理面积

除涝面积＝上年除涝面积（上年基数）＋本年新增除涝面积－本年减少面积

治碱

(1)盐碱耕地面积：是指土壤中含有盐碱，影响农作物生长，成苗率（促苗率）不足70％的耕地面积。盐碱耕地面积包括未改良的老盐碱耕地以及未改良的次生盐碱耕地和盐碱耕地改良面积之和。

(2)盐碱耕地改良面积：是指在老盐碱地、次生盐碱地上进行水利、农业、土壤改良等措施，在正常年景使作物成苗率（促苗率）达到70％以上的盐碱耕地面积。在同一块耕地上，除涝、治碱并举，应分别统计除涝面积和盐碱耕地改良面积。

(3)本年新增改良面积：是指在报告期当年（日历年度），对尚未经过治理的盐碱耕地，采取水利、农业、化学等改碱措施，使其脱盐（碱），达到盐碱地改良标准的面积。不包括在已改良过（已被统计除涝面积）的面积上，采取治碱措施，而被改善、提高的面积。

(4)本年减少改良面积；是指已被改良的盐碱

地面积中由于建设占地、退耕养殖、工程老化失修或不合理的人为措施重又退化积盐，沦为严重影响农作物生长的盐碱耕地的面积。

盐碱耕地改良面积＝上年盐碱耕地改良面积（上年基数）＋本年新增改良面积－本年减少改良面积

水土保持

（1）水土流失面积 是指自然因素和人为因素，使山丘地区地表土壤及母质受到各种破坏和移动，造成水土流失的面积。水土流失面积应为解放初期实有的水土流失面积和解放后发展的水土流失面积之和。

（2）水土流失治理面积（又称水土保持面积） 是指在山丘地区水土流失面积上，按照综合治理的原则，采取各种治理措施，如：水平梯田、淤地坝、谷坊、造林种草、封山育林育草（指有造林、种草补植任务的）等，以及按小流域综合治理措施所治理的水土流失面积总和。

（3）小流域治理面积 是以小流域为单元，根据流域内的自然条件，按照土壤侵蚀的类型特点和农业区划，在全面规划的基础上，合理安排农、林、牧各业用地，布置水土保持农业技术措施，林草措施与工程措施，相互协调、相互促进形成综合的水土流失防治体系。凡列入县级以上治理规划，并进行重点治理的，流域面积在5平方公里以上的小流域治理面积均进行统计。

（4）本年新增治理面积（也称本年新增水土保持面积） 是指在山丘水土流失区，由于采取各种水土措施，或进行小流域综合治理，在报告期年度，新增加的水土流失治理面积。不包括已治理的水土流失面积，以往年度已经统计，而在本年度内又增建或更新改造水保措施，而得到提高改善的面积。

（5）本年减少的治理面积 是指在报告期内，由于各种原因，如基建占地、人为破坏、自然灾害、各类生产活动、工程老化失修等，使原已治理的水土流失面积重又产生水土流失的面积。

水土流失治理面积＝上年累计达到治理面积＋本年新增治理面积－本年减少治理面积

水库

（1）已建成水库 是指主、副坝、溢洪道、输水洞和专门建筑物，如电站、过船过水建筑物等，已全部建成或基本建成，无重大遗留问题达到设计蓄水能力，经过验收鉴定合格，正式交付使用的水库。

（2）总库容： 即校核水位以下的库容。包括死库容、兴利库容、防洪库容（减掉和兴利库容重复部分）之总和，称总库容，它是水库兴建的总规模。

大、中、小型水库的划分标准

大型水库 总库容在一亿立方米及以上；

中型水库 总库容在一千（含一千）万立方米至一亿立方米；

小型水库 库容在十万立方米至一千万立方米。

堤防总长度 指建成或基本建成的河堤、江堤、海堤、湖堤、围堤，包括防洪墙等各类防洪，防潮堤防之总和，包括建国前建成或需要加固加高培厚的老堤防。但不包括单纯除涝河道的堤防和弃土形成的堤防，也不包括子埝和生产堤。所谓基本建成，是指按设计标准已经完成，已能发挥设计效益，但还留有少量尾工的工程。

农场个数： 指报告期末实有农场个数。包括农垦系统内全民所有制、集体所有制和合资经营的农、林、牧、渔场个数，不包括家庭农场个数。农场应具备三个条件：进行农林牧渔业生产；设有场部组织结构；实行独立核算。

农村居民家庭基本情况

常住人口： 是指全年经常在家或在家居住六个月以上，而且经济生活和本户连成一体的人口。在外劳动的合同工、临时工和其他副业工，他们在外劳动虽然超过六个月，但其收入主要带回家中，仍要计算在内。在家居住，生活和本户连成一体的国家职工、退休人员也要计算在内。但是参军、在外居住的职工等，则不应计人。常住人口中整半劳动力：整劳动力是指男子18周岁到50周岁，女子18周岁到45周岁；半劳动力是指男子16周岁到17周岁，51周岁到60周岁；女子16周岁到17周岁，46周岁到55周岁，同时具有劳动能力的人。虽然在劳动年龄之内，但已丧失劳动能力的人，不应算为劳动力；在劳动年龄以外，但能经常参加劳动，能顶上一个整劳动力或半劳动力的人，应计入劳动力数内。常住人口中的职工，若这些职工为劳动力，就包括在本户的整半劳动力中。

总支出： 指农村住户用于生产、生活和再分配的全部支出。包括家庭经营费用支出、购置生产性固定资产支出、生产性固定资产折旧、税费支出、生活消费支出、财产性支出和转移性支出。

家庭经营费用支出： 指农村住户以家庭为基本生产经营单位从事生产经营活动而消费的商品和服务、自产自用产品。所消费的未计算为住户收入的自产自用产品，不计算为费用支出。库存的化肥、农药也不应该计算费用支出。

现金收入：指农村居民家庭年内所有家庭成员的全部现金收入。包括基本收入(即以工资形式支付的劳动报酬收入和家庭经营现金收入)、财产性收入、转移性收入和储蓄借贷现金收入。

现金支出：指农村居民家庭年内全部现金支出。包括用于承包经营生产的家庭经营费用支出的各项现金，向国家缴纳的各种税金，按承包合同上交的集体提留或承包任务的现金，购买生产用固定资产支付的现金，用于生活消费支出，转移性支出和储蓄借贷支出的现金等。

农村居民家庭平均每人总收入和纯收入

总收入：是指调查期内农村住户和住户成员从各种来源渠道得到的收入总和。按收入的性质划分为工资性收入、家庭经营收入、转移性收入和财产性收入。

(1)工资性收入：指农村住户成员受雇于单位或个人，靠出卖劳动而获得的收入。

(2)家庭经营收入：指农村住户以家庭为生产经营单位进行生产筹划和管理而获得的收入。农村住户家庭经营活动按行业划分为农业、林业、牧业、渔业、工业、建筑业、交通运输邮电业、批发和零售贸易餐饮业、社会服务业、文教卫生业和其他家庭经营。

家庭经营产品的计价：凡是出售部分，按实际出售价格计算；非出售部分(包括自用的和结存的)按出售该产品的综合平均价计算。

转移性收入：指农村住户和住户成员无需付出任何对应物而获得的货物、服务、资金或资产所有权等，不包括无偿提供的用于固定资本形成的资金。一般情况下，指农村住户在二次分配中的所有收入。

财产性收入：指金融资产或有形非生产性资产的所有者向其他机构单位提供资金或将有形非生产性资产供其支配，作为回报而从中获得的收入。

纯收入：是农村住户当年从各个来源得到的总收入相应地扣除所发生的费用后的收入总和。纯收入主要用于再生产投入和当年生活消费支出，也可用于储蓄和各种非义务性支出。“农民人均纯收入”按人口平均的纯收入水平，反映的是一个地区或一个农户农村居民的平均收入水平，反映的是一个地区或一个农户农村居民的平均收入水平。计算方法为：

纯收入＝总收入－家庭经营费用支出－税费支出－生产性固定资产折旧－赠送农村亲友支出。

农村居民家庭平均每人生活消费支出

生活消费支出：指农村住户用于物质生活和精神生活方面的支出。生活消费支出包括：食品，衣着，居住，家庭设备、用品及服务，医疗保健，交通和通讯，文化教育娱乐用品及服务，其他商品和服务等消费支出。各消费类别的具体内容如下：

(1)食品消费支出：指农村居民年内消费各类食品支出。包括主食、副食、其他食品、在外饮食支出和食品加工费支出。其中的主食：是指各种粮食和粮食复制品的消费量折价。粮食复制品：指利用原粮加工而成的食品，如挂面、年糕等。但不包括用粮食加工成豆油、豆腐、粉条、酒。副食：包括蔬菜、豆制品、油脂类、食糖、肉、禽及其制品、蛋类、水产品、调味品等。其他食品：包括烟草类、酒类、饮料类、干鲜果品、糖果糕点、奶和奶制品、罐头类等。在外饮食：包括在外面饭馆、小吃部、小卖部、茶馆、饮食摊内吃饭、喝茶、吃冷饮时消费的各种食品。开会和住院的伙食费也应包括在内。食品加工费：指加工食品所需的费用，包括把原粮加工成副食品和其他食品的费用。

(2)衣着：指农村住户各种穿着用品及加工穿用品的各种材料等支出。包括棉花、丝棉、化纤棉、驼毛、棉布、各种化纤布、绸、缎、呢绒、各类成衣、棉、毛、丝、麻纺织品，背心、汗衫、棉毛衫裤、卫生衫裤、袜子等针织品，毛线、毛线织品、各种鞋、帽等消费品及衣着的加工修理费。但不包括用各种布料做的床上用品，室内装饰品。

(3)居住：指农村住户与居住有关的所有支出，包括新建(购)房屋、房屋维修、居住服务、租赁服务、租赁住户所付的租金、生活用水、生活用电、用于生活的燃料等支出。

(4)家庭设备、用品及服务：指农村住户消费的各种家庭设备、用品及设备、用品的加工修理费用。包括耐用消费品、室内装饰品、床上用品、家庭日用杂品等。

(5)医疗保健：指农村住户用于医疗和保健的药品、医疗器械和服务费用。包括医药卫生保健用品、医疗保健服务费和医疗卫生设备、用品加工修理费等。

(6)交通和通讯：指农村住户用于交通和通讯的工具、各种服务费、维修费用支出。

(7)文化教育娱乐用品及服务：指农村住户用

于文化、教育、娱乐方面的支出。包括文化教育娱乐用品支出和文化教育娱乐服务支出。

(8)其他商品和服务：是指上述各类支出以外的商品的服务支出。其中商品性支出：包括化装品、金银珠宝饰品和其他商品。服务支出：指生活消费的服务。包括旅店住宿费、洗澡费、照相费、殡殓费等。

农村居民家庭房屋使用情况

房屋：是指有顶有墙，能遮风避雨，可用于住人放物从事生产等用的房屋。包括住房、仓库、牧区的蒙古包、帐棚，但不包括船屋。它是反映农村住户生活水平的重要标志。

新建房屋：是指全年从无到有"平地起家"的新建筑房屋。包括新址上新建和旧址上新建的房屋。在原来的房屋基础上按原有规模对房屋进行翻修或一般维修的不包括在内。新建房屋仅包括年内建成的新建房屋，未完工的在建房屋不要统计在内。

房屋面积：是指室内面积，从房屋的内墙线算起的面积，不包括房屋结构(如墙、柱)占用的面积。多层建筑，按各层面积总和计算。其中：砖(石)木结构：是指房屋的梁、柱、承重墙等主要部分是用砖、石、木料建造的，如木房架、砖、石墙、木柱、砖柱建造的房屋。钢筋混泥土结构：是指房屋的梁、柱、承重墙等主要部分是用钢筋混泥土建造的。

房屋的价值：购买房屋按购买价格计算。新建房屋价值，可按实际消耗的建筑材料和人工的报酬计算，有的地方，人工不要报酬，只管吃喝，可将吃喝的费用，当作报酬，计入房价内。原有房屋，按房屋质量和新旧程度，根据当地实际情况进行估价。对原有房屋进行大翻修的，也应考虑在内。

生活用房屋面积：指实际住人或可以用来住人的房屋面积。与住房连成一体的起居室或放置灶具的地方、专用厨房，均应包括在内。但不包括专用仓库等生产用房面积。其中的楼房面积：是指二层和二层以上的多层建筑的房屋面积，楼房面积按各层面积总和计算。

农村居民家庭平均每户生产性固定资产原值

生产性固定资产：是指在生产过程中使用年限较长、单位价值较高，并在使用过程中保持原有物质形态的资产，包括厂房、机器设备等。农村家庭使用的固定资产，需同时具备两个条件，即使用年限在两年以上，单位价值在50元以上。在乡村企业及其他部门中，规定单位价值在200元以上，使用年限在一年以上。如果企业的主要设备虽低于200元，但使用年限在一年以上，也划为固定资产。

生产用固定资产原值：是以购入该项固定资产的原始价值量，反映农村住户拥有的生产规模和能力。各类固定资产的原值，也可按开始占有这项固定资产的重新估计的价值计算。

农村居民家庭平均每人经营耕地情况

经营耕地面积：是指农村住户年末经营的全部耕地面积，包括承包集体生产的耕地面积和家庭自营地面积(自留地、饲料地和零星开荒地)，经营耕地面积中，应包括因各种原因休闲和抛荒的耕地面积、改种植为养殖的耕地面积。还包括经营他人的转包耕地面积，但不包括代为他人临时耕种的承包地面积。

经营山地面积：是指农村住户年末经营的全部山地面积，包括承包集体的山地面积和家庭自留山面积。还包括经营他人的转包山地面积，但不包括代为他人临时经营承包的山地面积。

经营山地面积中植树造林面积：是按当年造林面积计算。当年造林面积按年末实际成活率达到80%以上的面积，有一亩算一亩。

经营水面面积：是指农村住户年末经营的全部水面面积，包括承包集体的水面和家庭自营水面面积。经营水面面积，包括原水面面积、新挖塘养殖面积，未挖深但已停止种植粮食作物的蓄水养殖面积。

四大地区划分：分为东部、中部、西部和东北四个地区。东部地区：北京、天津、河北、上海、江苏、浙江、福建、山东、广东和海南共10个省市。中部地区：山西、安徽、江西、河南、湖北和湖南共6个省。西部地区：内蒙古、广西、重庆、四川、贵州、云南、西藏、陕西、甘肃、青海、宁夏和新疆共12个省区市。东北地区：辽宁、吉林和黑龙江共3个省。